U0535286

孙中山与海南

（1905—1913）

钟业昌　著

海南出版社
·海口·

图书在版编目（CIP）数据

孙中山与海南：1905—1913 / 钟业昌著. — 海口：海南出版社，2024.3
ISBN 978-7-5730-1556-3

Ⅰ.①孙… Ⅱ.①钟… Ⅲ.①孙中山（1866-1925）—人物研究 ②地方史—史料—海南—1905-1913 Ⅳ.① K827=6 ② K296.6

中国版本图书馆 CIP 数据核字 (2024) 第 048099 号

孙中山与海南（1905—1913）
SUN ZHONGSHAN YU HAINAN (1905—1913)

作　　　者：	钟业昌
责任编辑：	熊　果　朱　奕　李佳妮　张清梅
责任印制：	伏爱兰
读者服务：	谢五城
出版发行：	海南出版社
地　　　址：	海口市金盘开发区建设三横路 2 号
邮　　　编：	570216
电　　　话：	0898-66819831
印刷装订：	湛江南华印务有限公司
版　　　次：	2024年3月第1版
印　　　次：	2024年3月第1次印刷
开　　　本：	880 mm × 1 230 mm　1/32
印　　　张：	14.25
字　　　数：	323千字
书　　　号：	ISBN 978-7-5730-1556-3
定　　　价：	78.00元

如发现印装质量问题，影响阅读，请联系海南出版社调换。

弁　言

孙中山与海南的人和事，我是有点着迷了。

如今呈现在读者面前的只是1905—1913年的内容，还有更丰富的内容将分为1913—1920年和1920—1925年来展现，几乎是再现了他从出生到逝世这几十年间的生命激荡史与海南人民的苦难奋斗史。

穿越岁月丛林，从那些几乎快湮没无闻的人和事中，要读懂中国革命先行者孙中山与琼崖的关系，明了他对海南的贡献，必须看这三大方略：琼州革命方略、琼崖改省方略和海南开发方略，即1908年提出"琼州形势，最有可为"的图海南主张，1912年及1921年、1923年三次推动琼州改省，1919年前后倡导开发海南。这些都清晰勾勒出清末民初海南的历史轮廓，但事与愿违，形势比人强，这些倒映的是军阀割据、生灵涂炭、壮志未酬、血祭山河的一幕幕。每思及此，不禁常常哀时代之乱、琼民之痛！

这当中的王斧、林文英、陈发檀、徐成章、陈侠农、陈继虞等海南人，都是孙中山忠实的追随者，于推翻清廷、建立民国有功。至于那些年，如过江之鲫的"主琼"者，从末代琼崖道刘永滇到琼崖镇守使邓铿，从"龙王"龙济光到"海南王"邓本殷，当然还有黄明堂、黄志桓、沈鸿英、李根源等辈，有关他们与海南的很多稀见史料，将依次出现在本书中，臧否世事，皆为纸上风云。

非常遗憾的是，本书没有写宋耀如及其家族成员。因为这方面的内容实在太多，会让本书"不堪重负"，徒然增加读者的负担。次之在逻辑关系上，孙中山与宋耀如的关系，只是孙中山与一位海南人的关系，纵观他们从1894年在上海相识，直到宋氏1918年病逝于沪上，他们之间的交往，与海南的人和事未见任何交集，是以舍去，留待续笔吧。

如此，本书就以聚焦孙中山与海南本土的人和事为使命，其实那些风雨如晦的岁月，那些重重内幕与因果关联，已经够我们目不暇接的了。

海南解放前的行政区名称是"琼崖"，也有习称"琼州"和"海南"者，本书叙事常交叉使用，在此亦一并说明。

钟业昌

2023年9月20日于书带草堂

目 录

序　章 ／ 孙中山走来　　　　　　　　　　　　　　1

第一章 ／ 风起同盟会　　　　　　　　　　　　　18

　　　　王斧结交革命志士　　　　　　　　　　18
　　　　林文英留学东京　　　　　　　　　　　27
　　　　留日学生陈发檀、陈治安　　　　　　　32
　　　　革命新纪元　　　　　　　　　　　　　37
　　　　革命报主笔王斧　　　　　　　　　　　40
　　　　琼崖新纪元　　　　　　　　　　　　　42

第二章 ／ 在南洋　　　　　　　　　　　　　　　52

　　　　孙中山与南洋　　　　　　　　　　　　53
　　　　王斧创办《中兴日报》　　　　　　　　56

"南洋小学生"加入笔战 58
陈发檀呈请保护旅暹中国商民的利益 62
镇南关起义 66
同盟会暹罗分会：林文英襄理党事 69
《华暹日报》主笔王斧 77
《斧军说部》 85

第三章 / 榆林军港 99

张之洞与榆林港 99
陈发檀欲改赴德国游学 106
都察院代奏日本留学生陈发檀《呈请速立宪法振兴海陆军折》 109
陆军部定议以榆林港为中国海军港 117

第四章 / 千年一叹 126

树立一个现代化的模范省区 126
他日，必成大都会也 130
胡子春欲做"第二苏文忠" 131
欧榘甲感叹"有琼二千余年" 135
榆林港为琼州第一港 139
蒋益澧将客人安插琼州各处 143
筹琼计划第一条 150
日本人其意叵测，与法人无异 153

胡子春督办琼崖垦矿事宜	156
章献猷条陈治琼八条	165
唐丙章条陈开辟琼崖十四事	178
附录：1908，一项创兴海南宏大计划的夭折	185

第五章 / 图海南　　200

欲游历琼州	200
琼州形势，最有可为	203
首务：速将所筹备之款汇至星坡	207
要务：联成海南同志，扩充团体	213
励志社、新民社与同盟会	216
致暹罗海南同志：望赞助林文英返琼	223
碧血横飞黄花岗	228
"乱党"各自争雄	232

第六章 / 末代琼崖道　　239

张鸣岐：刘永滇"才具开展，奋发有为"	239
刘永滇："若手握空拳，而侈言革命，犹螳螂之振怒臂也"	243
武昌首义：刘永滇自称临时都督	246
"琼崖知府"与"琼崖安抚使"	247
林文英"愤而离琼"与王斧处理"善后"	250
范云梯被举为琼崖都督	254

赵士槐率"学生军"攻打府城　　　　　　　　260

攻取秀英炮台　　　　　　　　　　　　　　268

徐成章：琼崖"没有相当革命指导者"　　　　271

第七章 / 留意琼岛　　　　　　　　　　275

黄明堂："你胡汉民是都督，我也是都督"　　276

开炮屠海甸：粤议会决议解散黄明堂民军　　281

孙总统之留意琼岛　　　　　　　　　　　　287

叶英峰告王林二君"御状"　　　　　　　　　292

第八章 / 琼州改省案　　　　　　　　302

陈治安、陈发檀"及第"　　　　　　　　　　303

梁士诒：琼州陈君为改省萌芽　　　　　　　306

孙中山"高谈雄辩"琼州改省　　　　　　　　313

陈发檀等具呈《琼州改省之呈文》　　　　　317

琼州改省案：国务院会议决议粤都督商议　　325

琼州改省案：袁世凯"颇不谓然"　　　　　　329

孙中山等联合发布《琼州宜改设行省理由书》331

关于"海南岛不割让之条约"　　　　　　　　339

张之洞、岑春煊尝议琼州改省　　　　　　　344

琼州改省"复古制"之说　　　　　　　　　　348

附录：王毅1944年厘定的《琼州改设行省理由书》355

第九章 / 改省张本 378

陈炯明裁撤琼崖民政总长 379
改省难通过：古应芬任琼崖绥靖处总办 381
古应芬整理琼崖的大计划 384
琼州内讧：来了帮办李福林 387
邹鲁不愿就琼崖镇守使 392
袁世凯任命邓铿为琼崖镇守使 394
梁士诒：琼州先设镇守，后为改省张本 399
胡汉民：琼州视台湾土地较腴 402

第十章 / 鼎革之际 407

众议员：陈治安、林文英、陈发檀 407
研究宪法委员陈发檀 411
宋教仁被刺 414
邓铿欲鼎新革故 418
《琼崖镇守使条例》发布 421
海口起获大帮"猪仔" 424
李烈钧举兵讨袁 434
龙济光裁撤琼崖镇守使 435
邓铿"病势日重"电请辞职 438

序　章　孙中山走来

孙中山造就了中国历史的革命新纪元。这位中华民国的缔造者，让很多海南人追随于他，不畏艰辛，赴汤蹈火，乃至于流血牺牲。王斧、林文英等就是其中的突出人物。他们终其一生都在追随孙中山，支持民主革命。

孙中山，名文，清同治五年十月初六日（1866年11月12日）诞生于广东香山县（今中山市）翠亨村，幼名帝象，日新，取"苟日新，日日新"之义，因孙中山以其欠雅，遂改为逸仙。至于世人所熟知的中山，是他逃亡到日本后从俗的自称。1895年，孙中山"亡命日本，尝从东俗自号中山樵，或称高野长雄，近人所称中山，即其留日时别号也"[1]。

---

1 《兴中会会员人名事迹考》，载冯自由著《革命逸史》第四集，中华书局，1981，第24页。

1871年，孙中山6岁之时，他的胞兄孙眉（谱名德彰）18岁。父亲孙达成想要孙眉远游以增长见识，刚好母亲杨太夫人有弟杨文纳经商檀香山，是以携孙眉前往。当时中国人将夏威夷群岛通称为檀香山岛，即檀岛。后来孙眉在海外建立基业，翊赞孙中山革命，皆源于此。当时，孙眉在檀香山发展较顺利，几年之间便成为"茂宜岛王"。茂宜岛是夏威夷群岛五大岛之一。

孙中山7岁入私塾。他对《三字经》《千字文》，瞬即背诵无讹，记忆力甚好。在关于孙中山少年的纪事中，有孙中山听金田老兵讲述起义往事，对洪秀全产生敬仰之情的记载。彼时，太平天国覆亡不过八九年，孙中山家乡翠亨村有一曾参加太平军的农民冯爽观回到故乡种田。冯爽观早晚在孙家门前榕树下乘凉，常常向孩童们讲述他自己转战各地的故事。孙中山等孩童都听得入神，激起了对洪秀全的景仰。因受太平天国运动的影响，孙中山从小就讨厌儒家的教条和官场作风，他曾说死记硬背四书五经就会使人有德有才的说法是毫无道理的，这让村里老人听了都摇头。他不愿背书，却苦练武术。为什么练？练了对付谁？据说他那位曾参加过太平军的亲戚说过："这孩子也许是第二个洪秀全。"[1]洪秀全是太平天国运动的首领，也是广东人。

1878年，孙中山第一次随母亲到檀香山。夏威夷于1898年成为美国领地，也就是说孙中山去夏威夷时，它还不是美国的领

---

[1] 伊斯雷尔·爱泼斯坦：《宋庆龄——二十世纪的伟大女性》，人民出版社，1992，第62页。

序　章　孙中山走来

地。檀香山后来成为兴中会的发祥地,也是孙中山的革命"圣地"。

首次赴檀香山,对孙中山影响至大。1896年时,他这样介绍"生平事迹":"幼读儒书,十二岁毕经业。十三岁随母往夏威仁岛（Hawaiian Islands）,始见轮舟之奇、沧海之阔,自是有慕西学之心,穷天地之想。"[1] 乡村少年走出闭塞的狭小天地,面对外面宽广世界的惊喜之情,油然而露。这也表达了他向往接受西式教育和追求新知的理想志向。这是孙中山人生政治理想的启蒙之初,是日后他成为一名具有世界意识的新式知识分子的重要起点。论者甚至认为:"此种自我之发现与生命之觉醒,实为先生一生伟大事业之发源。"[2]

1882年,17岁的孙中山卒业于意奥兰尼书院。翌年春,又入奥阿厚书院,后肄业,此为当时檀岛之最高学府。是年冬,孙中山受洗成为基督教徒,教友登记簿上署名孙日新,并入香港拔萃书院,后肄业。

1884年7月,居檀岛五年的孙中山启程回国,翌年转入香港当局所办的中央书院,注册名为孙帝象。该院后改称皇仁书院。是年,孙中山回乡娶卢慕贞。

这年适逢中法战争中国战败,正是这场"中国不败而败"的战争,激起了孙中山推翻清廷统治的决心,由此进入他自己所言的革命言论时代,即谈论革命的时代。孙中山后来在回忆革命缘起时说:"予自乙酉（1885年）中法战败之年,始决倾覆清廷、

---

[1] 《复翟理斯函》,载《孙中山全集》第一卷,中华书局,2006,第47页。
[2] 《国父年谱简编》,载《国父全集》第十一册,近代中国出版社,1989,第3页。

创建民国之志。由是以学堂为鼓吹之地，借医术为入世之媒，十年如一日。"[1]

在香港中央书院毕业后，孙中山于 1886 年入读美国基督教长老会所办广州博济医学院附设的南华医学堂，在同学中结识了与会党关系密切的郑士良（号弼臣）；只读了一年，便转入由香港伦敦传道会与香港议政局议员何启创办的西医书院（即香港大学医学院前身），开始了五年的高等医学教育的正规训练。他于 1887 年 9 月注册入学，1892 年 7 月毕业，获医学学士学位。

1890 年 1 月，陈少白入读香港西医书院。陈少白生于 1869 年，广东新会人。冯自由称："陈白字夔石，又号少白，粤之新会人。丰姿俊美，才思敏捷，诗词歌赋，琴棋书画，无所不通，有风流才子之号，惟度量褊狭，出语尖刻，人多惮之。与尤列（号少纨）性情不合，每相见即舌战不休，然辄为少纨所胜。兴中会初期缺少文士，文告多出少白手笔，总理在香港雅丽士医学校与之同学，曾相拜盟为兄弟，故通信皆以吾弟称之。总理对同志中如此称呼者，少白一人而已。"[2]

1890 年前后，孙中山课余间常往来于香港、澳门间，发表不满清朝的言论，与陈少白、尤列（香港华民政务司署书记）、杨鹤龄（广东籍商人）三人志趣相同，互抒救国抱负，倾慕洪秀全的事业，被人视为大逆不道，称"四大寇"。寇，本是时人对造

---

[1]《建国方略》，载《孙中山全集》第六卷，中华书局，2006，第 229 页。
[2]《陈少白之词章》，载冯自由著《革命逸史》初集，中华书局，1981，第 3 页。

反者的称呼，但在革命者眼中，这则是他们的荣耀，而当时正所谓"谈论革命的时代"。

孙中山后来这样说道："予在广州学医甫一年，闻香港有英文医校开设，予以其学课较优，而地较自由，可以鼓吹革命，故投香港学校肄业。数年之间，每于学课余暇，皆致力于革命之鼓吹，常往来于香港、澳门之间，大放厥辞，无所忌讳。时闻而附和者，在香港只陈少白、尤少纨、杨鹤龄三人，而上海归客则陆皓东而已。若其他之交游，闻吾言者，不以为大逆不道而避之，则以为中风病狂相视也。予与陈、尤、杨三人常住香港，昕夕往还，所谈者莫不为革命之言论，所怀者莫不为革命之思想，所研究者莫不为革命之问题。四人相依甚密，非谈革命则无以为欢，数年如一日。故港澳间之戚友交游，皆呼予等为'四大寇'。此为予革命言论之时代也。"[1]

"四大寇"无疑是孙中山早年最值得荣耀的事。延至民国十年（1921年），孙中山在广州建立中华民国政府，也常与这三人在广州观音山（今越秀山）文澜阁会面。孙中山更修治文澜阁，并题曰"四寇楼"，足见其对这段革命历史的深情铭记。

只是孙所说的"革命"，此时还只是造反的同义语，他们高谈阔论的是反满复汉，因此人们并不把他们看作类似西方的革命家，而只是视为造反的"大寇"而已。直到1895年广州起义失败，孙中山等人流亡日本时，才从神户出版的报纸上得到启发，"革命"二字始为党人所沿用。

冯自由解释"革命"乃舶来品："在清季乙未年（清光绪

---

[1]《建国方略》，载《孙中山全集》第六卷，中华书局，2006，第229页。

二十一年）兴中会失败以前，中国革命党人向未采用'革命'二字为名称。从太平天国以至兴中会，党人均沿用'造反'或'起义''光复'等名辞。及乙未九月兴中会在广州失败，孙总理、陈少白、郑弼臣三人自香港东渡日本，舟过神户时，三人登岸购得日本报纸，中有新闻一则，题曰支那革命党首领孙逸仙抵日。总理语少白曰，革命二字出于易经汤武革命，顺乎天而应乎人一语，日人称吾党为革命党，意义甚佳，吾党以后即称革命党可也。按日人初译英文 Revolution 为革命，但揆诸易所谓汤武革命之本义，原专指政治变革而言，故曰革其王命，又曰王者易姓曰革命。自译名既定，于是关于政治上或社会上之大变革，咸通称曰革命。今国人遂亦沿用之。"[1]

当孙中山放言无忌、畅谈反清之时，海南人王斧不久后便与"四大寇"中的孙中山、陈少白等人都发生了联系，开始了他们的革命历程。

1892年秋，孙中山被聘为澳门镜湖医院医师，由是开始行医的日子。当年底，他向镜湖医院药局借到本银两千元，在澳门开设中西药局，"为贫病义诊"。因被澳门葡萄牙籍医生排挤，第二年春，孙中山转去广州继续行医。他迁中西药局于广州冼基，改名东西药局，施药赠医。

1894年2月27日（清光绪二十年正月二十二日），孙中山还以东西药局的名义在报上刊登《东西药局启事》，其中有云："敬

---

[1]《革命二字之由来》，载冯自由著《革命逸史》初集，中华书局，1981，第1页。

启者：本局敦请大医生孙君逸仙来省济世，旧岁底因事返澳度年，今已由澳回省，谨择于月之初十日开办。"

孙中山常有上书清廷以陈时势、以救时局的想法。当时正在广州行医的他，终将想法付诸"医国"的行动。1894年初，他回到家乡，草拟《上李鸿章书》，并谋划北上天津投书，以实现"实行中央革命"的理想。

陈少白回忆说："有一天，我在香港，他在广州，忽然药房里有信来，说：'孙先生失踪了，药房中开销很难，收入不敷，只剩十几块钱了。'我接到信，就到广州去，替他维持店务。等了多天一点消息都没有，心里非常焦急。到十六那天他忽然跑来了，手里拿了很大一卷像文件的东西。他见了我就说：'对不起！对不起！'我问他：'你跑到什么地方去的？'他说'这些事情不要去管他了'，就打开他手里的一卷纸给我，我拿起来一看，纸里面乃是一篇《上李鸿章书》。我方才知道他是跑到翠亨村的家里关起门来做文章去的。他叫我替他修改修改，我就随便稍为修改一下。以后，他对于药房也不管理了，就到上海去要把这封信上给李鸿章，我没有办法，就让他去。同时我就替他把两间药房收拾起来，交回那些出过股本的人。"[1]

孙中山于1894年春夏间，离粤赴沪。在上海，孙中山走访郑观应，并由郑观应介绍结识另一改良主义者、上海格致书院院长王韬，请其为《上李鸿章书》润色。郑观应、王韬还分别写信给盛宣怀、罗丰禄，为孙中山疏通投见李鸿章的门径。盛宣怀接

---

[1] 陈少白：《兴中会革命史要》，载《辛亥革命》第一册，上海人民出版社，1957，第27—28页。

郑观应的信后，曾致函李鸿章[1]，介绍孙中山往见。这使得孙中山的上书又多了一道门径，而且是重要的门径。

孙中山于1894年夏间行抵天津，寄寓法国租界佛满楼客栈，通过李鸿章的幕僚罗丰禄、徐秋畦投书，但未获李鸿章接见，书中主张亦未被理睬。

孙中山上书无获而终，陈少白解释说："那时候，刚刚中日大战，打得厉害。李鸿章至芦台督师，军书旁午，老夫子把孙先生的大文章送到李鸿章那边去，李鸿章是否看过，就不得而知了。不过后来李鸿章说：'打仗完了以后再见吧。'孙先生听了这句话，知道没有办法，闷闷不乐的回到上海。"[2]

孙中山未获李鸿章接见的原因，可能是中日甲午战争带来的不利"天时"。

1894年7月25日，日本不宣而战，这场因在甲午年发生而称之为甲午战争的战争爆发。是日，日海军联合舰队在牙山口外丰岛海面击沉清政府运载援兵赴朝的英船"高升号"，清军700余人罹难。以丰岛海战为标志，日本正式挑起了蓄谋已久的侵华战争。在海上挑起战争的同时，日本入朝陆军进攻在朝的清军。7月29日，日陆军独立混成旅团向牙山东北的清军发动进攻，清军败走，牙山失陷。8月1日，清廷明发上谕，对日宣战。同日，日本明治天皇下对华宣战诏书。以中日两国同时宣

---

1 郑观应致盛宣怀书使我们今天得以了解到早年的孙中山有游历海南的想法。此详见本书第五章"图海南"的"欲游历琼州"的内容。

2 陈少白：《兴中会革命史要》，载《辛亥革命》第一册，上海人民出版社，1957，第28页。

战为标志,中日甲午战争正式爆发。

孙中山到达天津的时候,正是甲午战争爆发的前夕,理论上正忙于处理因朝鲜问题引起的中日外交交涉及撤军事宜的李鸿章,根本无暇顾及南方一不知名青年的上书。

在孙中山的回忆中,并不直接提到上书李鸿章碰壁的事,而是以"北游京津"来约略带过。他说:"及予卒业之后,悬壶于澳门、羊城两地以问世,而实则为革命运动之开始也。时郑士良则结纳会党、联络防营,门径既通,端倪略备。予乃与陆皓东北游京津,以窥清廷之虚实;深入武汉,以观长江之形势。"[1]这种窥探清廷虚实、观察地方形势以作为革命的准备举动,使人看到上书失败后的孙中山,已经展现出非一般的革命者神采。

治史者更把这看作是孙中山"他日革命发难之图":中华民国纪元前十八年(1894年)、甲午年五月,孙中山"偕陆皓东至天津,上书李鸿章陈救国大计,提出'人尽其才、地尽其利、物尽其用、货畅其流'四纲,鸿章不能纳。嗣即偕陆游北京,窥清廷虚实;旋转道溯长江,深入武汉一带,观察山川形势,预为他日革命发难之图"[2]。

孙中山从天津到了北京,窥探到了什么呢?用他自己的话说,在北京看到"满清政治下之龌龊,更百倍于广州"。

1923年2月19日,孙中山应香港大学学生邀请作演说。演

---

1 《建国方略》,载《孙中山全集》第六卷,中华书局,2006,第229页。
2 《国父年谱简编》,载《国父全集》第十一册,近代中国出版社,1989,第7页。

说中，他谈到他研究中国政治得到的结果是："盖中国官员以贪赃纳贿为常事，而洁己奉公为变例也。我至是乃思向高级官员一试，迨试诸省政府，知其腐败尤甚于官僚。最后至北京，则见满清政治下之龌龊，更百倍于广州，于是觉悟乡村政治乃中国政治中之最清洁者，愈高则愈龌龊。"[1]

孙中山苦思冥想、遍找门径上书李鸿章，企图知遇于他一展经世之才，但是在京津看到的都是腐败奢靡景象，还知道了李鸿章是怎样累积大量财富的，使孙中山救国济民的善良愿望几乎归于破灭。他由此认识到清廷腐败已无可救药，非彻底改造，则不足以救亡。

后来孙中山在说到兴中会起事的原因时又说："时为两广总督者曰李瀚章，即李鸿章之弟〔兄〕也，在粤桂两省之内创行一种新例：凡官场之在任或新补缺者，均须纳定费若干于督署。是又一间接剥民之法也。官吏既多此额外之费，势不得不取偿于百姓。且中国官界，每逢生日，其所属必集资以献。时两广官场以值李督生日，醵金至一百万两以充贺礼；此一百万两者，无非以诱吓兼施、笑啼并作之法，取资于部民之较富者。而同时督署中，又有出卖科第、私通关节之事，每名定费三千两。以是而富者怨，学者亦怨。凡兹所述，皆足以增兴中会之势力，而促吾党之起事者也。"[2]

---

[1] 《在香港大学的演说》，载《孙中山全集》第七卷，中华书局，2006，第115—116页。

[2] 《伦敦被难记》，载《孙中山全集》第一卷，中华书局，2006，第53页。

序　章　孙中山走来

　　孙中山上书李鸿章未获接见，所提"人能尽其才，地能尽其利，物能尽其用，货能畅其流"等主张未得采纳。由于上书失败，又在京津等地目睹腐败黑暗的景象，孙中山对清廷彻底失望，遂放弃改良的思想，决意走上以革命推翻清廷的道路。这又是从他"重游"檀香山开始的。

　　这是孙第三次赴檀香山。孙中山在回忆甲午战争发生后他借机在檀香山创立兴中会的一段历程时说道："予乃与陆皓东北游京津，以窥清廷之虚实；深入武汉，以观长江之形势。至甲午中东战起，以为时机可乘，乃赴檀岛、美洲，创立兴中会，欲纠合海外华侨以收臂助。"[1]

　　孙中山这次赴檀香山的背景与结果，冯自由这样形容："抵津上书后，数诣幕府请谒，鸿章均拒弗见，总理因知清廷腐败无可救药，遂决意赴檀香山，拟向亲戚故旧募集资金，归国大举革命。是岁秋冬间由沪放洋至檀，得亲友之助，于十一月间首创兴中会于火奴鲁鲁埠。旋得款合港币数万元，即于冬十二月返国。"[2]孙中山的这种革命就是反清复汉。

　　1894年10月，孙中山在上海由郑观应设法代领出国护照，从上海经日本到达檀香山，组建革命团体兴中会。11月24日，兴中会成立会议在檀香山正埠的卑涉银行经理何宽的住宅里举行，列席者有何宽等20余人，孙中山被推为主席，即由他提议，定名兴中会。

---

　　1 《建国方略》，载《孙中山全集》第六卷，中华书局，2006，第229页。
　　2 《兴中会会员人名事迹考》，载冯自由著《革命逸史》第四集，中华书局，1981，第24—25页。

孙中山在会上首次提出"振兴中华，挽救危局"的宗旨，并宣读由他起草的《檀香山兴中会章程》，开篇即谴责清朝统治者："中国积弱，非一日矣！上则因循苟且，粉饰虚张；下则蒙昧无知，鲜能远虑。近之辱国丧师，剪藩压境，堂堂华夏不齿于邻邦，文物冠裳被轻于异族。有志之士，能无抚膺！夫以四百兆苍生之众，数万里土地之饶，固可发奋为雄，无敌于天下。乃以庸奴误国，涂［荼］毒苍生，一蹶不兴，如斯之极。"

孙中山又陈明时势、直抒胸臆地说："方今强邻环列，虎视鹰瞵，久垂涎于中华五金之富、物产之饶。蚕食鲸吞，已效尤于接踵；瓜分豆剖，实堪虑于目前。有心人不禁大声疾呼，亟拯斯民于水火，切扶大厦之将倾。用特集会众以兴中，协贤豪而共济，抒此时艰，奠我中厦。"[1]

孙中山创立兴中会，用今天治史者的话语来表述就是，1894年中日甲午战争爆发，面对国家的疲敝和清政府的无能，年仅28岁的孙中山愤然出国，至檀香山创立了中国第一个资产阶级革命团体——兴中会，提出了推翻清朝帝制政府，建立资产阶级民主共和国的革命主张。这标志着中国资产阶级民主革命由此拉开了序幕。当然，兴中会的成立，也是孙中山开始革命的标志。

而在孙中山自己看来，这是中国革命运动中的"立党"环节，是立党之开始。他曾指出："乙酉（1885年）以后，余所持革命主义，能相喻者，不过亲友数人而已。士大夫方醉心于功名利禄，惟所称下流社会，反有三合会之组织，寓反清复明之思想于其中。虽时代湮远，几于数典忘祖，然苟与之言，犹较

---

[1]《孙中山全集》第一卷，中华书局，2006，第19页。

序　章　孙中山走来

缙绅为易入，故余先从联络会党入手。甲午以后，赴檀岛美洲，纠合华侨，创立兴中会，此为以革命主义立党之始。然同志犹不过数十人耳。"[1]

尽管是立"党"之始，但名称仍是"会"，这是民间秘密结社影响的一种烙印。此后出现的近代中国最早的一批资产阶级政治团体，其组织名称也都离不开一个"会"字，如兴中会、强学会、保国会、自立会、光复会等等。这说明在中国历史上除了民间秘密结社会党和教门外，没有出现过其他一个可资借鉴的组织形式、组织名称。参加兴中会的很多人，也都是洪门中人，孙中山在开始组织团体集合同志时，组织名称使用了与洪门会相同的"会"，定名为兴中会，就是很自然的事了。11年后（1905年）成立的中国同盟会，也不脱"会"的窠臼。

有学者认为，取"会"字作为组织名称，本身就折射出资产阶级政治家摆脱不了旧式会党的传统影响，所以早期的政治团体都多少带有秘密结社的色彩，如明显的地域性、搞秘密活动、强调首领的地位、具有山头主义倾向等等。[2]

在檀香山成立的兴中会，是中国第一个资产阶级革命团体。因为这是革命党的发源，大凡治辛亥革命史者，大都以1894年孙中山在檀香山成立兴中会作为他开始革命的标志。

兴中会在檀香山成立后，其活动开展得并不顺利。孙中山忆

1　《中国革命史》，载《孙中山全集》第七卷，中华书局，2006，第63页。
2　沈渭滨：《会党与政党》，载《革命史资料》第10期，上海人民出版社，1990。

述说："至甲午中东战起，以为时机可乘，乃赴檀岛、美洲，创立兴中会，欲纠合海外华侨以收臂助。不图风气未开，人心锢塞，在檀鼓吹数月，应者寥寥，仅得邓荫南与胞兄德彰二人愿倾家相助，及其他亲友数十人之赞同而已。"[1] 他还说："甲午以后，赴檀岛、美洲，纠合华侨，创立兴中会，此为以革命主义立党之始。然同志犹不过数十人耳。"[2]

孙中山在《建国方略》中回忆这段历程时又说道："上海同志宋跃如[3]乃函促归国，美洲之行因而中止。遂与邓荫南及三五同志返国，以策进行，欲袭取广州以为根据。遂开乾亨行于香港为干部，设农学会于羊城为机关。当时赞襄干部事务者，有邓荫南、杨衢云、黄咏商、陈少白等；而助运筹于羊城机关者，则陆皓东、郑士良并欧美技师及将校数人也。予则常往来广州、香港之间。惨淡经营，已过半载，筹备甚周，声势颇众，本可一击而生绝大之影响。乃以运械不慎，致海关搜获手枪六百余杆，事机乃泄，而吾党健将陆皓东殉焉。此为中国有史以来为共和革命而牺牲者之第一人也。同时被株连而死者，则有丘四、朱贵全二人。被捕者七十余人，而广东水师统带程奎光与焉，后竟病死狱中。其余之人或囚或释。此乙未（按：光绪二十一年，即1895年）九月九日，为予第一次革命之失败也。"[4] 陆皓东等人被捕后于11月7日英勇就义。

---

1 《建国方略》，载《孙中山全集》第六卷，中华书局，2006，第229—230页。
2 《中国革命史》，载《孙中山全集》第七卷，中华书局，2006，第63页。
3 宋跃如，即宋耀如（1861—1918年），海南文昌人，宋氏三姐妹之父。
4 《孙中山全集》第六卷，中华书局，2006，第230页。

序　章　孙中山走来

关于革命，邹鲁在《中国国民党史稿》中，首先写了"乙未广州之役"。他说："适值清兵屡挫，高丽既失，旅顺、威海卫继陷，京、津亦岌岌可危。清廷腐败渐呈，人心愤激，上海同志宋跃如函促总理归。总理乃偕邓荫南、宋居仁、侯艾泉、李杞、何旱、陈南及欧、美技师将校数人归国，于乙未孟春抵香港。与陆皓东、郑士良、陈少白、黄咏商、杨衢云、谢缵泰诸人，策划进行，欲袭广州以为根据，先组乾亨行于香港士丹顿街，以为干部。"[1]宋耀如对民主革命的贡献，就这样被记录了下来。后来宋耀如被孙中山称为革命"瘾君子"，这就是源头了。

1895年的"重阳发难"，即今天所说的农历九月初九（10月26日）广州起义。起义未及发动即遭失败，亦即孙中山所言的"第一次革命之失败"。之后孙中山等人逃亡到海外，尤其是到南洋一带活动，使革命势力渗透到华侨之中，由此使更多的海南华侨开始追随孙中山革命，出生入死。宋耀如作为孙中山所领导的首次武装起义的发起人，在起义失败后，仍然继续暗中支持孙中山，甘当革命的"隐者"。

此次广州起义是宋耀如建议的、兴中会领导的革命党人第一次反清武装起义，其被认为是资产阶级革命派以暴力革命形式宣告一种新的政治力量登上历史舞台的开始。这次起义，又是以后革命党人一系列武装起义的起点，甚至被认为是辛亥革命的先声，在中国革命史上的意义不可低估。

孙中山在总结斗争经验时说道："综计诸役，革命党人以一往直前之气，忘身殉国；其慷慨助饷，多为华侨；热心宣传，多

---

[1] 邹鲁:《中国国民党史稿》，东方出版中心，2012，第631页。

为学界；冲锋破敌，则在军队与会党；踔厉奋发，各尽所能，有此成功，非偶然也。"[1] 他还说革命事业千头万绪，主要是立党、宣传、起义三件事："求天下之仁人志士，同趋于一主义之下，以同致力，于是有立党；求举国之人民，共喻此主义，以身体而力行之，于是有宣传；求此主义之实现，必先破坏而后有建设，于是有起义。"[2]

当孙中山从历史深处走来时，以王斧、林文英等为代表的海南人积极在孙中山所言的立党、宣传、起义这三件事中建立功勋，书写属于他们时代的历史篇章！

这要从中国同盟会成立开始！

---

[1]《中国革命史》，载《孙中山全集》第七卷，中华书局，2006，第65页。
[2]《中国革命史》，载《孙中山全集》第七卷，中华书局，2006，第63页。

序　章　孙中山走来

青年孙中山

前排自左至右依次为杨鹤龄、孙中山、陈少白、尤列，四人过从甚密，常相聚抨击时弊，主张勿敬朝廷，被谑称"四大寇"。后立者为关心焉

第一章　风起同盟会

1905年的日本东京，中国资产阶级民主革命在这里迎来了历史性的时刻。以中国同盟会成立为标志，一拨又一拨海南人开始追随孙中山的革命步伐。这些海南人以海南本土为目的和重点进行革命，并以王斧1905年底加入同盟会香港分会为发端。同盟会筹备的过程中，孙中山在东京富士见楼发表了一场盛况空前的演说，据说留学日本的海南人林文英、陈发檀也在现场。林文英后来成为孙中山在南洋革命的"兄弟"，他也是海南血祭民主革命的第一人；陈发檀于民国元年（1911年）成为孙中山的秘书，他也是民国时期琼州改省的首倡者。

王斧结交革命志士

王斧，号斧军、玉父，广东琼山（今海南省海口市琼山区）人。在那代琼崖民主革命的群体人物中，他的革命资历可以说是最为深厚的。

1937年3月12日，国民党筹建的"中央党史史料陈列馆"在南京对外开放。在该馆进行的第二期所换陈列物品中，史料方面征于监察院监察委员王斧的尤属珍贵，如"四大寇"中，尤列、陈少白、杨鹤龄等致王斧的手札；1908年河口起义，胡汉民报告孙中山的详细文件；1911年广州黄花岗之役，孙中山、黄克强（黄兴）的手书，孙中山致黄克强、致暹罗的同志的手书，黄克强、胡汉民合致暹罗同志报告黄花岗起义失败经过等的函件。这些史料有的十余页，都是王斧视为家藏的珍宝。这也说明王斧早岁参加革命，参战次数多，故珍藏的革命文献史料极丰富。曩年他将此类文献密藏于枕内，中间虽略有遗失，而保存至今者，仍属不少。[1] 这则新闻，从一个侧面说明王斧的革命阅历是何等丰富。

有一种说法，王斧生于清同治八年（1869年）。[2] 这种观点不准确。王斧应是生于1880年。1942年5月2日，王斧在重庆病逝，中央社消息称，监察院监察委员王斧"享年六十有三，王氏早岁追随总理奔走革命，在港、澳、暹、马来亚等地创刊报纸"[3]，这也是说王斧生于1880年。

关于王斧的早期身世及生平，如今人们所见皆为1990年以后的材料，且大都是互抄，看不到具体的文献出处。如今，我们要搬出最早叙述王斧生平的文字文本，其中最主要的是1970年代发表的三篇文章：沈裕民的《王斧先生事略》、林斌的《王斧军先生之生平》和陈哲三的《王斧生平及其〈斧军说部〉》。其中，《王

---

1 《监委王斧军所藏之革命史料》，《小日报》1937年7月19日第2版。
2 陈俊：《海南近代人物志》，传记文学出版社，1991，第5页。
3 《王斧病逝》，《时事新报》1942年5月4日第3版。

斧先生事略》最早发表于 1942 年《中央日报》，是写王斧的源头之作，也是传抄最多的文本。

沈裕民，今海南文昌人，毕业于广东大学，历任越南《南圻华侨报》记者，国民党高棉支部科长、财政部视察，正中书局特约编辑，党史会行政科、调查科科长及编辑处处长，膺命主编的《总理全书》印行海内；战时膺命入三水战区抢运孙中山手改"三民主义"演讲原稿，达成任务；多次主办史迹展览，对国民党党史文献之弘扬贡献甚大。沈裕民另著有《孙中山先生故事》《北伐记》《民国纪元述要》《云振飞烈士传记》。[1]

又据中国国民党中央党史史料编纂委员会会议记录，1936 年 9 月 1 日召开的第三次会议，讨论征选组拟具征选进行计划及调用职员名单，名单上有沈裕民。沈裕民还撰有《林格兰烈士小传》，陈献荣著、上海商务印书馆 1934 年出版的《琼崖》一书附有此小传。这也就是说，对王斧、林格兰（林文英）这两位最著名的琼崖民主革命事迹的记载，最基本的依据是国民党党史工作者沈裕民所撰写的这两篇小传。

沈裕民撰写《王斧先生事略》，并得以流传下来是有一个经过的。

1942 年 5 月 2 日，王斧病逝于重庆歌乐山中央医院。当时丧葬既毕，其友好吴敬恒、居正、于右任、张继、王宠惠、孙科、邹鲁、吴铁城等 200 余人联名发起，于同年 10 月 4 日在重庆夫子池新生活运动促进会礼堂举行追悼大会并公祭，到会来宾除上述发起人

---

[1] 王万福：《广东近代学人艺文志》，载《广东文献》第 20 卷第 2 期（1990 年 6 月 30 日），第 61 页。

外，还有胡毅生、李文范、陈济棠、何键、陈树人、林云陔、刘纪文、郑介民等300余人，并收到各方诔词、挽章、花圈等甚多。公祭由监察院院长于右任主持，仪式肃穆隆重，备极哀荣。事前，沈裕民为撰写《王斧先生事略》，他请王斧的弟弟王家昌提供有关资料，然后以沈自己所知情况，由符学琳先行拟稿，继由沈加以整理，再请中央党史史料编纂委员会的纂修林一历审阅，随即送由重庆《中央日报》于追悼之日刊出[1]，并另印刷若干份，在追悼会场分发。后来，邹鲁重编其《中国国民党史稿》时，将本篇收入该史稿第四篇。[2]迨1965年11月，"中央党史会"为纪念孙中山百年诞辰而编印纪念丛书时，再将其转载于《革命先烈先进传》。1969年1月，该会编印《革命人物志》，复将本篇转载于该志第一集。[3]

以上经过及《王斧先生事略》原文，又经刊登于《海南文献》（1971年10月10日），使我们今天得以观全貌。其中，关于早年王斧的内容是：

王斧先生，别号斧军，又号玉父，广东琼山县人。生于阀阅

---

1 《王斧先生事略》刊于《中央日报 扫荡报》1942年10月4日第4版。

2 《王斧先生事略》见邹鲁编著、上海商务印书馆1947年印行的《中国国民党史稿》第四篇（第1652—1653页）。但是，邹鲁在书中注明："王斧事略、管鹏事略、石瑛行状诸篇佚名。"（第1193页）又见邹鲁著、东方出版中心2012年出版的《中国国民党史稿》（第1169页）。邹鲁之所以说该篇"佚名"，是因为《中央日报 扫荡报》发表该文时没有署作者名，仅称"兹特将王先生事略刊布如下，借志哀悼"。

3 沈裕民：《王斧先生事略》，载《海南文献》第2期（1971年10月10日），第37页。

之家[1]，早年即抱民族革命思想。纪元前十一年，在香港结交革命志士陈少白、黄世仲、郑贯公等，从而获识国父孙先生，加入同盟会。遂在港创办民报、少年报、人报等，亲任各该报主笔，竭力宣传革命。因言论激烈，各该报股东咸劝其稍为缓和，免致影响营业，先生不为所动。旋在各该报增辟小说、剧本等栏，字里行间，辄寓排满思想，销路更广。[2]

王斧生于"阀阅之家"，这种身世在海南历史人物传记中还极其少见。

王斧生于"阀阅之家"的说法语焉不详，我们能从《王斧生平及其〈斧军说部〉》中找到些许答案："生于民前三十二年二月十一日。祖名子俊，以拔贡授惠州府教授，负有清望，名重士林。父名少升，为邑名诸生，出筦三水关，司厘榷，有政声。王斧兄弟三人，斧居长。聪颖异常儿，幼从外祖父读，辄过目成诵，以能文称。尝应童子试，不售，转治经世之学。对清政不纲，国势

---

1 "阀阅"是资历和功绩的代名词。祖先立下的功业，被后人当作资本，言家世，称世家，号阀阅。封建社会将世代建有功勋的官宦人家，称之为"阀阅之家"。

2 沈裕民：《王斧先生事略》，载《海南文献》第 2 期（1971 年 10 月 10 日），第 37 页。这些内容被编入以下诸书：陈俊编著《海南近代人物志》，传记文学出版社，1991，第 5—7 页；吴季泽等著《早期同盟会员王斧先生史纪略》，载《海南文史资料》第四辑，三环出版社，1991，第 75—80 页；《广东近现代人物词典》，广东科技出版社，1992，第 11 页；范运晞著《琼籍民国人物传》，南海出版公司，1999，第 1—2 页。但上述书在文中均未注明出处，限于篇幅，本书在此不一一引出他们所传抄的内容。

陵替，故早蓄民族思想，有改革之志。"[1]

关于王斧的早年经历，较早的记载又说："玉老性刚直，有大志，早年抱民族革命思想。民国纪元前十一年在香港结交革命志士陈少白、郑贯公等，从而获识国父孙中山先生，加入同盟会。是时吾国因庚子拳匪之乱，招致八国联军之役以后，满清政府实际上已随十九世纪最末一年而崩溃。国父所领导之惠州之役，虽然失败，但人心已对满清绝望，而排满之革命思想，更似怒潮澎湃弥漫全国。玉老创办民报、少年报、人报等并亲主笔政。"[2]

"庚子拳匪之乱"说的是1900年（光绪二十六年）的义和团运动。"拳匪"就是指义和团。当时面对外国侵略，几十万号称"刀枪不入"的义和团起义人员入京围攻各国使馆。不久，八国联军攻占了北京，慈禧太后弃都而逃。此事史称"庚子之乱""庚子国变""庚子国难"。上述孙中山所领导的惠州之役，是指庚子惠州之役，就是1900年义和团运动期间，孙中山派郑士良至惠州，以归善县（今惠州市）三州为根据地发动三合会众起义。1900年10月初，其在三洲田组成一支有600人、300支枪的队伍，猛攻新安沙湾，清军惊溃退却。起义军乘胜发展到两万人。后因外无援军，内缺弹药，被迫解散。从"国难"背景的叙事中，可读出王斧坚定的反清思想产生的历史条件。

---

[1] 陈哲三：《王斧生平及其〈斧军说部〉》，载《广东文献》第7卷第4期（1977年12月31日），第70页。

[2] 林斌：《王斧军先生之生平》，载《广东文献》第4卷第1期（1974年3月1日），第74页。

比照来看，在后来的琼籍同盟会会员中，以创办报纸为业的王斧，加入革命的行列最早，且他时常以报刊主笔面目出现，是革命派中一个以笔为战的"文胆"式人物。王斧的革命历史，就是从1901年在香港结交革命志士陈少白、黄世仲、郑贯公等人，并成为《中国日报》的撰稿人开始的。

这缘于兴中会这个革命团体的成立，尤其是第一张革命报纸《中国日报》的创立。

回望孙中山的人生历程，他"甲午以后，赴檀岛、美洲，纠合华侨，创立兴中会，此为以革命主义立党之始。然同志犹不过数十人耳"[1]。这说的是1894年兴中会成立之时，革命力量很小，仅是"立党之始"，而革命能够最终取得成功，革命报刊的宣传作用厥功至伟。或言："中华民国之肇造，世人多归功于革命书报文字宣传之力。"[2] 此论颇中肯綮。

革命报纸以《中国日报》为滥觞。孙中山谋划的1895年广州起义，事泄流产，陆皓东等被捕牺牲，孙中山被迫逃亡国外，于是有1899年派陈少白去香港创办《中国日报》的举动。1900年1月25日，《中国日报》在香港创办，分日报、旬报两种，统称《中国报》。定名《中国报》是取"中国者中国人之中国"之义。陈少白任社长兼总编辑。这是革命党的第一份机关报。

陈少白与孙中山、尤列、杨鹤龄并称"四大寇"。1895年他

---

[1]《中国革命史》，载《孙中山全集》第七卷，中华书局，2006，第63页。

[2]《目前健在之民国前革命报人》，载冯自由著《革命逸史》第四集，中华书局，1981，第237页。

加入兴中会,此后奉孙中山命回香港办《中国日报》,宣传革命,与保皇党的《商报》论战。1905年同盟会成立后,他出任香港分会会长。当时,陈少白堪称兴中会最有文才的士子,也是他最早提出办报的动议。至是始有孙中山命他回香港创办报纸之举。孙中山有如是记述:

由乙未(1895年)初败以至于庚子(1900年),此五年之间,实为革命进行最艰难困苦之时代也。盖予既遭失败,则国内之根据、个人之事业、活动之地位与夫十余年来所建立之革命基础,皆完全消灭,而海外之鼓吹,又毫无效果。适于其时有保皇党发生,为虎作伥,其反对革命、反对共和比之清廷为尤甚。当此之时,革命前途,黑暗无似,希望几绝,而同志尚不尽灰心者,盖正朝气初发时代也。

时予乃命陈少白回香港,创办《中国报》以鼓吹革命;命史坚如入长江,以联络会党;命郑士良在香港设立机关,招待会党。[1]

冯自由,字建华,原名懋隆,广东南海人,1881年生于日本长崎一个侨商家庭。1896年孙中山在日本成立兴中会支部时,其父冯镜如为长崎支部负责人,冯自由故随父入会,"为全体会员之最年幼者",后来又成为同盟会会员。冯自由曾经说,民国前八九年的革命轶事,除了他和刘成禺二人外,"无人知其详"。因

---

[1]《建国方略》,载《孙中山全集》第六卷,中华书局,2006,第233—234页。

而，其所著的《革命逸史》被史学界认为是颇有参考价值的第一手史料，所记述是真实可信的。冯自由记述说：

　　自乙未广州一役失败后，孙总理久在日本规画粤事，重图大举，知创设宣传机关之必要，乃于己亥（一八九九年）秋间派陈少白至香港筹办党报，兼为党务军务之进行机关。[1]

　　《中国日报》之创办，首开革命报纸之先河，亦为革命宣传之有力喉舌，标志着资产阶级革命派文字宣传、鼓吹革命阶段的到来。由于《中国日报》兼党务、军务双重功能，所以其在孙中山革命历程中具有独特地位与作用。

　　加入同盟会之前，王斧在香港出版的革命报纸《广东日报》任笔政。他与《中国日报》关系匪浅。对此，冯自由的一段记述提供了说明。

　　冯自由说："广东日报亦为前香港中国日报记者郑贯公所创办。贯公于癸卯年（1903年）冬发刊世界公益报后，因报中股东及董事多属耶稣教徒，发言立论多不自由，故于公益报出版半载，即自行辞职，复向同志另集资本，组织广东日报以为之继，宗旨与中国日报略同，是为香港革命报纸之第三种。""操笔政者除贯公自任主编外，尚有黄世仲、王军滨、胡子晋、陈树人、王斧、

---

　　1 《陈少白时代之〈中国日报〉》，载冯自由著《革命逸史》初集，中华书局，1981，第66页。

卢伟臣、劳伟孟诸人，出版后颇受广州香港澳门各地学界之欢迎，销场亦殊不恶，惟以资本不足，开办不及一年，至乙巳（1905年）夏秋间即告歇业，闻者惜之。"[1]

王斧还是《唯一趣报》的撰述者。该报是郑贯公等人在香港创办的，又名《有所谓报》，"专以小品文字牖导社会，粤中文士助任撰述者，有胡子晋、王君演、王斧、陈树人、卢伟臣、卢星父、骆汉存等十余人，销路之广，驾各大报而上之"[2]。这里特别写到王斧是该报的撰述者。

后来《华暹日报》在暹罗曼谷发刊，该报"出版一载，渐主张革命，于乙巳年（1905年）冬与香港中国日报互通声气，并托中国报代聘主笔，中国报乃推荐前有所谓报记者王斧及前图南报记者康荫田二人应之"[3]。这也说明王斧与《中国日报》的渊源。

当时，经《中国日报》介绍，王斧的阵地从《中兴日报》转移到《华暹日报》。这方面的内容，详见本书第二章"在南洋"。

林文英留学东京

1905年7月19日，孙中山从法国马赛港乘船返抵日本横滨，逗留四五天后到东京。在此期间，他与黄兴会晤，畅谈革

---

1 冯自由：《华侨革命组织史话》，正中书局，1954，第30页。
2 《郑贯公事略》，载冯自由著《革命逸史》初集，中华书局，1981，第84页。
3 《海外各地中国同盟会史略》，载冯自由著《革命逸史》第四集，中华书局，1981，第153页。

命形势，并建议兴中会与华兴会联合，共同致力革命，黄兴表示赞同。

当时的景况是："时各省同志中负人望者，以华兴会领袖黄兴（黄轸改名）为最，孙总理前尚未与之认识，至是始由日人宫崎寅藏介绍黄及宋教仁、陈天华等数人与总理相见于东京凤乐园。黄等对总理备致倾慕，并愿率领华兴会全体会员与总理合组新革命团体。总理深表赞同。于是决定是月下旬某日假座东京赤坂区桧町黑龙会会所为第一次开会地点。"[1]

时间到了7月30日，会议如期在东京桧町黑龙会会所召开，与会者有60余人，可谓盛况空前："时甘肃尚未派学生游学，故是日到场者有十七省人，独甘肃一省缺席耳。众推孙总理为主席，于是总理详言全国革命党各派应合组新团体以从事讨虏工作之必要。众无异议。继复提议定名为中国革命同盟会。时有主张用对满同盟会名义者，亦有谓本会属秘密性质，不必明用革命二字者。再四讨论，卒从后说，确定名称为中国同盟会。总理更提议本会宗旨拟规定'驱除鞑虏，恢复中华，创立民国，平均地权'四事为纲领。""黄兴倡议公推孙中山先生为本党总理，不必经选举手续，众咸举手赞成。"[2] 此时孙中山就被推选为总理，这也是他被尊称为"孙总理"的由来。

在中国同盟会筹备过程中，出现了一个精彩片段，也是孙中

---

1 《中国同盟会史略》，载冯自由著《革命逸史》第二集，中华书局，1981，第137页。

2 《中国同盟会史略》，载冯自由著《革命逸史》第二集，中华书局，1981，第138页。

山人生中的一个高光时刻：1905年8月13日，在东京富士见楼，孙中山发表了一场盛况空前的演说。是时，"莅会者千三百余人，后至者多不得入。留学界公然开大会欢迎革命党首领，前未之闻也"[1]。这场演说引出了琼崖资产阶级民主革命的先驱人物林文英，以及民国初年倡言海南建省的第一人陈发檀。

清末民初，中国掀起一股留学热潮。其中，明治维新之后变得强大的日本，吸引了众多的中国学子，并形成一股留日浪潮。当时，"中国学生之东游留学者，年多一年。前年（1902年）正月，仅五百七十九人，九月中增至一千五十八人，近则已有一千四百人"[2]，到1905年据说达到八千人之多。由此可见，当时相当多的留日学生都参加或"旁听"了孙中山的这次演讲。

是日下午一时许，孙中山到会，宋教仁即宣布开会，并致欢迎词，众皆拍手大声喝彩。当孙中山演说时，会场已拥挤不堪，后来者更络绎不绝。警吏命闭门，诸人不得进场。女学生大愤，恨恨而返，男学生则大声喧哗。宋教仁即出攀缘至门额上，细述人众缘由，又开门让诸人入内。下午四时许散会。[3] 陈天华将此事记录下来，并刊载于《民报》，当中称道："东京自有留学生以来，开会之人数，未有如是日之多而且整齐者。""迄今观留学生之欢迎孙君，而知我中国人爱国之忱、崇拜英雄之性，视日本有

---

1 《中国同盟会史略》，载冯自由著《革命逸史》第二集，中华书局，1981，第139页。

2 《派遣游学类志》，《东方杂志》1904年第2期，第158页。

3 吴相湘：《孙逸仙先生传》，远东图书公司，1984，第477—478页。该书所引内容是《民报》第一号所载过庭（陈天华）的《记东京留学生欢迎孙君逸仙事》，见《孙中山全集》第一卷，中华书局，2006，第282—283页。

29

加无已也。"[1] 陈天华还称孙中山是"四万万人之代表""中国英雄之英雄"。

可见，孙中山此次演说影响之大，而对于参加者而言，同样产生了莫大的影响。"时适各省派留学生至日本之初，而赴东求学之士，类多头脑新洁，志气不凡，对于革命理想感受极速，转瞬成为风气。故其时东京留学界之思想言论，皆集中于革命问题。"[2] 孙中山这样说道。

林文英是"海南爱国华侨的一面旗帜"，也是海南迎接辛亥革命到来的一位先驱者和出色的宣传革命活动家。直至1914年他被龙济光部将、琼崖绥靖督办陈世华杀害，在这十余年的海南民主革命历史中，他处于舞台的中间，其个人命运让人赞与叹。

留学日本是林文英的一段很重要的人生经历，也是他与革命结缘的开始。具体的留学时间，据今人说，在1903年初春，年满30岁的林文英，顶着寒风细雨，离开暹罗学堂到日本东京留学，从此走上探索救国的道路。而在东京听孙中山演说的这一际遇，影响了林文英的人生。今人说，1905年夏，孙中山从欧洲抵达日本，在东京的华侨和留学生举行欢迎集会，在会上孙中山做了题为《中国民主革命之重要》的演说，林文英听了孙中山在演说中提出的"驱除鞑虏，恢复中华，创立民国，平均地权"的革命主张，十分激动。他认为，孙中山是一个了不起的伟大人物。于是决心

---

1 吴相湘：《孙逸仙先生传》，远东图书公司，1984，第478—479页。
2 《建国方略》，载《孙中山全集》第六卷，中华书局，2006，第235—236页。

追随孙中山，献身民主革命，挽救祖国。[1]

当今介绍林文英的文字很多，只是比照之下，发现皆为互相传抄，故内容大同小异，而在具体的时间事实上却不一致。尤其是把他当作海南民主革命的正面人物加以"一边倒"颂扬，乃至誉之为"炎黄子孙的骄傲"的时候，一些真实的事情往往被忽略了。

听了孙中山在富士见楼演说的林文英，是什么时候加入中国同盟会的呢？今人几乎是各说各话。有的说："1904年秋，林文英在日本横滨结识了孙中山，并为孙中山所器重，因而立即加入同盟会，随从孙中山筹划革命。从那以后，林文英和孙中山结下了'布衣之交'。"[2] 有的说：孙中山抵日后，联络兴中会、华兴会、光复会等各革命团体领导人，于同年（1905年）8月20日在东京成立了中国同盟会，"林文英经廖仲恺介绍加入了同盟会，成为同盟会最早的盟员之一，由此开始了民主革命生涯"[3]。有的说：1903年春，林文英怀着强烈的求知欲望去日本留学，进入法政大学政治科攻读。1904年秋，经廖仲恺引荐，林文英在日本横滨晋谒孙中山，并由廖仲恺介绍，加入了中国同盟会。孙中山很器重他。[4] 还有的说：林文英辛亥革命前到日本进入法政大学读书，毕业后回暹罗。1904年，他由廖仲恺先生介绍加入同盟会，追随孙中山先生奔走

1　范运晞：《琼籍民国人物传》，南海出版公司，1999，第293—294页。

2　陈日岷：《愿将铁血洗神州——记旅泰华侨林文英烈士的爱国事迹》，载《海口文史资料》第二辑（1985年9月），第94页。

3　范运晞：《琼籍民国人物传》，南海出版公司，1999，第294页。

4　云昌瑛、郭仁勇：《甘将头颅换自由——敬悼林文英烈士》，载《泰国归侨英魂录》，中国华侨出版公司，1991，第2页。

南洋各地进行革命活动。[1]

这些互相传抄的说法，其实都带有想当然的成分，于史无征。不妨推想看：同盟会成立于1905年，林文英怎么可能在1904年就加入了呢？林文英是海南最早加入同盟会者应该是见于梁国武的说法。梁国武在1966年对梁秉枢所写的《海南讨袁斗争的回忆》一文进行"补充"时说："林格兰是暹罗华侨，留学日本法科，是海南岛人最早在日本参加同盟会者。"[2] 但是，在本书中我们还是要把最早加入同盟会者这个名义送给王斧，而林文英应是1908年在暹罗时加入同盟会的。

留日学生陈发檀、陈治安

陈发檀留学日本之时，"适孙中山在日本东京创建同盟会，发起推翻清廷建立民国的民主革命运动。陈发檀聆听孙中山的演讲，深受影响，并秘密加入同盟会"[3]。这是陈发檀追随"中国英雄的英雄"孙中山的开始。更重要的是，他后来成为孙中山的秘书，并于1912年首倡琼州改省，得到孙中山的赞成，孙中山等37人联名发布了《琼州宜改设行省理由书》，推动了琼州改省运动；孙中山也因倡议琼州改省，至今仍为海南人所感念。

在今天可见的对陈发檀的一般性介绍中，主要内容也是关于他对琼州改省的建议及其受到孙中山重视的情形。

陈发檀，广东省琼山县（今海南省海口市美兰区）东新乡东

1　林日举：《海南史》，吉林人民出版社，2002，第353页。
2　《广东文史资料存稿选编》第二卷，广东人民出版社，2005，第9页。
3　范运晞：《琼籍民国人物传》，南海出版公司，1999，第194页。

头村人，清光绪末科（1904年）秀才。科举停后，其父伋止，家有资财，深知时务，命应留学试，考取官费留学日本东京帝国大学法律科，为海南留日学生第一人。清宣统元年（1909年）毕业归国，依照条例钦赐进士，膺选国会议员。时革命风潮澎湃，陈发檀追随孙中山，于民国元年（1912年）任孙中山秘书，后随孙中山入京。1912年9月11日下午3时，广东旅京同乡在南横街粤东新馆欢迎孙中山，梁士诒为主席，行礼如仪，恭请孙中山致辞，略曰："今日诸君皆是同乡至亲，不拘客套，故弟今日不演说，改为谈话会，无论政治、实业种种问题，如诸君下问，兄弟定必详答。"语毕，孙中山下台与同乡诸人列坐台下，陈发檀发言谓中国有两大岛，一台湾，一琼州。台湾已被日本占去，唯余琼州，万一再失去，则影响甚大。若欲整顿，非将琼州改为一省不可。改省之理由，首在建设榆林军港，开发天然物质，及移八府之民以实国防。但一切行政经费，非得中央政府补助及借外债不可，此事望孙先生帮忙。梁士诒继而发言："广东僻处一隅，去中原颇远，且山多田少，民食不足自给。从前粤人争往外洋谋食，近因各国禁阻华工，粤华侨恐立足无地。近虽有殖民于东三省或蒙古之说，然其地苦寒，与粤人体质不相宜。琼本广东九府之一，粤人移此，必能相合。然非改为省，而请中央协济，则此事原不易言。昨与孙先生谈及此事，今日又得琼州陈君为之萌芽，诸君如以为然，则请研究此问题可也。"于是，孙中山随即起立答曰："近日江苏人欲将江北改省，然其地与江南仅隔一扬子江耳，改省与否，无关紧要也。琼州则孤悬海外，当民国之最南，其海峡之最狭者，亦与内地口岸相距八十里，万一不能关照，失去琼州，则高、廉、雷等府及广西之太平等处大有危险。今为边防起见，宜将琼州另立一省。其五指山内黎峒所未开辟之地,则移广东八府之人以实之,则琼州或可自守矣。况琼州有一榆林港,极合军港之用。此港为欧亚航路所经,如立为军港以守之,则不特可以固中国之门户,且可以控制南洋一带。至于实业,则琼州四面滨海,物产甚丰。琼多山木,其木材足供数省铁路枕木之用。农田一岁数熟,矿产又极富,琼地又能种树胶之木,近来树胶之用极广,每树胶一磅,值银数元,一树能出十余磅。琼之糖产、槟榔等又极丰。若为外人所占,则大利外溢,贻患无穷。且檀香山面积不过六七千方里,从前粤人侨此者四万,日本七万,土人数十万,亦足供殖民之用。今琼地万余方里,地大于檀,产腴于檀,美人为海防起见,尚极力保全檀香山,何中国人不以琼为意乎?今陈君提倡设法保卫琼州,琼全则粤全,诚急务也。"孙中山当日这一席话,实为后来琼州改省之嚆矢。此足见陈发檀之高瞻远瞩,关心桑梓。陈发檀后因不满曹锟非法解散国会,被迫出都,南返乡间,读书自娱以终。琼人参与此次会议者,尚有陈治安(发兴)、陈定平(后改名定坤)二人。[1]

陈治安,派名发兴,陈伋止次男,曾随兄陈发檀赴日留学,日本东京帝国大学法律科毕业。其学成归国,荣膺国会议员,常往来京沪之间,后因世局变化,深感宦海浮沉,乃息影乡居,至老终不复出,其高洁如此。陈发桐,陈伋止三子,庶出,公费留学日本,商科大学毕业,返国曾任陆军步兵学校上校教官。陈梦梅,陈伋止长女,随兄陈发檀、陈发兴赴日本留学,考进师范大学,成绩优异,为官费生。毕业后返国与同邑罗梧村冯裕芳结婚,

---

[1] 陈俊:《海南近代人物志》,传记文学出版社,1991,第81—82页。

陪伴终身。[1]陈伋止三个儿子及一个女儿，均官费留学日本，一时传为佳话。

据说陈发檀的四弟陈发榛也是官派留日学生。陈发榛学的是土木工程专业，归国后曾任山海关桥梁厂厂长等。[2]

不同于林文英，陈发檀及其弟陈治安是官派留日学生，所以他们留日的史料还较为翔实。比如，下面就是"官费"支付他们留学的一条记录：

琼崖道支留学日本学生学费系光绪三十一年（1905年）间，据留学日本学生陈发檀、陈治安禀请，给予学费。当经核准，自是年七月起，至五年（1909年）卒业止，每月在琼崖中学堂经费项下酌给八两。[3]

陈发檀、陈治安是两兄弟，这是难得一见的他们获得官费资助留学日本的原始记录，但应当不是完整的记录。

公费留学生陈发檀、陈治安的出现，使我们可以多了解一点当年中国学生留学日本的情况。有记载：

光绪二十四年（1898年），管学大臣张百熙奏派余荣昌、曾仪进、黄德章、史锡倬、屠振鹏、朱献文、范熙壬、张耀曾、杜福垣、唐演、冯祖荀、景定成、陈发檀、吴宗栈、钟赓言、王桐龄、王舜成、

1　陈俊：《海南近代人物志》，传记文学出版社，1991，第83页。
2　陈耿：《琼州名士陈发檀》，《海南日报》2011年8月15日。
3　经济学会：《财政说明书》，财政部印刷局，1915，第17页。

朱炳文、刘成志、顾德邻、苏潼、朱深、成巂、周宣、何培琛、黄艺锡、刘冕执、席聘臣、蒋履曾、王曾宪、陈治安第三十一人去日。[1]

陈发檀、陈治安兄弟二人的名字出现在这份三十一人的名单中。

根据当年《东方杂志》的记载，截至1904年，留日学生的留学学堂及学生人数是："帝国大学十九、早稻田大学四十、札幌农学三、法学院大学十、日本大学三、第一高等学校六、第二高等一、第五高等一、高等工业十二、高等商业四、大阪高等工业九、高等师范及附属中学十、千叶医学专门三、蚕业讲习所五、熊本医学校二、炮兵学校一、熊本土木学校一、士官候补生见习士官百零三、熊本铁道学校一、东京府立师范二、正则英语学校正则预备校二十三、物理学校四、测量专门校四、音乐学校四、东京外国语学校二、女子美术学校一、帝国民族专门学校二、工手学校二十、日本女子大学附属高等女学校三、制药学校一、金泽医专门一、警察学校一、岐阜县制造所一、成城学校二十四、振武学校（成城学校武科改称）七十六、弘文学院二百四十九、同文书院百二十七、庆应义塾三、清华学校五十四、晓星中学一、顺天中学二、神户中学一、帝国妇人协会十、诚言小学三、曲町小学校一。此外，散在各所学修预科者仍一百八十四人学生。年齿少则七岁，老则五十岁。"最小与最大的留学生，年岁差异极大。

按其原籍省份，人数如下："旗籍二七、奉天一、直隶七七、山西一、陕西一、河南七、山东四十、湖南百三十、湖北一二六、江苏一七五、浙江一四二、安徽五五、江西二七、福建

---

[1] 舒新城：《近代中国留学史》，中华书局，1933，第27页。

四二、广西八、四川五七、广东百零八、贵州一七、云南一二。"其中，湖南、湖北、江苏、浙江、广东人数最多，仅甘肃没有留学生。

另，京师大学堂派往日本留学生三十一人，其所分科学特录如下。文科大学：哲学杜福垣、哲学王桐龄（但以教育学为主）、历史及地理学唐演。理科大学：地质矿务学及地文学顾德邻，化学吴宗栻、成隽，数学及物理学冯祖荀，物理学朱炳文，动物学席聘臣，植物学黄艺锡。法科大学：私法黄德章（尤以民法为重），私法余荣昌（尤以商法为重），交涉学曾仪进（国际公法国际私法），刑法朱献文，公法屠振鹏，统计学范熙壬，政治学周宣，民事刑事诉讼法朱深，理财学张耀曾（尤以财政为重）。法科大学兼文科大学：教育行政学陈发檀。农科大学：农学景定成，农艺化学钟赓言。工科大学：应用化学何培琛、刘冕执、史锡绰，电气工学刘成志、王舜成。医科大学：内科医学苏振潼，外科医学蒋履曾，药学王曾宪。高等商业学校：商业学陈治安。[1] 这当中，教育行政学陈发檀、商业学陈治安，就是我们所写的海南两兄弟。

革命新纪元

中国同盟会正式成立是在 1905 年 8 月 20 日："同盟会复假赤阪区霞关子爵阪本金弥邸开第二次正式成立大会。阪本邸与清公使馆密迩，会员颇有误投清使馆者。是日莅会人数三百余人，首通过会章，次选举干事。会章采三权分立制，各部干事，除总理一职已于

---

[1]《派遣游学类志》，载《东方杂志》1904 年第 2 期，第 159—160 页。

第一次开会公推外，余依会章分别票选。"[1] 会上，黄兴被选为执行部庶务长，协助总理主持本部工作。本部各机构的主要职员有章炳麟、程家柽、陈天华、田桐、邓家彦、汪精卫、宋教仁等人。

随后，留日学生相继加盟者有400余人，这让孙中山相信"革命大业可及身而成"。他回忆道：

> 自革命同盟会成立之后，予之希望则为之开一新纪元。盖前此虽身当百难之冲，为举世所非笑唾骂，一败再败，而犹冒险猛进者，仍未敢望革命排满事业能及吾身而成者也；其所以百折不回者，不过欲有以振起既死之人心，昭苏将尽之国魂，期有继我而起者成之耳。及乙巳（1905年）之秋，集合全国之英俊而成立革命同盟会于东京之日，吾始信革命大业可及身而成矣。于是乃敢定立"中华民国"之名称而公布于党员，使之各回本省，鼓吹革命主义，而传布中华民国之思想焉。不期年而加盟者逾万人，支部则亦先后成立于各省。从此革命风潮一日千丈，其进步之速，有出人意表者矣！[2]

由这段论述看同盟会成立的重大意义，说它开辟了孙中山领导的中国民主革命"新纪元"，当恰如其分。

在同盟会的影响下，为了国家的独立和富强，海南人中涌现出了一大批甘愿追随孙中山奔走革命的志士。其中，林文英

---

[1] 《中国同盟会史略》，载冯自由著《革命逸史》第二集，中华书局，1981，第139页。

[2] 《建国方略》，载《孙中山全集》第六卷，中华书局，2006年，第237页。

与王斧是并驾齐驱的人物。可惜林文英中途陨落,构不成海南民主革命史上的"林王"并称,否则他们将与历史上的"丘海"并寿无疑。

同盟会在东京成立仅十多天后,1905年9月8日,孙中山即委派冯自由、李自重二人前往香港、广州、澳门联络同志,主盟接收会员。不久,香港兴中会改组为同盟会香港分会,陈少白任会长。

当时,"同盟会既成立,孙总理于是年八月十日首派冯自由、李自重至香港组织香港澳门及广州各地分会"[1],其情形如下:

> 九月初旬抵香港,即与李自重、陈少白、郑贯公等筹备组织同盟分会。正进行间,而总理适于十月间偕黎仲实、谢良牧、胡毅生、邓慕韩等乘法邮船赴越南西贡,舟过香港。余遂偕陈少白、李自重、郑贯公、李柏(纪堂)、容开(星桥)、黄世仲、陈树人等登轮晋谒。即由总理亲主持同盟会宣誓式,令少白等一一举手加盟,虽旧兴中会员亦须填写誓约。后数日开同盟会成立会于中国报社,众举陈少白为会长,郑贯公为庶务,冯自由为书记。是年继续入会者,有李树芬、李自平、邓荫南、邓警亚、梁扩凡、温少雄、廖平子、卢信、李孟哲、李伯海、王斧诸人。[2]

王斧是1905年底在香港加入同盟会分会的,他也是有确切

---

1 《中国同盟会史略》,载冯自由著《革命逸史》第二集,中华书局,1981,第142页。

2 《香港同盟会史要》,载冯自由著《革命逸史》第三集,中华书局,1981,第221页。

记载的加入同盟会的海南第一人。

今人不察，说王斧于1906年加入同盟会，甚至说他是同盟会香港分会副会长："各地分会纷纷成立，陈少白和王斧也应时发起成立香港分会，陈少白任会长，王斧为副，郑贯公为庶务，冯自由为书记，并经陈少白的荐介，认识了孙中山。"[1]但是，见之于主其事者冯自由的笔下并无此说："是年（1905年）七月，东京同盟会本部成立，孙总理派余至香港组织分会，余既莅港，乃召集同志开成立会于中国日报，众举陈少白任会长，贯一任庶务干事，余任书记干事。"[2]

这也不奇怪。"香港为革命党对内活动之策源地。兴中会于乙未（1895年）九月广州之役及庚子（1900年）闰八月惠州之役，均以此地为军事之出发点。且其唯一之宣传机关中国日报亦设于此。故在一部革命史上，香港地位之重要，实占全部之第一页。此凡读建国方略总理自传者无不知也。"[3]香港分会的重要，就在于其既兼任军务，责任最重，又有舆论发动——中国革命的第一份报纸《中国日报》在这里创办，影响最大。这样的重要地位，"初出茅庐"的王斧未居副会长之地位，当不足为奇。

革命报主笔王斧

在同盟会成立三个多月之后，1905年11月26日，同盟会机

---

[1] 范运晞：《琼籍民国人物传》，南海出版公司，1999，第2页。

[2] 《郑贯公事略》，载冯自由著《革命逸史》初集，中华书局，1981，第85页。

[3] 《香港同盟会史要》，载冯自由著《革命逸史》第三集，中华书局，1981，第219页。

关报《民报》在东京创刊。《民报》的前身是留日学生创办的《二十世纪之支那》，由宋教仁、程家柽等人主持。孙中山在《民报》发刊词中首次将同盟会纲领概括为"民族""民权""民生"三大主义。冯自由说："发刊辞出孙总理手撰，文中首揭橥民族民权民生三大主义，极为透辟，是为此三大主义名词之新发见，盖以前世人从未闻有民生主义之新名词也。"[1]

《民报》的创办壮大了革命派的声势，也壮大了同盟会的队伍，成为进步舆论的中心。孙中山说："及同盟会成立，命胡汉民、汪精卫、陈天华等撰述《民报》。章太炎既出狱，复延入焉。《民报》成立，一方为同盟会之喉舌，以宣传主义；一方则力辟当时保皇党劝告开明专制、要求立宪之谬说，使革命主义，如日中天。由是各处支部，以同一目的，发行杂志、日报、书籍；且以小册秘密输送于内地，以传播思想。学校之内，市肆之间，争相传写，清廷虽有严禁，未如之何也。"[2] 以"喉舌"定位革命报《民报》，可见其在同盟会中至关重要的地位与作用。

随着同盟会的成立和民主革命的宣传机关报《民报》的出现，王斧任《民报》的主笔，这也成就了他作为海南民主革命的先驱人物的历史地位。

冯自由说："香港《有所谓报》停刊后，该报编辑人分为二派，各续办小报以为之继。一为东方报，一为少年报，均与《有所谓报》同一体裁，少年报发刊于丙午（1906年）丁未（1907年）

---

[1]《中国同盟会史略》，载冯自由著《革命逸史》第二集，中华书局，1981，第143页。
[2]《中国革命史》，载《孙中山全集》第七卷，中华书局，2006，第64页。

年间。"[1] 这也说明这些说法有所据：

民前十一年，在香港结交革命志士陈少白、黄世仲、郑贯公等，更从而获识孙中山先生。民前七年，香港同盟分会成立，加盟。在港前后创办民报、少年报、人报、广东日报、有所谓报，竭力宣传革命。其宣传方式，除纪事、论说外，又增辟小说、剧本等栏，于风花雪月、儿女私情之中，写排满复汉、流血革命思想。[2]

据冯自由记，当时海内外报刊与王斧相关的有三种，在继续讲述王斧的故事之前，我们借这三种报了解他的基本面：《华暹日报》，时期为乙巳（1905年），出版地为暹罗槟角埠，编辑及出版人为萧佛成、陈景华、王斧、康荫田、胡毅生、卢仲琳。《有所谓报》，时期为乙巳（1905年），出版地为香港，编辑及出版人为郑贯公、黄世仲、陈树人、王斧、李孟哲、胡子晋。此报又名《唯一趣报》，庄谐并重，规模虽小，而销路较大报为广。《中兴日报》，时期为丁未（1907年），出版地为新加坡，编辑及出版人为田桐、居正、胡汉民、汪精卫、王斧、周杜鹃、张绍轩。[3]

琼崖新纪元

1905年同盟会成立，开辟了孙中山革命的新纪元，也是在这

1　冯自由：《华侨革命开国史》，上海商务印书馆，1947，第19页。
2　陈哲三：《王斧生平及其〈斧军说部〉》，载《广东文献》第7卷第4期（1977年12月31日），第70页。
3　《开国前海内外革命书报一览》，载冯自由著《革命逸史》第三集，中华书局，1981，第139—140页。

一年，两广总督岑春煊开创了海南建置史上的新纪元。

岑春煊，广西西林人，系曾任云贵总督的岑毓英之子。岑春煊于 1902 年署理两广总督，1906 年调为云贵总督。他的名字是与海南建省联系在一起的。此相关内容可于三处见之：一是陈发檀、陈治安等 1912 年具呈大总统《琼州改省之呈文》(再续)："前清时代，张之洞督粤时，常倡琼州改省之议，后岑春煊督粤，亦有是议。"[1] 二是孙中山等人 1912 年联名发布之《琼州宜改设行省理由书》："前清时代，张之洞督粤时，尝倡琼州改省之议，后岑春萱督粤，亦有是议。"[2] 三是孙中山的《琼州改设行省理由书》："前清时代，张之洞督粤时，尝倡琼州改省之议，后岑春萱督粤，亦有是议。"[3] 其中关联的故事详见本书第八章"琼州改省案"。

岑春煊提议海南改省的史料无从查到，但就在 1905 年，他奏请改雷琼道为琼崖道、升崖州为直隶州，使崖州在历史上首次升格为直隶建制，而海南岛这个完整的地理单元，再次由琼州、崖州两个州来分治，直至民国元年（1912 年）。

其事记载如斯："光绪三十一年四月丁未，署两广总督岑春煊奏，请以原属雷琼道之雷州府，原属肇阳罗道之阳江直隶厅与高州府，归原设之高廉道管辖，更名高雷阳道，仍驻高州。原设之雷琼道更名琼崖道，仍驻琼州。又奏，请以琼州府属崖州升为直隶州，改为冲难烟瘴要缺，以附近该州之感恩、昌化、

---

[1] 《琼州改省之呈文》(再续)，《申报》1912 年 11 月 3 日第 6 版。

[2] 《琼州宜改设行省理由书》(续)，《民主报》1912 年 10 月 29 日第 11 版。

[3] 《琼州宜改设行省理由书》，载《孙中山全集》第二卷，中华书局，2006，第 566 页。

陵水、万州归其管辖,并将万州改为万县,以符体制。均下政务处吏部议行。"光绪三十一年(1905年)十一月己卯,改铸广东廉钦道、广肇罗道、高雷阳道、琼崖道各关防,崖州直隶州、万州、广州府经历、万州龙滚司巡检各印信,万州儒学教谕、高雷阳道、广济库大使、琼崖道丰裕库大使各条记。从署两广总督岑春煊请也。"[1]

此事在当时就很受关注,有报纸陆续跟进报道:"粤省大宪迩来会议,请将崖州升为直隶州,而拨附近儋、万等州归其管辖,其雷琼道则改为琼崖道云。"[2]

又如:"迩闻省宪会议,以琼州府孤悬海外,管辖十三属,地方辽阔,加以汉黎杂处,府城距崖州极远,难免鞭长莫及,拟将崖州升为直隶州,拨儋州、万州等属归其管辖,将雷琼道改为琼崖道,惟雷州归何道管辖向未知悉(暌)。"[3]

再如:"粤督岑制军以改设琼崖道而后,琼州一府统计州三县十,均归该府统辖,南北相距千里,幅幔宽广,离府太远,有鞭长莫及之势。因特会同粤抚,奏请升崖州为直隶州,改为冲难烟瘴要缺,以州西之感恩、昌化,州东之陵水、万州归其管辖,此外山北迤东之琼山、文昌、定安、乐会、会同,迤西之澄迈、临商〔高〕、儋州八州县,乃归琼州府管辖,所有崖州直隶州及所属四县,一切刑钱事件,均归琼崖道考核。近已奉朱批政务处、吏部议奏。"[4]

---

1 唐启翠:《明清〈实录〉中的海南》,海南出版社,2006,第283页。
2 《崖州升为直隶州》,《新闻报》1905年4月21日第4版。
3 《粤宪注意崖州》,《申报》1905年4月23日第4版。
4 《崖州奏升直州》,《新闻报》1905年5月17日第4版。

岑春煊拟请升崖州为直隶州原奏的内容是：

再，琼州一府，四面环海，中亘黎山，山之南为崖州、万州、陵水、昌化、感恩五州县，山之北为琼山、澄迈、文昌、定安、儋州、临高、乐会、会同八州县，统计州三县十，均归琼州府统辖，南北相距千里，幅幪宽广，实为各郡之冠。向来府治琼山，偏在东北迤南一带，州县离府太远，有鞭长莫及之势，每遇禀商要件，往返需时，辄多延误。

查崖州处琼郡极南，中国版图至斯而尽。辖境荒阔，民黎杂居，海面直抵南洋。榆林港尤为扼要，洋人时往游历，轮艘间或经行，边备海防，责任綦重。考之往籍，唐天宝初改崖州曰珠崖郡，琼州曰琼山郡，均属岭南道。是琼、崖分治，自昔已然，沿革虽殊，山川不易。况今日各国通商门户洞辟，边海奥区尤为重要者乎？臣等酌古准今，详加筹度，拟请升崖州为直隶州，改为冲难烟瘴要缺，以州西之感恩、昌化，州东之陵水、万州归其管辖，庶声势联络，得辅车指臂之助。万州系属州缺，未便隶于直隶州，并请改为万县，以符体制。

此外，山北迤东之琼山、文昌、定安、乐会、会同，迤西之澄迈、临高、儋州八州县仍归琼州府管辖。似此区画，南北分置府州，在知府辖地较少，督察易周，不虞暌隔，而昌、感、陵、万四县附在崖属，相离较近，不至苦无秉承。因地制宜，似为两得之道。所有崖州直隶州及所属四县，一切刑名、钱谷事件，均归琼崖道考核，不隶琼州府，以重事权而专责任。臣等彼此熟商，意见相同。

理合附片缕陈，伏乞圣明垂鉴，敕下政务处、吏部一并议覆施行。谨奏。[1]

光绪三十一年四月初五日（1905年5月8日）奉朱批：政务处、吏部议奏。钦此。

直隶州的建置最早出现于元代，明清时期为地方行政单位之一，以直隶于布政司而得名，与一般隶属于府的州不同。明朝的州有两种：直隶州和散州。直隶州相当于现在的省辖市，与府（相当于地级市）平级；散州相当于现在的县级市，与县平级。在清朝，行政区划的州与厅分为直隶州及直隶厅。其中，直隶等级的州为统治人口多、事务杂繁者。编制上直隶州与府的等级相同，下辖知州、州同、州判等官员都与府品等编制相同。因为此时雷琼道改为琼崖道，下辖琼州府、崖州直隶州，是以也是"琼崖"作为海南行政单位名称的开始。此名一直延续到1949年国民党政府设"海南特别行政区"，而被"海南"所取代为止。而在孙中山当时的话语中，他更多的时候还是沿用"琼州"，而非"琼崖"。

岑春煊请升崖州为直隶州其心可鉴："考之往籍，唐天宝初改崖州曰珠崖郡，琼州曰琼山郡，均属岭南道。是琼、崖分治，自昔已然。"但是，此处把崖州的地望给搞错了。

先是唐高祖武德四年（621年），将撤珠崖郡改置崖州，领舍城、平昌、澄迈、颜罗、临机五县，辖境相当于今海南海口、文昌、澄迈、定安、琼海等市县地；唐玄宗天宝元年（742年），改崖州为珠崖郡；唐肃宗乾元元年（758年），珠崖郡复为崖州。这说明，

---

[1]《各国通商粤区尤为重要拟请升崖州为直隶州片》，载《岑春煊集》（肆），广东人民出版社，2019，第353页。

唐朝的崖州（珠崖郡），其地望是在今海南岛北部地区。

又唐高祖武德五年（622年），将临振郡改置振州，唐玄宗天宝元年（742年）改为临振郡，唐肃宗乾元元年（758年）复为振州。振州治所在宁远县，领延德、吉阳、临川、落屯四县，辖境相当于今海南三亚、保亭、乐东等县地。这也就是说，唐朝的振州（临振郡），其地望是在今海南岛南部地区。宋太祖开宝五年（972年），始将崖州徙于振州，原崖州废，其属县舍城、文昌、澄迈等编入琼州，同时将振州改为崖州。今三亚自此始称崖州。由于振州之废，是以海南一直保持琼州、崖州、儋州、万安州等四州建置。简言之，历史意义上的琼、崖分治，是发生在宋太祖开宝年间，而不是唐玄宗天宝年间。

由唐宋海南建置的这些变迁，可知今三亚的崖城镇，在唐代是振州的治所。明末清初著名的思想家、史地学家顾炎武说："珠崖，为州郡，建置迁转凡四处：汉武初，治琼山东潭都；梁治儋州义伦；唐治琼山之颜城，即今琼山张吴都之颜村；宋以宁远都为崖州，乃今崖州。"[1]

可能是先人都没有心力去纠缠边陲海南发生的这些细微事，是以到清季张之洞督粤之后，还酿成了一桩历史公案。

光绪十三年十二月十八日（1888年1月30日），在出巡途中的两广总督张之洞，电嘱崖州牧唐镜沅寻访唐朝被贬到崖州的宰相李德裕遗物及后裔，以显示其忠臣之心。此事虽忙坏了地方官，但张之洞仍是一无所获。当时的崖州大文人吉大文，向唐镜沅写了一篇文章，文中旁征博引，称："是唐时琼山地，半为崖州，半

1　顾炎武：《肇域志》，上海古籍出版社，2004，第2281—2282页。

为琼州。唐李德裕贬为崖州司户参军,是琼山之崖州,而非今宁远县之崖州也。"不过,他又稽诸史志,参以见闻,提出李德裕虽贬在琼山,但其子弟移居到今崖州的折中说法:"由是以观,则李公贬所为琼山,昔日之崖州;其子弟移居,又为宁远,今日之崖州矣。"[1]

如此来看,督粤的岑春煊搞不清楚唐代崖州在海南岛北部的琼山,这也就不足为奇了。

有意思的是,此事还延续到海南解放后。1962年春节前后,大学问家郭沫若重游崖县(今三亚市),点校《崖州志》,在整理各版本资料时,发现了一些有关李德裕谪贬到海南岛的问题。为把这些答案写出,他当年专门撰文"硬证":"李德裕的谪贬地断然是今之崖县而非琼山"。[2]

郭沫若点校的《崖州志》中,他引证的一大堆资料都有出处,但是却有致命的不足,就是这些资料限于明清以降的广东及崖州的地方志,而将新旧《唐书》、《资治通鉴》等正史置之一旁。明白了这一点,就可读懂著名历史学家谭其骧的这段驳语:"其实在新旧《唐书》、《资治通鉴》等历史文献上,既然明确地记载着李德裕的贬所是崖州而非振州,那末崖城地方有关李德裕的传说古迹无论有多少,其为出于附会,还是显而易见的。"当时,谭其骧同样撰文据理力争"李德裕的贬所是崖州而非振州",他说:"《唐书·李德裕传》载德裕在宣宗大中初被贬为崖州司户,当

---

[1] 吉大文:《上唐芷庵刺史书》,载张嶲、邢定纶、赵以谦纂修,郭沫若点校《崖州志》卷二十,广东人民出版社,1983,第454—455页。

[2] 郭沫若:《李德裕在海南岛上》,《光明日报》1962年3月16日。

然指的是唐代的崖州,不会是宋以后的崖州。"[1] 这是合乎史实的。

类似的问题,还出现在孙中山等人1912年联名发布的《琼州宜改设行省理由书》中,详见本书第八章"琼州改省案"。

我们展现两广总督岑春煊开创海南建置史上的新纪元,还有两个含义:一是下文的都察院代奏日本留学生陈发檀《呈请速立宪法振兴海陆军折》,当中引用了岑春煊奏称"崖州处琼郡极南,中国版图至斯而尽。榆林港尤为扼要,洋人时往游历,轮艘间或经行,边备海防,责任綦重"等语,为榆林开为军港张目。二是在下章写到保皇派人物欧榘甲游琼,当中有海南"树立一个现代化的模范省区"之说,此"省区"之说的出现,当与曾经倡议琼崖改省的岑春煊督粤有关。

---

[1] 谭其骧:《李德裕谪崖州》,《文汇报》1962年6月30日。

孙中山与海南(1905—1913)

冯自由

岑春煊

第一章　风起同盟会

王斧与家人在南京玄武湖留影（1935年）

第二章　在南洋

孙中山的革命之路，历尽苦难，充满艰辛。有谓："我们如果把孙先生的历史，划分时代起来，从纪元前五年到四年（1907年到1908年）是革命运动最艰苦的时期，如黄冈起义到镇南关占领，孙先生没有一天不是在艰苦的生活中，四面八方都闷闷着，使他无一线曙光可见。但从镇南关失败出来，一直到现在，孙先生的革命生活，更陷入苦闷的境地了，因为几年来惨淡经营的最便利的根据地，既然完全失去，又非短期内所能恢复的，同时更因实际运动的进展而引起的党务纠纷和反对派的进逼，也在这时期开展起来，更使孙先生苦于应付，要不是像他那样具有沉毅的魄力，坚定的意志，准确的识见，恐怕早就灰心了！"[1]就是在这最艰苦的时候，出现了一位坚定追随他、与他并肩战斗的海南人，那就是和孙中山并称为"一对兄弟"的林文英。以此为背景，在南洋，

---

[1] 高良佐：《孙中山先生传》，甘肃人民出版社，2006，第245页。

有一个追随孙中山革命的海南人群体。

孙中山与南洋

说起来，孙中山与南洋发生关系，与他读到一张南洋出版的《图南日报》有关。

《图南日报》1904年春在新加坡出版，时"香山人陈景华任职广西贵县知县，因得罪粤督岑春煊，亡命暹罗，旋与老华侨萧佛成等发刊此报，内容分中国、暹罗两种文字，暹文部分由佛成及其女公子任之。出版一载，渐主张革命"[1]。在此之前，新加坡有《叻报》（属守旧派）及《天南新报》（属保皇派），槟榔屿有《槟城报》（属守旧派），吉隆坡有《南洋时务报》（属基督教派），而革命党人在南洋尚未有机关报之组织。因此，"图南日报为南洋华侨革命党机关报之鼻祖"[2]，"为南洋群岛革命党人之第一言论机关"[3]。

孙中山一向对南洋没有革命派报纸而引以为憾。1904年秋，他自日本赴檀香山，为《檀山新报》撰文，与保皇派的《新中国报》大开笔战。他偶然中看到《图南日报》致《檀山新报》请求交换报纸函，及寄来报纸月份牌等，始知不是孤单为战，至为欣悦。于是，亲寄美金20元至《图南日报》购取1905年月份牌20张，

---

1 《海外各地中国同盟会史略》，载冯自由著《革命逸史》第四集，中华书局，1981，第153页。

2 《新加坡图南日报》，载冯自由著《革命逸史》初集，中华书局，1981，第170页。

3 《新加坡图南日报》，载冯自由著《革命逸史》初集，中华书局，1981，第172页。

又写信给尤列查询该报为何人组织，以便通信。得知《图南日报》操笔政者，即属彼意中之陈诗仲，尤为惬意。[1]他心中也燃起对《图南日报》的重视和对南洋的向往。

　　孙中山获读《图南日报》的喜悦，在冯自由的笔下以"始知南海同志大有人在"[2]，"知革命种子已传播于南洋群岛"[3]等来形容。由此，1905年7月初，孙中山乘船东返途经新加坡时，由尤列介绍与华侨陈楚楠、张永福等人会见，并上岸小叙。这是孙中山与南洋发生关系的开始。"尤列遂领陈楚楠、张永福、林义顺等登轮晋谒，总理告以欧洲留学界已成立革命党机关，此次赴日本，谅不日亦可成立，嘱尤等在南洋预为布置，以利进行，尤等咸为乐从。是为孙总理与南洋同志结合之嚆矢。"[4]"及船过西贡，复致书楚楠报告情形，自后彼此通讯不绝，而南洋党务遂益发达。"[5]

　　同盟会成立之后，1906年2月16日，孙中山从西贡抵达新加坡，不久在晚晴园建立同盟会分会，以陈楚楠、张永福为正、副会长。孙中山向加入同盟会者指出："这同盟会的组织，

---

[1]《新加坡图南日报》，载冯自由著《革命逸史》初集，中华书局，1981，第173页。

[2]《南洋各地革命党报述略》，载冯自由著《革命逸史》第四集，中华书局，1981，第140页。

[3]《南洋华侨与革命运动》，载冯自由著《革命逸史》第六集，中华书局，1981，第166页。

[4]《新加坡图南日报》，载冯自由著《革命逸史》初集，中华书局，1981，第173—174页。

[5]《南洋华侨与革命运动》，载冯自由著《革命逸史》第六集，中华书局，1981，第169页。

是希望发展得很大很大的。我们的责任，当然是牺牲，……设使牺牲到剩二个人存在，亦算是同盟会存在的一日。"[1]冯自由记："乙巳年（1905年）冬，总理至新加坡已开设同盟会，陈楚楠等率先举手加盟，由是党员日众。附近各埠侨胞入会者络绎不绝。"[2]"而革命思潮遂弥漫于南洋群岛矣。"[3]此后，新加坡遂成为革命党人在南洋活动的中心。

当时，革命党在南洋活动，这里的南洋指的是广义的南洋："南洋二字之界说，解释各有不同，从狭义言之，则专限于英、荷二国属地之南洋群岛。从广义及通俗言之，则此二字之范围至广，凡英、荷二属群岛、菲律宾群岛、大洋洲群岛以及越南、暹罗、缅甸、印度诸国，皆可统称之曰南洋。本书所载革命党之南洋运动，即从广义及通俗而言也。"[4]

南洋对革命党的重要性，如胡汉民所述："我们从革命史来观察，南洋确是居于极重要的地位，南洋是本党革命的策源地，是本党革命的根据地。""孙先生在早年到欧洲到日本的时候，总是经过南洋，南洋是孙先生的足迹所遍的最熟悉的地方。"[5]

---

1 《孙中山年谱》，中华书局，1980，第78页。

2 《南洋各地革命党报述略》，载冯自由著《革命逸史》第四集，中华书局，1981，第143页。

3 《南洋华侨与革命运动》，载冯自由著《革命逸史》第六集，中华书局，1981，第167页。

4 《南洋华侨与革命运动》，载冯自由著《革命逸史》第六集，中华书局，1981，第161页。

5 《胡汉民讲述南洋华侨参加革命之经过》，载冯自由著《革命逸史》第五集，中华书局，1981，第186页。

王斧创办《中兴日报》

随着革命的区域重心移向南洋，革命的内容重心——舆论也移向南洋。同盟会新加坡分会成立后，该会机关报《中兴日报》创刊。1907年8月23日，一直关注该报创刊的孙中山表示祝贺："《中兴报》旦夕开张，贺甚之！此后星坡又多一文明导线，企予望之。"[1]

先是南洋革命党报之"元祖"《图南日报》，因资金周转不灵，于1905年冬停版；继之是《南洋总汇报》出现，该报"出版之初，仍由楚楠、永福主持，报面不用大清年号，称清帝光绪为载湉，与前身图南报之立言宗旨，尚能终始一贯"，但1906年春后，由于"拆股承让"变化，保皇派商人"加股合办，而总汇报竟化为保皇会一纯粹机关报矣。其后康徒欧榘甲、徐勤、伍宪子等即凭借此报与革命党为敌"[2]。

由于《南洋总汇报》改变宗旨，这就有了《中兴日报》的创办："缺乏报道机关以资联络，各会员莫不引为大耻，楚楠、永福、林义顺、许子麟、陈先进、邓子瑜、沈联芳诸人，乃于丙午（1906年）春发起募股，重创党报。初函托香港冯自由代聘记者及购办铅字，冯荐何子耀、王斧二人任之，筹备至是岁七月十三日始出版，定名中兴日报，社址在吉宁街第十三号"[3]。这表明，王斧受命

---

1 《复张永福陈楚楠函》（一九〇七年八月二十三日），载《孙中山全集》第一卷，中华书局，2006，第339页。

2 《南洋各地革命党报述略》，载冯自由著《革命逸史》第四集，中华书局，1981，第141页。

3 《南洋各地革命党报述略》，载冯自由著《革命逸史》第四集，中华书局，1981，第143页。

创办了《中兴日报》，并以笔政面目出现。

《中兴日报》于 1907 年 8 月 20 日在新加坡创刊发行。张永福在其所著《南洋与创立民国》（中华书局 1933 年版）的《中兴日报》图样上标注："此为未组织有限公司以前丁未年之第一张中兴日报"，"主席张永福、监督陈楚楠、司理林义顺。先后主笔政者：胡汉民、汪精卫、居正、田桐、林时塽、张西林、王斧、何德如、林希侠、方瑞麟等。"

王斧在《中兴日报》上以各种笔名发表了不少文章，但由于当时的印刷水平不高，这些文字已经难以辨认。此处选取王斧写的乐会县（今琼海市）彭会直借税发财的一小段论说，以窥其思想与文采：

况吾琼民性驯伏，视彼红头□脚者，不啻小鬼遇阎王，任其敲打搜括，不但不作声，临去且三跪九叩，首制万民伞，以欢送之。（琼人媚官吏之性质，实为全粤冠。不论奴才如何贪暴，临去辄送德政）而一般绝无人格，为虎作伥之贼绅，更从而助桀为虐，率猛兽以食其乡党。彼野心勃勃之奴才，又焉得而不肆其爪牙，为所欲为？兼之乐会一县，远隔府城，吾民谋生孔艰，饥寒交迫，因而弃其父母妻子，飘泊外洋者居多，间有辛劳半世，积寸锱铢，薄置田亩，为家人口腹计。而奴才则鬼瞰其旁，以为某者为洋商，某者为富翁，不惮寻瑕觅隙以罗致之。既无瑕隙可乘，知税务足以死人也。料吾民典当庶常，一时交易未清，不及到官造契也。于是出其查验税契之手段，定买卖不明之罪案，俾从中吞噬。呜呼！彭会直行此政策，一索十余万，狡则狡矣，然吾不之责也。[1]

---

[1]《乐会县彭会直之借税发财》，《中兴日报》，1907 年 11 月 6 日第 2 版。

"南洋小学生"加入笔战

在王斧的生平纪事中，人们都会记上这闪光的一页："纪元前五年（1907年），奉国父命赴星加坡，任中兴报主笔。时保皇党之南洋总汇报，妖言惑众，先生著论驳斥，侨民争诵。"[1] "民国纪元前五年（1907年），奉国父命赴星加坡，任中兴报主笔，时康梁之保皇党南洋总汇报，妖言惑众，玉老基于民族大义、革命立场，力辟保皇党所谓开明专制及君子立宪之谬说，著论驳斥之，南洋侨胞一时争诵。"[2] "民前六年（1906年）春，新加坡党人筹办中兴日报，函托香港冯自由代聘记者及购办铅字，冯荐王斧及何子耀任之。是年七月十三日，中兴日报出版，由王斧与田桐主持笔政。此报出世未久，即与保皇党总汇报的革命论与立宪论之大笔战。"[3]

《中兴日报》生逢其时，成为革命党与保皇党论战的主阵地。正如冯自由记述："出世未久，即与总汇报为革命论与立宪论之大笔战，先后主笔政者，尚有田桐（恨海）、居正（药石）、陶成章、林时塽、胡汉民、汪精卫、方瑞麟、林希侠、张绍轩（西林）、周杜鹃、何德如、胡伯骧诸人。任事者则有林义顺、邓慕韩、萧百川、汤百令、吴悟叟、周华、罗仲霍诸人。"[4]

---

1 沈裕民：《王斧先生事略》，载《海南文献》第2期（1971年10月10日），第37页。

2 林斌：《王斧军先生之生平》，载《广东文献》第4卷第1期（1974年3月1日），第74页。

3 陈哲三：《王斧生平及其〈斧军说部〉》，载《广东文献》第7卷第4期（1977年12月31日），第70—71页。

4 《南洋各地革命党报述略》，载冯自由著《革命逸史》第四集，中华书局，1981，第143页。

邹鲁在《中国国民党史稿》中写到同盟会之宣传，其中专论南洋各属革命书报之发达，其中就有田桐、胡汉民、居正、王斧等主笔的《中兴日报》的蓬勃兴起。[1]

孙中山其时也加入笔战："当两报笔战时，总理适于丁未年（1907年）自越南移居此地，寓东陵东明律一一一号，东京民报诸记者亦联翩而至，一齐加入战线。总理亦托名'南洋小学生'，亲自撰文以驳斥'革命足以召瓜分'说之非。"[2]1908年9月12日，孙中山以"南洋小学生"为笔名，在《中兴日报》发表《论惧革命召瓜分者乃不识时务者也》一文，驳斥改良派宣扬中国革命会招致瓜分的谬论。他以土耳其和摩洛哥为例，阐明革命不仅不会招致列强瓜分，而且"瓜分问题已由革命而解决"，指出此"非惧外媚满者所能置辩也"。9月15日，他以同一笔名在《中兴日报》发表《平实尚不肯认错》一文，驳斥了平实"引孔孟天命之说以文饰，……以满人侵夺中国亦为天命之自然"的谬论。10月9日，他又以同一笔名在《中兴日报》发表《平实开口便错》一文，批判平实在《论革命不可强为主张》中"以天命反对革命"的谬论。孙中山指出，"人事补天工，人事夺天工"，"人事"与"天工"、"时势"与"自然"是不能混为一谈的。他以商汤推翻夏桀、周武王推翻商纣以及美国独立战争为例，证明这是"人事之变迁"造成的，而不是什么"天数"。只要"有主张革命者，出而唤起同胞，使之速醒"，就能"造成革命之时势"。[3]

---

[1] 邹鲁：《中国国民党史稿》，东方出版中心，2012，第455页。

[2] 《南洋各地革命党报述略》，载冯自由著《革命逸史》第四集，中华书局，1981，第143页。

[3] 《孙中山年谱》，中华书局，1980，第95—96页。

是谓："其次年（1907年），中山先生自越南移居新加坡，东京民报记者亦联翩而至，一齐加入战线。中山先生亦托名'南洋小学生'，亲自撰文驳斥'革命足以召瓜分'说之非。两报论争之烈，殊不让香港中国报与商报之战、日本报与新民丛报之战。民前五、四两年间，中兴日报日销至四千余份，英荷两属侨众，直接蒙其感化，厥功至伟。"[1]

张永福曾专门记述"革命党与保皇党的笔战"一幕，并言"王斧等文锋笔阵，亦称犀利，作许多文字对付"。他说：

这回子保皇党的报纸，因我们屡次的失败，他想乘机入寇。他派了主力军络续前来加入总汇报方面，对我们作非常的毁诋。而我们呢，历来对谁总不客气，对这寻上门的买卖，当然格外欢迎，不稍踌躇的向他答炮回敬。打了几次冲锋，总算我方不弱。不想我方的编辑何虞颂受敌人贿赂，就向敌人方面投奔去了。敌方又接二连三添派许多战将，欧榘甲、袁寿民、陈介叔下总攻击，拼命再进攻前来。我方这回有孙先生做中枢，战将如云，应付自然，绰有余裕。孙先生虽然拥有这么多的战将，但他主张攻心为先，以至理服人为上策。胡展堂乃将所著的驳康书（先是康有为以吾党在日本东京民报宣传革命宗旨，彼无可如何，乃著有康有为最近政见书，作单行本出版）以学者态度相与周旋。那何德如、王斧等文锋笔阵，亦称犀利，作许多文字对付。双方对峙至为紧张的时候，汪君亦技痒得不耐烦，出马应敌。

---

[1] 陈哲三：《王斧生平及其〈斧军说部〉》，载《广东文献》第7卷第4期（1977年12月31日），第70页。

孙先生自己亦著有文字一编登报（署名曰南洋小学生），此回诸同志所著文章，于吾党主义之发扬，不特有重要价值，且由此而唤起华侨的注意，了然于我党的主张，同情于我们的事业，增厚我们的革命力量，确是不少。此次的论战，影响于华侨之思想，可谓之极大。[1]

孙中山的革命重心转移到新加坡之时，王斧被孙中山派赴新加坡任《中兴日报》主笔，与保皇派的《南洋总汇报》论战，使《中兴日报》成为同盟会南洋支部宣传喉舌，成为南洋革命党人反对改良派和宣传革命的主要阵地。

当时参与论战的据信还有林文英。南洋各地初期拥护同盟会的人不多，康有为、梁启超等人又在侨民中散布君主立宪思想，侨民受其蒙蔽极深。林文英等人在南洋一带继续开展革命活动，除了提防反动殖民当局的破坏外，还协助同盟会总部委派的汪精卫、胡汉民、田桐等人负责主持《中兴日报》报务工作，同保皇党的《南洋总汇新报》展开针锋相对的论战，批驳保皇派的"革命在中国不能成功"和"立宪论"的谬论，戳穿他们以保护华侨为名，行"窃取荣禄"之实的无耻伎俩，极大地提高了华侨的觉悟。南洋各地受保皇党欺骗蒙蔽的华侨群众纷纷转投革命。保皇党在南洋群岛声名扫地，一蹶不复再振了。革命思潮遂以雷霆万钧之势，磅礴于南洋各地华侨中。[2]

1　张永福：《南洋与创立民国》，中华书局，1933，第56—57页。
2　陈日岷：《愿将铁血洗神州——记旅泰华侨林文英烈士的爱国事迹》，载《海口文史资料》第二辑（1985年9月），第95—96页。

陈发檀呈请保护旅暹中国商民的利益

位于东南亚的泰国，14世纪，其境内中部的暹国和罗斛国合并，称"暹罗国"，1939年改称"泰王国"，1945年复名"暹罗"，1949年再度改名为"泰王国"，沿用至今。19世纪末至20世纪初，英法两国已经分别在暹罗西东两边建立英属印度和法属印度支那殖民地。1896年，英法签订《关于暹罗等地的宣言》，将暹罗列为两个殖民地之间的"缓冲国"，之后英法又于1904年划定势力范围：湄南河以东为法国势力范围，以西为英国势力范围。暹罗虽然没有成为列强殖民地，却例外地成为东南亚地区中唯一保持名义上独立的国家，但是它已处在西方势力的团团包围之中。暹罗第五代君王拉玛五世即朱拉隆功大帝（1868—1910年在位）顺应历史发展潮流，借鉴西方国家经验，领导了一场近代化改革运动，引进西方的行政、税收、教育和军事制度，传统的"萨克迪纳"制为薪俸制所代替，奴隶制被废除。国王聘请了外国顾问在政府各部门任职，又选送青年到西方留学，外交活动重心也倾向西方。暹罗自此走上了向西方学习的道路。林文英出生于暹罗，后来他与孙中山"同框"的革命活动也主要是在暹罗，这个时期为1907—1908年。

而我们先要说的是在1907年，留学日本的海南人陈发檀已关注到保护旅居暹罗中国商民的利益问题，这体现出他强烈的爱国之心和对国际关系问题的深入研究。

下面是陈发檀呈请代奏呼吁保护旅暹中国商民利益的原稿：

留学日本东京帝国大学法科大学生陈发檀，具呈为旅居暹罗商民日多、请设法保护以连络邦交而维持商务呈请代奏事：生闻立国之道在乎通商，通商之要在乎移民，是以欧美各国，日夜孜孜，皆以通商、移民二者为急务。凡其国商民足迹所履之处，即其政府保护力所及之处。故商业日以盛，国家日以富。未有商民与政府若秦越人之肥瘠视者也。故凡旅居他国商民，其数虽少，而政府必设出使大臣或领事，于其国者。盖外以敦睦国交，内则视民如子，知通商移民之盛衰，与国家强弱所攸关故也。中国民质素以善于通商称于世界，虽每年出口货不能抵制入口，而小民生计尚足支持者，皆赖此等出洋商民之入款，以补其罅漏。况今国势不振，我旅居外洋之民，虽有出使大臣或领事以保护之，而尚被侮辱。至于无出使大臣驻劄之国，我民自营生计则视同牛马，贱若鸡犬，其怜悯之情状，何堪设想？生惟中国商民旅居暹罗者，实繁有徒，其商务则以米与木材为大宗，富商巨贾不可胜数，独无有出使大臣或领事，以为保护而连络，我民日被欺侮，而商业亦日形减色。查欧美日本各国商民旅居彼国者，皆不课人头税，我民则隔年课税一次，鱼肉脔割，任其喜怒，是不以最优权利国待我也。我之民富而狡者，则入他国之籍，以资保护；贫而愚者则受彼国之虐，而无完肤。以蕞尔之暹罗小国，犹贱视我民若此，何况欧美列强之侮辱，纷至迭来也。查暹罗一国，土地二十余万方里，人口数百万，自宣布独立以来，法律、政治、海陆军、教育、农工商业著著进步。顾其国，但上有贵族、下有奴隶，而无有与国家同休戚之中等人民，故世界识者，皆知彼不足以图强。既为英法之傀儡，又为德日所利用，彼所谓中等人民者，即中国旅居彼国之商民，全国商业皆在吾民之掌握。以彼国天然物产之富足，供吾民之驱策，诚我国之一大良移民地也。近者，日本各国皆有驻暹出使大臣，故彼等在暹商业日见进步。吾民则既无国家保护之力，又少国民公共之心，故商业日形凋敝。盖无出使大臣，以和睦邦交，则感情日坏，侮慢迭来，吾民益以悴憔。方今朝廷振兴商业，又派杨士琦往南洋各埠，抚慰商民。生惟中国商民侨居暹罗者不下百万，而自为生活与政府无有关系，何异弃民？故种种邪说，乘间易入。国家商业前途关系綦重，且暹罗在亚洲，既称独立之国，我民之侨居彼国者，又如此其众，非设驻劄出使大臣，外无以联邦交，内无以宣上德。据国际公法，凡国与国之间，既有交通，则彼此皆有差遣使臣之权利，与接受使臣之义务。苟无害于本国者，不能拒绝。其通商国所派之使臣，又外务部大臣，皆有保护本国在外国商民权利利益之责任。生惟昔高丽虽为我属国，而一称独立即派使臣，况我国旅居高丽商民不若在暹罗之众。苟无有驻劄彼国使臣，似非交邻保商之道，拟请特谕外务部及出使大臣杨士琦，考察旅居暹罗商民情形，是否能通好彼国。派驻暹出使大臣或领事，以维持商务而善邻交。生愚陋之见，是否有当，伏乞代奏皇太后、皇上圣鉴！谨呈[1]

陈发檀看到"中国商民旅居暹罗者，实繁有徒，其商务则以米与木材为大宗，富商巨贾不可胜数，独无有出使大臣或领事，以为保护而连络，我民日被欺侮，而商业亦日形减色"的状况，预见"以彼国天然物产之富足，供吾民之驱策，诚我国之一大良移民地"，所以针对"吾民则既无国家保护之力，又少

---

[1]《留日学生陈发檀呈请代奏保护旅暹商民原稿》，《大公报》1907年11月14日第2版。

国民公共之心，故商业日形凋敝"的现状，向慈禧太后和光绪帝提出"设驻劄出使大臣"的建议。他既以"国际公法"说理，又以高丽"一称独立即派使臣"为证，建议派杨士琦考察旅居暹罗商民情形，以促成"派驻暹出使大臣或领事，以维持商务而善邻交"之大事。

杨士琦当时考察所见："暹罗为南洋大国，北接滇徼，东西介越南、缅甸之间。越躏于法，缅剪于英，独暹罗尚能自立。近岁采用西法，外交、内政均极讲求"，"全国华侨约三百万人，气谊团结，过去西贡"[1]。

这样，既有陈发檀的呈文呼吁，也有杨士琦的考察加持，因而保护旅居暹罗商民的利益受到清廷的重视："政府电饬杨士琦前往暹罗抚慰华侨"[2]，"政府电饬杨士琦与暹罗国商订通商条约"[3]，"巡视南洋大臣杨士琦电奏河内、西贡、北圻等处宜速设领事"[4]，"考察南洋华侨大臣杨士琦日前奏请缔结中暹条约并在西贡设置领事一事经已允准"[5]。

当时，杨士琦在南洋的行程是："二十日赴港，次菲律宾、西贡、暹罗、新加坡、爪哇等处，请知照英法和三国公使。"[6] 又："考

---

1 《考察商务大臣杨士琦奏南洋华侨商业情形折》，《南洋官报》1908年第110期，第59—63页。

2 《时报》1907年12月1日第3版。

3 《时报》1907年12月3日第3版。

4 《申报》1907年12月4日第3版。

5 《时报》1908年4月7日第3版。

6 《杨士琦电报行程请知照英法和使》，《新闻报》1907年11月3日第2版。

察南洋华侨大臣杨士琦初五日抵菲律宾,事毕即赴暹罗。"[1]

镇南关起义

如果说王斧是以笔为战的"文士",那么林文英就是亲历战场的"战士"。这一文一武,构成了海南资产阶级民主革命史上的奇葩。这也就是他们在辛亥革命胜利后"搭班"(林文英为琼崖民政长、王斧为副民政长),被胡汉民派回海南接管政权的原因。至于他们的表现大失人望,那是另一方面了。

1907年12月2日(光绪三十三年十月二十七日),发生了镇南关起义。是日黎明,孙中山派黄明堂率领广西游勇80余人攻关,占领炮台3座。12月4日,孙中山率黄兴、胡汉民等人自越南越过国境,亲临阵地参战,并为革命军裹伤。他对起义士兵说:"清政府太腐败,太可恶,我们一定要将它推翻,我们的革命一定成功。"士兵深受鼓舞。在战斗中,孙中山又亲自发炮轰敌,感慨道:"反对清政府二十余年,此日始得亲发炮击清军耳!"战后,孙中山还对胡汉民等说:"当战争时,为将者能屹立于战线最危之点,则众心自定。"他还曾到炮台附近壮族聚居的弄尧村访问,向当地农民宣传革命。在黄明堂指挥下,革命军以寡敌众,血战数昼夜,12月9日撤离镇南关。[2]

此役,孙中山称之为其第六次失败:"钦廉计划不成之后,予乃亲率黄克强、胡汉民并法国军官与安南同志百数十人,袭取镇南关,占领三要塞,收其降卒。拟由此集合十万大山之众,而会

---

[1] 《杨士琦画报行程》,《新闻报》1907年11月12日第3版。
[2] 《孙中山年谱》,中华书局,1980,第90—91页。

攻龙州。不图十万大山之众以道远不能至，遂以百余众握据三炮台，而与龙济光、陆荣廷等数千之众连战七昼夜，乃退入安南。予过谅山时为清侦探所察悉，报告清吏。后清廷与法国政府交涉，将予放逐出安南。此为予第六次之失败也。"[1]

这次镇南关起义，从某种意义上说，是海南民国初年政局混乱、民不聊生的一次"预演"。

镇南关之役的"敌人"龙济光、陆荣廷等，对民国时期的海南都有很大的影响，尤其龙济光一度盘踞海南，无恶不作，成为孙中山领导的革命党的"讨龙"对象。至于"正方"的黄明堂，他自始至终都是"拥孙派"，他与海南民国初年的政局有着"剪不断，理还乱"的关系，这种关系随着他两次"主政"海南，而一直影响到孙中山逝世之前。详见本书第六章"末代琼崖道"和第七章"留意琼岛"。

镇南关起义是由孙中山、黄兴亲自参加指挥的。在今人的记叙中，林文英与孙中山并肩战斗。镇南关诸役展现了林文英的革命大无畏精神，他是"炎黄子孙的骄傲"。林文英在镇南关协助孙中山做好交通联络工作，购买万仑火船运军械回国接济起义。1907年10月26日黎明，林文英将孙中山在河内制定的镇南关起义的军政大计转给王和顺、黄明堂等人。黄明堂立即率领那模村乡勇80余人，由镇南关背面小路，向镇北炮台迂回偷袭。清兵百余人猝不及防，纷纷投降。孙中山、林文英等在河内接到黄明堂等起义电讯，心情喜悦，便急于筹办军饷，奔

---

[1]《建国方略》，载《孙中山全集》第六卷，中华书局，2006，第239—240页。

走指挥,终夜未寝。翌日,孙中山、林文英偕同黄兴、胡汉民,以及日本人池享吉、法国退职炮兵上尉狄氏诸人赶赴前线,指挥作战。林文英奋不顾身,英勇杀敌。清廷电令清参将陆荣廷亲自督战,派陈炳焜、黄福廷为先锋,用大炮密集轰击,配合竹梯队、马刀队、药包队向炮台进攻。孙中山、林文英亲自开炮轰击清兵,在战火纷飞的战场上奔走,为伤员裹伤。起义者深为孙中山、林文英等革命党人的革命行动所感动,"附近游勇来投军者不绝于道",于是起义军很快地占领了镇北、镇中、镇南三个重要国防要塞炮台。陆荣廷损兵折将,屡战不胜,只好采取缓兵之计,向革命军"密函约降"。不幸的是,孙中山、林文英等人信以为真,以为陆荣廷曾参加过中国同盟会不会欺骗他们,于是决定由黄明堂带100多人守卫镇南关,孙中山、林文英等人则赶往河内筹款购械接济,且向华侨借款,准备作为"花红"收买陆荣廷。然而,孙中山、林文英等人离开镇南关后,陆荣廷立即增派4000余清兵围攻镇南关。黄明堂率部坚守,苦战了七昼七夜,终于寡不敌众,弹尽粮绝,"攻守均感失据",被迫突围撤离镇南关,退入越南同革命军会合。镇南关起义引起清政府对孙中山在河内领导革命一事忧惧难安,于是与法国驻北京公使交涉,通知越南法国总督把孙中山逐出越南。孙中山、林文英等人于1908年被迫离开越南去新加坡。[1]

---

[1] 陈日岷:《愿将铁血洗神州——记旅泰华侨林文英烈士的爱国事迹》,载《海口文史资料》第二辑(1985年9月),第97—100页。这段较长文字已被范运晞缩写到其所著的《琼籍民国人物传》(南海出版公司1999年版)当中,后又被云昌瑛、郭仁勇编入《甘将头颅换自由——敬悼林文英烈士》(载《泰国归侨英魂录》,中国华侨出版公司1991年版)之中。

镇南关反清武装起义失败后，1908年4月30日，黄明堂、王和顺按照孙中山的部署，率领从镇南关撤出的革命军开赴云南边境，发动河口起义。由于革命军缺乏坚强领导和群众基础，粮械失继，相持战斗近一个月后终于失败。[1]孙中山称："黄明堂守候月余，人自为战，散漫无纪；而房四集，其数约十倍于我新集之众，河口遂不守。而明堂率众六百余人退入安南。此为予第八次之失败也。"[2]

至此，孙中山在西南边境领导的武装斗争宣告完全失败了。经此役，他开始放弃以运动会党为主的方略，转而集中力量运动新军。

同盟会暹罗分会：林文英襄理党事

河口起义失败后，1908年11月20日，孙中山与胡汉民等人赴暹罗。不久，在曼谷建立同盟会分会。

同盟会暹罗分会成立，是孙中山"游暹"的重要成果。当时，南洋各地同盟会分会成立的情况是："越南各埠分会成立于乙巳年（1905年）冬，以河内为总汇。南洋英荷两属各分会最先成立者为新加坡，以总理居其地久，且属交通孔道，各埠分会均附属之。至戊申年（1908年）秋，更扩充为南洋支部，以胡汉民任支部长。暹罗分会在南洋组织最晚，至戊申年（1908年）冬孙总理亲往联络始告成立。"[3]

---

[1]《孙中山年谱》，中华书局，1980，第93—94页。
[2]《建国方略》，载《孙中山全集》第六卷，中华书局，2006，第240页。
[3]《中国同盟会史略》，载冯自由著《革命逸史》第二集，中华书局，1981，第142页。

冯自由这样记录1908年同盟会暹罗分会秘密成立的情景：

戊申年（民国前四年）冬，总理偕胡汉民、胡毅生、何克夫、卢仲琳等自新加坡抵暹，侨商开会于中华会馆，列席者百数十人。越日暹政府即来干涉，限总理于一星期内离境，并不许谈及政治问题。驻暹美国公使闻之，以总理为檀香山籍公民，特向暹政府提出抗议，因得延期一星期，因是总理不便再赴会演说，惟秘密组织同盟分会，华侨入会者颇不乏人，众举萧佛成为会长，陈景华为书记，沈荇思为会计。总理居暹十日，仍返新加坡，留胡毅生、卢仲琳二人助理华暹报笔政。[1]

因为暹罗分会在南洋组织最晚，直到1908年冬孙中山亲往联络始告成立，因此说林文英应是此时方加入同盟会的。

在撰写《王斧先生事略》之前，沈裕民还撰有《林格兰烈士小传》。这是所见最早记载林文英这位琼崖革命先进的文献。后人所写的林文英的事迹，大都源于沈裕民文本，但鲜见注明出处者。[2]

《林格兰烈士小传》所记传主辛亥革命之前的事略是：

林烈士文英，字格兰，原名天泽，又名如春，琼崖文昌人也。少聪慧，工书法，刚毅木讷，有仁者风。壮年鄙弃举业，专心经

---

[1] 冯自由：《华侨革命组织史话》，正中书局，1954，第40页。

[2] 邹鲁编著、上海商务印书馆1947年印行的《中国国民党史稿》，收有《林文英事略》（第1499页），但注明："蒋翊武、张百祥、林文英、张永正、曹锡圭诸事略为王建中先生稿。"而且，王建中之名也出现在事略中，说是林文英"与王建中诸同志，集捐巨资，创立《华暹新报》"。

世学。因先人经商暹逻，乃往暹视察。值总理孙中山先生举义失败游暹，烈士于患难中以死力捍卫总理，遂加入同盟会，与赵声、汪兆铭、胡汉民、朱执信先生，共襄党事。随在暹逻埠倡建南溟商会，及工艺传习所，虽为充裕侨民生计，实则增厚党员势力，筹划周备，侨民称之。旋留学日本研究法律政治学，毕业回国，奔走南北，以光复汉业，鼓励同志。镇南关、黄花冈诸役，烈士皆与焉。[1]

此文记事虽简略，但真实可信，当无疑问。因所撰于林文英1914年被害之后，且有孙中山亲题"烈士林文英之墓"，故作者行文以烈士相称林文英。

所说"值总理孙中山先生举义失败"，是指孙中山领导的1907年12月镇南关起义失败和1908年4月河口起义失败；"游暹"是指孙中山与胡汉民等1908年11月20日赴暹罗。就在这时，"因先人经商暹逻，乃往暹视察"的林文英，"于患难中以死力捍卫总理，遂加入同盟会，与赵声、汪兆铭、胡汉民、朱执信先生，共襄党事"。由此看，林文英当是1908年在暹罗时才加入同盟会的。

而且，林文英又是在加入同盟会之后，"旋留学日本研究法律政治学"。这是让我们颇感疑惑的地方，因为此说若成立，则今人所说林文英留学日本时，于1905年在东京听孙中山演说之事，就当存疑了。

---

[1] 沈裕民：《林格兰烈士小传》（选自琼崖同乡会特刊），载陈献荣著《琼崖》附录一，上海商务印书馆，1934，第157页。

孙中山与海南（1905—1913）

我们再读一篇有关林文英事迹的文章，前面部分的内容是：

林烈士格兰，原名开泽，又名文英，字如春，海南文昌人。其先祖出自宋琼州安抚使暹公，二十一传至所彰公，生学仓公，学仓公生开淮、开泽、开潮、开润、开玉、开吉，兄弟六人。烈士居次，性聪慧，有大志，通经史，识时务。年二十六，遭父丧，营葬于万宁县，离家二百余里，择地筑坟，奔走历时一年始竣，人称其孝。

壮年鄙弃举业，究心经世学。因先人有商业在暹罗，乃往暹视察。嗣与其六弟开吉留学日本，研究法律政治学，并深受倒满革命思潮之影响。毕业归暹，又令开吉留学美洲。时其三弟开潮已为邑诸生，家事悉以委之，已则奔走各地，为光复汉族而努力。

民国前四年戊申，会国父孙中山先生于云南河口举义失败后由星加坡赴暹，筹款以备再举。烈士于患难中极力维护国父，遂加入同盟会，与胡汉民等共襄党事。国父随嘱烈士经营海南，以为他日响应两广之地。[1]

从此文中，我们看到林文英在壮年之后，"因先人有商业在暹罗，乃往暹视察。嗣与其六弟开吉留学日本，研究法律政治学，并深受倒满革命思潮之影响"。毕业归暹罗后，到1908年，适逢"孙中山先生于云南河口举义失败后由星加坡赴暹，筹款以备再举。烈士于患难中极力维护国父，遂加入同盟会，与胡汉民等共襄党事"。

---

[1] 沈萍水：《林格兰烈士事略》，载《海南文献》第1期（1971年1月25日），第62页。

这个叙事逻辑清晰，是对《林格兰烈士小传》的有益补充。陈俊编著的《海南近代人物志》（传记文学出版社，1991年版），有关林文英的这部分内容，就是全部抄自《林格兰烈士事略》而未加注明。

加入同盟会的林文英，其表现也记录在《林格兰烈士小传》中："随在暹逻埠倡建南滨商会及工艺传习所，虽为充裕侨民生计，实则增厚党员势力。筹划周备，侨民称之。"

这些内容都被今人谈及，而说法略异，今人称林文英"识时务，忠实寡言"，随从孙中山任文书工作。不论是在暹罗还是新加坡，他总是穿着一套灰色西装，提着一个黑皮袋，埋头苦干，"四出演讲，劳瘁尽至，感化侨民"。他经常跟随孙中山出没在华侨组织的社团、娱乐场所、酒楼茶馆、戏院等场所，向华侨宣传革命道理，谴责清廷丧权辱国，控诉外国列强企图瓜分中国的罪恶行径，鼓动侨民起来救国，驱除鞑虏，重建山河。他还创办报刊，组织华侨义演团公演粤剧、琼剧，以激发华侨的民族观念和爱国热情，并以此筹款募捐，购置械弹，支持国内革命斗争。[1] 由于孙中山和林文英的宣传鼓动，王斧、云竹亭、冯裕源等人成立了同盟会曼谷分会，组织琼岛会所作为革命活动机关，并纷纷解囊、踊跃捐输购置枪械，为此后的武装起义提供了物质支持。此后，林文英与胡汉民跟随孙中山左右共襄党事。他担任孙中山的文书，在患难中同孙中山结成"布衣之交"。林文英追随孙中山在南洋一带奔走革命，发表演说，揭露清廷之腐朽，抨击保皇党，宣传革命，不遗余力，"劳瘁尽至，感化侨民"，使南洋的华侨纷

---

1 陈日岷：《愿将铁血洗神州——记旅泰华侨林文英烈士的爱国事迹》，载《海口文史资料》第二辑（1985年9月），第94—95页。

纷加入同盟会。因此，林文英成为南洋一带华侨中无人不知，无人不晓的民主革命活动家。[1] 林文英留日学成返回暹罗，他奉孙中山先生的指示，联合萧佛成、陈美堂、林伯歧、陈绎如、云茂修、冯元裕、林树兰、陈铁汉、王斧等人，发起组织暹罗琼岛会所，作为革命活动的场所。[2]

沈裕民在《林格兰烈士小传》中说，加入同盟会的林文英"旋留学日本研究法律政治学"。如果其说属实，那么，林文英1905年留学日本，在东京富士见楼听孙中山演说可能就不属实了。但是，其说又似与事实不符。理由之一，孙中山离开暹罗的第二天（1908年12月15日）就致函包括林文英在内的海南籍同志，促筹款项，并告拟往欧美运动。也就是从此开始，林文英将回海南"运动"，何暇留学日本？

因此，我们取信林文英于1908年加入同盟会的说法，及由此而来的他与胡汉民等人"共襄党事"的人生壮举。是谓：

民国前四年戊申，会国父孙中山先生于云南河口举义失败后由星加坡赴暹，筹款以备再举。烈士于患难中极力维护国父，遂加入同盟会，与胡汉民等共襄党事。国父遂嘱烈士经营海南，以为他日响应两广之地。烈士奉令后，积极筹划，首先尽量吸收海南同志，再谋进入内地，故海南人士之加入同盟会，均系烈士一手组织而来。[3]

---

1 范运晞：《琼籍民国人物传》，南海出版公司，1999，第294—295页。

2 云昌瑛、郭仁勇：《甘将头颅换自由——敬悼林文英烈士》，载《泰国归侨英魂录》，中国华侨出版公司，1991，第2—3页。

3 沈萍水：《林格兰烈士事略》，载《海南文献》第1期（1971年1月25日），第62页。

林文英"刚毅木讷",是故坚毅刚强而不善表达,且不善于号召;"有仁者风",是故多了一些菩萨心肠,而在那血腥的革命年代,这也许是他的性格"缺陷",以致"出师未捷身先死,长使英雄泪满襟"。林文英与汪精卫、胡汉民、朱执信等这些后来名重一时的群体人物"共襄党事",这在在表明了其于民主革命的功绩与贡献。《林格兰烈士小传》中提到的赵声,为江苏丹徒(今镇江)大港镇人,1903年东渡日本游历,与黄兴结识,同年夏回国,任两江师范学堂教员和湖南实业学堂监督,积极宣传革命思想。1909年10月,他担任广州起义总指挥,并制定具体计划。1910年6月底,他与孙中山、黄兴在南洋商决大举之策。1911年4月,他率部赶往广州,与黄兴领导黄花岗起义。同年5月18日,怀着壮志未酬的悲愤,赵声溘然长逝,年仅30岁。

今人说,1908年,日本政府以同盟会的机关报《民报》鼓吹"无政府主义"的罪名,将其封禁,孙中山也被驱逐出日本,去往南洋。在南洋,孙中山也连续接到驱逐令,以致南洋之大,岛屿之多,而孙中山竟无立足之地。尽管如此,林文英仍坚决追随孙中山,并再次到缅甸、越南、暹罗等地发展组织,筹募经费,而且准备在河内组织武装起义。在暹罗期间,林文英的父亲林开伦将孙中山藏在自己家里(其母亲是暹罗人,当局不存戒心)。林文英和孙中山秘密活动,一方面传播民主革命思想,动员华侨投入革命斗争;一方面揭露暹罗保皇党《图南日报》的所谓"革命足以召瓜分"的谬论,同时揭露保皇派以欺骗手段榨取华侨金钱的卑鄙行为。在事实面前,保皇党们理屈词穷,屡战屡败。在暹罗避难的那些日子,林文英白天跟随孙中山活动,夜间与他同睡一张床(此张双人铁床现存于曼谷博物馆),可谓形影不离,亲如手足,被人们称为"一对兄弟",成为美谈。他俩勤俭朴素,艰苦奋斗,并相互鼓励"乘此良机,重谋大举"[1]。

孙中山在暹罗(今泰国)经常遭到警察的搜捕,有几次孙中山在林文英家里,都因林文英的家人,尤其是林文英的母亲(暹罗人)的机敏应对而脱险。孙中山为了纪念他和林文英共同生活的至深情谊,便给夫人宋庆龄起了个别名叫"林泰"。孙中山几次赴越南西贡和新加坡、缅甸等地组织同盟会,筹募革命经费,林文英都一直陪着孙中山,给他当秘书。[2]

当时孙中山他们的革命条件异常艰苦,大家同睡一张床其实也是很正常的。张永福这样回忆孙中山第五次来新加坡时说:"革命的进程,是走曲线的,经过一回的失败,犹如多走一个弧湾。这回孙先生在镇南关防城起义,遭了失败,他同展堂兄、精卫兄、克强兄、邓师爷、萱野先后回叻,仍旧住在晚晴园。及后黄隆生亦来同住(汪君来星加坡这是第一回吧。他虽然随孙先生先后同来,他还带有孙先生的介绍信给我们,此信现还存在),晚晴园这回人数增多,房间算还够用。及后张继、林时爽(福州人,黄花岗烈士)也同时到来,这时自然不免有人满之虑,但统是一家人,地方虽浅狭些,三二人共一床,亦算将就过去。其时真可谓患难相共、同德同心的。大家会面后,孙先生便将镇南关所竖的青天白日旗(此物现存在何心田君处)及俘获清军所穿的前后补

---

1 陈日岷:《愿将铁血洗神州——记旅泰华侨林文英烈士的爱国事迹》,载《海口文史资料》第二辑(1985年9月),第96页。这些内容又见范运晞著《琼籍民国人物传》,南海出版公司,1999年版。

2 云昌瑛、郭仁勇:《甘将头颅换自由——敬悼林文英烈士》,载《泰国归侨英魂录》,中国华侨出版公司,1991,第2—3页。

心的军衣三四件，带来展开与同志们观看。我们对那经过战地的党旗，表示十二分敬意，恳挚的行礼。闹热了几天，孙先生的精神更加奋发，就办以后所说的事。"[1] 此中所办之事是革命党与保皇党的笔战。

《华暹日报》主笔王斧

海南这些民主革命先辈与同盟会的关系，其实是一个不断"移位"的过程。从1905年到1911年，随着同盟会各地分会的成立，他们就从香港移位到新加坡、暹罗，最终移位到海南岛。在这过程中，他们或与孙中山一起并肩战斗，或为孙中山发动起义筹款，以至响应孙中山号召，回到海南运动革命。王斧以"党报"笔政的身份与保皇派开展论战，展现革命派"文胆"的风采。随着同盟会暹罗分会的成立，海南人群起加入孙中山革命队伍的行列。我们这里先继续王斧的故事。

同盟会时代的王斧，其革命活动轨迹都与革命报的兴衰重叠：最早是香港《中国日报》，进而发展到东京《民报》、新加坡《中兴日报》和暹罗《华暹日报》等。这些报纸，无不是同盟会各地分会的机关报。

王斧在新加坡以《中兴日报》为阵地与保皇党的《南洋总汇报》争论时，侨民反应热烈，而此事为清廷所注意，王斧被迫逃到暹罗躲避。有记载说：

事为清廷嫉忌，向星加坡政府交涉拿办，先生乃逃避暹罗，

---

1 张永福：《南洋与创立民国》，中华书局，1933，第48—49页。

与胡毅生、何克夫、卢仲琳等创办华益学校,并任同盟会暹罗分会主盟人,又兼华暹日报主笔,仍与保皇党笔战。[1]

此事仍见:"本[事]为清廷嫉忌,向星洲政府交涉拿捕,玉老乃前往暹罗(泰国)与胡毅生、何克夫、卢仲琳等同志创办华益学校,并任同盟会暹罗分会主盟,同时又兼华暹日报主笔,仍与保皇党笔战,予保皇党以重大之打击。"[2]

王斧在暹罗的活动,更详细一些的记述是:

民前五年,又由冯自由之荐,王斧与康荫田赴暹罗,佐陈景华、萧佛成主华暹日报笔政。民前四年冬,中山先生偕胡汉民、胡毅生、何克夫、卢伯琅等到暹筹款,并成立同盟分会。分会举萧佛成为会长,陈景华为书记,王斧任主盟人。中山先生居二十余日即返新加坡,留胡毅生、卢伯琅二人襄理华暹日报编辑事务。王斧并与胡、卢等创办华益学校,教育华侨子弟。是时,保皇党徐勤亦在暹主图南报,于是笔战又开。徐招架为难,竟托殷商向华暹日报求和停战。从此,暹罗倾心革命者日多。民国(前)五、四两年,中山先生以南洋为基地在西南边境发动六次起义,其经济主要支持,即来自越南与暹罗之华侨同志。[3]

---

1 沈裕民:《王斧先生事略》,载《海南文献》第2期(1971年10月10日),第37页。

2 林斌:《王斧军先生之生平》,载《广东文献》第4卷第1期(1974年3月1日),第74页。

3 陈哲三:《王斧生平及其〈斧军说部〉》,载《广东文献》第7卷第4期(1977年12月31日),第70—71页。

这段记述有两点为鲜见者：一是1907年，由冯自由推荐，王斧与康荫田赴暹罗，辅佐陈景华、萧佛成主持《华暹日报》笔政。二是同盟会暹罗分会的情况。1908年底，孙中山同胡汉民、胡毅生、何克夫、卢伯琅等人到暹罗筹款，并成立同盟会暹罗分会，会长为萧佛成，陈景华为书记，王斧任主盟人。关于胡毅生、何克夫、卢伯琅（卢仲琳）三人的身份，据1942年10月4日《中央日报 扫荡报》发表的《王斧先生事略》可知，当时在暹罗，王斧"与今国民政府委员胡毅生、监察院监察委员何克夫、立法院立法委员卢仲琳等，创办华益学校，并任同盟会暹罗分会主盟人"。由于这些背景，1908年在暹罗，出现了孙中山、王斧、林文英"同框"的情景，那是他们患难与共的日子。于是《华暹日报》成为同盟会暹罗分会的机关报，该报笔政王斧再次在这里以笔为战，而同盟会暹罗分会成立之时，就是林文英入会之日。

在国民党党史会库藏史料中，藏有王斧这一时期相关史料三件，分别为孙中山、陈景华、胡汉民致王斧等同志的函。由这些函件，足见当时王斧与革命之关系紧密，并可见当日革命运动之大势。[1]

今人亦云，王斧在暹罗期间，不为清政府的通缉所吓倒，其紧跟孙中山推翻清廷的意志更加坚定。他和在暹罗的胡毅生等人创办华益学校，并任同盟会暹罗分会主盟人，兼任《华暹日报》主笔。不久，王斧得到在暹罗的林文英、萧佛成、陈美堂等数十名反清志士的支持协助，发起组织琼岛会所，作为反清的革命活

---

1 这些函件的内容，详见本书第五章"图海南"。

动机关,继续宣传、积极进行反清的民主运动。后来,孙中山要赴欧美发展党务,筹划广州起义经费,王斧得知后,便不辞劳苦地在暹罗华侨中进行募捐筹款活动。[1]

1905年《民报》在东京创刊,随后成为同盟会的机关报;1907年《中兴日报》在新加坡创刊,成为此后同盟会新加坡分会的机关报;1908年同盟会暹罗分会成立,此前在曼谷创刊的《华暹日报》成为该会的机关报。

《华暹日报》1906年在暹罗首都曼谷发刊,其创办人为陈景华、萧佛成等。冯自由说:

> 华暹日报设于暹罗国京城槟角埠生日桥侧五十三号,为萧佛成、陈景华、沈荇思等所创办。先是香山人陈景华任职广西贵县知县,因得罪粤督岑春煊,亡命暹罗。旋与老华侨萧佛成等发刊此报,内容分中国、暹罗两种文字,暹文部分由佛成及其女公子任之。出版一载,渐主张革命,于乙巳年(1905年)冬与香港中国日报互通声气,并托中国报代聘主笔,中国报乃推荐前有所谓报记者王斧及前图南报记者康荫田二人应之。侨商之赞成革命者,有王杏洲、陈美堂、何少禧、陈载之、朱广利、马兴顺、梁挺英诸人,皆该地商界中之名望素著者。[2]

---

[1] 吴季泽等:《早期同盟会员王斧先生史纪略》,载《海南文史资料》第四辑,三环出版社,1991,第76页。

[2] 《海外各地中国同盟会史略》,载冯自由著《革命逸史》第四集,中华书局,1981,第153页。

又说:"景华前任广西贵县知县,因得罪粤督岑春煊,亡命暹罗。既创办此报,即高谈革命,与香港中国日报互通声气。先后任笔政者,有康荫田、王斧、卢伯琅、胡毅生诸人,其内容分华文暹文两版。"[1] 这说明,经过《中国日报》的介绍,王斧的阵地从新加坡的《中兴日报》转移到暹罗的《华暹日报》。这是他与该报的渊源。

1908年同盟会暹罗分会成立,《华暹日报》就成为同盟会暹罗分会的机关报:"戊申(民国前四年)冬,总理偕胡汉民、何克夫、胡毅生、卢伯琅等莅暹。此地始成立同盟会,自后是报遂为我国革命党在暹之唯一机关报。至民国三十一年日军入寇暹罗,始被迫停刊,是为海外各地我国在南洋革命党报之寿命最长者。"[2]

民国前革命报人,是冯自由记述的一个主要团体。他说:"中华民国之肇造,世人多归功于革命书报文字宣传之力。溯自孙总理于己亥年(民国前十三年)首派陈少白至香港开创中国日报,以至辛亥民国成立,凡十三年,此十三年间海内外革命志士所发刊日报杂志等类凡数百种,而参加此项革命杂志等类之文字工作,或充撰述编辑,或任经营资金,总数何止万数千人。然自民国成立至民国三十四年,此项参加宣传工作之革命报人,目前健在者已寥落如晨星之可数,据笔者调查,实数不满一百人。"[3] 其中,"王

---

[1]《南洋各地革命党报述略》,载冯自由著《革命逸史》第四集,中华书局,1981,第142页。

[2]《南洋各地革命党报述略》,载冯自由著《革命逸史》第四集,中华书局,1981,第142页。

[3]《目前健在之民国前革命报人》,载冯自由著《革命逸史》第四集,中华书局,1981,第237页。

釜[1] 广东 民卅一年 重庆 病故 监察院委员"[2]。

冯自由还记他在多年以后带头的一件事，足见其与王斧等是"战友"："民十三冬，孙总理养疴北平，各省党员先后北上者络绎于道，是时民党内部为容共事件发生极大纠纷，田怃然忧之，乃于民十四元旦，约冯自由、刘揆一、刘成禺、谢良牧、王斧、丁维汾、于洪起、周震鳞、李煜瀛、王秉谦、蒋尊簋、李根源等发起民前同盟旧友新年恳亲会于北平中央公园。届时莅会者二百数十人，同拍照以志纪念，甚盛事也。"[3]

又有综述说："（王斧）1907年被孙中山派赴新加坡，任《中兴日报》主笔，与保皇派的《南洋总汇报》论战。旋因清政府向新加坡政府交涉拿办，乃逃赴暹罗（今泰国），与胡毅生、何克夫等创办华益学校，并任同盟会暹罗分会负责人兼《华暹日报》主笔，与保皇派的《图南日报》笔战。1911年在暹罗筹饷购械，支援黄花岗之役。广东光复后回国，任琼崖安抚使。1913年赴京任众议院议员。旋返广东，参加反袁讨龙（济光）之役。失利后逃亡海外，檄讨袁氏。1921年回国，任国民党琼崖办事处处长。1930年任国民党中央党史史料编纂委员会编纂。1935年任监察院监察委员。1942年在重庆病逝。著有《斧军说部》《考古学》等。"[4]

1　王斧于护法时期改名为"王釜"，后又改为"王斧"，内容见本书第十章"众议员：陈治安　林文英　陈发檀"一节。

2　《目前健在之民国前革命报人》，载冯自由著《革命逸史》第四集，中华书局，1981，第246页。

3　《水牛将军田桐》，载冯自由著《革命逸史》第二集，中华书局，1981，第149—150页。

4　《广东近现代人物词典》，广东科技出版社，1992，第11页。

经查对，这段文字改编自邹鲁编著、上海商务印书馆1947年印行的《中国国民党史稿》中的《王斧先生事略》，也就是沈裕民撰写的原刊于《中央日报 扫荡报》1942年10月4日的《王斧先生事略》；编者在文字上做了些变动，比如"纪元前五年"改为"1907年"、"纪元前一年"改为"1911年"、"国父"改为"孙中山"等等，还做了一些删节，让今天的读者易读易懂。

要之，后人的这个评价恰如其分："王斧先生，在中国革命史上，虽无赫赫之名，却有赫赫之功。民国纪元前，数南洋鼓吹革命人物，王斧实其中巨擘。主持中兴日报、华暹新报是他最重要的事功。"[1]

末了，我们还得说一说《华暹日报》和《华暹新报》。

据今人介绍，《华暹新报》是由《华暹日报》改组而来的。据说是萧佛成遵照孙中山指示于1907年创办《华暹日报》，萧佛成自己主编华文版，女儿主编泰文版。1908年冬天，孙中山第三次到暹罗进行革命活动。当时，暹罗当局禁止孙中山进行公开的政治活动，孙中山就以《华暹日报》社作为落脚点，秘密联络当地华侨，组建了同盟会暹罗分会，会址就设在报社内。萧佛成众望所归，被推举为会长，他将《华暹日报》改组为《华暹新报》，作为同盟会暹罗分会的机关报。[2]

但是，在冯自由的记述中，《华暹日报》和《华暹新报》却

---

[1] 陈哲三：《王斧生平及其〈斧军说部〉》，载《广东文献》第7卷第4期（1977年12月31日），第70页。

[2] 赵琳：《萧佛成：把〈三国演义〉译成泰文第一人》，《福州晚报》，2016年11月25日。

是两份创办过程相同的报纸,他也没有说明这两份报纸的关系。

冯自由说:"华暹日报设于暹罗国京城槟角埠生日桥侧五十三号,为萧佛成、陈景华、沈荇思等所创办……出版一载,渐主张革命,于乙巳年(1905年)冬与香港中国日报互通声气……"[1] 他又说:"广西贵县知县陈景华因得罪粤督岑春煊亡命暹罗,遂于丙午年(1906年)与侨商萧佛成、沈荇思等发刊华暹日报于槟角京城,渐主张革命……"[2] 乙巳年是1905年,丙午年是1906年,按冯自由的说法,创办于1906年的《华暹日报》在1905年就与香港的《中国日报》"互通声气"。这怎么说得通?

冯自由说:"《华暹新报》地址在暹罗京城曼谷生日街五十三号,发刊于丙午年(民国前六年),其创办人为陈景华……诸人。"[3] 他又说:《华暹新报》出版于"乙巳(一九〇五)","出版地暹罗槟角","编辑及出版人萧佛成、陈景华、王斧、康荫田、胡毅生、卢仲琳"。[4] 同样的问题是《华暹新报》发刊于1906年,怎么出版于1905年?

对这两份报纸(实际是一份报纸),冯自由在自己的文章中,既说陈景华等1905年(或1906年)创办《华暹日报》,又说陈

---

1 《海外各地中国同盟会史略》,载冯自由著《革命逸史》第四集,中华书局,1981,第153页。

2 《南洋华侨与革命运动》,载冯自由著《革命逸史》第六集,中华书局,1981,第183页。

3 《南洋各地革命党报述略》,载冯自由著《革命逸史》第四集,中华书局,1981,第142页。

4 《开国前海内外革命书报一览》,载冯自由著《革命逸史》第三集,中华书局,1981,第139页。

景华等1905年（或1906年）创办《华暹新报》，说法如此抵牾，真是罕见。看来，《华暹日报》和《华暹新报》的关联等情况，还得进一步研究。

《斧军说部》

王斧不但是革命家，也是小说家，而且他还利用小说来进行革命，称得上是革命小说家。是谓："王斧又长于文学，善小说家言，每借稗官野乘，以牖导革命，早岁著有《斧军说部》行世。所为诗，清新隽逸，惟少存稿。"[1]

"民前四年（1908年），王斧将历年所撰革命小说，选集为《斧军说部》，于二月在新加坡出版。次年，曾一度从暹罗返新加坡，仍任中兴日报记者，并为其地琼属同盟会主盟人。"[2]读其书，识其人的陈哲三评价说："深感《斧军说部》在革命文学之领域中，实可与邹容《革命军》、陈天华《猛回头》等书并列。但在研究革命书刊之著作中，竟无人提到此书。至于其文字之美，结构布局之妙，则其余事。"[3]

关于《斧军说部》的内容，可从两个途径了解到：一是当年的广告，二是国民党党史会藏书。

《斧军说部》今虽不存，但在现存的1908年3月23日《中兴

---

[1] 陈哲三：《王斧生平及其〈斧军说部〉》，载《广东文献》第7卷第4期（1977年12月31日），第73页。

[2] 陈哲三：《王斧生平及其〈斧军说部〉》，载《广东文献》第7卷第4期（1977年12月31日），第71页。

[3] 陈哲三：《王斧生平及其〈斧军说部〉》，载《广东文献》第7卷第4期（1977年12月31日），第70页。

日报》附张"非非"上，刊载有一则《斧军说部》的广告。根据该广告，可以得知《斧军说部》收入小说的篇目等情况。其广告如下：

廿世纪之小说，改良社会之活宝也，其势力足以左右人类，尽人知矣。斧军自从事报界，注意于此，因衡情度理，鼓义侠之潮流，作强权之针砭，俾尽言责焉。其主义之高尚，文笔之繁华，意匠之光明，精神之活泼，每读一过，大有龙吟凤舞、海立山飞之概，其价值为海内外人士所称许也久矣。顷陆续付梓，汇成一帙，现已出版。每册定价五角，欲购者幸其速来。兹将目次列左：楚男先生赠字、星洲寓公题词、精卫先生序、星洲寓公序、弁言；民族义侠《奈何天》、绘情义侠冒险《匣里霜》、外交复仇《咸家铲》、冒险《千钧一发》、任侠民族《闷葫芦》、迷情《双鸳梦》、侦探《海底针》、任侠《巾帼魂》、义侠《天涯恨》、艳情《醋海波》(又名《专制果》)、意匠《想入非非》、纪事《五十年世界》、光怪《南无阿弥陀佛》、七情《喜怒哀乐爱恶欲》、短篇《牛背笛》。以下短篇：《茅店月》《朱臻士》《宝罗》《智报》《锦囊》《醒狮》《竞马》《熊》《蚁》。……戊申年二月二十日，天声社谨白。[1]

由该广告中"斧军自从事报界，注意于此……其价值为海内

---

[1] 该广告又见 1908 年 3 月 25 日该报。另大约一个月后，1908 年 4 月 25 日，日本东京《民报》第二十号刊载"代理《斧军说部》"广告，内容除省略"目次"外，其余基本同上。此处引自牛志威的《晚清王斧小说考》，载《明清小说研究》2018 年第 1 期。

外人士所称许也久矣。顷陆续付梓,汇成一帙"等语推测,该小说集中的小说应当此前曾在报刊上刊载过。

今人经探考发现,《斧军说部》收录王斧小说,并非以发表时间先后为序,而是先中篇后短篇。而且,亚斧、粗斧、斧、虎军、斧军等都是王斧发表小说时所署的笔名。至于《唯一趣报》《少年报》《粤东小说林》《中兴日报》等,则是王斧发表小说的主要报刊。[1]

王斧是晚清多产的革命派小说家,出版有小说集《斧军说部》,惜已亡佚。今人考相关史料,现存晚清报刊中仍有王斧小说30种,其中收入《斧军说部》者18种,未收入者12种。另,《斧军说部》所收小说中,有7种未找到原载之处,故王斧于晚清实创小说至少37种。现存晚清报刊中,还有疑似王斧小说6种。[2]

国民党党史会藏有王斧著作四种:《总理故乡史料征集记》《总理家谱摘要》《总理故乡调查纪要》及《斧军说部》。1970年代,陈哲三因友人函嘱查校其戚所著《斧军说部》,遂有机缘读其书。他认为,国民党党史会藏有王斧四种著作,"就中要以《斧军说部》最足以表现王斧思想、学识与文学造诣"。

据陈哲三介绍,"《斧军说部》廿四开,题字、序文、弁言凡八页,正文百二十九页,正误表二页,全书约五万言。出版时间作

---

[1] 牛志威:《晚清王斧小说考》,《明清小说研究》2018年第1期。
[2] 牛志威:《晚清王斧小说考》,《明清小说研究》2018年第1期。作者在此文中又说:"王斧的《斧军说部》共收小说25种,其中18种可以从现存的晚清报刊中查到原载之处,但因晚清报刊现存不全,仍有7种未查到出处。"

'新世纪八月二月'，即一九〇八年二月。出版地点大约在新加坡。

《斧军说部》计收文廿三篇，依目录录如下：《奈何天》(民族义侠)、《匪里霜》(绘情义侠)、《咸家铲》(冒险复仇)、《千钧一发》(冒险)、《闷葫芦》(任侠民族)、《双鸯梦》(迷情)、《海底针》(侦探)、《巾帼魂》(任侠)、《天涯恨》(义侠)、《醋海波》(又名《专制果》，艳情)、《想入非非》(意匠)、《五十年世界》(纪事)、《南无阿弥陀佛》(光怪)、《喜怒哀乐爱恶欲》(七情)、《牛背笛》《茅店月》《朱臻士》《智报》《锦囊》《醒狮》《竞马》《熊》《蚁》(短篇)。

这廿三篇文字，五万言，其中心思想，不外排满革命、复兴汉族，复仇雪耻，流血牺牲，无妻主义。其风花雪月，男女私情，结构布局，则为达此目的之手段而已。

陈哲三的研究，只表扬王斧的革命思想，由下可知。

甲、为何革命

首先，为什么要革命？为什么不做一个顺民？

王斧在书中告诉我们，因为满州人非我族类，其心必异，况满人亡我汉族，屠杀我汉族，奴役我汉族，有不共戴天之仇；[1]中西交通以来，沦中国于亡国之境地，见欺于世界各国。政治则赏罚滥乱，政以贿成。对于国土，竟"宁赠友邦，不与家奴"。此满政权之必需推翻之故。否则，鱼烂土崩，亡国灭种而已。

---

1 该表述具有较强的时代局限性，为维护文献的完整性，今仍保留原文，请读者批判阅读。后文同类情况皆按此处理，不再说明。

《想入非非》写这种情状最明白。"吾痛哭,吾肠断,抛父母,弃妻孥,由粤至闽,以及他处,亦如入血世界,满人荷枪佩剑,骑怒马如龙,沿途轰击杀汉人如草芥,践汉人如蝼蚁。同胞手,同胞乎,扬州拾日,嘉定三屠,以为满人之最惨酷,今日人人身亲其境矣,其惨酷较扬州、嘉定又何如?"对满人立宪,认为"假立宪为名,定行集权中央,而制吾汉族的死命"。万一满人"陆军如德,水师如英,警察如俄,文明齐欧美,则永为牛马奴隶,不复睹天日之一日矣"。因此,汉族"大丈夫生不五鼎食,死当五鼎烹,若不能痛哭缟素提列邦之三尺,率项羽之三千,直扫房巢,生啖胡奴之肉以为粮,而达我神圣不可侵犯之光汉目的,复未能狭路相逢,挟一颗救世之灵丹,与媚异族杀同胞,狗彘不食,臣妾牛马行之汉奸相周旋,而实行我唯一无二之铁血主义。……则勿宁蹈东海以死,尤胜觍颜世界,为万国偷笑也"(原书页八八—九〇)。

《奈何天》记庚子拳乱清帝后逃亡途中,后语帝曰:"汝勿忧,有阿母在,不患无啖饭处,鹪鹩巢树,不过一枝,偃鼠饮河,不过饱腹,瓜分虽可惜,然锦绣河山,我家已坐享数百年,天下安有不散之筵席,某某最可靠之家奴,万一起兵勤王,赔款求和,尚成可为,何必生患失之心乎?"(页七)对于清帝后的贪恋权位,不以国事为意,刻划入微。

日俄战争,中国宣布局外中立,王斧以为亡国灭种即在目前。他说:"北方行将为条顿人之饮马地,而清廷尚见兔而不顾犬,亡羊而不能补牢,谲言中立,坐观成败。根性如此,不亡何待!"(《咸家铲》,页一八—一九)

《天涯恨》写黄祖荫,"回家检点先人文具,以待入场之需,开竹筒,见一破盒,上书血嘱两字,急启视,则数重纸裹一血书曰:'大明不幸,鞑虏猖狂,今者兵败城陷,誓以身殉,然我既死于忠,儿不可死于孝,宜速寻生路,延此一线,以期日后复仇,父师义绝笔。'荫阅毕,始知乃祖之忠烈,与满人实有不共戴天之仇,不禁泪涔涔下,顿足大悲曰:'天乎!天乎!何使吾见此书之晚也。'于是考试之念,有如冷水浇背,决意别业,归家学剑。"(原书页七一——七二)

凡此,皆满人之必需推翻也。至于甘心为满奴以媚异戕同之汉奸,亦视同满人,必诛锄之后已。

《想入非非》即写保皇党"爱寇仇如父母,戴羯狗如帝天,卖国求荣,甘犯不韪",并指明清廷之起用汉人,只是"施以汉攻汉之政策,庶几扑灭党军,俾延朝运于万一"。因此对此等汉奸满奴,"亦当利剑相视,以头颅相交易"(页八九—九〇)。

汉人钱重,竭力夤缘,报效十万金于清廷,遂转放俄国某领事。当俄将修西伯利亚铁路,华侨谒重而谋以防俄之策,重掩耳却走。俄开博览会,重以重金购最美辫发、最纤莲钩之男女各一以献,使演髡首削足之丑态,重并以兴党狱为升官捷径,设计将革命党一网打尽,革命党忍无可忍,于夜半炸其官署成灰烬。(《咸家铲》,页一七—二一)伯父被拘而死。陆逃港,某日见报,有"快快快!杀人者今竟被人杀",内容即记其事。末云:"此案曾纪前报,讵昨晚官与幕友方叉麻雀,突遭刺客枪毙。噫!快哉!一般戕同媚异之奴才。看者!看者!"(《闷葫芦》,页三四)

因此之故,对于曾国藩之中兴满清,亦以满奴仇之。(《醋海波》,页八四—八五)对于康有为保皇之骗局,王斧判定为"授首燕市",

王斧并设计胡后与康之对答,颇能惊醒保皇派之迷梦。录如下:

一日,拉氏坐朝,命康入见,忽挚蹴曰:"但缚此奴来。"

康大惊,问何罪。

拉氏含笑曰:"尔出死力以摧残同种,于吾族未无小补。然非吾种族,其心必异。尔祖宗已教我矣。我虽爱尔,奈不敌我之忌尔何!"

康怒哭曰:"吾惟欲保此长生富贵,故创保皇为异族效忠,早知如此,则究不如从革命党矣!"

拉氏蚩〔嗤〕之以鼻,且曰:"当日尔果能如此,则吾虽死尔枪弹之下,犹且敬尔。今则晚矣!晚矣!"

率授首燕市。(《想入非非》,页二—九三)

乙、革命者的条件与手段

革命者应具备何种条件?王斧在书中所提示的是,要读书,有学问能作文演说,用炸弹;集会结社,组织团体。而且守独身主义,以国事为重。个性上则需雪耻、坚忍,再接再励,不屈不挠。手段上,在演说、办报、办学校;在报仇、嗜杀、铁血主义。

开宗明义第一篇,王斧即借钟国云之口说:"士生今日,不能提三尺剑溅胡奴一滴血以谢黄祖,亦当握一枝管草光复橄,警醒同胞,以尽国民责。"(《奈何天》,页三)而国云不文不武,独有演说天才,后来竟成演说家,逢人辄道民族主义。

《五十年世界》,写雄飞聪明绝顶,少小为官,办嘉案不善,充军四年。"于是遂一变其宗旨,誓为救世家。自顾大厦非一木所能支,欲救国,必自开民智始,欲开民智,舍报纸其无从。乃尽出资组织一报,曰《死报》。专主持公理,鼓舞民权,一纸风行,举国如狂,四方豪杰,趋之如鹜,乃结一秘密社,以行破坏主义。积数年,察人心已固，约时起事，讵事泄，窜异域。然素志未尝稍懈，复立一会曰'死国会'，同志闻而复聚，势力更张。"（页九九——一〇〇）最后，密布檄文击自由之钟，扬独立之旗，一战而倾伪政府，俘独夫，歼民贼，建共和政体，一跃而为地球上之大雄国。

《锦囊》记贾生："抚时感事，自顾行年三十，不能歼强权，伸公理，一为人死！"一女子推屏而入，说："时势造英雄，英雄造时势，所贵者坚忍耳！"（页一二〇）

以上，都是读书、演说、办报、集会结社、组织团体，唤起民族意识，普遍革命思潮，以达革命目的。另外书中对报仇、破坏、暗杀、铁血亦甚赞美。盖此为革命情绪之最直接由来，亦革命之必要与直接手段。其文钱重及某官之被杀，均报仇暗杀事也。其余尚多，略举数条如下：

《匣里霜》记岳宗武取出一小匣，开匣，则盈尺之匕首也。谓叶生说："此救世之活宝也。"叶细视之，棱间凿一铭曰：操纵在手，宽猛从心，刃暴诛奸，勿教冤沉。

背中复篆一行云：宝剑出匣鬼神泣，宝剑光起寒如雪，剑胆跃跃心谁许，要染满洲仇人血。

《巾帼魂》记柳氏师母公孙氏，"剑术绝伦，所受徒，必择处女或未亡人，方始传受，盖师母热血一腔，嫉恶如仇。凡遇奇冤，无不代白，主义在实行暗杀，或亲担责任，或命徒弟便宜行事，恐收留有夫之妇，儿女爱情难断，不肯舍身为世人肩义务，故拜门墙者三十人，仅妾一人出阁，余皆未字者"（页六九）。

如《醒狮》中，记此睡狮"群童见而欲醒之，鸣之以锣，睡如故；挎之以棍，睡如故；游之以水，睡如故；掷之以石，睡如故；爇之以火，睡如故"。"擘其目，不醒如故；刺其鼻，不醒如故；

撼其首，不醒如故；聒其耳，不醒如故；摇其身，不醒如故；曳其尾，不醒如故。"最后"童大怒，愤气填胸，热血涌出，遽掬血以淘狮。于是乎，狮忽圆其目，仰其鼻，昂其首，竖其身，挺其身，翘其尾，奋鬐吐舌威见齿，大吼一声，演其雄势烈剧于廿世纪"（页一二二——一二三）。

如《竞马》中写"神驹"与"赢马"之竞赛，因斗马者一锥刺赢马，赢马竟胜。"其功在锥。"（页一二四——一二五）

如《蚁》写群蚁与巨蛇相斗，群蚁被吞食者以兆计，但领袖不死，蚁愈聚愈多，前仆后继，巨蛇皮去，肉去，骨亦去矣。（页一二八——一二九）均是铁血牺牲精神之大用。

至于儿女爱情，易阻人舍身革命，故主张独身主义，无妻主义。至少应以国家为重。

书中除《双鸳梦》写因女子为他殉情，"遂抱无妻主义以终"（页四九），纯为爱情之故外，其余则均为国事而勉人抱无妻主义。

黄祖荫身负奇冤，流落南洋，遇妓删粉，粉欲托以终身。黄谢不可曰："感卿盛情，不能自已，然仆非惟客囊羞涩，不敢作此妄想，窃仆抱祖宗之大仇，抚此昂藏七尺，尚未卜流血于何日，岂肯以生死未预之人而累及卿！所请碍难如命。"

《巾帼魂》之柳氏，函告其师母与婿重逢，拟偕归里，其师母函云："来函已悉，既欲偕婿旋里，此亦大佳，但际此中原多事之秋，幸勿以儿女情深，淡忘国耻，是所厚望。"（页七五）

《醋海波》写许宝玉之父欲为之与某显官之女缔婚，宝玉谏曰："万一不慎，不但误儿，且贻堂上忧，况儿年少向学，实不欲以风云壮志，消砾春华，儿女爱情淡忘国是，愿大人其婉却之。"（页八四）

丙、以外国人的热爱国家、热爱中国唤起中国人的爱国心

王斧在书中,也以外国人的热爱国家、热爱中国唤起中国人的爱国心。前者的故事在《宝罗》一篇中,后者在《朱臻士》篇。

宝罗为波兰童子,十三岁从军,次年俄国侵波兰。宝罗善吹笛,能使军人忘疲,又能以笛声徐疾示波兰军以进退。俄军大忱,俘宝罗,用富贵诱其降,宝罗厉声曰:"贞女不为强盗屈,烈士不为敌国奴,若欲吾以饵同胞,请快杀。"(页一一四——一五)此故事真可以使顽廉懦立。

朱臻士,德国人,但其爱中国甚于中国人,"每与汉人谈时事,辄痛斥满胡之祸毒,而汉人蜷伏肘下,任其蹂躏,而不知所以对付。说至愤时,发指眦裂"。当俄侵东北时,朱在沪遇一俄人,"诘以东三省事,而责其虐待汉人,惨于牛马。实有违公理。俄人笑而答曰:'子以中国尚有可救药乎?子未闻满人之言乎?'宁赠友邦,莫与家奴',彼满人以傥来之物,朝割其南,夕贡其北,一般家奴,尚无异言,子以异国人,……何劳喋喋。'朱闻言,貌若痴,归寓不语亦不食。是夜回江阴,见汉人,告以中国之祸已迫于眉睫,若不醒,必为万国奴,而汉人不听如故"。最后,朱以自杀死。王斧在篇末云:

死希腊者英之摆(拜)伦,

死中国者德之朱臻士,摆(拜)伦死而希腊独立,

朱臻士死而中国不能独立,

呜呼!朱臻士!

呜呼!中国!

丁、《斧军说部》的评价

《斧军说部》的评价如何?从以上的介绍不难知其大概。兹再将当日为此书题词作序者之所见,稍加摘录,或不无意义也。

楚男题"鬼斧神工",想为其布置结构而言。

"星洲寓公以为凡人求名求利,乃无生度,托之游戏!社会公群同铸冶,肇造家人妇子!勿看作常谭而已!"其结果将使读者"会投书,午夜闻鸡起!拔剑舞,自由矣!"。这是指出王斧的非凡志气,其影响所及将使人人起而争取自由。

星洲寓公又指出:"粤士王斧军氏,夙好旧辞章,入以新风格。……余虽未遍观而尽识之,亦快睹其言情之文矣。……斧军志存激刺,自切去腐生新之用。"认为其价值当在《聊斋》之上。此说自亦切近,然《聊斋》之革命性则万万不及《斧军说部》也。

汪季新作序,说:"王斧君者,欲以革命思想普及于国民者也。生平为文章夥矣,而此编特其著作之一部分。情深文明,时露微指,益托于稗官,以尽言责焉。"并指出此书虽然谈恋爱故事,实在为普及革命思想,"故顺其情以导之",说"故绝恋爱者,所以自度;而著恋爱小说者,所以度人"。汪氏之见,更深入一层,尤见王斧宣传革命,其功甚伟。

王斧自己在弁言中也说:"欲新国家,先新社会",欲新社会,则必开通民智。但"开化之难,诚有五丁凿山之慨已"。只有小说,"能使其七情变幻"。"而小说遂占有转移风气,陶甄人心,洗涤器根,养成习惯之本能。""欲为国民尽向导之义务者,又焉得而不利用之。""而司铸造小说之动机者,其识力又不可不高尚,其精神又不可不活泼。"最后更指出"处今日愁云黯黯,黑狱沉沉之亡国地位,既以脑浆如文字作牺牲,则审人情之从背,揭社会之是非而运动之。此斧军之责任也"。

以上是作者自我期许,以及题序者的评价,总是指明在利用小说入人之易,入人之深,以潜移默化,激刺同胞开通民智,争取人权，起而革命救国。至于此书之功效若何，在生平介绍中，已论及《中兴日报》《华暹新报》在当日宣传的成功。则王斧文字功劳自在其中。[1]

陈哲三认为，王斧一生奔走革命，民国前七年（1905年）即加入同盟会，追随孙中山先生，其后在香港、新加坡、暹罗俱以文字宣传之功，大张革命势力。《斧军说部》即其精华。除此，王斧任同盟会主持人，吸收同志，扩大基础，又担筹款购械之责，于中山先生之革命活动多所接济。民国成立，王斧任众议院议员，为国民党在议会中奋斗不懈。北伐完成，南京定鼎，王斧先后任职于党史会、监察院，于革命历史，调查研究，用力甚勤，每有述作，多关信史；宣勤监察，良多献替，贞风亮节，殊足矜式。晚年于固有文化、古代器物之保存维护，不遗余力，于考古学尤有心得。凡此种种，无一不令人向往敬仰也。[2]

《斧军说部》曾是同盟会机关报《民报》创办四年余唯一"代理出售"的小说集，可见革命派对其的重视。惜该小说集今已难觅，故学界对王斧小说一直未能有较为全面甚或正确的认识。其实，王斧小说现仍有不少以笔名散存于现存的晚清报刊中。在当今著录晚清小说的目录书中，以陈大康的《中国近代小说编年史》收录的王斧小说最为全面，但该书是将王斧小说系于发表时所署

1　陈哲三：《王斧生平及其〈斧军说部〉》，载《广东文献》第7卷第4期（1977年12月31日），第73—76页。

2　陈哲三：《王斧生平及其〈斧军说部〉》，载《广东文献》第7卷第4期（1977年12月31日），第76页。

的数个不同的笔名之下,且该书中尚有一些与王斧笔名相同而实非王斧所著的小说,因此王斧小说的面貌仍不清楚。牛志威的《晚清王斧小说考》,全面搜检现存晚清报刊及相关史料,弄清了王斧小说创作的总体状况,为进一步深入研究王斧小说提供了坚实的文献基础。这是令人欣喜的。

孙中山与海南（1905—1913）

孙中山与同盟会新加坡分会会员在晚晴园的合影

第三章　榆林军港

海南岛南部的榆林港,由于被孙中山写入《建国方略》而受到世人的关注。海南解放前出版的《小学地理教师手册》中这样写道:"(海南军港)以榆林港最为著名。因此港在日俄战争时,波罗的海舰队东来,即寄泊于此。孙中山先生在《建国方略》中曾计划开发此港为中国南部军港。以本港形势论,实占太平洋中军事上最重要的地位。"[1] 日俄战争是1904年日本和俄国为争夺朝鲜半岛和中国东北权益而进行的战争。榆林港的军事价值被发现,海南留日学生陈发檀的贡献很大。

张之洞与榆林港

清光绪十二年(1886年)十月,两广总督张之洞派山西候补道杨玉书来琼,冯子材委以总理营务兼总办责抚黎开山事宜。杨

---

[1] 王志成、韩棐编《小学地理教师手册》,中华书局,1949,第40—41页。

玉书与商人张廷钧亲赴榆林港勘察，始发现榆林港国防及经济开发的价值。迄民国，孙中山更把易于建设榆林军港看作海南改省的"第一理由"。

杨玉书于光绪十三年（1887年）三月会同知府冯相荣等督军进剿南林匪巢，身先士卒，屡入山区，因感染瘴气过重，蒸郁成疾，三月中于崖州突然病故，时值壮年。杨玉书、张廷钧两人曾联合禀呈张之洞，请求榆林开港，他们把这看成是"富琼第一要策"。杨玉书是在"苦不可支"的昼夜呻吟中，伏枕口述了这份给张之洞的电报：

职道上年，请开榆林港埠头，出南林，后同张主事廷钧亲勘其地。据土人云："越南之役，法屯兵泊轮十八艘，逐日操演，崖协、牧不问，琼镇、道不知，幸款局已定，不然琼事不堪设想。"书今日请开港，实为筹海计也。港门两岸宜筑炮台控制之，内立埠头，中可容轮船数十艘，通黎山之出产。张主事愿觅外洋咖啡、吕宋烟、麻、蔗、胡椒各种，每年销售外洋，似足为穷黎开衣食之源。其港口较埠头为胜，与香港不相上下，海口水浅，高之十倍。此处一开埠头，则崖东、南、西三路源头均活，实为富琼第一要策。惟事关中外交涉，未敢擅拟。书南林染瘴，榆林受风，山岚海气，蒸郁成疾，昼夜呻吟，苦不可支。伏枕口授电闻，祈钧酌。书叩。阳。[1]

张之洞于光绪十三年四月初九日（1887年5月1日）午刻，

---

[1] 《张之洞全集》第七册，河北人民出版社，1998，第5241页。

才收到这份"杨道遗电"。从中可知，杨玉书和张廷钧曾亲自勘察榆林港，且据当地土人说，中法战争的时候，法国的十八艘兵轮在此停泊，逐日操演，但崖州地方官竟不过问，琼州府也不知道，幸好战争已经结束，不然海南的后果不堪设想。

"书今日请开港，实为筹海计也。""其港口较埠头为胜，与香港不相上下，海口水浅，高之十倍。"这是在说开发榆林港的重要性，说港口自然条件与香港差不多，这让张之洞在未知海南岛南端的榆林港为何物时，瞬间了然。

杨玉书给张之洞电两年后，又有法国兵轮擅自闯入榆林港。光绪十五年九月二十日（1889年10月14日），张之洞在《查勘榆林港形势筹议驻营筑台片》中说道：

据署琼州镇总兵李先义、代理雷琼道顾元勋、署崖州知州唐镜沅等禀称："本年七月初三日，有法国兵轮驶进崖东百里之榆林港，沿港量水，由港西上岸钉桩四处，港口有石桩均用石灰涂，东西两岸分插红白四小旗，十七日复来插标十五处，有海关巡船遇见"等情。当电饬琼关税司查复，旋据复称："该关名开办之巡船在榆林港相遇，询其何事，据称到琼岛西南测量水道。"查琼州除海口而外皆非通商口岸，法船何得入港量水，上岸钉桩插标，非特显背条约，实属包藏祸心。除饬将各桩标撤毁，并照会法领事严切禁阻暨电达总理各国事务衙门诘问法使外，当即派李先义带同精于测绘将弁数员，乘驾兵轮前往榆林港测量查勘去后，兹据该镇及各将弁禀称："勘得榆林港两山环抱，水口紧而且深，形如葫芦，口门内水深港阔，可泊铁甲大船十余艘，中号兵轮二三十艘，各山林木丛杂，泉水甚甘。周围十余里土人及来往舢板皆往取水，如海防有事扎水寨为营，形势之胜，不独为琼海他口所无，即广东通省各海岛亦所罕觏。查琼州海面七洲洋一带风浪最恶，无可停泊，若将此港筹备完密，设琼海有事，我之铁舰与敌舰攻击之时，倘值风暴不便，得此可资收泊。又有炮台以为犄角，实为讲求海军必争之地"等情，绘图贴说禀请核办前来。臣查法人窥伺琼州已非一日，此次在榆林港量水插标狡谋显露，该港水深能泊铁舰，并可取水避风，若不幸为敌所据、兵轮中道停泊所，岂惟琼州一府之忧，将南洋各口胥被其害。方今环瀛各国眈眈群伺，此港既为形势之区，牖户绸缪，自应亟图豫防之计，现拟于榆林港口门外东山乐道岭、西山独田岭分筑炮台各三座，两岸相距二百余丈，敌船若欲进口，中等炮力尽可摧坚，若配十五生新式长炮六尊，足资扼守。惟该港经营必须及早筑台，尚可从容，现经雷琼道朱采调派一营前往驻扎，令其覆加体察，一俟定议即行筹款购炮兴工。

朱批：该衙门议奏。钦此。[1]

这就是说，琼州镇总兵李先义、代理雷琼道顾元勋（朱采因病请假，由顾代理）、署崖州知州唐镜沅等告诉张之洞，"'本年七月初三日，有法国兵轮驶进崖东百里之榆林港，沿港量水，由港西上岸钉桩四处，港口有石桩均用石灰涂，东西两岸分插红白四小旗，十七日复来插标十五处，有海关巡船遇见'等情"。此中所言"本年七月初三日"是指光绪十五年七月初三日（1889年7

---

[1]《张之洞全集》第一册，河北人民出版社，1998，第719—720页。

月30日），"十七日"是七月十七日（8月13日）。

张之洞即电令琼海关税务司查复，旋据复称："该关名开办之巡船在榆林港相遇，询其何事，据称到琼岛西南测量水道。"经复不误，当年八月初五日（1889年8月30日）张之洞即发电致总署称："查琼州除海口而外皆非通商处所，法国何得派船在榆林港等处测探水道、上岸钉桩、插标？岂惟存心叵测，实为越权妄为。除饬将各旗标撤去，严切禁阻，不准土恶乘机勾引外，请诘责法使立电该兵船，毋得擅进不通商口岸，以杜狡谋，俾免滋事。歌。"[1]

张之洞出手果然不同凡响，他既不容中法战争期间法国兵舰十八艘兵轮在榆林港停泊、"逐日操演"，而地方官竟不过问的情况再现，又看到榆林港不是通商口岸，法船此次之行为"非特显背条约，实属包藏祸心"，于是断然采取紧急措施：一是电令琼州镇总兵李先义等将法国兵轮各桩标撤毁；二是照会法领事，对此事态表示"严切禁阻"；三是电达总理各国事务衙门，"请诘责法使立电该兵船，毋得擅进不通商口岸"；四是当即派李先义带同精于测绘将弁数员，乘驾兵轮前往榆林港测量查勘，以做开发准备。

榆林港"形势之胜，不独为琼海他口所无，即广东通省各海岛亦所罕觐"，表明榆林港具有成为一个优良军港的优越条件，因而"各国眈眈群伺"，尤以法人为甚。张之洞也由此看到榆林港的战略价值，而有榆林开埠及筑炮台、建军港之议。

从光绪十五年七月三日（1889年7月30日）和七月十七日

---

1 《张之洞全集》第七册，河北人民出版社，1998，第5368页。

（8月13日），法国兵轮两次"钉桩插标"事件中，张之洞深感"法人窥伺琼州已非一日，此次在榆林港量水插标狡谋显露，该港水深能泊铁舰，并可取水避风，若不幸为敌所据、兵轮中道停泊所，岂惟琼州一府之忧，将南洋各口胥被其害"。因此，"经雷琼道朱采调派一营前往驻扎，令其覆加体察，一俟定议即行筹款购炮兴工"。

榆林港是海南的优良港口，为法国（后来是日本）侵略者所虎视眈眈。榆林港军事形势之重要性，遂引起张之洞密切关注。为巩固海防，他开始着手榆林港建立军事基地及修筑炮台的准备，一如海口修筑秀英炮台。

光绪十五年八月二十四日（1889年9月18日），张之洞发《致琼州李镇》电进一步了解榆林港详情："榆林港深广若何？山势有无扼要筑台？能否办理？先电陈大略，速速。"两天后又发《致琼州李镇》电说："榆林港情形已悉。抛石填港一节未尝不可，但宽至六十余丈，深至三丈余，若欲填满，工费须若干？即约估禀复。若留此港，设我有铁舰与敌舰在琼海争战时尚可入港收泊，借台为护，塞之则于我亦有不便矣。再酌复。"[1]

张之洞了解榆林港的港深等情况，一面请示筹款购炮兴工，一面令雷琼道朱采先派一营兵前往驻扎。对此，朱采在《禀刘抚宪》中也说："只以海南瘴疠炎蒸，精神易耗，十五年春，职道因病请假，进省医调。四月间，禀请前督宪张派顾道代理篆务。七月间，法夷兵轮阑入崖州之榆林港，将占为埠头，遂力疾销假渡海。一面饬防营，先毁其志，桩木料，夷轮旋去不复来。"朱采

---

1 《张之洞全集》第七册，河北人民出版社，1998，第5373页。

这里是说光绪十五年（1889年）七月间的险情。他又说："且琼地互峙南洋，为往来孔道，各国素所垂涎。法人占居安南，觊觎尤切，此言海防者所以并列台琼也。"[1]

《民国琼山县志》收有一篇《琼州海防论》，当中论及："夫以琼之孤悬海外，形势险要，可以固守而不失者有三道焉：一曰海口，为琼之前户，今筑炮台于秀英，正当轮船停泊之处，最为得宜。……二曰铺前港，为琼之右户，洋轮亦多停泊。宜建筑炮台以镇其口，为急水门炮台之内应，使声援相通，有事则出兵援应，自能制胜，则府城可坐而守也。三曰榆林港，在崖州与越南对峙，一航可渡，为琼之后户。近张香涛督粤时，派人测量，思开为军港，因去任，未果行。若筑炮台以守其处，全琼之冲要皆有守备。又谋筑铁路于内地，互相联络，首尾相应，由郡城以通定安，入岭门，直达榆林，千里之远，瞬息可至，转输接济，最为便利。法人属意琼州，有借造铁路之议，思由海口以达榆林，与安南一水相通。其窥伺之阴谋，甚属可危。惟望守土者思患而预防之也。"[2]

所称"张香涛督粤时，派人测量，思开为军港，因去任，未果行"，说明了榆林港未能开辟为军港的原因。接任张之洞的是毫无作为的李瀚章，此人是李鸿章的哥哥，只会做官，不愿做事，谈不上对海南有半点关怀，所以无心开辟榆林港为军港。这或许就是历史对海南的一次"闪失"。

当轮到李瀚章任两广总督时，又传闻有外国兵轮可能停泊榆

---

[1] 朱采：《清芬阁集》第十二卷，第9—10页。
[2] 《民国琼山县志》第二册，海南出版社，2004，第533—534页。

林港，光绪二十一年正月二十四日（1895年2月18日）谕称："电寄李瀚章：有人奏广东琼州有榆林港，地极险要，密迩越南，为兵轮停泊之所，现值倭寇得志，恐外人亦有蠢动之意，宜早为之防等语。着李瀚章迅派妥员，查勘该处形势，应如何豫为防守之处，即行派筹办理。"[1] 好在"有惊无险"，不然李瀚章处理起来就不会有当年张之洞的气势。

民国以后，受孙中山的影响，国人才真正认识到榆林港的国防价值；张之洞时代对榆林港形胜的了解与判断，也为民国以后的史料所证实。海南的山河岁月，慢慢地向世人展开她的容颜。

陈发檀欲改赴德国游学

1907年，在日本留学的陈发檀有意改赴德国游学，但未获清廷学部同意。这是学部致使日大臣转饬陈发檀的函：

敬启者：接奉惠函，并学生陈发檀原禀一件，具悉一切。陈生欲俟第一高等学校毕业，改赴德国游学，志趣远大，洵属可嘉。惟抵德以后，尚须预备一年，不如在日本，则高等毕业，便可径入大学较为直捷。且该生游学日本，系光绪二十九年（1903年）十一月经前管学大臣奏准，以七年为期，不准改学改科，此项经费并与日本订有特约，自应始终一辙，以期有成。现在方届四载，若遽改赴他国，既与原奏不符，而此风一开，他生纷纷援引，恐启见异思迁之弊。该生应仍在日本，安心肄习，俟在日本大学毕业后，如果有志深造，再行赴德研究，以成初志可也。即希台端

---

[1] 唐启翠：《明清〈实录〉中的海南》，海南出版社，2006，第275页。

转饬该生，遵照为荷！学部谨启[1]

这个函件记录了陈发檀留学的真实情况，比如"该生游学日本，系光绪二十九年（1903年）十一月经前管学大臣奏准，以七年为期"。这样看来，他留学日本的时间应是1904年；又以"七年为期"论则是1911年毕业。

与陈发檀同时留学日本的唐演，字易庵，江苏武进（今常州市）人，于1903年12月从京师大学堂师范馆毕业后，被派往日本留学，进入帝国大学，1908年2月与京师大学堂留日学生陈发檀、黄德章等人在日本发起成立京师大学堂留日学生编译社。[2] 又据京师大学堂（创立于1898年，北京大学前身）相关资料显示：京师大学堂在1902年设立"师范馆"（北京师范大学前身）后，面向全国招收了一批品学兼优的师范生，1904年初派遣23名师范生到日本留学，其中就有陈发檀和陈治安兄弟二人的名字（1903年《京师大学堂同学录》）。[3]

清廷学部赞赏陈发檀"改赴德国游学，志趣远大，洵属可嘉"；而不允准其去德国的理由也合情合理，因为中途"若遽改赴他国，既与原奏不符，而此风一开，他生纷纷援引，恐启见异思迁之弊"。但又不忘"网开一面"，遂指"俟在日本大学毕业后，如果有志深造，再行赴德研究，以成初志可也"。

---

1 《致使日大臣转饬陈学生发檀不必改赴他国游学函》（光绪三十三年四月初五日），《学部官报》1907年第22期，第121页。

2 邓江祁：《宋教仁是1908年上海版〈间岛问题〉的真正作者》，《长沙民政职业技术学院学报》2021年第4期，第142页。

3 陈耿：《琼州名士陈发檀》，《海南日报》2011年8月15日。

陈发檀欲改赴德国留学未获准,但这没有阻断他对德国等西方国家政治社会问题的关注和研究,此足以说明他的确是"志趣远大",具有国际视野,诚为不可多得的人才。至1913年初,陈发檀及其弟陈治安被选为众议院议员,以及被推举为研究宪法委员,这都不是偶然的。

光绪三十四年正月二十八日（1908年2月29日）,大型社会科学、自然科学综合刊物《学海》,在日本东京创刊。由京师大学堂留日学生编译社主编。该社由陈发檀、黄德章、景定成、张耀曾、席聘臣、陈治安等27人发起（陈发檀排名第一）,以"绍介世界学说,发扬祖国新知"为宗旨。每月以甲编（社会科学）、乙编（自然科学）分册的形式出版。以法律、政治、文学、商科隶甲编;理、工、农、医科隶乙编。陈治安、唐演、陈发檀等人为甲编的主笔;黄艺锡、吴宗栻、王舜成、苏振潼、王曾宪等人为乙编的主笔。获清政府驻日使馆支持,李家驹为之题词。以刊发本社论著为主,兼载译论。甲编刊有《国体与政体之别》《立宪政体之起源及其发达》《论内阁制度》《立宪政体之特色》等,阐发君主宪政理论,提供欧美、日本立宪经验。已知发行五期,停刊时间不详。

1908年,陈发檀在《学海:甲编·文科、法科、政治科、商业科》各期上发表多篇文章,这些文章反映出了他的治学研究方向。这些文章为《法律学界:欧美立宪制度之发达（未完）》（第1期）、《文学界:德国教育考（未完）》（第1期）、《文学界:因明大意》（第1期）、《政治学界:欧美立宪制度之发达》（第4期）、《政治学界:欧美立宪制度之发达（续第一号完）》（第4期）、《政治学界:国法学（未完）》（第5期）、《法律学界:权力分立论（未完）》（第5期）。

因为这些文章内容与本书无关，所以在这里没有展现；在后面的叙述中，则还需要完整呈现陈发檀的两篇重要呈文：都察院代奏日本留学生陈发檀《呈请速立宪法振兴海陆军折》(1907年)和陈发檀上书袁世凯《琼州改省之呈文》(1912年)，这是需要读者特别留意的。

陈发檀的这些留学经历与成就，回过头来看，用"学霸"来形容他，那也是非常贴切的。

都察院代奏日本留学生陈发檀 《呈请速立宪法振兴海陆军折》

1907年9月15日（光绪三十三年八月八日），都察院代奏日本留学生陈发檀《呈请速立宪法振兴海陆军折》：

呈为时局危急，请速立宪法、振兴海陆军、以图自强呈请代奏事。生闻国家之富强，在修明宪法、整顿武备，未有宪法未定、武备不修，而能自强者也。今日本虎视于东方，英法德俄鹰瞵于西土，眈眈逐逐，皆欲食我神州大陆之肉，而吮其血。天降之灾，国步艰难，使皇太后、皇上卧薪尝胆，宵衣旰食，生每念及此，未尝不痛哭流涕，而不能自已者也。近者，高丽亡矣。其臣皆党于日，而废其君；其民则慑伏于日本宪兵之势，而不敢动。我历代以来之属国昔既失，而今又亡。生窃心痛之，而又恐列强之将图及我也。今者，日法日俄条约已成，可为寒心。日本外务大臣林董在高丽宣言曰："倘中国不图变法，将来必蹈高丽之覆辙。"孟子曰："夫人必自侮，而后人侮之。"贾谊曰："灭六国者，非秦也，六国自灭也。"故谓日本亡高丽，不若谓高丽自亡之为愈也。夫国于天下，必有与立。我朝开国，修明法制，而崇尚武备，故能绥靖内外，詟服天骄。顾一治一乱，世运之循环；盛衰兴亡，古今之常态。惟大圣人乃能不为世运所陑，而常战胜乎世运，拨乱反治，致盛起衰。生惟皇太后、皇上圣德昭明，行之有余，而无不足。恭读去年七月十三日预备立宪上谕，皇太后、皇上之诚意变法，已晓然大白于天下。而生犹愢愢然以为虑者，则以各国进步一日千里，我即数百里，犹不能与之并驾齐驱，况数十里哉！世界大势，不强则亡；不为对等，国则为被保护国，未有弱国而能独立存在者也。且夫德日非新强之国哉！德国自梯尔切条约被法之辱，可谓甚矣。自改革社会制度及行自治机关，嘉庆十八年，遂定全国皆兵之制；及威廉一世，再改革兵制，一举而胜法，为一等强国。今德皇犹以为未足，尝宣言曰："朕之生涯，在海。"故其海军长足进步，何其伟也！日本自覆幕勤王实行宪法，而海陆军亦大加扩张，一举胜我，再举胜俄。生愿皇太后、皇上以此二国为法，以四万万人民之众、五百万方里土地之广，伯业可期而牛耳可执，列强不足道也。生故曰：今日变法，宜急而不宜缓，规模宜大而不宜小。洪波巨浪之间而浮扁舟，非决计断帆不得登彼岸之乐；骤雨狂风之下，而盖大厦，非巩固基础不足奠磐石之安。以皇太后、皇上之圣明，断行立宪，维持国本，此固欧西千万辈、百数十年要求而不得者。皇太后、皇上一旦毅然为之，虽宽以期限，与以预备，莫非虑终于始、慎重周详之至计，而生犹以为未尽者。旷观各国，其宪法当将定未定之际，其国势亦异常动摇；及宪法大定，国基亦固。俄但小行改革，而宪法未定，外则被折于日，内则变乱迭起，殆无停岁。成败之数，莫不皆然。中国外忧内患，危机一发。改革不急，内无以靖人心，外无以御外侮;规模不大,则枝枝节节而为之,微特不足以补救大局,反足以招致大乱。然则为皇太后、皇上计,惟有亟行立宪,则大政一定,内忧外患自消于无形。夫知立宪之足以医国,而待之他年,犹知大黄芒硝之足以医急病,而迟之异日,及病既危,乃欲以此进,虽悔曷及哉!生所以恳请速立宪者此也。或曰:人民知识程度,不足以议国家大政,此言似是而非。夫强将之下无弱兵,圣君之下无愚民,在为上者,提倡之、教导之耳!观于各国,由君主设立宪法,则事易举而祸患少;由人民要求宪法,则功难成而变乱多。生以为:国民程度不足,惟立宪乃足以教育之,使知国为己之国,君为己之君,爱国忠君之念,油然而自生矣。且国会制度,下院有过,则内阁可解散之,上院可干涉之,即谕旨所谓大权统于朝廷,而庶政公诸舆论者也。虽国家大政,非朝夕所能善美,然处薪火之上,急何能待?大纲既立,细目自举,期之数年,必臻完备。又宜多派留学生,专调查各国宪法及地方自治规则,以图改良,此皆今日之要务也。至于海陆军,则又国家之血脉。列强之所以侮辱我、划削我者,无他,数百只之军舰、数百万之精兵而已。故自帝国主义发生列国政策,皆以侵略并吞为主,彼此竞造艟艨、训练士卒,皇皇焉惟恐不及。览各国海陆军表,而回观中国,诚足令人不堪安居于一日者。夫俄之海军,虽败于日,而今已将恢复。我自甲午以后,鲜有倡言振兴海军者。然世界大势,荣枯兴亡,皆决于海军之有无。英为最强之国,其海军费,每年至于数千万镑。其战斗舰、海防舰、巡洋舰、炮舰、驱逐艇、水雷艇、潜航艇等,有五百余只之多。德法美日俄,亦竞驱争先。日本效法欧美,不过数十年,而今能造二万吨之巨舰。其军舰、水雷艇等共百余只,日人常谓我国无军舰,而毫无恐惧,诚彼等想象所不及。然则揆今之势,非振兴海军不足以图强,彰彰明矣!兴海军之要有四端:一曰:海军部之宜速设。自北洋舰队被灭于日,现存者不过数只巡洋舰而已,今海军不设专部,仅为陆军之附属物,责任不专,指挥不便,虽欲扩充,其道无由。岂倘以海权为不足争,而筹海军为第二政策哉?谓宜速设海军部,责成海军部大臣,一面向各国购造军舰,一面在国内设海军造兵厂、造船厂,限若干年、成若干万吨军舰。无论如何困难,而志在必成,不出十年,我海军之恢复可望矣!二曰:海军港之宜速定。海军港者,海军之根据地也。闻现定象山、荣城、舟山、北海湾等处为军港,而尚有可为军港者,琼崖岛之榆林港是也。此地虽僻处极南,而各国必由之要津、南洋之门户,法人觊觎之者,已有年矣。据去年巴里殖民新闻之报告:法之上下议院协议,苟法国际于世界大战,欲充其实力,不可不占领琼崖岛。彼昔之欲取而不敢者,恐英日干涉之耳。今则与英日交际异常和睦,我若无所防备、无所经营,彼一旦出兵占领琼崖,易如反掌。此岛被占,各国不能袖手旁观;胶州失,而威海卫、广州湾随之,是其前例也。生非但为琼崖一岛起见,诚以此地重要,牵一发而全身动,为可畏耳!两广总督岑春煊奏称:有崖州处琼郡极南,中国版图至斯而尽。榆林港尤为扼要,洋人时往游历,轮艘间或经行,边备海防,责任綦重等语。[1]且此岛天然物产极富,若及时定为军港,劝商民造铁路,以辅之辟商埠、开五矿、垦荒地,兴鱼盐之业、山林之利,一则杜法人之经营,以救危局;一则扩充

---

1 陈发檀此处所引两广总督岑春煊奏称语,见本书第一章的"各国通商粤区尤为重要拟请升崖州为直隶州片"。

海军，以图自强，一举二得，此之谓也。且日本虽小，而有横须贺、吴港、佐世保、舞鹤、室兰之五海军港，各置镇守府，以为出师之准备。中国如此之大，非多设军港，似非卫国之道。拟请明下谕旨，派人查勘此地，是否允合，与象山、荣城等处，同时速设军港，以固疆围，而保门户。三曰：宜速设海军学校及多派海军留学生。夫兴海军之难，不在军舰，而在海军将官；譬有机器焉，而无管理机器之人，等于无耳。或管理人不得其当，反坏其机关，而折其轮条，其为害也。尤其甲午之败，正坐此弊。然则欲兴海军，非造就海军人材不可；造就之道，在乎学校。故各国有海军大学校、海军兵学校、海军机关学校、海军医学校、海军炮术水雷学校，以造就海军人材，请亟预备开此等学校。又多派贵胄子弟及全国英俊，留学各国海军，处心积虑以图之，坚忍勉强以成之，优礼厚禄以养之，不出数年，我海军人材，不可胜用矣。四曰：商船之必要。商船者，无事则通商发展其贸易，有事则运兵运粮，而援助其战争。英国商船，至于千余万吨之多；日本通商未久，而亦有百万吨。彼等船舶，出入我海港，且航行我内河，我招商局之船数有限，曷克与竞。我商业日形憔悴，职是之故。今列强之所以不即瓜分我者，欲以商业吸我之膏血，令我自毙耳！失今不图，祸必难支。请由政府设商船公司，又奖励富商，有能开最大商船公司者，授以最高之爵赏。平时则从通商之业，一朝有事，择其优者，施以武备，而为军舰之补助。日本邮船会社之船，皆与海军有密接之关系，其功尤为不少。商船之宜兴者，此也。美海军将马翰曰："一国之盛衰，在制海权之得丧。"生愿皇太后、皇上合四者以图之，并一心以赴之，君臣上下，日夜孜孜，以图海军。以皇太后、皇上智勇天锡，而又承列圣之武功，握海上伯权不难耳！若夫陆军今业有南北洋之数镇新式兵，然以中国地广民众，与此数镇兵比较，犹九牛之一毛。仅恃此数，即足与各国驰驱于戎马之间，生知其不可也。夫中国大于德法几二十倍，而德国平时兵员六十万七千八百七十二人，战时兵员三百万人以上；法国平时兵员五十万三千八百三十三人，战时兵员四百万人。以此比例，我平时兵员非数百万，战时非数千万不可。昔普鲁士既败于法普王威廉第三，改革陆军，作铁十字勋章以励国民，下令全国壮丁尽力国事；又下国民及军人之二诏，遂败法军。所谓国民战争，于来志者，是也。法国自败于德之后，其政府日警戒其国民，无忘师丹之辱。今法国陆军不下德国，此皆上下一致，爱国精神所盘结郁积者也。中国士大夫靡靡，素以谈兵为耻，浸假而成风俗。为兵者，皆下等社会之流，又皆自佣募而来，曷有君国之念。以佣兵国与国民皆兵国战时，不待战而胜败决矣。愿皇太后、皇上明下谕旨，崇尚武之风，行全国皆兵之制。定各省练若干镇新式兵，而蒙古、青海、西藏皆改为行省，开为通商地，以杜各国之觊觎。皇太后、皇上而无意于自强，则已有意于自强，舍此，其道无由。至于军略机关，则参谋本部，尤为重要。日本参谋部总长为天皇之亲任官，凡关于国防及用兵计画，由参谋长定之。经天皇许可，然后由陆军大臣而达于团队。各国军事参谋部，皆派人侦探之。故军情无不周知，而作战亦精备而神速，取胜之结果，皆其功也。夫天下可百年无战，不可一日无备。拟请速设参谋部，讲求军略，与陆军部相为表里。至于陆军大学之宜速开，陆军留学生之宜多派，皆振兴陆军之要务也。夫海陆军宜兴矣，而所以兴之者，是在经费。今日财政困难，司农仰屋，而欲兴海陆军，犹无米而欲为炊、无布而欲为衣也。查英国岁入十余万万镑,日本亦数万万圆。中国岁入仅一万万两,百事待举而仅有此数,曷克兴海陆军哉?今日筹款之法,一在兴实业,一在加税则。实业不兴,则民力不足,而从事搜括,既非理财之道;税则不加,则经费不支,而束手待毙,亦非经国之方。振兴实业,已经谕旨,三令五申,而无实效者,科学不明故也。德国实业学校以数百计,日本自去年以来,其教育宗旨偏重实业,故实业学校,陆续加增。拟请于各省州县,开实业学堂,按地方人民文化之优劣,定学校程度之高下。又速立宪法,招集各省议员,大开国会,由政府提出海陆军扩张案,使上下二院讨论筹款之法,仿照各国现行营业所得,烟酒、家屋、印纸相续等税,体察形势而行之。又划定皇室费及各部、各省行政费,宣布于民,使民知纳税之义务,乃以保护国家如此。而谓经费不可筹、海陆军不可兴者,生不信也。以上速立宪法以靖人心、振兴海陆军以强国势。生细考各国大势,详察中国内情,统筹全局,欲为皇太后、皇上谋久远之策者也。愿皇太后、皇上念列圣付托之重,国民希望之深,速行立宪,断自圣意。盖立宪则百事俱举,海陆军可兴,满汉之界可除,农工商业可振,教育可普及,而经费可筹。以皇太后、皇上之圣,何事不成、何功不克哉!生草野愚贱,罔识忌讳,又读五月二十八日上谕,知圣衷求言之切,故敢披竭愚诚,冀以报效于万一。倘蒙采择,必详细以陈,干冒宸严,惶恐待罪,伏乞代奏皇太后、皇上圣鉴!谨呈。光绪三十三年八月初八日。

奉旨:会议政务处议奏。钦此。[1]

---

[1] 《呈请速立宪法振兴海陆军折》,《秦中官报》1907年12月,第10—20页。

在《呈请速立宪法振兴海陆军折》中，陈发檀从"今日本虎视于东方，英法德俄鹰瞵于西土，眈眈逐逐，皆欲食我神州大陆之肉，而吮其血"的危急时局出发，发出速立宪法、振兴海陆军以图自强的强烈主张。他引用日本外交官"倘中国不图变法，将来必蹈高丽之覆辙"的警世之言，发出"世界大势，不强则亡"，"今日变法，宜急而不宜缓，规模宜大而不宜小"的时代呼声。尤其放眼世界列强，声言："世界大势，荣枯兴亡，皆决于海军之有无"，"揆今之势，非振兴海军不足以图强，彰彰明矣！"后来孙中山也阐述这样的思想："自世界大势变迁，国力之盛衰强弱，常在海而不在陆，其海上权力优胜者，其国力常占优胜。"[1]孙中山后来于1917年成立海陆军大元帅府，也是体现出对海军的重视。

陈发檀提出的兴海军之要的"四端"：海军部之宜速设、海军港之宜速定、宜速设海军学校及多派海军留学生、商船之必要，在均关紧要，体现了他"志趣远大"的抱负，足见他后来在1912年上书袁世凯主张海南改省的学识功力。

在论"海军港之宜速定"时，他特别指出："闻现定象山、荣城、舟山、北海湾等处为军港，而尚有可为军港者，琼崖岛之榆林港是也。此地虽僻处极南，而各国必由之要津、南洋之门户，法人觊觎之者，已有年矣。"不但指出法国人觊觎榆林港，并引两广总督岑春煊所奏，结论是将榆林港辟为军港意义重大："一则杜法人之经营，以救危局；一则扩充海军，以图自强，一举二得，此之谓也。"是以他"请明下谕旨，派人查勘此地，是否允合，与象山、荣城等处，同时速设军港，以固疆圉而保门户"。此乃

---

[1]《琼州宜改设行省理由书》，《民主报》1912年10月26日第11版。

立意宏大，堪称良策。

陆军部定议以榆林港为中国海军港

陈发檀在《呈请速立宪法振兴海陆军折》中指出，榆林港是"各国必由之要津、南洋之门户"，宜"速设军港，以固疆圉而保门户"。此议受到清廷的重视，电饬粤督张人骏派员调查该港情况，掀起了一阵"查勘潮"。

其时，"陆军部核议留学生陈发檀条陈内所举将榆林港开作军港一节，各堂宪均甚韪其议，已电告粤督调查一切情形，以便决定办法"[1]。又谓："去岁留学生陈发檀条陈陆军部，谓粤省榆林港地势险要、开作海军港口一节，经各堂官核议，以其颇有所见，特电饬粤督派员将该港形势、水道以及一切情形，详细调查，绘具图说，咨报本部，以便核定办法云。"[2]

此后不久，陆军部定议以榆林港为中国海军港："广东榆林港邻近琼崖海口，实为南洋来中国之要道，现经陆军部将该港情形，访查明晰，定为中国海军港，已咨行粤督张安帅速派干员，将该港地形、水线，再行逐一详细查勘，绘列精图咨复，以便筹办一切事宜云。"[3]

更喜人的消息是，榆林港被定为中国的第一海军港："粤省榆林港邻近琼州海口地方，最占洋面形势，并欧洲由南洋来中国之

---

1 《电饬粤督调查榆林港》，《时报》1908年1月16日第5版。

2 《电饬粤督调查榆林港》，《申报》1908年2月6日第19版。

3 《陆军部定议以榆林港为中国海军港》，《新闻报》1908年4月1日第3版。

扼要孔道。近陆军部已将设港情形访查明晰,定为中国第一海军港。昨电来粤请速派员,将该港地形、水线再行逐一详细查勘,绘列精图咨复,以便筹议兴辟各事宜。"[1]

但是,调查中也发现榆林港作为军港的"欠缺"之处:"前陆军部因调查军港咨行到粤,当经安帅将榆林港形势查报。该港形势,于建设军港一事,虽不无欠缺,惟地当冲要,为外轮入中国必经之路,入口处两面山岭,可以建筑炮台,水深十二三寻,亦敷战船驶泊。惜港口宽至十三四里,毫无遮护,最为缺点。内港则四面高山,形势甚佳。惟仅容一舰出入,亦不免过窄。现经大部详细覆核,以该处形势虽未完全,惟地居海疆要点,且当此速筹振兴海军之际,完善军港亦不多觏,究竟能否酌量变通,改建船坞之处,应派谙练海军人员,覆加详勘等情,咨复来粤查照矣。"[2]

所以,也就出现了"榆林不宜军港"的声音:"崖州榆林港地方,前因留日学生陈发檀条陈,堪以开作军港,由政府咨行粤督,饬由督练公所派员前往查勘。嗣该员刘庸等回粤禀复,以该处外口太宽,内口太窄,且无建筑船坞、炮台之处,以之开作军港,殊不相宜。经由督练公所据情转禀督宪,现闻督宪以前据惠州欧绅来禀,据称惠州沿海一带,较榆林港形势尤胜,拟俟查明该处再行并案咨覆云。"[3]

更详细的"查勘琼崖岛榆林军港详情"公布如下:

---

1 《中国之第一海军港》,《申报》1908年4月3日第11版。
2 《榆林军港覆查之原因》,《申报》1909年4月8日,第11版。
3 《本省大事:榆林不宜军港》,《半星期报》1908年第15期,第33页。

粤省督练公所前奉粤札饬，选派明干熟悉之员，前往勘明琼崖之榆林港形势若何，是否南洋要津、合于军港之用，禀由该公所筹议详夺，计黏原奏原□各一件等因。当即选派水师学堂船坞委员刘相华、补用通判刘镛，会同测绘学堂地形股委员曲得胜等于二月初间，前往琼崖之榆林港，勘明海陆形势，测绘详图。现据勘竣回省，绘图注说，禀称：榆林港属崖州，在广东之极南，港口榆林角为泰西轮船入中国者必经之路。该港有内外之别，入口两面有山可筑炮台外，港水深十二三寻，宽约十三四里，可容头二三等兵船二三十艘。惜于港口太宽，又无小岛遮护，设遇西南大风，涌浪异常，似未尽善。内港则四面绕山，入口之处只容一轮，形势较胜。且绝不畏风。惜乎海面太窄，水深处又不过二寻有奇，只容二三等兵轮五六艘。其余或沙或石或滩，扩充亦复有限。至该港东西北三面，海岸空地极多，测量得三处，可为营房、操场、药库、屯煤之地。淡水井现有五口，三口味甘源长，两口稍逊。粮草、牲畜尚足。又该港东南乐道岭地方，有煤矿一处，尚未开采等情。参议韩道国钧查军港形势，须有五宜：（一）宜居海疆要点，便于应援。（二）宜可以避风，有淡水可供饮料，装载米粮、煤炭便利。（三）宜水度较深，便于头等战舰、巡洋舰行驶出入。（四）宜内港面积宽敞，足容战舰多艘，停泊旋转，而又有隙地可建船坞，以资修整。（五）宜入口山势回互，敌船难以偷入窥探，而沿海各岛屿之附近，暗伏礁沙，敌人不便登岸。有此五利，方称完备。该港虽据海疆要点，有淡水可供饮料，装载粮煤便利，而外港口门太阔，既不足以避风；内港面积欠宽，廓充亦难，设法于战舰之停泊旋转，不甚相宜。近岸砂石多滩，建置船坞亦形不便。详查建筑军港之法，形势未尽完全，当经禀复粤督，酌饬谙练海军人员将该员等绘呈图说,复加考核,究竟该港于军港形势是否合宜,抑仍堪作商港之用,研究详确,再行核办。[1]

榆林港究竟是适合用作军港还是用作商港之用?还需进一步"研究详确,再行核办"。

1909年,到袁树勋任两广总督时,仍以岑春煊奏及陈发檀奏说事:

奉上谕,有人奏振兴海军请辟琼崖港岛一折,查军港乃海军根据地,琼崖榆林港地虽僻处极南,然地当南洋门户,为各国必由之要津,某国觊觎已久。去年,该国巴黎殖民报之报告上下议院协议,谓苟该国遇有世界大战,不可不占领琼崖岛等语。我若无所防备,无所经营,一旦借端占领,必步胶、威之前例,各等情。查前粤督岑春煊奏称,亦以琼崖地处极南,中国版图至斯而尽,榆林港岛尤为握要等语。亟应体察情形,妥筹布置,以重边备而固海防,等因。大宪准此,已札行司属一体查照矣。[2]

到了辛亥革命前夕,仍见"榆林港形势尚佳"的报道:"部议开辟琼州岛一事,兹经粤省大吏查明,琼州一岛,远处海洋,其中所属群岛,港汊不下数十处,惟崖州辖属之榆林港,形势尚佳,其余仅琼山、海口各处,因与雷海遥遥相对,尚可避风开埠。此外,尚有赤溪群岛十六处、澄迈群岛八处,又有临高之和海合湾,

---

[1] 《查勘琼崖岛榆林军港详情》,《新闻报》1908年6月8日第3版。
[2] 《粤督袁制军现准军机大臣字寄》,《申报》1909年10月20日第11版。

儋州十里之海湾、田头海湾，昌化之富丰港湾，感恩之南客各港，崖州九港，陵水大港湾，万县南冬各港，乐会汤泉，会同、文昌沿海附近各港岛，均属斜受飑风，无处障蔽，于开埠通商，甚不相宜。现已将情复部察核。"[1]

岁月蹉跎，榆林港终究是没有在清末成为军港，这与积贫积弱的国势和腐朽没落的政治环境密切相关。1906年，南洋巨商胡子春（胡国廉）回乡料理其祖母的丧事，后进京得到慈禧的热情款待，随后捐献白银50万两，作为清廷购买战舰以扩充海军实力的经费。此后，胡子春与保皇党重要人物欧榘甲游历海南，督办琼崖垦矿事宜。但谁会想到，这50万两白银却被慈禧用在建造颐和园中的"佛香阁"上。此情此景，想振兴海陆军以图自强，无异于缘木求鱼。不过，陈发檀所奏在当时就产生了很大的影响，为他积累了名望。1908年暑假，陈发檀回国，时广东绅士宣布派员赴京上国会请愿书并拟呈请都察院代奏，他们借重有此"前科"的陈发檀的经验与名望，于是"添举陈君发檀代表前往。查陈君系官派游学生，在日本政法专门毕业，入政法大学。去年曾上请开军港及请立宪条陈，均经政府采纳，举国皆知。现因暑假返粤，不日抵省，务必劝驾一行"[2]。

对于热血青年陈发檀而言，这倒不失为民国成立后，他与孙中山一起推动海南改省的"预演"。是时，他们提出琼州宜改设行省理由有五，其一是巩固海防，琼州宜改设行省也："今我国海军虽不克与列强争胜，然有海军根据地置而不顾，甚非国家永久之

---

[1]《咨覆琼崖州岛形势》，《申报》1910年9月21日，第11页。

[2]《粤首公布派员赴京上国会请愿书》，《盛京时报》1908年7月21日第3版。

大计、巩固边防之政策也。倘改为行省，则琼州之军港易于建设。"[1]

随着清朝的灭亡，此事无疾而终。等到榆林港已具军港规模之时，那已是日寇侵琼时的事情了。

1939年2月，日军甫一占领海南岛，就迅速开始经营榆林港，以作南进的根据地，这是快报社七日香港电："据此关所接消息，海南岛日军，已开始经营榆林港，图将该港辟为军港，以作南进根据地。近二星期来，自台湾开往该港之日运输船，均满载有建筑木料。数日前，并有日工兵一队，开抵该处，现正开始在港内建筑兵营，及在近郊各处伐取木材。"[2] 又传日军在榆林港建潜水艇根据地："日军在榆林港建设潜水艇根据地，传经日海军呈天皇批准，已动工，限本年底完成。东京湾与南海间时有日潜水艇出没，关系各国极为注视。"[3]

1945年，日本战败，无条件投降。海南岛南部日军全部从榆林港登船，被遣返日本。当时，接受投降的国民党46军19师蒋雄所部进驻榆林。之后，此地一直是军事禁区、海防要塞。

等到战后国民党海军接收海南岛，始发现榆林港经日本人数年经营，一切军港设备大致具备，内外港可容军舰一百艘。[4] 这让其代海军总司令桂永清中将与美国顾问都无限感慨："'可惜大好河山，我们自己不会利用。'一周来，飞行粤琼二地视察接收后

---

1 详见本书第八章"琼州改省案"。
2 《日军经营榆林港　图作南进根据地》，《新闻报》1939年4月11日第4版。
3 《日军在榆林港建潜水艇根据地》，《新闻报》1939年5月11日第8版。
4 《南方接收机关结束物资悉移交处理局　榆林港已具军港规模》，《大公报》1946年2月17日第2版。

之海防要地之代海军总司令桂永清中将，顷对本报记者发表如上之感想。桂氏十三日由海口飞三亚，在日人曾努力建设数年之榆林三亚一带视察二日，决定在此设立海军第三基地司令部。榆林椰树成荫，风光绮丽，万吨以上之大船可直泊埠岸，随行之美顾问称：此港之胜，实不亚于珍珠港，惟须金钱与毅力而已。"[1]

海南解放前夕，国民党军榆林要塞指挥官为少将。1950年5月1日，海南岛全岛解放，国民党败兵很多从榆林港登舰逃台。

海南解放以后，榆林港一直是我国南海的海防要塞，也是我西沙、南沙、中沙岛礁最理想、最直接、最牢固、最灵便的后方军事补给基地与指挥前沿。人们可以用诗一样的语言描写榆林港，说闻名世界的榆林港，港湾水深浪静，群山环抱，为天然良港、国防要地。极目四望，榆林港以东，海岸曲折，港湾较多，有虎头岭、琼南岭、赤岭、南湾岭等点突出海面，怀抱亚龙湾、土曲湾、陵水湾，可以点制面。榆林港以西，海岸平坦，有鹿回头、马岭、南山岭等点突出海面，与东瑁洲、西瑁洲构成海上屏障。

今天的榆林港是我国海军南海舰队的基地之一，也是亚洲重要的潜水艇基地。她在我们的眼中，永远是静静守卫我中华民族万里海疆的"海上屏障"，坚实而可靠。

当年留学的海南学生陈发檀提出"速立宪法、振兴海陆军"两大建议，表明他留日学有所成，对中外关系问题的关注富有远见。而这篇代奏的"文风"，与他于1912年9月上书袁世凯的《琼州改省之呈文》如出一辙，我们由此可"进阶"去读他的《琼州改省之呈文》了。详见本书第八章"琼州改省案"。

---

[1]《琼岛榆林港　设海军基地》，《中央日报》1947年1月17日第2版。

孙中山与海南（1905—1913）

张之洞

第三章 榆林军港

榆林港之热带风光

第四章　千年一叹

同盟会时代的海南，在1907—1908年又呈现出另一面。如果说王斧是革命党的"文胆"，那么欧榘甲就是保皇党的"文胆"。1907年，欧榘甲和著名侨商胡子春（胡国廉）同游海南，胡氏由此以"一纲十目"规划海南，而欧氏则留下近万言的《琼游日记》，记录了20世纪初海南的文人景象。在留日学生陈发檀呈请清廷建设榆林军港的时候，欧榘甲也来到了榆林港，向世人揭开了"琼州第一港"的神秘面纱。欧氏还比对榆林港列举日本人经营台湾数年的成绩，发出"有琼二千余年"的感叹。这声感叹，可让我们明白孙中山倡言开发海南时，时代的反响为什么如此强烈。

树立一个现代化的模范省区

在革命派与保皇派的论战中，欧榘甲是后者的重要人物。冯自由言："南洋总汇报渐为保皇派入寇，所聘记者均属康门徒侣，徐勤、欧榘甲、伍宪子等即凭借此报与革命党为敌，南洋之民党喉舌因之暗哑者年余。翌年（1907年）七月，始有第二言论机关之中兴日报继起。"[1]

欧榘甲，字云高、云樵，别号云台、伊庵、伊厂、太平洋客、无涯生、海天。广东省归善县（今惠州市）淡水人。康有为门生。1897年先后任《知新报》《时务报》笔政，撰文宣扬变法。戊戌变法失败后，在日本协助梁启超编《清议报》，鼓吹革命，是谓："历任时务、知新、清议三报主笔，文学优长，议论豪放，极受时人所称赏。"[2] 1903年与人创办《大同日报》，任总编辑。在日本横滨出版《新广东》，提出"广东自立"。后因攻击孙中山，被逐出报馆，赴新加坡办《南洋总汇报》，任主笔三年，从事保皇活动。保皇运动失败后回国，这就有了1907年游历海南的经历。

1907—1910年，保皇党与革命党口诛笔伐，主笔阵容煞是可观：保皇党方面，有康有为、梁启超、欧榘甲、徐勤、伍宪子、袁寿民、陈介叔等大手笔；革命党方面，有孙中山、胡汉民、汪精卫、居正、陶成章、林时塽、方瑞麟、林希侠、张西林、张杜鹃、何德如、胡伯骧等大文豪。双方势均力敌，堂堂之阵，正正之旗，杀得十分厉害。这在中国革命运动史上，是值得重视的一页。1907年以后，光绪帝逝去之前，南洋群岛的保皇党人，即已

---

[1]《新加坡〈图南日报〉》，载冯自由著《革命逸史》初集，中华书局，1981，第174页。

[2]《美洲致公堂与〈大同报〉》，载冯自由著《革命逸史》初集，中华书局，1981，第139页。

偃旗息鼓，烟消云散了。到了1908年光绪帝暴崩之后，保皇党仅剩下一个孤家寡人康有为，抱着光绪帝的灵牌，去安慰光绪帝九泉之下的幽魂。[1]

李少陵说："欧榘甲先生于光绪三十三年——一九〇七年春初，即已返国。他虽是一个纯粹报人，可是这时已无报可办。保皇运动尽管失败，但是他那片报国的心肠，并没有冷却。他在南洋时，早已与南洋侨领胡子春结成莫逆之交，此次返国之后，即邀胡氏同游琼州，准备与胡氏合作，组织农垦公司，开发琼州，一面移植南洋植物于琼州岛上，一面开发琼州矿产，组织银行，树立一个现代化的模范省区。虽然因为种种的条件，未能实行其计划，可是他们自南洋带回的热带优良植物种子，如橡树、玉桂、咖啡、菠萝、椰子、木瓜之类，无论琼州当时或有或无，他们总是无条件的赠送当地政府或人民，劝导推广种植，以裕民生，至今琼岛有不少优良树胶、玉桂、咖啡等类植物，多由欧氏移植而来，其裨益民生，不仅召伯甘棠，徒供余荫而已。"[2]

这位"太平洋客"应是深感实业救国的重要，这才邀请富商好友胡子春来海南从事开发活动。他们相约来海南，源于这段缘："丙午（1906年）南洋总汇报聘君主笔政，其一鸣惊人者，论英医生除裤验身，辱我国体；论卖身为佣者，以人为货，实大背人道。又控惩洪漳山印奸辱华妇，劝驻星总领事孙士鼎与叻督交涉，

---

[1] 李少陵：《六十年前一报人：欧榘甲先生传》，大业书店，1960，第34页。

[2] 李少陵：《六十年前一报人：欧榘甲先生传》，大业书店，1960，第36页。

卒除验身除裤之苛例。君闻湘桂文士被诱,卖往荷属,商诸孙领事,救回三四人。于是著华工出口问题。殷商胡子春,大韪其说,商辟琼崖实业。"[1]

这当中李少陵言及海南要"树立一个现代化的模范省区"的问题。彼时海南还是广东省琼崖道,何来"模范省区"?他们环游海南,深入考察,计划一面移植南洋作物于海南,一面发掘岛上矿产,同时筹建银行,其目的应是将海南建成一个现代化省份。据传这与曾经倡议琼崖改省的两广总督岑春煊有关。岑春煊于1902—1906年督粤,与胡子春是挚友。有记载云:"君(胡子春)性好交游,与人推诚相与,国人之有声誉者多乐与之游。岑西林者,君之挚友也。当岑公之督粤也,尝请君从事于矿务,而琼州之矿以辟。"[2]是时,岑春煊曾向慈禧太后保荐胡子春。因此,他们当时应该在私底下议论过琼州改省之事。后来清廷准胡子春以三品卿衔督办琼崖垦矿事宜,这也体现了权责一致。

欧榘甲和胡子春二人,"自光绪三十三年元月十八日(1907年3月2日)开始,自海口出发,经龙山、那大,至儋州,转海头港而抵昌化县,再经感恩城,过黎人族居的岭头村、佛罗市而抵崖州。继续前进,而抵榆林港,再转而经陵水县、万县,渡龙滚江而入乐会县、定安县,至二月十五日(1907年3月28日),始转回海口,凡二十七日"。李少陵说:"琼州各主要城市海口,几无不游遍。每至一处,即访求当地民情风俗,出产交通,一一志之,以备将来建设琼州的参考。其冒险精神及旅途辛劳,至堪

---

[1] 宋蕴璞:《南洋英属海峡殖民地志略》,蕴兴商行,1930,第91页。
[2] 宋蕴璞:《南洋英属海峡殖民地志略》,蕴兴商行,1930,第76页。

敬佩。所著《琼游日记》描写琼州风俗的优美，物产的富饶，关系的重要，即今日读之，亦令人发生不少兴趣，足供他日开发琼州的参考。"[1]

他日，必成大都会也

关于胡子春和欧榘甲开始的一段行程，欧榘甲记录如下：

正月十八日，偕邓［胡］子春等，由海口乘轿西行十里，过秀英炮台二十里抵西场，有西人灯楼在焉。三十里抵长村，此村周围皆石，其土深黑。四十五里抵那柳，其土紫。五十里抵龙山。

西场灯塔，本法兰西人所造，彼意欲据其地为商埠，于海边筑长堤为泊舰所，英人不许，索相距一里余之英山为商埠以抵制之，华官两解之，事遂已。英山特驻一营以保护洋关领事。水英炮台縻款一二百万，盖当法越事亟，两粤戒严，张之洞筑此以御法军，然今则无用矣。

十九日，由龙山至丹场，过渡经澄迈城西门，过多丰岭平原数十里，气象雄阔，与我之北京，日本之东京，美国之华盛顿京同，他日，必成大都会也。由多丰岭过河，抵森山市宿焉。

森山市建于平冈之岭，与和舍、那大大里同，与州城之就低地建设者异。森山市至和舍市数十里，平冈皆无树木，荒地极多，是宜与多丰岭同时大兴种植者也。

二十日，由森山市起程往和舍市。由海口旅行数日，每日

---

[1] 李少陵：《六十年前一报人：欧榘甲先生传》，大业书店，1960，第36—37页。

数十里平冈，除冈脚近水之地，偶见数亩禾田，余则不耕。近市之地，间有种薯，稍远，则尽成童山，此由地广人稀，而有薯米足以自供，遂不思多耕以扩财源。虽由居民懒惰之故，亦由政府不知通开道路，使出产有销路之罪也。

二十一日，由和舍市往那大市。

二十二日，由那大市往西田探看锡矿，经蛮头山大把田而归。那大附近五金矿饶衍，田土亦丰美，将来必然兴旺无疑。那大为儋州至旺之市镇，左往南丰，则金沙出焉。此市多客人，是由新宁嘉应迁往者，亦有福建人，产米销儋州、临高。居民有富至一二万者，皆由力耕而来。

那大有美国总教堂，且设有学堂，昔年曾因教案，酿成人命，赔款了事。[1]

因为他们此行的目的是"经营全琼"，故欧榘甲在日记中就海南各地开发价值写下不少观感，如："过渡经澄迈城西门，过多丰岭平原数十里，气象雄阔，与我之北京，日本之东京，美国之华盛顿京同，他日，必成大都会也。""（和舍）地广人稀，而有薯米足以自供……亦由政府不知通开道路，使出产有销路之罪也。""那大附近五金矿饶衍，田土亦丰美，将来必然兴旺无疑。"

胡子春欲做"第二苏文忠"

胡子春和欧榘甲继续往西走，行程如下：

---

[1] 李少陵：《六十年前一报人：欧榘甲先生传》，大业书店，1960，第134—135页。

二十三日，由那大市西行十里，过北门江，连过三段长平冈，皆杂木满山，长林被地，车穿林而过，旁有麻田，土脉膏腴，兼富矿产。五十里至大星市，大星十五里至黄莲沟，二十五里至黄泥沟。是晚到儋州[1]。自大星市至儋州，则又一望童山，非复那大诸地草木之丰盛矣。盖近海多沙，或间以石，得水甚难也。

儋州为宋世苏东坡所开化，其民能正音，闻是东坡所教。街道亦平坦。

二十四日，子春同人等，往游城东东坡书院，载酒小酌。院面平湖，子春志气慷慨，以第二苏文忠流芳琼岛为己任，其即席口咭有句云："江山锦绣今犹在，留与吾人作主张。"其壮心雄志，亦可想矣。书院在万松冈下。回宿城内欧氏宅。是日适州官吴佑会不在署，见其幕友陶立均，请派师船护送往崖州，陶即饬差调师船回杨浦港等候。

二十五日，由儋城起程到新英德港，小憩。此港有铺数十间，拖船泊者百余号，惟水浅不能驶轮船耳。过渡到白马井，又过渡到杨浦。住三日，师船乃到。杨浦一带水颇深，有石冈北护，为泊船避风善地，惟飓风面南不宜，以南面无山故也。港内产珠，且形势颇宜商埠，若能建码头，开商埠，由儋州通电车抵此，则出入口货物麇集，必可大旺。

杨浦居民，不知凿井，只汲石罅之水。

子春原拟由儋州折回南丰，入定安回海口，同人等以此来经

---

[1] 此处"到儋州"指的是到了儋州的州城，即今儋州市中和镇，非儋州市那大镇。中和镇是北宋大文豪苏轼的贬谪之地，有东坡书院、桄榔庵遗址等名胜古迹。

营全琼,不应中道而返,故劝以船至崖。[1]

胡子春,一名国廉,福建省永定县中川村人。1872年,他随乡人远渡马来亚槟榔屿谋生。成年后,试办矿务,有所积蓄,遂买矿山,经营锡业。由于引进欧洲新技术,获利甚丰,业务日益兴旺,最后拥有矿业机构30余处,成为东南亚首屈一指的锡矿企业家,人称"锡矿大王"。此外,他还开辟了数千英亩的橡胶园和规模巨大的种植丁香豆蔻的"春园"。约在1905年,时任两广总督岑春煊出巡南洋宣慰侨胞时,胡子春即向清廷捐献建设资金白银50万两。是时,有岑春煊向慈禧太后保荐胡子春之事:"胡商子春去岁由南洋返粤,办理铁路、商场、垦荒、森林等事,极为踊跃,为前岑督所嘉许。兹悉岑督此次陛见,特在皇太后前力保胡办事热心,且为外埠绅商信服等情。当由太后谕知岑督,电饬胡商进京听候委用。昨胡已接京电,拟日间即行启程云。"[2] 因为慈禧召见,故有了胡子春献银50万两之事。胡子春为开办粤汉、沪杭、漳厦三条铁路,又投资白银20多万两。清廷因此先后封他为邮传尚书、荣禄大夫。

但是此后,胡子春对清廷越来越失望,加上受到孙中山在南洋进行的革命活动的影响,他与清廷日益疏远,转而积极支持革命,屡次以巨款资助孙中山。1906年,孙中山为革命事业奔走时,胡子春也给予了经济上的大力支持。1910年底,孙中山为筹集发

---

[1] 李少陵:《六十年前一报人:欧榘甲先生传》,大业书店,1960,第135—136页。

[2]《岑督保荐胡子春》,《时报》1907年5月16日第5版。

动广州黄花岗起义经费，前往南洋进行革命宣传活动和募捐活动时，胡子春也慢慢接受了孙中山的革命思想，从一个保皇派转身成一名革命追随者。武昌起义前，胡子春还捐资托知友王绍经（福建永定人）买武器运回国以应起义需要。武昌起义后，他立即剪掉辫子，继续捐款支持革命政府，在当地华侨社会中扩大了革命的影响力。

1907年，胡子春与欧榘甲同游海南，欧榘甲在日记中说："子春原拟由儋州折回南丰，入定安回海口，同人等以此来经营全琼，不应中道而返，故劝以船至崖。"可见，他们这一趟是对海南进行了郑重其事的考察，为"经营全琼"做足了功课。正是有这次专门前往海南的考察，胡子春才在遍察琼岛的基础上，提出了历史上罕见的"一纲十目"创兴海南计划。（参见本章附录）

欧榘甲还写到杨浦（即今洋浦）的情况："杨浦一带水颇深，有石冈北护，为泊船避风善地，惟飓风面南不宜，以南面无山故也。港内产珠，且形势颇宜商埠，若能建码头，开商埠，由儋州通电车抵此，则出入口货物麇集，必可大旺。"这已被今天开发建设的大量事实所证明。

胡子春亲临北宋大文豪苏东坡被贬之地儋州，并以"第二苏文忠"为己任，立志振兴海南，当可感动时人。实际上，胡子春在海外艰苦创业的历程，也是相当感人的。

当年胡子春随乡人南渡马来亚槟榔屿后，寄食在姑母家里，姑母送他进私塾就读，晚归则罚洒扫庭除。16岁那一年，他辍学习商，不久即因薪资微薄而离去，随舅父学习"行巴"，也就是踏矿地而习矿业。深山密径，虫蛭累累，他不以为苦。成年之后，始在太平地界试办矿务。马来亚向来以产锡闻名于世界,但马来亚矿工多数未受教育,性情粗暴,很难带领,然胡子春待下宽严有方,获得工人信服。他勤奋有恒,不数年,乃略有所蓄,遂携资金前往霹雳州,另觅矿地,获拿哈山开采权。虽跋山涉水,备历艰辛惊险,但他勇于进取,夷然不以为意。继又获得端洛大矿场,经之营之,渐成巨富,人称"锡矿大王"。清光绪二十七年(1901年),雪兰莪州"大寺"(即以后的参政司)偕同僚属参观端洛大矿场,看到胡子春采用新法生产经营,条理井然,十分赞佩他的识见;英国驻南洋大臣白席氏钦佩他的才识,也畀他霹雳州民政局议员十几年。由于他对地方公益大力赞助,当地特赠给优待文书,内载:"无论在南洋何处游历,均堪受相当的礼貌招待。"此足见当地政府对他很重视。

光绪三十四年(1908年)丙午,"两广总督岑春煊奏请派他(胡子春)为开辟琼崖督办,先后兴办垦植、畜牧、开锡、运盐等等的事业,并且创设琼港轮运,以利交通。第二年南洋钦差大臣杨士琦,乘舰南下宣慰侨胞,目睹他的矿业规模宏伟,因奏矿章,以琼崖矿权,归他专利,并奏赏他三品卿衔。云南总督李经羲,也嘉许他的才智,委他为云贵矿物总办。子春乃派代表到云南跟李总督订定矿地,探测矿苗。才具基础,而清室已亡,因告搁置,未遂他矿业报国的宏愿"[1]。

欧榘甲感叹"有琼二千余年"

胡子春与欧榘甲继续西南行:

---

[1] 文存厚:《闽侨先贤史话》,《闽园杂志》第4期(1987年9月1日)。

二十八日晨，乘船西南行，晚抵海头港，此港有铺数十间，人二千余。居民以捕鱼为业，店铺以出资缴拖船为业，出产则咸鱼、鲍鱼、波罗蜜，木贩运香港省城江门等处，随船购入砖瓦杂货，前数年生意繁盛，自去年七月大风雨，海旁数十间铺店，为风卷入海中，击沉渔船数十，浮沙拥寨，水道污浅，故商务顿衰。兼以附近红坎村与本港械斗，掳掠，行旅裹足，生意更淡。

此港无高山围护，并无平冈环绕，形势不及杨浦，不过海边一沙滩耳，然为儋、崖渔船上下必经之地，是亦一市场也。

二十九日夜中十二点钟开船，二月初一下午抵昌化县北黎港内塾头村。此行船经四更沙，沙长十余里，纵横海内，不知线路者，往往搁置沙上，乱风乘之则沉溺，甚为危险。本拟直往感恩向崖州，适轿夫在海头港，误购食鸡泡鱼者六人，毙命者二人，余人危甚，遂驶入北黎港。入港时，风无定向，忽而东北，忽而西南，乱风交战，舟极簸荡。又值舵折，幸小艇速至，乘之泊岸，住村内将军庙，遣人葬死者，并购生羊，以血灌病者皆生，港内有淘金沙者，塾头村附近有盐田。

二月初三日，以风涛之险，议舍舟遵陆。由塾头村外十里，至山猪笼村一带平沙，无田可耕。过十所途中，沙夹泥土，颇有开田者，然大抵沙地为多，故田甚少也。十所人口约一千，居民传说：此地为汉马伏波将军所开，有伏波井一所，二丈八尺深，用之不竭。

沙土宜种椰子、树胶、烟叶、瓜子、棉花。

通天村人家错落，林木参差，始见有耕植及养羊者，盖以土夹沙泥，且有河流环绕，得资浸灌耳。过河抵盐田村，村以盐田得名，过村仍一带平沙，直至感恩城外，始见田舍，并牧牛羊。

第四章 千年一叹

是晚宿感恩城内九龙高等小学堂，县令章献猷，字味三，浙江人，年少开通，闻胡都转到县，款待殷勤。感恩黎人，去岁十二月抢城一次。正月初七日，又纠众抢城，故请其派勇四名，护往佛罗。感恩小学堂名九龙者，以城外九龙山故也。

感恩出产，以木为大宗，木类有四五十种，居民能开井灌田，城外田园颇开。

初四日，由感恩起程，日初出射九龙山之背，负云如白象毛，茸茸然殊为奇观。

感恩二十里到板桥，有铺数十间，以树栅作城门，与感恩城同，盖以御黎也。板桥八里到那枝村，亦有数十家，数重树栅。村外则沙夹泥土，竹木椰树皆生。过河入下园南向，沿海滩行数十里，抵岭头村，椰树矗立，高十数丈，大约五六十年物，惜民不知大利，不广植之，亦足见沙土之宜于种椰子、树胶，与南洋无异，南洋种植所宜者，此土亦无往不宜也。

岭头村背之山中，为黎人族居，腊末春初，黎人蠢动，官兵攻之，伤者数十，死者十余人，而黎屋数百间，亦为官兵所焚。

岭头村，树栅为卫，与各处同，黎患故也。中国政治疏阔，有琼二千余年，任黎人中居山岭，广占要害，而不使之同化，开辟荒地，启发富源，一土之中，恍如异国。视日本得台湾数年，招抚生番，开通道路，握全台于掌上，开富源而无垠者，真有霄壤之别。有志经国者，不可不深长思也。

出岭头村，沿海滩南行，向广沙平冈而过，数十里到老郑村，耕田种薯，人家错落。惟值近黎村，行旅颇有戒心。是夕宿佛罗市。此地为崖州、感恩交界之处，一市中，左归崖管，右归感管，于民事颇为不便，感恩派一营驻此。

儋州、昌化、感恩海边诸市多草屋，佛罗市则红砖为墙，举目皆是，气象稍佳，田亩颇辟。语曰："富润屋。"诚然，诚然。佛罗市人口约千余，妇女容貌颇有可观者，衣亦稍长，异于儋、感各处短衣短袖也。[1]

欧榘甲来到海南西部的今东方、乐东一带，发出了这千年一叹："中国政治疏阔，有琼二千余年，任黎人中居山岭，广占要害，而不使之同化，开辟荒地，启发富源，一土之中，恍如异国。视日本得台湾数年，招抚生番，开通道路，握全台于掌上，开富源而无垠者，真有霄壤之别，有志经国者，不可不深长思也。"欧榘甲感叹日本人经营台湾数年（从1895年台湾被割让给日本至1907年，计12年），台湾与海南有"霄壤之别"，给世人一个反观清朝治理海南的契机。

我们了解欧榘甲"有琼二千余年"这一声长叹，有助于我们理解五年后孙中山主张琼州改省时的这段论述："夫以中国之大，仅有台湾及海南二大岛。甲午之役，台湾割让于日，日人经营十年之久，自铁道开设，行政、教育制度整理以来，昔者硗确之区，今变为膏腴之府，旅行台湾者，不胜今昔之感焉。"[2]

孙中山逝世后，徐成章专门写悼念文章。文中谈及琼崖改省说："或有人问我说：'琼崖一旦改省，行政费增加，生产一减少，不是徒增人民的担负吗？'这种见解，未免太犯近视病，知其一

---

1 李少陵：《六十年前一报人：欧榘甲先生传》，大业书店，1960，第136—138页。

2 《琼州宜改设行省理由书》，《民主报》1912年10月26日第11版。

而不知其二。试观台湾，当甲午未割让以前，每年收入，也不过二三百万，与琼崖收入相比，相差无几。自甲午之役，割让日本后，日本以科学方法整理，生产一天比一天增加，以一千九百二十年的台湾收入计算，每年已有一千四百余万，与琼崖收入比较，有四倍之多。假使琼崖依此方法整理，岂不及台湾的生产吗？"[1]

榆林港为琼州第一港

胡子春与欧榘甲继续环岛之行：

初五日，由佛罗市起程往九所，十里，过赖云村、瓦窑村，进黄流市，有铺数十，人口千余，为商者多高州广府琼山人，男女颇白皙。

感、崖交界沿海平地，中间连峰插天，皆大木出产之所。大木有至数围者，即沿海草地多沙，而树木合抱者，比比皆是。闻沿海沙地三尺下，即见泥土，故土脉甚肥云。

崖州产桐子树，土名海棠树，子可榨油，为燃灯之用，不可食，沿途皆有，均野生。又野生芒果甚多。

子春在黄罗市购茄楠二小段，值银三十余元。闻茄楠以崖产为最真最佳，他处多伪。各省各埠多以安南茄楠，混充崖产。又沉香亦与茄楠相近，非深知此道者不能辨（沉香多是茄楠之皮节）。茄楠乃一种香木所出，然出于何木，生于木之何体，虽老手不知；惟于众香木之树下，支帐其中，夜静闻香出何木，默为

---

[1] 徐成章：《中山先生逝世后与琼崖》，《新琼崖评论》第二十七、二十八期合刊（1925年4月15日）。

记之，明晨乃斧伐是木遍体以索之，或在枝中，或在干末，或在皮甲，俟索出乃裁之成料以待价。

是夕经柴园村、透风村、望楼市、油甘市抵九所，宿文魁庙中。

由佛罗来九所，一路皆平冈，不经海滩，故未得探莺哥角港口如何。然平冈距海一二十里，虽皆沙积而成，悉经开辟成田，足见居民之勤，亦见崖土之腴也。

琼民多不设坑厕，男女皆遗粪路旁，惟佛罗九所文昌阁有坑厕。

崖州有名之市镇，西部以望楼市为最富，富商回民居多，家资二十余万，居室宽广，椭圆形，皆用红砖砌成，盖佛罗以东，渐多砖屋矣。

新九所铺数十间，人千余，望楼九所卖鱼者多妇女。妇女勤于作业，男子必多坐食，崖俗亦然，是可耻也。

初六日，由新九所起程往崖州，途中经西盐灶、头角湾、岭头等处，岭头山中有名山脚者出锑矿。

岭头沿海一带，始见椰园，兼有种禾薯者，而荒田仍多，盖拥田既广，温饱有余，稍高之地，懒以引水灌田，则弃之矣。

佛罗、九所一带，多能开井灌田，故无弃地。田畔往往有沙堆，初疑土脉，由田中经过，隐隐隆隆。继考之，乃居民恐畛域不清，致滋讼累，将沙土拥起，以示界别，亦碑石之意耳。

出岭头，由酸梅铺仔过长坡，椰园弥望，出山则谓之长山。到寨加埔，过保平港，此港水曲如环，绕护崖州，而水道不深，无容大船停泊之所，非佳港也。渡港经临高村、临高市入崖州，宿广度寺中。

初七日，崖州牧冯如衡请饮，冯字竹斋，江苏人。

初八日，起程住［往］叉港，向东行，经南山岭，树木满山，闻官禁民采伐。

黎男儿盘发于额，而下体无裤，只以巾缠腰，倒覆阳物。黎女则着短裙，与印度马拉无异。

崖州人民，黎居其八，汉居其二。若欲兴崖，自以汉黎合一为第一义。兴学堂、工艺、种植，以教汉人，而用黎人以开山辟路，汉黎情合，而抚之以恩，行之以信，而全琼辟矣，岂惟崖州。

心高营，旧有营兵驻守，今废，右山高处有塔。

由崖州至禾塘，行两山间之平阳中，不独群山树木阴翳，即平阳亦杂树交加。抵中禾小铺，则离山行平阳中，田畴广阔，至海岸沙滩入下马岭，有酸枝树。崖州产石榴甚大，且味美，若运出香港，可获大利。

烧淇沟为崖州由山运木出口之道，面海，海中有三洲，东梅洲（有屋百余间）、西梅洲、鹿头洲，左边则三叉港，三叉港之山背，则榆林港。

崖州石蟹出三叉港之豪伯岭中，附近陈姓，由下川园（村名曰川村）搭挺入，不过里余。

榆林港为琼州第一港，然内容甚狭，百吨之船，不能出入，且船行中线，水浅而礁石多，似非佳港，而此外别无胜之者。其地形又为琼崖轮舶之集合点，振兴全州之商务，必于此为起点。天然缺憾，无如何也。榆林港口山，有法人坟墓，闻是船主，探地死于此云。

三叉港最旺时，以十一、十二、正月三个月为最，俗谓之旺春，其时捕鱼船数千，人数万，余月则人数不满一千。

榆林港以四、五、六、七等月为最旺，其时渔船往新嘉坡等处者，皆回泊于此，余月则冷淡异常。

燕窝，以万州出者为最佳，色红谓之红燕。北黎港附近三十里，闻近海有一山岩，每晨燕子飞出，半日始尽，产燕窝甚多，惟取之甚难，因该山突出海心，岩内下临深潭，无路可通。[1]

三叉港内源丰盐厂，盐田七十八丘，天时最好，每月可出盐二百八十担。工人十六名，工头每年一百元，工人每年八十元。种盐专靠日光，二、三、四、五、六、七等月，谓之大春，以此数月日光最猛，故一二日内，有盐可收。其余月日光稍微，故成盐稍迟，谓之小春。

种盐之法，先开湖储海水，俟数日水气稍干，然后引入田中，晒二三日成盐。若雨水多，则收成少，每丘田约四十步，每收可得四担，工本约五十元。

三叉港、榆林港，崖属诸山运木之孔道，各土产由此出口，盖商务之中心点。榆林港为避风善地，惜港口浅耳。椰子以榆林港出者为最佳，亦最盛，每年以五十万为率；然种者仍未多，销路犹未广，视南洋一丘之地，每年出数百万元者远矣。

初十日，由三叉港渡河，进榆林港十五里到红砂村，由红砂村二十里，到小桥，由榆林到此十里。山溪皆无滴水，取水甚难，开井水亦不佳，盖天然缺点也。小桥始有种田者，以平洋最低，水之所聚也。小桥泛：陆某外出小桥，水极恶，以小瓶贮之，明日则干。由小桥行二十里，到大毛峒铺子，此一带山，谓之惠丰岭。

---

[1] 当时的北黎港在海南岛西部的感恩、昌化两县之间，欧榘甲所记疑有误，"产燕窝甚多"者应是万州的大洲岛。大洲岛又称"燕窝岛"，与乌场港隔海相望，是我国唯一的金丝燕栖息地。

惠丰岭高数十丈，山径崎岖，诸人舍舆步行四里余，始复乘舆。最可怪者，山高数十丈，山巅更不见滴水，平地数十里亦然，宜乎满目荒田矣。

惠丰岭十五里抵丹牛坡，过红李村，渡溪宿藤桥市。十一日由藤桥起程，往陵水。藤桥产薏米，酿酒甚佳。

藤桥市山川环抱，面当海洋，海面有数山拥护，他日必成商埠。

崖州素以胰米著名，今岁久旱，每升米贵至七十文，自来所无。各富家恐饥荒，拥米不出，故贫民更困。

十里到实角湾，海滩有铺子。过大坎村，由大坎村，更经数沙冈，其沙洁白精莹，可制上等玻璃，与惠州斗头卡玻璃沙无异。冈横直数十里，虽开之十余年不尽，诚天然之权利也。大坎村近海二山之沙，尤洁白异常，到石碓岭铺子，沿海滩行数十里，抵陵水之新村港，此港周围六七里，惜水浅不能容大船。[1]

这是难得一见的榆林港游记。不过，以欧氏"水浅而礁石多，似非佳港""榆林港为避风善地，惜港口浅耳"等描述，真的可以得出"榆林不宜军港"的结论。好在他没有陈发檀的那种地缘意识，不着眼于军港建设，而是看重商务贸易，故亦有"振兴全州之商务，必于此为起点""盖商务之中心点"等论断。

蒋益澧将客人安插琼州各处

胡子春与欧榘甲继续陵水等地的行程：

---

1 李少陵：《六十年前一报人：欧榘甲先生传》，大业书店，1960，第141—143页。

新村港有人千余，铺百余间，有桐棣泛总司在此，距陵水县城三十里。此港内容甚阔，四面有山，若能开广，铲去浮沙，胜于他港多矣。

十三州县，各市港为商者多文昌人，捕鱼者多临高人，走衙役者多琼山人，其余则罕有出外者。

各州县人种田，多由福建、广东而来，广府人则经商而成土著；高州等处，则来耕而成土著；嘉应之人，则因迁居新宁，遇土客相杀，蒋一澧治军，将客人安插琼州各处，当时每人派银八两，日久遂长子孙焉。

由盐灶村经岭头，抵陵水县城一里之文乐会馆宿焉。

陵水县商务颇盛，广府人来办山货者，尝家于此。陵水出产，以糖、米为大宗，鲸皮、鹿茸、薏米、牛皮、棕竹次之。

十二日，由陵水起程往杨梅港，与县官林翰高辞行，彼派护勇二名，追至五里亭相遇。

南冲村为客人所族居，黄姓人为多，此皆由嘉应迁新宁之客人，因土客斗时，为蒋抚所派来者，皆以耕田为业，约四十余年，人口六七百，南冲村背为牛岭。

客话，琼俗称为崖话，以客话自称为崖故也。

牛岭之水，为香水岭，再过为牛头岭，牛头岭路纡回九曲，行者苦之。出岭复行海滩，抵杨梅港宿焉。

杨梅港为陵水县东西之港口，附近木山，多由此出，然冷淡殊甚，不过一路站耳。无内海以容舟，无山冈之环抱，其形势更在新英新村之下。

十三日，由杨梅港起程往万州，行海滩十五里，到海田，入九曲路。海田铺子背山，居民斩木而种烟叶，甚为茂盛。海田入九曲路八里，到大桥铺子。此路田亩青葱，水泉环绕，烟叶丰饶，牛羊茁壮，甚可爱也。

由木桥到万陵市八里途中，嘉卉满山，杂花夹径，绝无荆棘恶木，岂所谓君子道长、小人道消欤？天光悦目，凉风送人，四山苍翠，中拓平阳，泉甘土肥，实有天然优胜，我欲移家居之。

万陵市为两县交界之所，一市而两县兼辖，与佛罗为崖、感兼管同。市右属陵水，市左属万县。此市百余人，妇女以织屦为业，用一种勾曲之木心，捶之为麻，以为屦，与黄麻功用无异，且可用以洗头，南洋各埠多用之。

万陵市十五里到荔枝坡，三里渡河，到黎淇市，颇旺。黎淇又三里到三水，三水十五里到万县，万县县主范云梯[1]，字步月，广西平乐人，能客话，延住考棚。万县田土膏腴，水泉丰足，为琼崖之冠。据范某云：阖县钱粮，不过三千余元，地丁银七百，人口不过二万云。

十四日，由万州往龙滚，出东门，向东行，过桥经石山脚平原，弥望白沙，精莹可爱。

万县平原广阔，与诸县同。然禾黍离离，不如诸县之荒弃者，以水泉胜也。周村内有极光洁白沙，可制玻璃。

万县十二里到周村铺子，周村十里到后安，此二十余里皆平沙，过河将至后安市。春畴漠漠，禾黍青葱，过后安市，则又平沙矣。到万县后，一路皆行平冈，不穿海滩。后安市有铺，人数百。

崖州茄楠，万县燕窝，皆著名于世，然迩来所出甚少，奸商多由安南贩茄楠、燕窝至海口省港，混充崖、万之产，其实皆赝鼎也。

---

1 范云梯的故事，详见本书第六章"末代琼崖道"。

万州燕窝色红，燕血结成，故最难得而宝贵。产山斗入海中，石壁崭绝，无路可上。取者乘船冒险，泊其下，搭一木架，使胆壮者踞其上，手持竹篙，仰攻石岩，幸而攻中，而燕窝跌于水中，或可获少许。否则虽终日攻之而不中，或虽攻中，而燕窝跌于水中或他石罅，仍不能取得，盖石岩风与水相汲，船泊不定，篙亦不定，故取之甚难。子春谓用西法，以铁线系纸鸢上放之，坠石岩，人过而牵之，陆续以粗大铁绳系之，则可由铁绳直缒至石岩下，取之易矣，其说极为有理。后安市十里到那禄市。

后安、那禄二市，商务皆旺，有铺数十间，惟女人缠足，极为恶浊，然容貌颇有美者。

琼俗无偷盗，大有不闭之风，真为中国所独绝。

缠足之俗，西路惟临高有少数，其澄迈、儋州、昌化、感恩、崖州均无之。至陵水城内，则略有矣。东路万县、会同、定安、乐会诸县，均不免染恶俗。

万县粗工妇女，裤脚卷至大腿上，骤视之，似未曾穿裤，殊不雅观。

那禄市外，逢一法兰西人，骑马驰过，盖外人垂涎琼岛时所派侦探，不独法国为然矣。

那禄十里到黎台，经官塘，抵横山铺子。此数段平阳，低者为禾田，高者为沙冈，时相间杂，到烟墩则舍沙冈，而穿山径。由烟墩过桥入山径中，人家错落，绿野青畴禾薯之外，兼种鸭脚粟。五里到合岭，是夕抵龙衮市宿焉。

十五日，由龙衮市起程往嘉积，六十里。龙衮山辉川媚，江流曲折入海，田野赖以灌溉，故米粟甚丰。此江为全县输出之孔道，市踞其上，有铺子三十间，人百余。

过龙衮江而北，又复涉冈横亘，不如龙衮市，青山绿水，风景宜人矣。龙衮郁葱气佳，其异日名都会哉！闻时有外国人登龙衮市后山，流连不忍去，爱其风景，欲居之欤？抑欲据为商埠欤？

余等自正月十八日由海口起程，至今二月十五日，旅行凡二十七日，惟正月十九、二十，行森林和舍间，微雨两日；余外，皆青天白日，不下滴雨，农夫春耕，以雨为命，而槁旱若此，宜荒田之多也。崖州、陵水、万县，号称膏腴，以余所见，固弃地满目。即其耕者，亦终夜拷水上田，辘辘之声，不绝于耳。国家不修农政，不讲水利，以便闾阎，民生安得不困。

龙衮市八里，到分界市。此市北属乐会，西属万县。二十里到碑九坡，二十五里到黑皮铺，过黑皮河。

黑皮铺门，有贴长红，集议合股购泰西汲水灌田机器者，创办人为黎其炳、黎其辉，谓旱既太甚，理难坐视，宜合邑集股，购设机器，以兴农利，以同公益云云。乐会边僻之县，尚有人能知变通农法，以兴利源，内地绅民，可以愧矣。

入乐会县界，高地种蕃薯及鸭脚粟，低地种禾，水泉饶衍，禾既出稻，虽有沙冈，尚有草以养牛羊，不至如昌化之枯槁。

黑皮铺子六里，到中原市，有铺百余间，人一二千，百货麋集，殆乐会诸市之号为繁昌者欤？

中原市三里，到牛兰铺子，过乐会河，到南掘，十里到会同嘉积市，有铺千余间，生意极盛。有河水通海，舟楫达海口省港、江门等处，致富者不少。北门外有福音堂一大座，城内琼芝馆、药材铺，洋式辉煌，为广府人所开，嘉积波罗绢最著名。

嘉积有潮嘉会馆、五邑会馆（南番东顺香）、东新会馆（东莞新安）。

欧榘甲在游海南岛东线时记："各州县人种田，多由福建、广东而来，广府人则经商而成土著；高州等处，则来耕而成土著；嘉应之人，则因迁居新宁，遇土客相杀，蒋一澧治军，将客人安插琼州各处，当时每人派银八两，日久遂长子孙焉。""南冲村为客人所族居，黄姓人为多，此皆由嘉应迁新宁之客人，因土客斗时，为蒋抚所派来者，皆以耕田为业，约四十余年，人口六七百，南冲村背为牛岭。"

这是海南移民史上独特的一幕。文中的"蒋一澧"应为广东巡抚蒋益澧。清时的嘉应州为今广东省梅州市，清时的新宁县即今广东省台山市。

清咸丰四年（1854年）至同治六年（1867年），广东开平经受了一场空前悲惨的大劫难。这场大劫难便是极为惨烈的"土客械斗"。这场旷日持久的械斗，规模之大、死伤之众、影响之深，为历史上所罕见。

民国《赤溪县志》记载：土客"互斗连年，如客民于鹤山之双都各堡、高明之五坑各堡及开、恩二县之金鸡、赤水、东山、大田、䓣底、横坡、沙田、郁水、尖石等处，共二千余村，悉被土众焚毁掳掠，无老幼皆诛夷，死亡无算。而鹤、高、开、恩等县之土属村落，亦被客民焚毁掳掠千数百区，无老幼皆诛夷，死亡亦无算。据故老所传，当日土客交绥寻杀，至千百次计，两下死亡数至百万，甚至彼此坟墓亦各相掘毁，以图泄愤，其很惨殆无人道云。"[1] 由"死亡数至百万"可见械斗的惨烈程度。

---

[1] 刘平：《被遗忘的战争——咸丰同治年间广东土客大械斗研究》，商务印书馆，2003，第85页。

这场械斗起于鹤山、恩平、开平、高要，蔓延至高明、新兴、新宁、阳春、阳江，波及新会、四会、罗定、东安、电白、信宜、茂名等州县。这些州县当时属肇庆府、广州府、高州府、罗定州，而械斗余波则影响到广东全省（包括海南）、广西东部地区；就客家人本身而言，影响更是波及海外。

蒋益澧，字芗泉，湖南湘乡人，曾受命护理浙江巡抚，后受命办理广东军务。清同治五年（1866年）擢广东巡抚后，其采取"剿抚兼施"的方法，基本解决械斗问题。当时，客家人因死亡人数太多，无力再行反抗，故听从招抚。蒋益澧遂给资遣送客民两万余人，将其安插于广东高州、廉州、雷州、琼州等地以及广西各处。这些重新安插的客民在当地逐渐繁衍生息，遂形成今日客家人在两广等地分布的格局。

《光绪临高县志》记载："咸丰初年，肇庆府开平、恩平二邑土民与客民不和，屡相仇杀。六年春，广州府新宁县曹冲客匪亦蠢动。自后劫掳焚杀，流毒积年，居民受害甚惨。同治六年二月，巡抚蒋公益澧剿曹冲客匪，驻军浮石，各路将士屡捷。四月，众穷蹙，乞就抚，分拨客民安插琼州，散处儋、澄、临交界之区，十余年颇称安谧。"[1]

清光绪十二年八月初十日（1886年9月7日），两广总督张之洞上《请派大员澈办琼州客黎各匪折》，分析何为"客匪"、何为"黎匪"，详述海南"客黎之乱"的情形和初期征剿效果不彰的原因，又指出"客黎之乱"的严重危害，提出"孤岛筹防，必先自清内患始"的主张，并奏请冯子材率大军渡海至琼负责剿抚

---

[1]《光绪临高县志》，海南出版社，2004，第77页。

之事。折中有言："客匪大率皆籍隶嘉应州及广州府属之新宁，肇庆府属之恩平、开平、高明、鹤山等县，言语风俗自为一种，土人不与为昏姻。或云即系仡人，非若他省侨寓民户皆谓之客民也。其性勤苦力作，悍猛齐心，所到之处，土民无不视为他族，积为深仇。在琼有老客、新客之分，老客寄居百余年，较为安分。新客则多系同治年间恩平、开平、高明、鹤山、新宁、阳江等处滋事客匪。前抚臣蒋益澧奏明安插高、廉、雷、琼等府，广西容、贺等县。琼属之儋州、临高、澄迈皆有之，渐衍及万州、陵水等处。"[1]

这也说明，蒋益澧安插客民于琼州，使广东鹤山等地的"土客械斗"影响到海南，这就引发了光绪初年在海南西部儋州、临高等地发生的声势浩大的"土客之乱"。此乱实即"土客械斗"在海南的延续。蒋益澧安插客民是其远因。

筹琼计划第一条

胡子春和欧榘甲继续他们的行程：

十六日，由嘉积起程往黄竹，八十里。

嘉积市北行十五里到灯笼坡埔［铺］子。

灯笼坡十五里到三角营，沿途见侨商回家数十人，行李累累，盖东路州县，若文昌、会同、乐会、万县，皆有出洋谋生者，文昌、会同尤盛焉。沿途货物担赴嘉积者，络绎不绝，足见嘉积商务之旺。

入会同县界后，平冈土皆作茶黄色，无沙土，故耕种颇盛。

三角营八里，到牛栏过桥。

---

1 《张之洞全集》第一册，河北人民出版社，1998，第472—473页。

自西路到万州，所过市村，男女均嗜槟榔药叶，齿黑唇焦，殊形恶态。抵嘉积市而北，则此风渐稀。女子挂银链于颈，以为美饰。所惜者缠足耳。

牛栏十二里到大路市。大路一市，有会同税馆，有巡警总局，有吉安屠捐局，有吉安经收学捐处，有吉安种植场，凡铺户皆验契给票，贴于门首，以为真实业主凭据，亦有西人门牌意思。但西人用木牌，用号数，可以经久而不紊，此则仅用薄纸，一经风雨便损坏而飞失矣，且无号数，殊非善法也。凡过税必贴印花于单上，是行印花税之起点。

余之筹琼计划第一条，以丈量田土，划清官荒、民荒为首，观大路市验契给票事，想不难办到。大路市十里到陈塘铺子。

自牛栏到陈塘三四十里，皆茶黄土色，平冈草木渐少，耕种更稀。官荒欤？民荒欤？亦可谓货弃于地矣。

自昨日起，天欲雨而不雨，南风极大，琼岛二月必转南风，南洋客回家者，多在此时。各州县之船，载货往海口者，亦多在此时。

万州及各州县，官室低卑。问其故，则云，每数年必有大风倒屋之患，故不敢起瓦屋高屋，预防倒塌云云。然欧美各国亦多滨海，而大风常见，未尝因之不起高大之官室者，盖其土木建筑，均有专门之学故也。十二里到官坡。八里到黄竹市。

黄竹市为定安县地，此地高出海面六十丈，是晚宿黄竹市。有邱仁洵者，广西平乐府昭平县人，能客语，云奉周督命来琼，查视各官，限六个月戒鸦片，及查复刘某禀办琼崖木山事，其人官琼州久据云，会琼州地丁粮银，每年不过十一万元，九折，实得八万余元，除支各州县官廉俸外，国家实得三万余元，而琼乡巡防兵五营,每年须兵费十四万元,皆由藩库拨来。每十月二十七、八日,广玉兵轮,由省载银来琼,即为此事。琼属钱粮过一万两者,惟琼山、文昌、儋州三县,澄迈七千,其余或三四千,感恩、昌化一二千,各州县廉俸,上者月得八百,次者月得六百,下者月者二三百,署理者得半,然俸银由藩署及善后局拨来,两处抽其一二成,仅七八成而已。闻善后局所抽,则归彼局员之用;藩台所抽,每两九分,以一半供户部,以一半供钦天监。各州县廉俸既薄,每年每县,尚须供罚赃银若干。又云:感恩、昌化、崖县、陵水四县,康熙八年广东巡抚苏某,曾奏请奉旨,任民开垦荒土,永不升科。黄竹市有天主堂。十七日,黄竹市起程往定安县,七十里,经周公铺婆田一带平原,俱开种杂粮,田事亦渐辟矣。

入定安县界来,黄土一变而为红土、白土,与澄迈、临高等处同,非复儋、崖、陵、万之沙土矣。高冈则红土,低田则白土。黄竹市三十里到嘉丁市。嘉丁有上下二市,相距约十里。

嘉丁市十二里到龙化桥,又八里到南马山,又二十里到定安,过南马山,即可望见是定安之塔。自黄竹市到定安七十里,纵横皆平冈,极目广阔,与西路澄迈、临高、儋州同,甚哉琼之荒地之多也。

定安市,广府人开设福源栈,专代德国人办琼属棕竹,年中生意数十万。据云:此竹销欧洲各国,德国为最多,彼饰以金银,为伞柄,为手棍,每枝获利数倍。可惜竹生有限,不能急速长成耳。

棕竹每一节为一年,笔骨亦多用之,鄙意中国北方出草帽辫,海南出棕竹,若能学西国制造,用自己之天产,制造成器,以取外人之财,以视西人用我物而取我财,何啻天壤。此棕竹虽办出洋,仍制成器物,运回中国,以取华人之利也。

琼属女风贞洁,不出洋,不当娼。惟定安独有私娼,是何故欤?

当时的海南全岛尚处于未经垦辟状态,因此欧榘甲提出,"余之筹琼计划第一条,以丈量田土,划清官荒民荒为首",并由所见"大路市验契给票事"而发出"想不难办到"的感叹。

这也很快被列入胡子春创兴海南的计划,并得到农工商部的赞成:"琼崖十三州县,井里寂寥,动忧土旷。振兴农业,必始查荒。惟是清丈事关地方,稍一不慎,易滋骚扰。应由两广总督严饬劝业、琼崖两道,督同该管州县,会商该公司,将全岛荒地分段查勘。分别官荒、民荒,妥筹办法,总以厘正经界,毋扰居民为主义。"此详见下文《谕胡国廉总理琼崖垦矿事宜》。

日本人其意叵测,与法人无异

胡子春和欧榘甲继续他们的行程:

十八日,由定安起程回海口,行九十里,是日北风迎面,细雨霏霏,竟日垂帘,不能有所视察。然一路平冈,无山岭之间隔,盖可知也。

前月十九日下雨,至今月十八日始复下雨,旱既一月矣。各州县米每升贵至七十文,田地亦多荒弃,今得此一场好雨,其或少救欤?

海口有英德美法四国领事馆,顷美领事回国三年,以英领事兼之。美德各有医院,美法日皆有教堂,日本本愿寺教甚行,琼人入三点会及入法国教会者甚多。

海口一营二百八十人，保卫外国领事、洋商居民。府城一营，崖州一营，儋州一营，其一营分布各处，五营皆归琼崖道统辖。

海面六个师船，则归琼州镇统辖。

琼州每年进口货约值七百余万元，出口货约值三百余万元。琼州洋关每年抽税银四十余万元，常关十余万元，现常关归洋关办理。

琼州出洋人，每年付银回来，约有二百余万元。

税关拟招商解银到省，每千元汇水六元，且时有十一二万元，交商存储，然商人无肯承者，以琼地汇驳不通，有多财无所用也，现每月仍由轮船解省。

琼之土货，转销省城江门，而各货亦多由省城江门运来，故多主张开轮走省城江门者，至今全琼土产最盛之市，则陵水、嘉积为最。

琼之居留外国人，以法国为多而最横。海口有猪仔馆，由法国无赖子包揽，并受屠行贿，嘱抗抽捐税。

日本人以打猎为名，每入深山，绘图测量，寄归政府，其意叵测，与法人无异。[1]

这段日记的最后部分真实记录了当时海南被外国觊觎的情状："琼之居留外国人，以法国为多而最横。海口有猪仔馆，由法国无赖子包揽，并受屠行贿，嘱抗抽捐税。"防止海南被法国人

---

[1] 李少陵：《六十年前一报人：欧榘甲先生传》，大业书店，1960，第143—151页。

占领，是后来孙中山主张琼州改省的重要原因。"海口有猪仔馆"，更成就了1913年琼崖镇守使邓铿怒打"猪仔栏"的美谈。（详见本书第十章"鼎革之际"）

"日本人以打猎为名，每入深山，绘图测量，寄归政府，其意叵测，与法人无异。"这反映日本图谋海南由来已久。此前，已有《日本人考察琼州》的报道：

琼州府系广东省管辖，孤悬大海之中，与雷州正对，却不通旱路，只算是一个海岛。府境沿海一带，居民户口，还算繁盛。内地多山，还有生番盘踞，未尽开辟。各山矿产狠［很］多，还有许多材木（如茄楠、花梨、沉香、紫檀等类）与奇异的鸟兽，真赛是一座宝藏库，可惜中国人总怕破了风水，不肯开辟。日本自得台湾以后，久已看中了此地，四五年前，便派了精通地学的人，前往细细的测量查考。此人至今，还住在海口同安客栈。凡本地的人情风俗，以及水陆物产、矿山林木，没一样不查得清清楚楚，绘成图说，寄回本国。还有四五个日本人，是常来常往的，每借了打猎为名，深入内地，测量山势，捉得新奇鸟兽，便用药水制了（标本），寄回日本博物院。众位想想，日本人破费这样工夫，成年累月的，不怕厌烦，是图什么。[1]

此后，《东方杂志》也报道了《日人窥伺琼州》：

琼州一岛，孤悬海外，气候平和，物产丰裕，为外人所窥伺，

---

1 《日本人考察琼州》，《京话日报》1904年10月7日第1版。

已非一日。曩时英法两国,均屡派人前往调查一切情形,以为将来占据之计。日本政府,近亦派人常在海口寄寓。凡该岛之矿山物产及水陆要害,宗教政治,人种风俗,无不绘图贴说,付回本国。常有四五人或来或往,借捕鸟为名,以掩居人耳目。呜呼!外人之遣人入内地侦探者,已数十年于兹,盖不自琼州始矣。故山川险阻、人情风俗、物产气候有为国民所不及知,而外人反知之甚详者。嗟乎![1]

胡子春督办琼崖垦矿事宜

当胡子春还在"琼游"时,两广总督已电请他到琼州办矿:"南洋巨商胡子春留心矿务,久为上游所赏识,近周督查得琼州五金矿产甚多,无人开采,未免货弃于地,特电胡子春至省,商办一切。闻胡已由汕头来省矣。"[2]

"琼游"之后,胡子春要在海南办矿务的消息就传了出来:"琼州矿务,近日胡商子春已电催代表人区道昭仁,向当道商妥矿章,一俟来春即回国兴办。"[3]

1908年,钦命出使大臣杨士琦侍郎在考察外国商务时,对胡子春的宏伟矿务事业印象深刻,特意上疏提请封他为三品京堂太仆寺正卿。

杨士琦在保荐南洋华侨人才的奏折中,尤其赞赏闽商胡子春,

---

[1] 《日人窥伺琼州》,《东方杂志》1905年第12期,第84页。
[2] 《贰:电请胡绅至琼州办矿》,《申报》1907年3月8日第9版。
[3] 《琼崖矿利将兴》,《申报》1907年12月23日第12版。

第四章 千年一叹

称历任闽粤督臣都想"罗致"他:

臣经历各埠,延接华商可造之才,所在多有。而志虑沉毅、器识闳通、秉性忠纯、宅心正大,以花翎盐运使衔、闽商胡国廉为称首。查该商籍隶福建永定县,经商新加坡、槟榔屿、大小霹雳等埠农矿致富。敦尚气谊,见义勇为,海外商民,同声翕服。历任闽粤督臣,咸思罗致之。凡遇筹办商政,争相延访。十年七月间,该商集股二百万元,禀办福建安溪县矿务,经农工商部核准在案。福建兴办铁路,该商认股最多。全省京官,举充协理,是其声望之伟、魄力之雄,早为中外士大夫所推重。臣道经香港,即耳其名。迨抵槟榔屿时,该商首来谒见,详加询考,深器其熟,诚毅力足以担任艰巨,效力朝廷。环顾商才,罕有其匹。现值我皇太后、皇上振兴实业,明诏求贤。臣既有所知,未敢壅于上闻,合无仰恳天恩,破格录用。倘蒙明发谕旨,特给京衔,则风声所树,尤足以收物望,而励人心,于实业前途,必多裨益。所有保荐南洋华侨人才缘由,谨恭折具陈,伏乞皇太后、皇上圣鉴训示谨奏。

光绪三十四年三月初八日。奉旨已录。[1]

此奏得谕旨:"三月初八日内阁奉上谕杨士琦奏荐南洋华人、恳恩录用各折片,花翎盐运使衔胡国廉着赏给三品卿衔。"[2]

---

[1]《农工商部侍郎杨士琦奏保荐南洋华侨人才折》,《盛京时报》1908年4月17日第3版。

[2]《政治官报》1908年第160期,第1—2页。

是时，杨士琦奏南洋华商集资创兴琼崖地利，奉旨商部知道。[1]

1908年5月19日、20日，上海《沪报》连续两天大篇幅报道《杨侍郎士琦奏请振兴琼崖地利纲目》。报道的主要内容是"一纲十目"，即总纲一条（开银行），子目十条（筑马路、广种植、清荒地、兴矿业、讲畜牧、重渔业、设轮船、长森林、兴盐务、开商埠）。报道末加按语："杨侍郎此折系据胡国廉条陈入奏。"[2]

时清廷准胡子春督办琼崖垦矿事宜：

农工商部片奏云：琼崖垦矿，事关巨要，非蒙派大员督办，不足以崇声望而专责成。查三品卿衔胡国廉，器识闳远，筹略精深，才力足膺巨艰，声气足资号召，且事由手创，则休戚相关。地已身经，则情形熟悉[3]，合无仰恳天恩，俯准以三品卿衔胡国廉督办琼崖垦矿事宜，俾得专心筹画，迅速开办。候选道区昭仁，才识优长，夙精农矿，与道衔张维藩均籍隶广东，以之驻琼办事，可使闽粤侨商联络一气，拟由臣部加札派委，将来办有成效，再行酌予奖励，以资鼓励。奉旨已录前报。[4]

胡国廉提出创兴海南的"一纲十目"规划，可谓宏大而周详；杨士琦基于轻重缓急的考虑，也可谓周全务实而具前瞻性，一时颇为关注。以下是此事前后经过的详细报道：

---

1 《新闻报》1908年4月10日第2版。

2 《杨侍郎士琦奏请振兴琼崖地利纲目》，《沪报》1908年5月19日第4版、5月20日第3版。

3 指胡国廉已经于1907年游历海南，对当地情况较为熟悉。

4 《胡国廉督办琼崖垦矿事宜》，《申报》1908年8月30日第12版。

国廉，福建永定人，侨于新加坡，以商致富。农工商部侍郎杨士琦之抚慰南洋华侨也，雅重国廉，归以人材荐。代陈集资创兴琼崖地利办法，有一纲十目等规画。当于本年三月初八日奉特旨：花翎盐运使衔胡国廉着赏给三品卿衔。先是农工商部于上年八月十三日奏核议矿务章程，奉旨允行。又片奏该章程施行日期，自奉旨之日起扣足六个月，以本年二月十三日为宣布施行之期。（章程及折片均载戊申本杂志四册）至本年二月初十日，副都统李国杰奏振兴矿务宜设法招徕，以泯商人疑虑一折。略言兴办矿务，当先招劝殷商。华侨之经营于南洋群岛者，大半以开矿为业。阅历既深，观摩益善。外人服其精敏，不惜优给利益，以羁縻之。近闻华侨眷念桑梓，亦颇有思展所长，为祖国浚利源者。只以适彼乐土，久安于章程宽简之习。今欲迁地为良，自不得不格外慎详，期保将来之名誉。矿业苟能开办，事权无所掣肘，则鸠集巨款，胜算原有可操。所虑者，按照现章，商人承办之后，或不免与官吏多所交涉。若措施偶有窒碍，不惟难与人争衡，且将无以保血本。此中关系，实启商人疑虑。拟恳饬农工商部，会同外务部，将现定矿章再行详细查核，通盘筹划。如有现时须行变通之处，应即斟酌损益，请旨施行。奉旨该部知道。嗣于三月初八日，杨士琦所陈国廉办法折，并一纲十目单。又奉旨交农工商部议奏。部电国廉来京面商。至五月十九日，农工商部会同外务部奏新定矿章拟请酌予变通一折。略言兴办矿务，诚宜招劝殷商，推广开采，而华侨挟资内向，尤赖维持保护，俾得一意经营。上年奏定矿务章程。副都统李国杰原奏，以华侨习安宽简，疑虑滋多。体察情形，华侨归办矿务，苦文法之束缚，畏官吏之苛扰，原属实情。即各省商民办矿，现在风气尚未大开，虽经竭力提倡，或犹不免观望疑阻。既据该副都统奏称，矿章宜酌于变通，拟请将新定矿章详加查核。如有可以变通，与商民多资利益，于公家并无妨损，亦不至别滋弊端之处，即斟酌损益，量予通融，以顺商情而资鼓舞。其有关系外交之处，外务部亦应酌量变通，以期融洽而免争论云云。奉旨依议。国廉旋遣代表人张维藩赴部。至是部臣始就单开一纲十目，分别陈奏。

琼崖一岛，古儋耳、珠崖等郡，地炎瘴崎岖，自古未经垦辟。其地内屏两粤，外控南洋，与香港、小吕宋、西贡等埠，势若连鸡，为海疆重镇。外人艳称其土脉膏腴，便农而又富于矿。货弃于地，视者眈眈，可为悚慑。国廉能见其大，财力信望，又足以济事。其一纲十目，以开银行为纲。十目曰兴矿业，曰清荒地，曰广种植，曰讲畜牧，曰兴盐务，曰长森林，曰重渔业，曰筑马路，曰设轮船，曰开商埠。部议从国廉所规画，分别缓急办理。略言有宜亟办者五，有宜次第举行者三，有宜暂行缓办者二。查原单内开银行一条，百业以资本为根源，而资本以银行为枢纽。盖有银行，则散者可使之聚，滞者可使之通。西人经济专家之言，至以银行为实业之母。故银行势力所及之地，实业即随之而兴。征之列强，成效可睹。该公司拟在琼州设劝业总银行，俾商民尺币寸金，皆得有所储蓄；血汗所易，不至随手耗失。而凡办垦矿事宜者，亦皆有所告贷补助，以资周转。虽目下地利未尽，不妨小试其端。而他时百废俱兴，即力图扩充之计。经营琼岛，良为要图。此臣等所谓宜亟办者一也。

又原单内兴矿业一条。琼崖矿产饶富，地不爱宝，而人弃之，至可惜也。今既力图开辟，则开采矿产，亦其要矣。拟将琼崖全岛各矿，俱归该公司勘采。或由该公司转招他商承办。利源既辟，风气益开。成绩所彰，殆可逆睹。惟是维持商业，首在体恤商艰。所称矿章限制太严，租税征收过重，拟请通融办理各节，自是实情。现在新定矿章,已经奏明重加厘订。将来边远之地,有难一律遵行者,均可准予变通。胡国廉前请办儋州那大等处锡矿,亦经臣部核准量予变通有案。该公司勘采全岛矿产,规画尤属为难。欲求全体之振兴,必予以特优之利益。所有该公司照费年租出井税等款,均可按给,照年限一律豁免,以资鼓励。至出口税关系正款,仍饬令照章完纳。庶几商力不困,而常课无亏。利国利民,无逾此者。此臣等所谓宜亟办者二也。

又原单内清荒地一条。琼崖十三州县,井里寂寥,动忧土旷。振兴农业,必始查荒。惟是清丈事关地方,稍一不慎,易滋骚扰。应由两广总督严饬劝业,琼崖两道督同该管州县,会商该公司,将全岛荒地分段查勘,分别官荒、民荒,妥筹办法,总以厘正经界,毋扰居民为主义。一俟查勘完竣,即由该公司承领开垦,并测绘详图,拟订章程,具报臣部及两广总督会商核夺。庶几疆场可正,沟洫可治,阡陌可通,物宜可辨,而农利乃可言矣。此臣等所谓宜亟办者三也。

又原单内广种植、讲畜牧两条。树、畜为农政大端,若必俟全岛清荒事竣,方能举办,则天时、地利、物力,均废弃可惜,自宜取考。查有得着手较易者,为最先之试办。如棉花、草麻、甘蔗、萝卜、洋薯、树胶、椰子、胡椒各品,于琼崖土性适宜。拟先从琼、澄、临、儋、定安境内,先行种植。畜牧则先选购牛羊佳种,择水草佳处为畜牧场,并制造皮毛,化生为熟。数年之后,以次陆续推广。滋生蕃衍,博硕肥腯,必有可观。或以供制造,或以资贩卖。细之足以裕小民之生计,大之可以增全岛之利源。事有似微而实宏,似缓而实急者。此类是也。此臣等所谓宜亟办者四也。

又原单内兴盐务一条。琼岛滨海,本系产盐之区。现由胡国廉设立侨丰公司，拟即广辟盐田，精求制法。与广东盐运司议订章程，业经两广总督批准专办三十年在案。事关盐法，应由两广总督咨明度支部办理。此臣等所谓宜亟办者五也。

又原单内长森林一条。林业获利最优，而收效较晚。琼崖地方辽阔，嶂峦层迭，森林地位，本极相宜。惟旦旦斧斤，遂致难期长养。居民樵采已惯，一时禁令，必有所难周。体察情形，似不能克期并举。应俟清荒之后，公事办有头绪，再行陆续兴办。此臣等所谓宜次第举行者一也。

又原单内重渔业一条。渔业关系海权，至为重要。所称置备轮船，改良捕法，讲求腌制，以广销路，办法亦极允洽。惟创办既多耗费，获利亦未可预期。应俟该公司气力稍充，势能兼顾，再行广集资本，切实讲求。此臣等所谓宜次第举行者二也。

又原单内筑马路一条。筹琼以筑路为要着。原奏内亦曾声明。明臣海瑞、前督臣大学士张之洞先后均经筹办。然披荆剪棘，其事绝艰。备料程工，需款尤巨。拟从农矿开办之处，先行筹筑，随后逐段扩充。庶几款不虚糜，路不虚设，岁修之费，亦有所资。至或由官办，或由商办，应饬该公司会商地方官，妥为布置。此臣等所谓宜次第举行者三也。

又原单内设轮船一条。琼岛孤悬海外，必须自开航路，以便交通。所称创设轮船，争琼港往来之利，诚具卓识。惟实业未盛，运货无多，公司屡有亏折，应俟以上各项渐次发达，然后相机措办。届时禀商邮传部办理。此臣等所谓宜暂行缓办者一也。

又原单内开商埠一条。琼州海口，早已设关，客货无多，收税未旺。该口沙碛飘荡靡常，潮退之时，难容巨舶。榆林港在崖州西南，人烟稀少，出产甚微，目前尚难建筑。该公司拟别择良港，自辟商埠，诚为保守利权之计。应俟商务渐盛，再行体察情形，由臣部咨商外务部办理。此臣等所谓暂行缓办者二也。

又言该公司负非常之责任，抱无穷之希望，志业伟大，良足嘉尚。虽经臣等酌量缓急，定措施之次序。然工艰费巨，任重事繁。投资本于蛮烟瘴雨之乡，期成效于旷日持久之后。非予总公司以特别之权，不足以资提倡。重以汉黎杂处，主客异形。开办之初，虑多阻挠。惟赖朝廷主持于上，地方官协助于下。宽税则以纾商力，简文法以顺商情。将来百货万商，骈阗充溢。公司蒙其利，国家亦坐受其成。万一权多旁掣，功废半途。前者寒心，后者裹足。事机一误，隐患方深。臣等公拟仰恳天恩，俯念琼崖事体重要，明降谕旨：特派大员督办琼崖垦矿事宜，以重事权，并请饬下两广总督，督饬劝业道及琼崖道实力保护，并由臣部随时稽查，遇事维持，俾策全功而收实效。末言此项垦矿章程，为发舒商力、鼓舞侨情起见，且创办各商，均热心祖国，夙负重望，自不妨格外从宽，以尽地利，而将来流弊，亦不可不豫为之防。该总公司系完全商办性质，任事各员，悉由股东公举。他日辗转易员，至十数年数十年以后，倘有挽合外股借用外款等事，仍由臣部及两广总督暨两广咨议局随时稽查，一经觉察，所定章程，作为无效，并饬该公司将此条订入专章，以期永守。至于未尽事宜及各项详细办法，统俟该公司妥订章程，呈由臣部核定办理。奉旨即以国廉为总理。

方是时，国廉已粗定条理，以事体艰巨，非厚集商力，不足相与有成。拟先设总公司，为开辟琼崖根本。一面招致侨商，分设各项小公司，广兴实业。资本不足，总公司资助之，俟其获利，则总公司酌提津贴，以示报酬。大小相维，厥效自著。现已招股一百万元,设立侨兴总公司,先办垦矿、畜牧、汇兑事宜。又招股一百万元,设立侨丰公司,专办盐务。以候选道区昭仁专驻琼崖,综理一切。以道衔张维藩佐之。又有四品卿衔吴衔吴梓材、候选同知郑璸、盐运使衔胡梦青,分驻香港、霹雳等处,同心规画。梓材亦杨士琦所保人材,以花翎候选道与国廉同赏卿衔者也。南洋各埠,与国廉同志颇多。方议陆续招集巨股,以图大举。地不爱宝,国民所当乐观其成者也。[1]

光绪三十四年(1908年)奏议既定,同年十月二十一日(11月14日),光绪皇帝去世,次日,慈禧太后叶赫那拉氏亦卒。随后,清朝的最后一位皇帝爱新觉罗·溥仪继位,醇亲王载沣监国。次年(1909年),改元宣统。张之洞亦于这年10月谢世。1912年2月12日,宣统皇帝宣布退位。

1908年,南洋侨商投资热情高涨,清政府上下一致促成其事,使创兴海南地利的筹划准备事项进展快速。1908年夏,胡子春等人已招股二百万元,侨兴总公司和其下属的侨丰公司同时成立。侨兴总公司成立以后,在儋县那大设办公楼,悬挂龙旗,以示奉旨来儋开办实业,创兴海南计划由此开始进入启动阶段。可是,天有不测风云。随着光绪皇帝、慈禧太后相继去世,国内政局动荡加剧,人心急切思变。是时,各地同盟会组织相继派员驰赴新加坡请示孙中山,以听进止。孙中山对海南形势极为关注,对旅泰琼籍同盟会会员指出:"琼州形势,最有可为。"在清末的三年,就海南局势本身

---

[1] 《谕胡国廉总理琼崖垦矿事宜》,《东方杂志》1908年第8期,第39—43页。

而言，进入了革命形势激荡不安的年代。(详见本章附录）

章献猷条陈治琼八条

海南岛西部的感恩县是隋朝设置的县，以境内感恩河为名，治所在今东方市感城镇。当1907年春欧榘甲、胡国廉来到感恩城时，他们受到知县章献猷的殷勤接待。欧氏有记："是晚宿感恩城内九龙高等小学堂，县令章献猷，字味三，浙江人，年少开通，闻胡都转到县，款待殷勤。感恩黎人，去岁十二月抢城一次。正月初七日，又纠众抢城，故请其派勇四名，护往佛罗，感恩小学堂名九龙者，以城外九龙山故也。"

这位来自浙江瑞安的章县令，1907年上半年亲自接待了胡子春，可能有感于胡氏"有辟新疆土之思"，故在调查的基础上，于下半年提出治理琼州的八件事。1907年9月1日至7日，《神州日报》连续刊登他关于琼州治理的5000多字的文章。《神州日报》为之编发"记者识"（类似于今日的"编者按"），表达了编读章献猷"规画井井"的治琼八事的强烈感受："琼州为南陬偏隅之地，孤悬海中，虽设府县治，然国家视之瓯脱而已。近得感恩章大令来稿，条陈治琼八事，规画井井，其兴革情形，在今日视之，虽有不无窒碍难行之处，亦治边兴商之要图也。中国沿海之港湾岛屿被侵夺于外人者，亦既脱离我疆土。琼州及今不图，则第二之香港、澳门，又将见之于南粤矣。读章大令条陈，不能无感焉。记者识。"

以下是章献猷条陈的琼州地方情形八事：

敬陈者：窃谓琼州一岛，孤悬海表，十三州县环其外，五指山峙其中，自濠镜互市以来，此岛遂为南洋之门户。法人眈眈虎视,思欲占领疆土入其势力之范围者,已非一日。惟数百年来,榛莽荒芜,尚如草昧鸿蒙之世,倘竟长此,终古或任斯民之自生自息。不为之竞争存在,恐异日外人深入,竭三十年经营之力,将辟为地球之第二商场。谁谓穷荒绝岛地尽不毛耶?是亦视乎力征经营为何如耳!琼州地本瘠苦,今欲使民富庶,非有辟新疆土之政策不为功。兹就管见所及,条拟八事,敬为宪台缕晰陈之。

一曰设商轮。琼州全岛,沿海岸线约长二千余里,海水山立,帆舶视为畏途。若绕岛一周,风顺需十余日,逆则或兼旬,或一月,至无定期。苟有轮舶以航行其间,只须两昼夜可达,其速率且逾十倍。如崖州榆林港,为自北徂南之中线,琼土毒恶,此地独佳,两山锁口,可避飓风。今若于此处辟一商埠,尤为全岛之枢纽。此外,如文昌铺前港、清澜港,乐会新潭港,儋州新英港,感恩北黎港,临高博铺港,澄迈石礐港之数港者,海道深阔,皆可为轮舶停泊之所。凡岛中所有渔船、商船,亦麇集于此处。至若乐会博鳌港、陵谷[水]赤岭港、昌化英潮墩、万县大花角,或礁多沙浅,或水急石险,行舟最为艰阻,以之停轮寄碇,尤不相宜。拟请准商人,设立商轮,周行琼岛,以通海道,并效西人浚港之法,以泄积沙,再用筑岛之法,以避风灾。处处可以停轮,游行更无阻碍,将来货物交通转输利便,彼萑苻从而敛迹,即航海亦如履坦途矣。[1]

二曰开铁道。琼州全境,东西距九百七十里,南北距九百七十五里,曩者冯官保督师征黎,议开十字路,凿山通道,以利行人。

---

[1] 《感恩县知县章献猷条陈琼州地方情形八事》,《神州日报》1907年9月1日第9版。

甫兴工旋以烟瘴重而中止，区分道里，成案可稽。今欲规画铁轨，必先查勘路线，所患者黎峒各土险恶，人皆裹足不前，拟仿西人经画澳洲之法，驾轻气球于空中，用电机测绘，道路山川，了如指掌。资本须集公司，招外洋侨商为之倡办；路中工作，雇用黎人，以其惯受毒氛恶雾，虽遇林深箐密之区，亦不为害。路成之后，交通迅捷，旅行载涂，每至车站停车处，市廛鳞萃，货物骈罗，凡全岛天然出产品，不仅销流内地，且可输运外洋。就北黎口一方面而言，计陆品（榔玉、榔干、榔咸、榔青、沙藤、青藤、花梨、苏木、划香、梅板、杂木、板槽、荔枝板、枋木、段格木、楣枋、桁木、连皮曲木、香楠板、石梓、楠板、鸡站板、樕校木、梳朴、黄杨木、杨树皮、青靛带子、棉花、青麻、白麻、黄麻、节竹、酸子豆、鸦胆子、良姜、烟草、石斛、金钗、花生、白扁豆、瓜子、木耳、智子、生猪、生羊、番薯、薏苡米）、海品（沙鱼皮、墨鱼干、海参、鲍鱼、尤鱼、鱼肚、虾米、鱼翅、红鱼、□小咸口鱼明瓦）、制造品（豆油、牛油、牛烛、稿烛、铁器、铜器、白糖、赤糖、蜜糖、片糖、蛇皮、山马皮、山马角、麇皮、山甲皮、鹿筋、鹿角、鹿脯、牛皮、牛角、牛脯、锡漆、细香、翠毛、黄蜡、臭胶、车母、车心、车手、车椿、车边、柱木、梁木、金栋、柱舱、板格、木片、柜椅料、豆枯鸟、枯胶、根土、艾粉、壳枯、檬果干）约有百余种，其中最大宗，则惟木料与生猪、瓜子、槟榔四种。昔之所以货弃于地者，以其艰于转输，故今者迁徙速而获利厚，即全岛亦多一岁入之巨金，故治始于道路，路通斯政治通，政治通而农工商之事可次第举矣。[1]

---

[1]《感恩县知县章献猷条陈琼州地方情形八事》，《神州日报》1907年9月2日第9版。

三曰广种植。琼州地居温带,气候暖多寒少,田园多倚山垦辟,或海滨斥卤,取水维艰。向者农人不讲树蓺术,仅恃雨露之滋培,不知以人功施灌溉,迩时虽稍知启闭蓄泄之道,然取水之器类皆苦窳而不良。蓄水无塘,泄水无沟,倘遇偏灾,补救乏术。幸而琼州襟山带海,雨量优渥,腊月布谷种,岁首分秧,暮春收获,夏秋亦然。若按时种之,岁可得谷三稔。今每岁仅有二稔,盖不明夫肥料之化法,而归咎于土壤之瘠硗,且不知一易再易之法,美利坐失,无术补苴。计田野出产品曰秫,曰稻(有粳糯二种,粳之类凡五十四种、糯之类凡二十三种),曰黍稷、麦粱、菽类,多而名繁。计园圃出产品曰槟榔、檬果、瓜子、花生、芝麻、薏苡、米南、椰面、芋、萝葡、薯蓣、番藷、甘蔗,皆已种,而或成大宗者。他如棉花、油菜、荔枝、香蕉、桑树、山栗、莲子,皆可种而出产无多者。我国气候之适于种植,如琼州尤不可多得。拟请札饬各州县,开办农业学堂,教以浅近农学,考察土宜,购运种子,远师周礼土化之法,近效欧美粪肥之功。此闲士子,既耕且种,时还读书,以之讲求农学,尤为相宜。况有铁道、轮舟,不患无转运之货,将来农业之进步、农界之发达,可计日而待也。

四曰务垦荒。琼属十三州县,汉民居岭外,逼处海滨,地皆沙碛。黎民居岭内,溪流积淤,地稍膏腴,所谓荒地、荒山、荒田,触目皆是。如近黎山之地,荆榛塞涂,阴霾蔽日,蛮烟瘴郁,而成疫疠之灾;汉民不敢深入,弃而不耕。至汉民所居之地,一望沙漠,野无青草,堤无林木,睹此荒凉,未有不辍耕而叹者。今欲开辟荒山,务宜于建筑铁路时,凿通鸟道,剪伐草莱,驱毒蛇猛兽,而投诸烈炬之中,然后相阴阳、观流泉,徐施以种植之功。至荒地及沙碛之区,须每年种草腐烂成土,数年之后,土带泥质,便可耕作。

英人殖民非洲撒哈拉沙漠，尝有栽草至二十五年而始得种植者，可见薮治有术，地无弃土。至荒田，或因溪水冲塌，或因流沙压积，日就荒芜，久而失弃，如有报垦，准予升科，拟请札饬琼属设立垦务公局，仿照省垣垦牧局章程，参酌海南情形，定为办法。粤民转徙外洋，岁以万计，今有垦荒之地以招集之，既无远涉重洋之苦，更免华工禁约之苛，凡有无依无业无约束之游民，悉准入境开垦，一可以兴辟地文之美利，一可以养活数百千万之生灵，易瘠土而为沃壤，地无旷土，人无游民，何患贫之足云？[1]

五曰辟森林。琼州自五指山横亘南北，绵延数百里，山川磅礴之气，最足助林木之滋生。黎峒各山，森林尤甚，其木之佳者，则有花梨、红木、香楠木、椰木、青梅、檀木各种，每见轮围盘错，大可十围，蔽日凌云，高且百尺；即寻常之木（石子、刚芳棵、黄丹棵、黑身棵、竹叶松、红松、马尾松、油松、苦楝树、梨子、腾春美妙、个笠包罗、烟球、银珠、金珠、力艾、石子、屏小格、卑施格、高金、红罗、鸡翅木、胭脂木、苏木、桄榔树、吐珠木、龙骨木、黄杨棕），或中栋梁之选，或合器皿之材，其林立于层峦叠嶂中者，不知凡几。至若香品，约有十余种，最著者为沉香、茄楠香、青木香、黄熟香、笺香、檀香。藤类亦有十余种，惟五色藤供制造之用，尤为美观。倘有铁道以运之，有汽船以通之，则工师择木，直将大启山林，纵施寻斧，毋令弃材，如桥梁、各水铁路筑港，与夫制船舰、造器械、修电线、电话、造人车、马车、建学校、厂栈，凡有事业，无不需木。欧洲各国，皆设有森林学校、

---

[1]《感恩县知县章献猷条陈琼州地方情形八事》，《神州日报》1907年9月3日第9版。

林业试验场，以为研究实业、讨论学理之所。我国新政萌芽，尚未及此，拟请设立海南森林公司，取日本森林章程参酌办理。一则斫伐成林之木，使之宣泄气瘴，一则补栽初茁之秧，使之孳生不已。十年之计，在乎树木。斧斤以时不可胜用，斯取材之道得矣。

六曰兴海业。海业之大纲曰鱼、曰盐。琼州一岛，四围皆海，港汊纷歧，潮流奔赴。以捕鱼为业者，类皆苦于波涛之险阻，其改远涉深洋，即所有网具、钓具、杂鱼具等，亦皆窳败锈蚀不适于用，而海南水族种类之繁多，尤难偻指，其最著者，则有鲸鱼、海鳅鱼、虎鲨、剑鲨、琵琶、鲨犁头、鲨翻车、鱼倒挂鱼、黄鳝鱼、鳕鱼、燕鱼、鲳鱼、鲈鱼、鲍鱼、油鱼、赤鬃鱼、野鲤鱼、魟鱼、马膏鱼、飞鱼、鱼等名。他如产海石间，若琼枝草、珊瑚纸菜、石发菜、紫菜等，亦难悉数。渔利无穷，夫固尽人而知矣。日本之割桦太岛[1]也，争海权也，即争鱼利也。琼海鱼业，初不亚于桦太岛，拟请设立渔业公司，仿七省渔业章程，在琼州试办，如有成效，即可推行。至于渔业学校，刻尚无力开办。若能创设水产博物院，以供捕鱼家之研究，则渔界亦可望发达。若夫海滨沙坦，可作盐田之用者，不一而足。海水晒盐，获利本厚，琼民性耽安逸，不事经营，天然之美利，委而去之，殊为可惜。昔者管仲相齐，煮海为盐，国致富强，今晒人以汽机煮盐，色洁而价廉，欲列约章，未果。查琼属产盐，均系灶丁，自煮自卖，并无发售，收盐配引，曰利权恐尽为外人所

---

[1] 桦太岛即库页岛南部。18世纪中叶俄、日相继侵入中国库页岛，俄占北部，日占南部，俄称"萨哈林岛"，日称"桦太岛"。1875年俄日签订条约，俄以千岛群岛18岛交换日占的南部，全岛归俄。日俄战争后，1905年俄又将南部（北纬50°以南）割让给日本。1945年苏联根据《波茨坦协定》将南部收回。

第四章 千年一叹

夺。拟请设立盐业公司，广辟盐田，改良晒法，减轻税赋，畅销引地。若以沿海线长，积地测量，列表预算，计出盐当可供两粤之用，是为海利之不涸，即殖民亦可图生计，可知鱼盐之利，无古今中外之分。渔业光明，海权恢大，富国之基在此，即强国之基亦在此矣。[1]

七曰采矿产。琼州以五指山为最著，其高际天，其广莫测，五峰如指，屹立于琼、崖、儋、万之间，全山诸脉络，互相联贯。数千年来，植物之精华，恒隐匿于地窑宝藏之内，矿产之富甲于粤省，如琼山之石山岭、山锁岭，澄迈之黎母岭，定安之大黎母岭，乐会之纵横岭，临高之那盆岭，儋州之牙旺岭、尖岭山，万州之高山岭，陵水之小五指山，崖州之抱蕴岭、德霞岭、大小洞天，感恩之古镇州黎岐，昌化之天马岭，山势则蜿蜒绵亘，山气则磅礴郁积。查旧志所载，崖州出金华，儋州产锡，昌化产铜，五指山旁有水晶石。据近山土人云，如煤、如铁、如锑、如锡，每当山溪水涨时，常有冲水带砂而出，土人拾之，不甚宝贵，并不辨其为何质，至山中深埋之处，为丛木蔓草所蔽翳，土人亦不敢深入。感恩附城，溪水味甜，查此水发源于楼峒黎岐，流经古镇州黎岐及王峒黎岐两山。考地质学家言，水味甜系流经铁矿而出，然则古镇州王峒矿产有铁，可无疑议。北黎大坡田、小岭老麦村居民，以淘金砂为业，其淘金之溪，谚名尾窄，附近新宁坡村边。查此水上达洛寐黎境，亦发源于古镇州黎岐，若下流有金砂，则黎岐之产金矿，亦可操券。此虽不过凭空臆度之词，然一经精于卝[2]学者之调查之探勘，凡矿苗之

---

1 《感恩县知县章献猷条陈琼州地方情形八事》，《神州日报》1907年9月4日第9版。

2 卝，读音为 kuàng，意同"矿"。

衰旺，与夫矿质之佳恶，均可以预算而得之。据最近法国调查家报告，琼州煤、铁为全粤之冠，"若为我法人所有，以预算计之，当可供法国一百二十年之用"。法人所以垂涎至今，屡次欲蚕食者，未始不在此。今欲开辟矿产，拟请招商集股设立矿务公司。查取南洋各岛华民开矿章程，采择办法，听商家自为开采，政府则任保护之责，征其税，则庶几地不爱宝，而事功不败于垂成，即效果亦倍形迅速，民富斯国富，此财源所以不息也。[1]

八日开黎人学堂。琼州黎人，倚岭而居，野蛮陋俗，习与性成。尤复不时滋扰，为汉人害，官兵往剿，彼则负嵎恃险，潜逃于黎峒之中，即或款之以诚，善为抚辑，而彼则旋抚旋叛，劫掠频仍，此何以故？盖于由不识字、不读书、不知教化、不知法纪也。黎人语言、饮食、衣服、居处风俗，不与汉同。惟能勤种作，采树木、牧牛马、善箭击、矫足疾走、施毒蛊人，此其所擅长也。夫以黎人处此文明竞争之世界，例以优胜劣败之公理，无不入天演淘汰之中，倘有教育以辟其愚蒙，即顽梗性成，未始不可与言礼让，若徒借兵威以耀武，恐汉黎之仇怨愈深，而畛域愈难融化。今欲使汉黎相安，道在有以通之。拟请札饬琼属各州县，创办黎人学堂，限六月内一律办成，延聘汉人教习，专教黎人子弟识字读书，谕之以浅近之理，训之以简易之文，使彼晓然于孔敌之周旋，虽野蛮之风不能尽革，然果潜移默化，或可渐进文明，亦未可知。再以开山筑路，利用其工作，家给户足，廉耻自生，庶抢夺之风可少息。此等学校，经费无多，学科单简，俟成效稍著，

---

[1]《感恩县知县章献猷条陈琼州地方情形八事》，《神州日报》1907年9月6日第9版。

再行推广，蛮风革而陋俗涤，海南崛起，其在斯时欤。

已上八议，仅就琼州地方大略而言，调查各种，十不得一。自知谫陋，无稗高深，独是理想为事实之胚胎，言论为实行之嚆矢。欧人欲谋殖民地，先发起于私家撰述，次腾播于报界之新闻，终赞成于议院之论断。南洋胡绅国廉，去岁曾遣人至琼考察，意者其有辟新疆土之思耶！我国家当此宪政发轫之初，宜以注重地方自治为起点，夫自治之要，首在讲求实业，实业者，富国之权舆也。欲言强国，必先富国，富而后强，此理未之或易。近日世界，一实业雄飞之世界，美国重农、德国重工、英国重商，之数国所以富且强者，以其能以实业战胜者也。猷猷蒿目时艰，愿纾民困，条拟八事，均以发明实业，撼为卑论，将来或见诸施行，亦可为办事之基础。虽然，或由官办，或归商办，或立公局，或集公司，总以厚集资本为此问题之解决。今者库帑空虚，司农仰屋，非不知之，第是不筹母钱，无以获子，仅求近效，安有远图？是故欲辟琼州新疆土，非统筹全局则无功；非预算立表则无利。伏乞宪台发伟大之愿力，起海表之疮痍，采末秩之微言，为实行之政策。果能一事更新，百废具举，则政有相辅而行，利亦有相因而至，十年而后，行之有效，一可挽回香港之利权，一可断绝法人之觊觎，从此龙旗招展，海天长沐仁风，汽笛发扬，岛族大开文化，岂非南服之屏藩，东粤之保障？异时铜像巍峨，其功不在禹下，是不独粤民之幸福，抑亦全国国民之幸福也。是否有当，伏维钧鉴。知县猷猷谨呈。[1]

---

[1]《感恩县知县章猷猷条陈琼州地方情形八事》，《神州日报》1907年9月7日第9版。

章献猷条陈治琼八事，此八事依次是：设商轮、开铁道、广种植、务垦荒、辟森林、兴海业、采矿产、开黎人学堂。在海南的历史上，能以这样的国际视野、实业视角来审视海南开发事业，章献猷无疑是空前的。

这位有才学、有大志的章献猷是何方神圣？他是举人出身的革命者，也是追随孙中山的浙江瑞安先知中的一位。不过，我们下面还是通过章献猷的妻子张光来认识他。

这是《温州市志》的一段介绍："张光（1878—1970年），女，字德怡，晚号红薇老人，永嘉城区（今温州鹿城区）人，12岁能诗画，名闻乡里。家遭火厄，苦学不辍。瑞安名士章献猷，光绪己丑（1889年）科举人，二十四年（1898年）列名京师报国会，善诗文，擅书法，慕其名，求为室，遂归章家。三十二年（1906年），章任广东方言学堂文科教授。宣统元年（1909年）九月得署广东直隶州，在粤六年，光亦随行。历任广东省立女子师范、私立洁芳女子师范监督，遍游琼崖、潮州、嘉应诸州名胜，怡情绘咏，名重一时。所作《百花长卷》，长三丈余，画折枝花卉百种，设色淡雅，错落有致，历时三年始成，名流题咏殆遍。民国初年，随夫赴京，考入北京女子师范，毕业后历任上海美术专科学校讲师、杭州艺术专科学校教授，垂三十年，及门弟子达五千人。平生交游甚广，与徐悲鸿、张大千、吴湖帆、黄宾虹、郑午昌、唐云、谢稚柳等过从甚。"[1]

由上文可知，章献猷是清光绪十五年（1889年）举人。他与蔡元培等人为同科举人。他于光绪三十二年（1906年）任广东方

---

[1] 温州市志编纂委员会编《温州市志》，中华书局，1998，第663页。

言学堂文科教授，彼时他的同乡陈黻宸在此学堂任总监。他应是第二年就任感恩县令，并条陈了治琼八事。他于宣统元年（1909年）九月署广东直隶州，这个直隶州疑是崖州。据岑春煊的《各国通商粤区尤为重要拟请升崖州为直隶州片》，1905年崖州升为直隶州，"以州西之感恩、昌化，州东之陵水、万州归其管辖"。章献猷在粤六年，故他应于1912年入京。

民国初年，蔡元培任北大校长时，聘章献猷为北大校办庶务长兼国文教师，与乡人林损、陈怀等人为同事。1918年，蔡元培在北大发起组织进德会，章献猷为甲种会员之一，并与李大钊一起当选为进德会纠察员。当年8月12日，章献猷被选为安福国会（第二届国会）众议院议员。袁世凯复辟帝制前，袁曾派说客劝章献猷与同乡人陈黻宸等一批北京大学教授拥护他，遭到反对。章献猷后来追随孙中山投身护国运动。所以说，章献猷是举人出身的革命者，他逝世于1944年。

章献猷议论治理琼州事，实是提出他的"辟新疆土之政策"，并把此论立于清末实行新政的时代背景下。

清末，在戊戌变法失败以及《辛丑条约》签订的双重打击下，清政府为挽救其统治，进行了自上而下的改革。1901—1905年，清政府先后颁布三十多道上谕，推行新政。所以，章献猷言："我国家当此宪政发轫之初，宜以注重地方自治为起点，夫自治之要，首在讲求实业，实业者，富国之权舆也。欲言强国，必先富国，富而后强，此理未之或易。"因此，时人的提议都指向造铁路、设学校、开矿产等。这也反映了时代的趋势。

可以说章献猷提出的每一条建议，都体现了他对国际做法的观察与思考。就设商轮而言，为通海道，他提出"效西人浚港之法，以泄积沙，再用筑岛之法，以避风灾"；就开铁道而言，为查勘路线，他提出"拟仿西人经画澳洲之法，驾轻气球于空中，用电机测绘，道路山川，了如指掌"；就广种植而言，他提出"远师周礼土化之法，近效欧美粪肥之功"；就务垦荒而言，他提出"至荒地及沙碛之区，须每年种草腐烂成土，数年之后，土带泥质，便可耕作。英人殖民非洲撒哈拉沙漠，尝有栽草至二十五年而始得种植者，可见蓺治有术，地无弃土"；就辟森林而言，他提出"欧洲各国，皆设有森林学校、林业试验场，以为研究实业、讨论学理之所。我国新政萌芽，尚未及此，拟请设立海南森林公司，取日本森林章程参酌办理"；就兴海业而言，他提出"日本之割桦太岛也，争海权也，即争鱼利也。琼海鱼业，初不亚于桦太岛，拟请设立渔业公司，仿七省渔业章程，在琼州试办，如有成效，即可推行"；就采矿产而言，他提出"据最近法国调查家报告，琼州煤、铁为全粤之冠，'若为我法人所有，以预算计之，当可供法国一百二十年之用'。法人所以垂涎至今，屡次欲蚕食者，未始不在此。今欲开辟矿产，拟请招商集股设立矿务公司。查取南洋各岛华民开矿章程，采择办法，听商家自为开采，政府则任保护之责，征其税，则庶几地不爱宝"；等等。

章献猷在条陈治琼八事时称："调查各种，十不得一。"可见，条陈之前，他做了大量调查。他关于海南各地港口的分布与情形，北黎港口方面流通的百余种陆品、海品、制造品，海南森林中不知凡几的木之佳者、寻常之木及香品，海南海洋中种类繁多的水族，海南岛内遍布各地的、"富甲于粤省"的矿产的描述中，很多东西可谓闻所未闻，有的今天读来已经不知何物。

从章献猷分析的海南的民情世故中，可窥见海南落后的因由：

"向者农人不讲树蓺术，仅恃雨露之滋培，不知以人功施灌溉，迩时虽稍知启闭蓄泄之道，然取水之器类皆苦窳而不良。蓄水无塘，泄水无沟，倘遇偏灾，补救乏术。""海水晒盐，获利本厚，琼民性耽安逸，不事经营，天然之美利，委而去之，殊为可惜。"

章献猷条陈治琼八事时，还流露出浓浓的家国情怀："法人眈眈虎视，思欲占领疆土入其势力之范围者，已非一日"，"不为之竞争存在，恐异日外人深入，竭三十年经营之力，将辟为地球之第二商场"。"州地本瘠苦，今欲使民富庶，非有辟新疆土之政策不为功"，是章献猷条陈的初衷。他希望通过开辟海南，达到民富国强的目的，于是提出："治始于道路，路通斯政治通，政治通而农工商之事可次第举矣。""若以沿海线长，积地测量，列表预算，计出盐当可供两粤之用，是为海利之不涸，即殖民亦可图生计，可知鱼盐之利，无古今中外之分。渔业光明，海权恢大，富国之基在此，即强国之基亦在此矣。""总以厚集资本为此问题之解决。今者库帑空虚，司农仰屋，非不知之，第是不筹母钱，无以获子，仅求近效，安有远图？是故欲辟琼州新疆土，非统筹全局则无功；非预算立表则无利。""果能一事更新，百废具举，则政有相辅而行，利亦有相因而至，十年而后，行之有效，一可挽回香港之利权，一可断绝法人之觊觎，从此龙旗招展，海天长沐仁风，汽笛发扬，岛族大开文化，岂非南服之屏藩，东粤之保障？"

章献猷"自知谫陋，无稗高深"，但他看到开辟海南，"其功不在禹下，是不独粤民之幸福，抑亦全国国民之幸福也"，因此直抒胸臆："理想为事实之胚胎，言论为实行之嚆矢。欧人欲谋殖民地，先发起于私家撰述，次腾播于报界之新闻，终赞成于议院之论断。南洋胡绅国廉，去岁曾遣人至琼考察，意者其有辟新疆土之思耶！"

章献猷的条陈，除了用"琼州"外，还多处用"海南"，这也是其独特的地方。

在写到"务垦荒"时，章献猷提出："粤民转徙外洋，岁以万计，今有垦荒之地以招集之，既无远涉重洋之苦，更免华工禁约之苛，凡有无依无业无约束之游民，悉准入境开垦，一可以兴辟地文之美利，一可以养活数百千万之生灵，易瘠土而为沃壤，地无旷土，人无游民，何患贫之足云？"类似的移民想法，我们在孙中山主张琼州改省的理由中也可看到。这方面的内容，详见本书第八章"琼州改省案"。

唐丙章条陈开辟琼崖十四事

"开发海南"的声音在中华大地上持续激荡了上百年，至今不绝。它的思想源头还是出自孙中山："海南固又甚富而未开发之地也。已耕作者仅有沿海一带地方，其中央犹为茂密之森林，黎人所居，其藏矿最富。如使全岛悉已开发，则海口一港，将为出入口货辐辏之区。"[1]受孙中山思想的影响，开发海南资源逐渐引起国人的注意，之后关于"开发海南"的议论日渐成风气。

那么，在"开发海南"之前，时人是如何表述的呢？那时表述为"创兴海南""开辟琼崖"等。比如，我们前面读过的《日本人考察琼州》，用的就是"未尽开辟""不肯开辟"；又如《谕胡国廉总理琼崖垦矿事宜》，用的就是"力图开辟"等。

南洋巨商胡国廉提出要"创兴海南"，继而海南本地的举人

---

[1] 《建国方略》，载《孙中山全集》第六卷，中华书局，2006，第332页。

提出要"开辟琼崖"。1907—1908年,"创兴海南"与"开辟琼崖"交叠激荡在一起,这也是倡言开发海南的先声。

在林文英等人将同盟会燃起的革命之火带入海南之前,先是举人唐丙章奏请在海南造铁路,后是何麟书自南洋带回橡胶种苗拓地种植,这些都是与"开辟琼崖"相关的讯息。

以下是上海《大同报》刊发的一篇政界新闻(节选):

都察院前次代奏唐丙章条陈开辟琼崖、速办新政一折,其内容凡十四事:一募兵参收土人,二进军须按冬月,三于该处进驻官军,四设土司,五查黎户,六兴市廛,七设学堂,八添州县,九筑城垣,十筹开辟,十一放田地,十二惠黎人,十三查矿产,十四修铁道。已由政府将所陈各节咨行粤督查复。现在为日已久,尚未咨复到京,日内再行电催,以便查看情形,决定办法,俾重边政。[1]

唐丙章是海南儋州举人,"自少勤学,汲古功深。凡经史辨体等书无不博览。兼有敏捷速藻,落笔成文,不加点窜,卓有可观","光绪壬午(1882年)科中式十一名举人,为南省魁卷,传诵一时","所上平黎建县策数千言,能补海忠介公所未备,可见施行"。[2]"平黎建县策"即唐丙章的《平黎疏》。《平黎疏》共

---

[1] 《政界新闻:政府咨催粤督速筹开辟琼崖》,上海《大同报》1907年第8卷第20期,第32页(1907年12月21日出刊);《时报》1907年12月25日第5版,以《政府电催查复开辟琼崖办法》为题,发表相同内容的报道。

[2] 《民国儋县志》,海南出版社,2004,第1066—1067页。

3000多字，开篇就是"为开辟琼崖"事，其多处论及"冯子材统兵至琼，锐意开辟"，"窃计今欲开辟其地，非兵不可"，"大势平定，然后相度形势，设州县，编户口，立墟市，招开垦，兴矿务，造铁轨，酌留兵屯田以资弹压，则兵不血刃，而开辟成"等相关内容。唐丙章开辟琼崖的十四事，具体内容是：

一、兵勇宜参募土人也。琼崖之续备军，频年调赴黎地弹压，于水土当已习服。更募土人之不避山瘴者，操练成军，以充其数，庶不致因瘴致疫，视为畏途。

二、进军宜用冬月也。阴翳蓊蔚之区，遮蔽阳光，易生寒热，每当溽暑，岚瘴可虞。若冬月，气候清肃，当少此患。

三、官军宜进扎腹地也。若止于界首扎营，则鞭长不及，彼仍逍遥化外，势难慑服。若两军互进，夺其险要，据其心腹，彼将匍伏行辕，奔之听命，措置裕如矣。

四、土司宜设也。黎人之服黎总，如编氓之于官司。若假以事权，授以巡检等职，许其世袭，而以流官驭之；开辟之初，诸事草创，其系于黎地之事者，皆责成黎总，而官考其成，自易就绪。若其势力稍大者，或授以县丞。自当随时察夺，以协机宜。

五、黎户宜造清册也。黎户之聚成村落者盖少，而零星散处，随地耕种者为多。责令各黎总查清管下黎户，给以书人，编造清册，使之互相保结，不敢为非。

六、市廛宜立也。军行所需，有不能尽备者，可于行营近处招外人以开市场，随营买卖。兵勇不时之需，可以近取。前此方长华所开之加来糖房等处，犹有存者，令更广为招徕，人必争赴。市集既成，渐成繁盛矣。

七、学校宜创设也。黎岐之顽梗，以无诗书之泽而然。今宜于琼崖各属生贡，择其有学行者，分散各黎总处，令其子弟入学，或将伦常大义，编成韵语，以为诱劝。此虽未遽移风易俗，而渐摩既久，自可变化于无形矣。

八、厅县宜次第建置也。由琼之水尾，南至红茂峒，并定之岭门，而东至思河、光螺一带，与□为界，由红茂峒而西至儋之博沙、大金二峒，下及水头，广约三四百里，纵约百余里，此皆近边熟黎，可以传檄而定，宜先置厅县数处，以流官治之。如恐人稀土旷，则水尾、岭门及儋、临之南丰等处，皆距治窎远，即于其地立县，兼辖黎境，或立于黎地而以其地割附之，当无不可。至若崖、陵、昌、感四州县，则海滨一线之地，亘长几七百里，民黎交错，近界只数里，远者亦止千余里，更东至万、乐，环绕半周，核其内容，当得四五县。惟当于军行所至，相度形势为之。惟乐、安置司已久，即当改为县治，以资控驭。

九、土城宜筑也。黎地土坚，可以令军士板筑为城，而以黎丁助之。既可以自固，即为置厅县之所。

十、开垦宜招外人也。黎地多山，而沟涧灌输，再熟之田不少。而一片平坦，溪流中贯者，开非一处。而琼民之出洋佣值者，不下四五万人，招之回乡开垦成熟升科，即许为己之永业，无不翕然应者。其黎人之能自垦，听之。

十一、田地宜丈量也。州县既设，必须征收丁税。闻黎人垦田，每为豪强占夺，自叹不如。有粮之田，可以凭照世守。今将成熟之田，概加量丈，给以执照。初年只收半税，限十年照数全征。其未经开垦者，则划定疆界，计亩给照开垦。宽限升科，视地之高下，以为定则。民黎办法皆归划一。十数年之间，浸同外地也。

十二、黎人不宜虐待也。毋论开辟之后，官司治理，必须疏节阔目，即军行所至，亦当秋毫无犯。如有所需，当令黎目先为开导，使其欢忻鼓舞，踊跃赴公。若苛虐太甚，必生叛心。正当加意拊揗，使畏我者转而爱我，则归化之念愈坚矣。

十三、五金之矿宜开也。大艳山为著名之金、铜矿，乾隆间开采，颇获厚利，后因坠道，压毙多人而止。同治六年，法商亚露云将复开采，地绅奉官封禁，事亦旋罢。光绪十三年，港商张廷钧复挟重资用机器开凿，亦以利难赓本而罢。至于儋之南槽河、猿门洞等处，粤驻防候补主事王汝淮称有金矿、锡矿，曾请粤抚给款开办而得不偿失，亦以后款不继而止。但外人垂涎不已。往耳巴矿师历游琼岛，亦谓五金之矿颇多，曾请于粤督，欲大兴工开办。粤督不允，意其中必有可欲者。若将上等矿师履勘，或可获利。如果矿务可恃，则开办之费不待他求矣。

十四、铁轨宜督造也。昔年琼地土客商人议集公司股份，由中路筑铁路通至崖州，旋恐无利可谋，复患黎人为梗而止。岂知古来未发之藏，菁华必富，微论茄楠沉香甲于外洋，其他所出尤不胜枚举，岂云无利？若开辟之后，由官督商办，或官商合办。干路既成，利有赢余，接展东西支路，以符十字路之议。一旦有警，则军由铁轨遄行，呼吸灵通，不致失事。其益大矣。如铁轨一时难办，则黎地木坚，可支数十年，当省费之半。英国始亦用木，后乃易以铁。今当仿行。若数十年之后，即易铁亦不难矣。[1]

---

[1]《民国儋县志》，海南出版社，2004，第790—793页。

唐丙章提出的开辟琼崖十四事与上海《大同报》所言有所出入，这可能是因为前者句子过长，故后者简称之。

对比章献猷和唐丙章两位举人的条陈，会发现他们有一个共同的特点，那就是都从当时实施新政的背景出发，议论开辟琼崖事。这体现了士大夫忧国忧民的情怀。相较于章献猷的治琼八条，唐丙章的开辟琼崖十四事无疑显得宽泛，不及前者筹谋全面、深入、具体和眼光长远。尽管如此，晚清两位举人相继条陈开发海南事，让我们对孙中山与海南的叙事，有了不可多得的丰富素材。

孙中山与海南（1905—1913）

欧榘甲

胡子春

附录：1908，一项创兴海南宏大计划的夭折

如果不是近日清光绪帝死于砒霜中毒的新闻出现，我们还真的不会去留意，再过几天（2008年11月14日）就是光绪帝百年祭日。1908年，光绪帝和慈禧太后相隔不到二十四小时相继去世，一项由华侨提出的旷古未有的创兴海南的宏大计划因此付诸东流。一百年后，让我们来回望被称为"一纲十目"的创兴海南计划，以及计划提出和推动的背后人物。这些人的名字是：胡国廉、杨士琦、张之洞。

响　应

海南岛与华侨华人创业的地区一衣带水，因而史上几次大的开发动议，均滥觞于华侨巨贾。胡国廉作为突出的海外闽商代表，有"锡矿大王"之称。他是杨士琦1907年10月26日奉旨前往南洋各国考察商务时，招延回国办理闽粤等处矿地的著名办矿巨商。他爱国爱乡，业绩卓著，因此后被光绪帝破格优奖，"着赏给三品卿衔"。

一切都因清末出台的一项新政。1907年8月2日，慈禧太后下旨命各地兴办实业："凡有能办农工商矿，或独力经营，或集合公司，其确有成效者，即各从优奖励。果有一厂一局，所用资本数逾千万，所用人工至数千名者，尤当破格优奖，即爵赏亦所不惜。"就是在清廷"招徕侨商、大兴实业"政策的感召之下，胡国廉等华侨商人率先提出回国投资、创兴海南的建议。他们提出了包含"一纲十目"的雄心

勃勃的创兴海南计划。这个计划比 20 年前（1887 年）张之洞提出的通筹海南计划更为宏大而具体。

需要提及的是，直到此时，时人尚未将"开发"二字用于海南。一般认为，"开发海南"一词最早出现在民国初年孙中山的《建国方略》中，此前人们使用的类似说法有"创兴海南"等，而更早些的张之洞则使用"开辟海南"。

纲　目

胡国廉的"创兴海南"计划，通过农工商部侍郎、安徽人杨士琦的奏折被清政府知悉。杨士琦 1908 年 3 月 18 日从南洋考察商务归来，4 月 8 日就正式上《筹议华商创兴琼崖地利折》，将胡国廉的"创兴海南"计划奏上。该计划的主要内容是"一纲十目"。"一纲"是开银行，即创办琼州劝业总银行。银行之设列为"纲"，所谓纲举目张，其重要性可见一斑。"十目"涉及海南实业开发、设施建设等诸多事项，具体为：兴矿业、清荒地、广种植、讲畜牧、兴盐务、长森林、重渔业、筑马路、设轮船、开商埠。

杨士琦奏上，农工商部得旨议奏。此部是清廷在改革中新设立的机构。1905 年，清廷派端方、戴鸿慈、载泽、尚其亨、李盛铎等人出国考察，次年他们相继回国，随即奏请改制内阁，不久清廷宣布改革官制，其中之一就是将工部并入商部，改为农工商部。该部设立以后，首先推进办矿事宜。1908 年 2 月，该部奏折中有"前经臣部招致矿业起家之前槟榔屿领事梁廷芳办理广东儋州等处锡矿"等语。杨士琦上奏胡国廉"创兴海南"计划后，该部认为，杨士琦奏折内所列"一纲十目"，均系筹边殖民要政，亟应统筹全局，次第设施。因此，农工商部得旨后即电嘱胡国廉来京面商，筹议办法。

胡国廉很快函称:"事体艰巨,非厚集商力,不足相与有成。拟先设总公司,为开辟琼崖之根本。一面招致侨商,分设各项小公司,广兴实业。资本不足,总公司倾助之,俟其获利,则总公司酌提津贴,以示报酬。大小相维,厥效自著。"把总公司之设看作开辟琼崖之根本,无疑是巨商胡国廉的高瞻远瞩之举。实际上,自此以降,一百年来开发琼崖的很多设想措施,都脱不了此。

当时胡国廉行动之快,超乎寻常,他告诉杨士琦:"现已招股一百万元,设立侨兴总公司,先办垦矿、畜牧、汇兑事宜。又招股一百万元,设立侨丰公司,专办盐务。以候选道区昭仁专驻琼崖,综理一切。以道衔张维藩佐之。又有四品卿衔吴衔吴梓材、候选同知郑瑛、盐运使衔胡梦青,分驻香港、霹雳等处,同心规画。"胡国廉还告诉杨士琦,南洋各埠同志颇多,但当时银价低落,筹款较难,俟市面稍宽,当续招巨股,并令代表人张维藩前来农工商部,面陈创兴办法。

一时之间,似乎形成了创兴海南的风云际会的局面,并激荡海内外。

急　务

农工商部深受鼓舞,衔命于 1908 年 8 月 19 日复奏。

像其他倡言琼崖开发的文献一样,农工商部所奏同样阐述了琼崖的现状和开发的重大意义:"臣等窃维琼崖全岛为古儋耳、珠崖等郡,地多炎瘴,山海崎岖,数千年来,未经垦辟。然其地,内屏两粤,外控南洋,与香港、小吕宋、西贡等埠,势若连鸡,隐然为海疆重镇。而土脉膏腴,农矿饶衍,尤为外人所艳称。未雨绸缪,诚为急务。"这段上奏大清皇帝的话不长,但高度浓缩了当时国人的海南观,略为审视,令人感慨。

1907 年,同样带着开发海南使命的广东名士欧榘甲,游历海南,对比甲午战争台湾割让日本之后的经营情形，对二千余年的海南历史发出一声叹息："中国政治疏阔，有琼二千余年，任黎人中居山岭，广占要害，而不使之同化，开辟荒地，启发富源，一土之中，恍如异国。视日本得台湾数年，招抚生番，开通道路，握全台于掌上，开富源而无垠者，真有霄壤之别。有志经国者，不可不深长思也。"欧榘甲的游记行文洒脱，直言无遗，而海南至此数千年来未经开辟的时论，真确无疑。后世治海南史者，从经济观点着眼，称历朝历代仍乏海南开发之计划，真正开发海南、经营海南，尤其开发海南地利经济者，当推清代。

说海南内屏两粤，外控南洋，隐然为海疆重镇，又说海南土脉膏腴，农矿饶衍，这些都看到了海南的经济地位与战略地位十分重要。至于说海南地利"尤为外人所艳称"，我们不敢妄加评论说是挟"洋"自重心态，但可以揣度这对说服慈禧太后是有帮助的。

因此，我们对孙中山《建国方略》"海南固又甚富而未开发之地"的观点，有了更深层次的理解。"开辟海南"的清廷表述，在这一刻得到转换；"开发海南"的现代呼声，也就在这个时候正式向国人郑重发出。

亟 办

农工商部不但对开辟海南认识深刻，倡言"未雨绸缪，诚为急务"，而且对胡国廉推崇备至，对"一纲十目"抱有无限热情。其奏称："胡国廉雅负物望，精擅商才。原单内所列各条及此函陈办法，均属胸有成竹，切实可行。"但其又顾虑到这些创兴海南的办法"造端甚宏，创始不易，若诸务同时并举，资力或恐未胜"，因此在与胡国廉的代表人反复推求、会同商榷之后，就所列"一纲十目"，参以情势，证以事理，条分缕析，分轻重缓急，提出"有宜亟办者五，有宜次第举行者三，有宜暂行缓办者二"，并于1908年8月19日的复奏中，向慈禧太后、光绪帝——奏陈。从中，我们得以一窥"一纲十目"的真面目。

宜亟办者：一是开银行。其认为"百业以资本为根源，而资本以银行为枢纽。盖有银行，则散者可使之聚，滞者可使之通。西人经济专家之言，至以银行为实业之母。故银行势力所及之地，实业即随之而兴。征之列强，成效可观"。二是兴矿业。其认为"琼崖矿产饶富，地不爱宝，而人弃之，至可惜也。今既力图开辟，则开采矿产亦其要矣"。三是清荒地。其认为"琼崖十三州县，井里寂寥，动忧土旷，振兴农业，必始查荒"。四是广种植、讲畜牧。其认为"树、畜为农政大端，若必俟全岛清荒事竣，方能举办，则天时、地利、物力，均废弃可惜，自宜取考。查有所得着手较易者，为最先之试办"。五是兴盐务。其认为"琼岛滨海，本系产盐之区"，"闻近年法人在广州湾（今湛江）制盐运销南洋各岛，岁数百万，漏卮甚大，抵制诚不可缓，既可改良盐法，又可持辟销场，获利之优，实可预计"。

缓　办

宜次第举行者：一是长森林。其认为"林业获利最优，而收效较晚。琼崖地方辽阔，嶂峦层叠，森林地位，本极相宜。惟旦旦斧斤，遂致难期长养。居民樵采已惯，一时禁令，必有所难周。体察情形，似不能克期并举。应俟清荒之后，公司办有头绪，再行陆续兴办"。二是重渔业。其认为"渔业关系海权，至为重要。（胡国廉）所称置备轮船，改良捕法，讲求腌制，以广销路，办法亦极允洽。惟创办既多耗费，获利亦未可预期。应俟该公司气力稍充，势能兼顾，再行广集资本，切实讲求"。三是筑马路。其认为"筹琼以筑路为要著。原奏内亦曾声明。明臣海瑞、前督臣大学士张之洞先后均经筹办。然披荆剪棘，其事绝艰。备料程工，需款尤巨。拟从农矿开办之处，先行筹筑，随后逐段扩充。庶几款不虚糜，路不虚设，岁修之费，亦有所资。至或由官办，或由商办，应饬该公司会商地方官，妥为布置"。

宜暂时缓办者：一是设轮船。其认为"琼岛孤悬海外，必须自开航路，以便交通。（胡国廉）所称创设轮船，争琼港往来之利，诚具卓识。惟实业未盛，运货无多，公司虑有亏折，应俟以上各项渐次发达，然后相机措办。届时禀商邮传部办理"。二是开商埠。其认为"琼州海口早已设关，客货无多，收税未旺。该口沙碛飘荡靡常，潮退之时，难容巨舶。榆林港在崖州西南，人烟稀少，出产甚微。目前尚难建筑。该公司拟别择良港，自辟商埠，诚为保守利权之计。应俟商务渐盛，再行体察情形，由臣部咨商外务部办理"。

进　行

一项尽海南地利条件的旷古未有的宏大的"创兴海南"计划，就这样在清末政局激荡的年份中，急骤谋划并进行着。

就农工商部认为的应抓紧实行的五项事情而言，开银行为"实业之母"，故胡国廉拟定在琼州设劝业总银行，"俾商民尺币寸金，皆得有所储蓄；血汗所易，不至随手耗失。而凡办垦矿事宜者，亦皆有所告贷补助，以资周转。虽目下地利未尽，不妨小试其端。而他时百废俱兴，即力图扩充之计。经营琼岛，良为要图"。

而兴矿业一项，时人看到"向来南洋各处华侨多以采矿致富，近因感服朝廷德意，渐知携资内乡兴办实业"，认识到"富国善策莫如振兴矿务"。在杨士琦奉命考察南洋商务，并招致著名办矿巨商胡国廉办理闽粤等处矿地这一背景下，以振兴矿务为要务的农工商部，拟将琼崖全岛各矿，俱归胡国廉公司勘采，或由该公司转招他商承办，提出"惟不得暗中入股，私售外人。限制既严，觊觎斯绝。利源既辟，风气益开，成绩所彰，殆可逆观"。开发矿业为计划的重要选项，所以该部本着鼓励的精神，给予网开一面的支持："维持商业，首在体恤商艰。（胡国廉）所称矿章限制太严，租税征收过重，拟请通融办理各节，自是实情。现在新定矿章，已经奏明重加厘订。将来边远之地，有难一律遵行者，均可准予变求通。胡国廉前请办儋州那大等处锡矿，亦经臣部核准量予变通有案。该公司勘采全岛矿产，规画尤属为难。欲求全体之振兴，必予以特优之利益。所有该公司照费年租出井税等款，均可按给，照年限一律豁免，以资鼓励。至出口税关系正款，仍饬令照章完纳。庶几商力不困，而常课无亏。利国利民，无逾此者。"

清荒地一项，农工商部提出："应由两广总督严饬劝业，琼崖两道督同该管州县，会商该公司，将全岛荒地分段查勘，分别官荒、民荒，妥筹办法，总以厘正经界，毋扰居民为主义。一俟查勘完竣，即由该众公司承领开垦，并测绘详图，拟订章程，具报臣部及两广总督会商核夺。庶几疆场可正，沟洫可治，阡陌可通，物宜可辨，而农利乃可言矣。"

广种植、讲畜牧一项，农工商部按照着手较易者为最先之试办的原则，提出："棉花、草麻、甘蔗、萝卜、洋薯、树胶、椰子、胡椒各品，于琼崖土性适宜。拟先从琼、澄、临、儋、定安境内，先行种植。畜牧则先选购牛羊佳种，择水草佳处为畜牧场，并制造皮毛，化生为熟。数年之后，以次陆续推广。滋生蕃衍，博硕肥腯，必有可观。或以供制造，或以资贩卖。细之足以裕小民之生计，大之可以增全岛之利源。"

兴盐务一项，农工商部提出："由胡国廉设立侨丰公司，拟即开辟盐田，精求制法。与广东盐运司议订章程，业经两广总督批准专办三十年在案。"

特　权

作为一个庞大的系统性的开发计划，胡国廉的"创兴海南"计划的内容远没那么简单；或者说，它不是一个寻常的规划设想。说它旷古未有，说它史无前例，是因为这两个核心：有权做事，有人做事。为了确保这项计划不致落空，农工商部赋予侨兴总公司以特权，派胡国廉为督办大员。

侨兴、侨丰两公司，是胡国廉专为开发琼崖实业而创设的。不过随着清廷的覆亡，这两个公司在海南匍匐前行，异常艰难。延至民国时代，其终成谈论海南实业者凭吊追思的对象。

但是，在当时，农工商部对侨兴总公司之设，同样抱有极大的期待，认为是"志业伟大"之举。该部同时也充分估计了开发海南的艰巨性，认为国家如不实行特殊政策，这一宏伟计划就有可能落空，因而用心良苦地提出"筹久远"之计："该公司负非常之责任，抱无穷之希望，志业伟大，良足嘉尚。虽经臣等酌量缓急，定措施之次序。然工艰费巨，任重事繁。投资本于蛮烟瘴雨之乡，期成效于旷日持久之后。非予总公司以特别之权，不足以资提倡。"这种授予开发主体特别之权的举措，可看成是开时代风气之举。否则，在"蛮烟瘴雨之乡"投资，要想有成效，无异于缘木求鱼。

农工商部又说：公司"开办之初，虑多阻挠。惟赖朝廷主持于上，地方官协助于下。宽税则以纾商力，简文法以顺商情。将来百货万商，骈阗充溢。公司蒙其利，国家亦坐受其成。万一权多旁掣，功废半途。前者寒心，后者裹足。事机一误，隐患方深"。将公司之成败，同国家利益之增损相提并论，也许这样真的能打动皇太后、皇上的心。至于"宽税则以纾商力，简文法以顺商情"，我们隐约可以读出实行特殊政策、特事特办的味道来。

农工商部还提出为国家杜流弊事："此项垦矿章程，为发舒商力、鼓舞侨情起见，且创办各商，均热心祖国，夙负重望，自不妨格外从宽，以尽地利，而将来流弊，亦不可不豫为之防。该总公司系完全商办性质，任事各员，悉由股东公举。他日辗转易员，至十数年数十年以后，倘有搀合外股借用外款等事，仍由臣部及两广总督暨两广咨议局随时稽查，一经觉察，所定章程，作为无效，并饬该公司将此条订入专章，以期永守。"

总　理

农工商部奏中还言："臣等公拟仰恳天恩，俯念琼崖事体重要，明降谕旨：特派大员督办琼崖垦矿事宜，以重事权，并请饬下两广总督，督饬劝业道及琼崖道实力保护，并由臣部随时稽查，遇事维持，俾策全功而收实效。"或许这些理由还不够充分，或者是没有明确指派哪个大员，于是农工商部又奏请朝廷特派大员督办琼崖垦矿事宜，以重事权。此奏说："琼崖垦矿，事关巨要，非蒙特派大员督办，不足以崇声望而专责成。""惟所派各员，必须深谙土风，洞悉商情，始可收提倡维持之效。"

特派的这个大员就是胡国廉："查三品卿衔胡国廉，器识闳远，筹略精深，才力足膺巨艰，声气足资号召，且事由手创，则休戚相关。地已身经，则情形熟悉，合并仰恳天恩，俯准予三品卿衔胡国廉督办琼崖垦矿事宜，俾得专心筹画，迅速开办。候选道区昭仁，才识优长，夙精农矿，与道衔张维藩均籍隶广东，以之驻琼办事，可使闽粤侨商联络一气,拟由臣部加札委派,将来办有成效,再行酌予奖励,以资鼓励。"

很快就有上谕:"农工商部奏筹议华商创兴琼崖地利事宜,酌拟办法一折。着派三品卿衔胡国廉总理琼崖垦矿事宜。其有关涉地方他项商民利害事务,应会同地方官妥商办理。余依议。"

在谕准胡国廉总理琼崖垦矿事宜之后,农工商部第三次上奏,请求就开办琼崖垦矿事宜,刻章颁给关防,以资信守。奏中说:"查琼崖全岛,地居形要,物产丰饶。臣部奏准华商设立总公司,俾鸠集农工,创兴各项地利,以殖民之策,为固圉之谋,兹奉明诏,特派三品卿衔胡国廉总理其事。内则管摄公司,外则会同地方官妥商办法。造端宏大,事务殷繁。凡文牍簿籍等项,非钤用关防,不足以昭慎重,拟请刊刻木质关防一颗,文曰'总理琼崖国矿事宜关防',颁给钤用,俾资信守。"1907年8月29日,上谕:"奉旨依议,钦此。"

授予总公司"关防"、胡国廉"总理",且胡国廉可与地方官商事,侨兴公司的"特别之权"已显而易见。本来"创兴海南"计划,规模已经十分庞大,几乎涵盖海南的全部经济活动,现在又授商人以开发经营之特权,并由清廷指派大员总理其事,在海口、那大、香港等处,又派专员综理、辅佐一切,这些实为海南空前未有之开发举措。但是到了民国时期,这项特权还引起了一场纠纷。

凭 吊

南洋侨商投资热情高涨,清政府上下一致促成其事,致使创兴海南地利的筹划准备事项,进展快速。1908年夏,胡国廉等已集股二百万元,侨兴总公司和其下属的侨丰公司也同时成立。侨兴总公司成立以后,在儋县那大设办公楼,悬挂龙旗,以示奉旨来儋开办实业。

"创兴海南"计划，由此开始进入启动阶段。

可是，天有不测风云。两个多月之后，1908年11月14日，光绪皇帝去世，相隔不到二十四小时，慈禧太后于次日病卒。紧接着，爱新觉罗·溥仪继位，他就是大清末帝。次年，清改元宣统。

这时，国内政局动荡加剧，人心急切思变，各地同盟会组织也相继派员驰赴新加坡请示孙中山，以听进止。孙中山对海南形势极为关注，向旅泰琼籍同盟会会员指出："琼州形势，最有可为。"在清朝的最后三年，就海南局势本身而言，海南进入了革命形势激荡不安的年代。

当时侨兴、侨丰两公司虽已成立，并在那大、三亚、榆林等地展开垦发事务，但随着清室逊位，胡国廉、区昭仁等分别去任，官方辅导乏人，商力经营遂进退维谷。

据民国《临高采访册》记载，宣统元年（1909年），广州区昭仁等以巨资来辟临高临城之西的头嘴港，"通轮船，设码头，造货仓两座，而另于文科地设立琼崖种植畜牧矿务侨兴有限公司。其自码头上者，又开马路以通南宝，自南宝而达于儋县之尖岭（附近那大市），即其地开矿、种植、畜牧，而复运于港焉。然其所开路尚不能十七，居民有不便者，辄起争之。公司益为酷烈，遂成祸变。民国初年，股东皆各返省，而路遂停矣"。

到了民国初年，时任琼崖实业交通署署长殷汝骊，对于赋予侨兴公司特权一事，因侨资不足乃企图取消。1913年，广东省政府交涉局局长冯裕芳（琼山人）等人，在广东省参议会上为侨兴权力呼吁，主张维持清廷之原议，结果也因侨资不足，未被应允。因此，侨兴、侨丰因未能取得专办之特权，垦植、盐务均限于资金，业务仅局限于那大、榆林一隅，无从扩展。民国以后，又因琼崖腹地匪乱频仍，军阀

孙中山与海南（1905—1913）

龙济光、邓本殷连年割据，致令清末清廷开发海南地利之宏图，终在惨淡艰难的环境之下失败不振，而侨兴公司在那大的烟园、胶园，侨丰公司在榆林、三亚的盐业遗迹，也只能徒供后来谈海南实业者凭吊而已。

1914年春，湖南人夏寿华游琼崖，在所著《琼游笔记》中记录了他三月十七日访问侨兴、侨丰两公司时的情况，当时"二侨"真的成了凭吊的对象："管事区秀卿南海人，情意甚殷。云侨兴公司开办儋县那天墟乌翔岭锡矿，六年于兹，尚未见利。探有那金金矿，距儋城四十里，因水土恶劣未开。又距儋城三十里之灰窑河，种植咖啡、树胶，均数百万株，尚无利可言。惟烟有成效，棉花、甘蔗尚在试验中。侨丰专办崖县之三亚港、昌化之北黎港及临高之盐田，去年秋冬甚佳。又言公家如肯开路，则诸事易举矣。"

尽管如此，侨兴、侨丰公司的设立，毕竟燃起了近代海南实业开发的星星之火。此外又新起一些公司，如实成、农发、琼安、茂林、亭父等。在儋县那大，许多华侨为了开发海南的橡胶事业，也设立了一些公司。如1910年秘鲁华侨曾汪源、曾金城父子（广东番禺人），马来西亚华侨区慕颐、区乾寅兄弟（广州市人）同菲律宾华侨刘杰生（广州市人）招股合资，成立侨植叠务公司，专营橡胶生产。之后，华侨又分别在那大成立垦植公司、侨兴实业公司、侨轮公司等。有人统计，从宣统二年（1910年）至1950年，儋县那大由华侨开设的公司共三十一家。众多华侨创办的公司，对开发琼崖地利起到的重要作用，是不能低估的。

至于杨士琦，他拥护袁世凯称帝，与湖南人杨度统称"二杨"。是故治海南史者，或谓不齿于杨士琦的为人，但为创兴海南地利，他三番两次上奏清廷，为海南留下了弥足珍贵的文献。

情　结

杨士琦后来的为人可能不足取，而张之洞用心于海南则值得称道。实际上，杨士琦再三上奏，背后的推手就是张之洞。现在流行一个词叫"海南情结"，如果附加于张之洞，也是再贴切不过的。

1884年，当中法战火在中国西南边疆燃烧之时，山西巡抚张之洞临危受命，出任两广总督。1889年张之洞调任湖广总督，其督粤五年，与海南的关系千丝万缕，非宏篇不足以书。仅就1887年8月2日他提出的《通筹善后事宜折》而言，张之洞就像刘铭传开发台湾一样，谋划海南的"一劳永逸"之计，提出了开辟海南的庞大计划，目的是"开山收土，永奠海南"，"俾此奥区，永为乐土"，使这个时期成为史上经略海南唯一值得关注的时期。他的通筹计划，荦荦大端者五：移民垦田、招商伐木、助商开矿、设官之制、除弊化俗。

张之洞为了实现他开辟海南的史无前例的计划，将处事不力的兼护雷琼道、琼州知府谦贵革职，"破格"起用汾州知府朱采取而代之，作为其筹划"经久之计"的一个重要部分。张之洞评价朱采"志正识远，综核精勤，于洋务能见其大"。朱采不辱使命。他也因创建"海南第一楼"五公祠，祀唐李德裕及宋胡铨、李光、李纲、赵鼎五公，名传海南。

1889年，张之洞调任湖广总督，继任者是毫无作为的李鸿章的哥哥李瀚章，史称此人只会做官，不愿做事，谈不上对海南有半点关怀。这或许就是历史对海南的"闪失"。1891年，李瀚章拟把张之洞在德国定购的应用于琼州（今海口）海岸防守的七生半车炮，全数运往天津，由直隶总督李鸿章分拨留存。张之洞显然对此耿耿于怀，晚年自撰《抱冰堂弟子记》，胪列其行状一百二十条，其中有两条与海南相关，其一就是:"拟于琼州府城外设守,并经营榆林港,分头营造,已筹有定款,购有甚巨炮台数十尊。后任某君到,言此台此炮为无用,尽举以赠北洋。"

张之洞调湖广总督后,除1894年、1902年两度署任两江总督外,一直任湖广总督,直到1907年赴京任军机大臣、官居宰辅为止。当时同时调为军机大臣的还有直隶总督袁世凯。1908年,张之洞依据其两广总督任内所掌握的海南的资料,经由农工商部侍郎杨士琦领衔,奏上《筹议华商创兴琼崖地利折》,请筹集华商创兴海南之地利,其奏折经三次条陈,均得慈禧太后谕准。这就有了本文所追述的一切。

此时距张之洞离开广东已近二十年,距他离开人世只有一年,所以,我们若说他为"海南情结"第一人,恐不为过矣。在光绪帝与慈禧太后相继去世之后,1909年张之洞亦谢世,清朝两年后亦结束。是以"一纲十目"的海南开发计划尚未全面铺开,就随着这一切烟消云散了,徒然增加治史者的叹息。

有论者认为,历代封建王朝对海南的开发,特别是清朝末年开发琼崖地利的历史,对今天海南的开发建设,无疑有借鉴作用。也有论者认为,在当时的社会历史条件下,"一纲十目"这样"志业伟大"的区域性开发计划,根本不可能实现。然而又不能不看到,以胡国廉为代表的侨商们能提出如此宏伟的计划,并能初步付诸实施,实属难能可贵。此举堪称八十年后海南经济特区之先声,理应在中国改革开放史中铭记一笔。

如果我们是承启而不是断裂传统,那么从"一纲十目"中折射出的那个时代的人与事,一百年后仍有值得我们审视的价值,当非虚言。

附注:

这是我当年为刚创刊不久的《海南周刊》写的专文,发表于2008

年11月10日的《海南周刊》,原题为《1908,一项创兴海南宏大计划的夭折》,署名钟一。也是因当初写就此文,我对"孙中山与海南"的命题有了基本的认知,是为今天写作本书的基础。时隔十余年,如今挖掘到的史料更多、更丰富,但基于"孙中山与海南"的主题,我不打算去深化拓展"千年一叹"的内容,是以特将旧文《1908,一项创兴海南宏大计划的夭折》略作修改附录于此,供感兴趣者参照阅读。

第五章　图海南

孙中山与胡汉民等人赴暹罗不久，就在曼谷建立了同盟会分会。因暹罗当局勒令离境，他们于 1908 年 12 月 14 日返回新加坡。第二天，孙中山即致函暹罗海南籍同盟会会员，促筹款项，并告拟往欧美运动等情况。这是孙中山与琼崖革命关联最早也是最重要的一封信函。这表明孙中山提出的在海南建立革命组织、发展革命力量、准备武装斗争以便迎接全国和广东革命高潮的到来、取得琼崖革命胜利的思想和部署，是富有远见的"图海南"之举。

欲游历琼州

1894 年，在上海寻找上书李鸿章门径的孙中山，认识了以《盛世危言》闻名的郑观应。郑观应致书李鸿章的得力洋务干将盛宣怀，向他介绍孙中山。因为有了郑观应致盛宣怀书，我们今天才得以知道早年的孙中山有游历海南的想法。

第五章 图海南

郑观应为孙中山致书盛宣怀云：

杏翁仁兄方伯大人阁下敬肃者：

敝邑有孙逸仙者，少年英俊，曩在香港考取英国医士，留心西学，有志农桑生殖之要术，欲游历法国讲求养蚕之法及游西北省履勘荒旷之区，招人开垦，免致华工受困于外洋。其志不可谓不高，其说亦颇切近，而非若狂士之大言欺世者比。兹欲北游津门，上书傅相[1]，一白其胸中之素蕴。弟特敢以尺函为其介，俾叩谒台端，尚祈进而教之，则同深纫佩矣。专肃敬请勋绥，惟祈钧鉴不备。

教小弟制郑官应顿首

再肃者：

孙逸仙医士拟自备资斧，先游泰西各国，学习农务，艺成而后返中国，与同志集资设书院教人；并拟游历新疆、琼州、台湾，招人开垦，嘱弟恳我公代求傅相，转请总署给予游历泰西各国护照一纸，俾到外国向该国外部发给游学执照，以利遄行。想我公有心世道，必俯如所请也。肃此再叩勋绥不备。

教小弟名心又肃[2]

---

1 即李鸿章，清廷于1879年授予他太子太傅衔，故时人敬称他为"李傅相"。

2 沈渭滨：《一八九四年孙中山谒见李鸿章一事的新资料》，载《辛亥革命史丛刊》（第一辑），中华书局，1980，第90页。

由郑观应致盛宣怀书,我们得知孙中山在成为职业革命家之前,在1894年上书李鸿章的过程中,表达了他欲游历琼州(海南)的愿望,这也是他人生中唯一一次欲游历琼州(海南)想法的流露。

孙中山游历新疆、琼州、台湾,招人开垦的计划,从侧面反映了他早年重视农业开发的思想。

孙中山的《农功》一文,被郑观应辑入《盛世危言》。文中附言提及:"或云年来英商集巨款,招人开垦于殷岛,欲图厚利;俄国移民开垦西北,其志不小。我国与彼属毗连之地,亦亟宜造铁路,守以重兵,仿古人屯田之法。凡于沙漠之区,开河种树,山谷间地,遍牧牛羊,取其毳以织呢绒、毡毯。东南边界则教以树棉种桑,缫丝制茶之法。务使野无旷土,农不失时,则出入有节,种造有法,何患乎我国之财不恒足矣!"孙中山还在《上李鸿章书》中强调优先发展农业,指出"农政之兴尤为今日之急务",表示愿出国考察农业,建议开设农师学堂,举办农艺博览会,派人出洋考察,开垦荒地,集商经营等。孙中山认为清政府如采纳他的主张,"以中国之人民才力,而能步武泰西,参行新法,其时不过二十年,必能驾欧洲而上之"。

吴相湘也关注到这一点。他说,孙中山在《上李鸿章书》中,再三说"美洲逐客,檀岛禁工"以及西游学习养蚕新法,显然是和他的《致郑藻如书》动机是一贯的。郑观应所谓"一白其胸中之素蕴"正是指此。孙中山具有强烈的民族自尊心、浓厚的民胞物与的博爱同情胸怀。他耳闻目睹广东、福建居民生活困难,被人当作"猪仔"运往外洋做苦工,受尽凌辱,所得微薄,而中国西北及台湾、琼州诸岛又地旷人稀,故认为如果有计划地将人口密度高、生活困难地区的居民逐步向国内这些地区转移,既可尽地利增加物资生产,平民又不致再受外国人的侮辱,一举两得,任何有作为的政府都早应积极地去做。孙先生所深望李鸿章的主旨也在此。当然,要实行这一大计划,需要各方面的考虑、准备及支持,孙中山《上李鸿章书》中都陈说详明。孙中山本人也陈明要到外洋及西北实地学习观察研究,才能展开工作。[1]

与孙中山认识之前,轮船招商局、上海机器织布局总办郑观应,1884年底曾到琼州(海南岛)考察军务。在海南考察期间,郑观应走访各地、查阅方志,对海南的现状有了最直观的了解,进而形成了自己关于海南的思想与政见。他完成了《禀督办海防彭宫保、两广督宪张振帅论海防》《禀督办粤防彭宫保论琼防情形》《上粤督张香涛制府并倪豹岑中丞拟抚琼黎暨开通黎峒山道路节略》《致雷琼道王爵堂观察论开垦兼承办铜绿矿山书》《上督办粤防彭宫保并寄方、郑两军门》等多篇考察报告,围绕海南的战略地位、经济、商业、军事、教育、民防、团练、少数民族等诸多问题,提出了颇有远见的开发海南的见解和设想。郑观应将这些考察海南的思想收获,与要上书图强的孙中山进行交流,也是有可能的。

琼州形势,最有可为

一生致力于革命的孙中山,一开始就感到"琼州形势,最有可为"。他在1908年12月15日函中写道:

---

[1] 吴相湘:《孙逸仙先生传》,远东图书公司,1984,第96页。

树兰、琼南、瑞和、格兰我兄及海南各位同志公鉴：

弟于昨午已安抵星洲[1]，勿念。

内地各省因虏家母子俱死[2]，人心动摇，各处同志争欲举事，各派专员来星，听候进止。弟以时机虽好，而财力未充，仍嘱稍为缓候，以俟同时大举。弟思人心如此，前途大有可望。至琼州形势，最有可为，而又得诸兄伟力合持，为本地方之领袖，将来粤省地方大动，琼州为之后援，则尤为事半功倍。兹弟以各省同志踊跃如此，不得不急为准备之大运动，拟俟星洲事务稍理，即往法国，由欧而美。法国之件已略有端倪，可以就商，须得亲往与开谈判；如未得手，则转往美洲各埠，定有大成。然欧美之行，必有运动之经费，所事既不容缓，则请兄等速将所筹备之款（此项经费，弟行后以兄等之提倡，当多所推广增益）汇至星坡，俾弟速以成行。大款既早日可筹，即早有以慰各省人心之渴望，此今日之首务也。

其次，一面联成海南同志，扩充团体，亦是要务。使爷军兄行事，而兄为鼓吹诱掖之人。团体既大，则将来行事益易矣。专此，即请

公安

　　　　　　　　　　　　　弟孙文谨启　西十二月十五

汇款到星，现改地址人名如别纸所录，比较旧开之地址为更妥也。

1　星洲指新加坡。
2　"虏家母子俱死"指光绪帝和慈禧太后相继死去。

现时一月内外俱可用（1）号地址通信；汇银银单，请照第（2）号写；通电则仍照旧用（3）号。

再如在暹罗欲秘密不使人知，则汇银可由查打银行，则不识弟名。如不须在暹十分秘密，则上海银行、法银行皆可。

（1）Chung San

111 Ordhord Road

Sivgapore

（2）Chung San orbeorer

（3）Enghock Singapore[1]

此函寄往暹罗槟角（又译作"盘谷"，今译"曼谷"），收信人均为海南籍同盟会会员。

自1908年4月云南河口起义失败至1911年10月武昌起义获胜，在这三年多时间里，孙中山被逼逃亡海外，奔波于世界各地，在华侨中进行筹款与组织宣传工作，以支持、组织国内的反清武装斗争，促使革命高潮的到来。孙中山与海南籍华侨联系密切，同时关注着海南形势的发展，指导海南籍同盟会会员开展革命活动。光绪皇帝和慈禧太后相继去世，"人心动摇，各地同志争欲举事，各派专员来星，听候进止"，这让孙中山看到了革命的有利时机，因而甫抵新加坡，就给林文英等海南各位同志写此函，嘱革命"前途大有可望"，要做好筹款工作"以俟同时大举"。

---

1 《致符树兰等函》（一九〇八年十二月十五日），载《孙中山全集》第一卷，中华书局，2006，第399—400页。文末译文为：（1）星加坡乌节律——一号中山，（2）中山或持单人，（3）星加坡。

孙中山此函，蕴含着很丰富的琼崖革命方略。在孙中山的革命历程中，或者说在推翻清朝封建统治、建立民主共和国的斗争过程中，孙中山的革命战略着眼于与海外联系较为便利的华南沿海沿边地区，意图在这些地区组织发动武装起义占据两广，并以之为根据地，然后挥师北上，夺取全国革命的胜利。从1895年10月至1911年5月，孙中山领导和组织的十次影响较大的武装起义，都是在广东、广西的沿海沿边地区进行的，都体现了这个革命战略的要求。海南地处祖国南疆边陲，海防地位重要，又有王斧、林文英等众多海外华侨热情参与革命，因此，在海南发动武装起义，是孙中山革命战略的重要组成部分。海南的革命方略就是在这样的地缘格局下展开的。

孙中山的海南革命方略，最重要的是"琼州形势，最有可为"的形势判断，以及"联成海南同志，扩充团体"的方向要求。

"琼州形势，最有可为"这一判断，表明孙中山对琼州革命和海南籍同盟会会员寄予厚望。在海外，已有"树兰、琼南、瑞和、格兰"等多位同盟会会员、革命同志，特别是有像王斧、林文英这样的地方领袖人物，他们是革命成功可倚靠的力量。海南最可为的地方是积蓄力量、筹措组织发动武装起义事宜，以此配合广东革命形势的发展，是为"将来粤省地方大动，琼州为之后援，则尤为事半功倍"。

孙中山的海南革命方略是基于独特地缘条件及革命力量生成而作出的判断，与他后来提出的海南改省方略是一致的，体现了他看问题的高度："琼州则孤悬海外，当民国之最南，其海峡之最狭者，亦与内地口岸隔八十里，万一不能关照，失去琼州，则高、廉、雷等府及广西之太平等处大有危险。今为边防起见，宜将琼州另立一省。""今琼地万余方里，地大于檀，产腴于檀，美人为海防起见，尚极力保全檀香山，何中国人不以琼为意乎？今陈君提倡设法保卫琼州，琼全则粤全，诚急务也。"[1]

首务：速将所筹备之款汇至星坡

孙中山于1908年12月15日给泰国槟角（今曼谷）琼籍同盟会会员的信函，收录于中华书局2006年版《孙中山全集》，题目是《致符树兰等函》（一九〇八年十二月十五日）。此函又见于台湾1989年版的《国父全集》，但题目为《致符树兰等嘱速汇款至星俾便转往欧美函》；此题目明确表述了电函的内容，表明孙中山此时急需经费以奔走于欧美等地革命的历史状态。

"时机虽好，而财力未充。"在当时的革命形势下，孙中山把筹措经费看作"今日之首务"。不仅孙中山的欧美之行需要"运动之经费"，而且各地准备举事反清的也需要"大运动款项"，因此，孙中山迫切期望"兄等速将所筹备之款（此项经费，弟行后以兄等之提倡，当多所推广增益）汇至星坡，俾弟速以成行。大款既早日可筹，即早有以慰各省人心之渴望，此今日之首务也"。海南籍的同盟会会员后来承担起了这个任务。

孙中山此函中有"使斧军兄行事"之句，表明他对王斧的信任和重托。在孙中山所称的"本地方之领袖"之中，我们可以把王斧排在第一号人物的位置上来叙述，尽管当时事实上没有形成统一的组织及统属系统，只能以革命地位与影响论之。论王斧，还得说说与他交往的民主革命家陈景华。

---

1 《粤同乡欢迎孙中山纪略》，《时报》1912年9月18日第5版。全文见本书第八章"琼州改省案"。

孙中山与海南（1905—1913）

陈景华，字陆畦，自署无恙生，广东省香山县南屏镇人，1863年生。1888年中举人，曾先后出任广西贵县和桂平县知县。1903年，因惩办受招抚的巨盗陆显而被革职查办，后得其弟协助流亡香港，转赴暹罗。当时暹罗为东南亚华侨的重要集居地，孙中山的革命思想与康有为、梁启超的保皇思想斗争十分激烈。陈景华根据自己的切身体验，接受孙中山提出的三民主义纲领，投身反清革命，同保皇党斗争，成为民主革命战士。1908年，他与萧佛成在曼谷先后创办《美南日报》《华暹日报》，宣传民主革命。是年11月，孙中山抵达曼谷，创立中国同盟会曼谷分会，定《华暹新报》[1]为分会的机关报，对陈景华十分器重和信任。

陈景华在创办《华暹日报》时，曾致函王斧：

斧军、竹亭、格兰、树兰、乾初列位同志大鉴：
弟到星洲得与孙先生及汉民各同志握手畅谈至洽，南洋团体日见蒸蒸，仰光一埠，两阅月而举手者可百余众，可谓盛极，可见革命之前途大有进步，可预贺也。孙先生谈及星洲事务已妥，急欲为大运动出发美洲，而同时尚有要需，专盼暹罗之款，惟尚未得君等之裁答云云。弟思君等义气深重，既慷慨认捐于前，自必见义勇为于后，况属要需，应用之时，自宜从速着力，否则践言不果。何以对孙先生，且贻误大局，想君等热诚有素，必不为此也。暹埠因马兴顺事，多却顾者，提倡集款似亦不易，且亦迟滞。诸君等为大义起见，宜先汇寄，不必久待，免误事

---

[1]《华暹日报》后改名为《华暹新报》。

机，随后亦徐徐集款亦未为晚。弟准明日搭船回港，匆匆书此。为大局言，亦为诸君言也。弟以筹事回港，船上备受风浪之苦，不食者三日，而家室尚留滞湄江，然亦为大义上而起，愿诸君鉴弟苦衷，同扶大义，俾得举事，临楮不胜（款为胜），迫切之至。此颂

  义安

无恙生 二十七日

弟二十六早到星洲[1]

  此函落款的"二十七日"应指宣统元年正月二十七日（1909年2月17日），当时正是孙中山布置完新加坡党务准备赴欧而苦于无旅费之际。10多天之后的3月2日，孙中山更直接致函王斧"催款"。[2]

  先是孙中山于1908年11月20日（农历十月二十七日）与胡汉民等人赴暹罗，不久，孙中山在暹罗建立同盟会分会。因暹罗当局勒令离境，孙中山于12月14日（农历十一月二十一日）偕胡汉民返回新加坡。1909年1月，孙中山往来于新加坡及南洋各埠，筹募经费，准备起义。陈函所称"弟到星洲得与孙先生及汉民各同志握手畅谈至洽，南洋团体日见蒸蒸"，当即此际。

---

1 陈哲三：《王斧生平及其〈斧军说部〉》，载《广东文献》第7卷第4期（1977年12月31日），第71页。

2 孙中山1909年3月2日复王斧函（局部），见本章附图。

至于"马兴顺事",是指《华暹日报》大股东马兴顺,1909年初返国,被人以附逆罪名在原籍潮州逮捕一事。陈景华当时自暹罗过星(新加坡)回香港,设法营救,马兴顺卒获保释出狱。其事发生在1909年初,冯自由记:"己酉(民国前三年)春,马兴顺因事返潮州原籍,旅暹保皇党人以马为华暹报大股东,特致电粤督,控以附逆党恶罪名,清吏因是将马逮捕系狱。陈景华受旅暹同志之托,转回香港设法营救,卒赖粤绅江孔殷代为斡旋,保释出狱。马于开释后未久,以在囚备受虐待,得病逝世。"[1]

1909年时的王斧,既是《华暹新报》主笔,还是中国同盟会暹罗分会负责人,负有革命的文宣与组织任务。陈景华此函,告之王斧等人孙中山"急欲为大运动出发美洲""专盼暹罗之款"的情况。因为还未得到王斧等人的"裁答",因而陈景华又表示相信他们并加以相劝:"君等义气深重,既慷慨认捐于前,自必见义勇为于后,况属要需,应用之时,自宜从速着力,否则践言不果。"陈景华表示,受马兴顺事影响,"提倡集款似亦不易",但总要以大义起见,勿贻误孙先生大局,是谓"宜先汇寄,不必久待,免误事机,随后亦徐徐集款亦未为晚"。

宣统元年二月初四日(1909年2月23日),王斧也致函孙中山,谈及保皇党在暹罗组织商会等情况,孙中山复函"催款",并告之"财力俱穷""坐困重围""日坐愁城"等窘况。

1909年3月2日,孙中山复函王斧,促暹罗革命党人速交认募捐款,以应急需。函中说:

---

[1] 冯自由:《华侨革命组织史话》,正中书局,1954,第40页。

斧兄足下：

　　二月初四来函，已得收读。保党又在暹组织商会，吁！彼党做事何其勇，而吾辈何其怯耶！日前各同志所认之款，弟预为指定为办某事之用，到时函电数催，皆不见答，而事已为延误。弟回此以来，百务交逼，星洲同志财力俱穷，遂致弟坐困重围。此犹未已，乃日来忽遭横祸，敌党诬陷吾党由越送来之战士为劫盗，[1] 前日警吏竟到吾人所开之石山拿去廿一人。而战士避难于此者四百余人，尚有百余无处安身。今辩护之费、安置余人谋生活之费，在在需钱，刻不容缓，望足下代向前时认款之同志切实问明，能否践约，速决一言，免弟悬望也。

　　弟现实处于得失之交点，倘日内能解决经济问题，得以妥办各事，早日成行，为欧美之经济大计划，弟所谋一通，则全局活动。倘以后亦仍如近月之情势，则恐诸事误失，机不再来，则吾党之前途真有不堪设想之悲态也！幸为向同志力言之。若彼等不欲扶植吾党之势力则已，否则此时为得失进退之秋，必不能稍容一刻之坐视也。西二月廿四打一电去佛公[2] 告急，请救困厄，乃为暹罗电局阻拦不交，真属贻误不浅矣。

　　汉民已于西二月廿四号往仰光，弟则欲行而不得，真有日坐

　　1　"敌党诬陷吾党由越送来之战士为劫盗"这句话中，"敌党"指保皇党，"由越送来之战士"指1908年河口起义失败后被送到新加坡的起义人员，"越"即"粤"。

　　2　佛公指萧佛成（1862—1940年）。萧佛成祖居福建南靖，生于暹罗（今泰国）的华侨家庭。1905年，在香港因《中国日报》与孙中山建立联系，在曼谷和陈景华等人共同创办《华暹日报》。1908年建立同盟会暹罗分会时，当选为会长。

愁城之慨也。不尽欲言。此致，并候

　　列位同志近安

弟孙文谨启　西三月二号[1]

　　因为有孙中山复王斧的函，王斧负责为孙中山往欧美筹措巨款作为活动经费的贡献至为清晰，是以有记："纪元前二年（1910年），国父命同志筹画广州起义，而自赴欧、美，更谋党势之发展，以资斧无着，函嘱先生向暹罗各华侨同志募集，先生奔走筹措，国父乃得以成行。"[2]"民国纪元前三年（1909年），国父命同志筹划广州起义，而自赴欧美，更谋海外党务之拓展，苦川资无着，乃函嘱玉老向暹罗同志募集，玉老奔走筹措，国父始克成行。"[3]

　　在这方面作出贡献的，还有林文英。有记："嗣国父自暹返星，以清帝母子俱卒，人心动摇，革命前途大有可望，须赴欧美，为财政与外交之活动，函嘱烈士等筹措资斧。烈士等遵筹汇奉，国父乃得以成行。民国〔前〕二年庚戌，国父由欧美归，暂居槟城，以烈士尚未返海南，系由于大款未集，乃函暹罗海南同志，促速集款，俾烈士得以快捷行事。后事虽不果，然国

1　《复王斧函》（一九〇九年三月二日），载《孙中山全集》第一卷，中华书局，2006，第402—403页。

2　沈裕民：《王斧先生事略》，载《海南文献》第2期（1971年10月10日），第37页。

3　林斌：《王斧军先生之生平》，载《广东文献》第4卷第1期（1974年3月1日），第74页。

父对于海南地位之不断重视，以及对烈士之倚畀，于此则足见一斑矣。"[1]

此后，孙中山还致暹罗同志嘱直接汇款至香港：

暹罗同志公鉴：

前已有函，请尊处存款不必汇滇，统请寄于香港。因吾党此次大举，其主要之目的地系在两粤，而粤东为尤重要，合内外之全力以谋之也。兹弟赶赴美洲，南洋筹款之事，则专托之汉民兄，其军事各情，汉民到埠时，必能为兄等面述。吾党成败，在此一举，深望鼎力相助，于存款之外，更为提倡协济，幸甚。

此请义安

弟孙文谨启[2]

要务：联成海南同志，扩充团体

"联成海南同志，扩充团体"是孙中山提出的琼崖革命的要务。他提倡"诸兄伟力合持"，目的是发展革命组织，壮大革命力量，准备武装起义。他要求琼籍同盟会会员要意识到发展革命组织对发动武装起义有至关重要的作用："团体既大，则将来行

---

[1] 沈萍水：《林格兰烈士事略》，载《海南文献》第 1 期（1971 年 1 月 25 日），第 62 页。这些内容又见陈俊编著的《海南近代人物志》（传记文学出版社 1991 年版，第 216 页），但未注明出处。

[2]《致暹罗同志嘱直接汇款至香港函》（民前二年，1910 年），载《国父全集》第四册，1989，第 147 页。

事益易矣。"孙中山还具体指示王斧负责组织发展工作，符树兰、林格兰、琼南、瑞和等人进行宣传策动工作。但是事实上，后来他们并没有做到。

在南洋，由于孙中山、王斧、林文英等人的宣传鼓动，暹罗爱国华侨云竹亭、冯裕源等人纷纷捐助革命，为孙中山领导的西南地区的几次武装起义提供了物质帮助。

云竹亭，1883年生于暹罗，谱名茂修（家族排行第四），字竹亭，以字行。祖籍海南文昌县龙马市新村乡大道山村（今文昌市龙马乡新村）。在易三仓英文学校毕业后，返琼故里（文昌）修习中文四年。曾两次前往欧美考察，后秉承父志，在暹罗发展机械工业，创办制冰厂、汽车厂、制药厂等大企业，并兼任华暹银行董事长，富甲一方，广植福田，著名宇内。有记："云竹亭氏，清末献身革命，参加中华［国］同盟会，成为重要的骨干，追随孙中山先生，奔走革命，出钱出力，不遗余力。在辛亥起义之前，孙中山为发动华侨支持革命，径往暹罗鼓吹革命，尝是云家座上贵宾，发动泰华侨领，组织华侨团体，维护华侨权益，殊获高度评价华侨为'革命之母'，赞扬泰华侨领，慷慨仗义，牺牲奉献。"[1]

云竹亭为人称颂者，乃其父1903年谢世，弟妹年幼，家庭生计重任，其独自肩负，兄兼父职，全力培育，弟妹皆受高等教育，长成俊彦。云家多杰出而有成就者，诸如：三弟云茂伦（家族排行第七），深谙佛理，精通英、法、中、泰等四国语言，被泰国政府聘为历史编纂委员会委员，著有《中泰关系史》一书，

---

[1] 王会均：《爱国侨领云竹亭》，载《广东文献》第42卷第3期（2014年7月31日），第48—49页。

流传后世。云茂伦系同盟会成员，孙中山在暹时，曾获云竹亭、云茂伦兄弟鼎力支持，二人深受孙中山敬重和赞誉。四弟云茂保（家族排行第十），留学英国，牛津大学法律学士及硕士，学贯中西，出类拔萃，为英国法学院院士。曾任泰国政府财政外交部部长、枢密院大臣。于泰国经济、文化、学术界享有崇高威望，殊获泰皇授予拉玛五世"尊宗高王一级荣誉勋章"，并被册封为"公爵"，此乃泰籍华人之最高爵位及殊荣。六弟云茂杰（家族排行第十二），亦留学英国，曾任泰国外交部次长。1946年奉命组团代表泰国政府前往重庆访问国民政府主席蒋介石。蒋曾亲题"孝友传家"匾额，颁赠云氏，以示敬佩。

1945年之后，海南诸侨团合并为泰国海南会馆，云竹亭德高望重，被众侨绅推选为第一届至第六届理事长。1953年，美国国务院国务卿杜勒斯特邀请云竹亭访问美国。

云竹亭长子云逢本，留学英国，曾任泰国预算局局长；三男云逢松，留学日本，两度入阁，出任泰国财政部部长，被聘为泰国海南会馆名誉理事长、泰国海南商会名誉主席。

冯裕源，海南琼山三江人，冯裕芳之胞兄，20岁左右赴暹罗，经营建筑工程及火砻业（碾米业）。他富有民族思想，深恨清廷腐败，深知非图强不能救中国。因深受孙中山三民主义之影响，他遂参加同盟会，承孙中山委为同盟会驻暹罗主持人之一。孙中山赴暹罗鼓吹革命筹款期间，孙中山起居及安全之安排，均由冯裕源与乡中革命先进林文英等同为负责。[1]

---

[1] 陈俊：《海南近代人物志》，传记文学出版社，1991，第130页。文中有注："泰国文献记载冯裕源为冯裕元、冯裕光，误。"

冯裕源英年早逝,他引以为憾的事是:"民国缔造,夙愿已偿,惟对昔日国父面示与请乡先进筹组海南银行一事,不幸因生意倏然遭挫折,未获乐观其成而耿耿于怀,深愧辜负国父之期望为憾。"[1]

冯裕芳8岁前往泰国,由经商的胞兄冯裕源接济读书。20岁时前往日本求学,结业于日本庆应大学领事科。留学期间,是中华革命党发起人之一,同盟会东京支部部长,襄助孙中山致力于国民革命事业。中华民国成立后,冯裕芳一直追随孙中山。1946年初,当选为中国民主同盟港九支部主任委员,并先后担任民盟南方总支部常务委员会委员兼工商委员会主任委员、民盟总部国内关系委员会主任委员等职。同时,积极筹款购置中共琼崖特别委员会急需的通信器材,并克服重重险阻运送至中共琼崖特别委员会所在地。

1948年冬,冯裕芳由香港去东北,到沈阳后因病医治无效,于1949年1月27日逝世。不久,毛泽东主席电唁冯裕芳家属称:"裕芳先生不幸因病逝世,曷胜哀悼。特电致唁,尚希节哀。毛泽东一月三十一日。"[2]

励志社、新民社与同盟会

在孙中山革命思想的影响和启迪下,海南岛内也有一大批本

---

[1] 陈俊:《海南近代人物志》,传记文学出版社,1991,第130页。

[2]《民盟港九支部主委 冯裕芳在沈阳病逝》,香港《大公报》1949年2月4日第2版。该报道中说"冯氏之弟即人民解放军琼崖军区司令员冯白驹将军",误。

土革命志士纷纷响应，参加同盟会。而在同盟会成立之前，海南已有一些秘密组织进行反清活动，如以"反清复明"为口号的三合会（俗称"三点会"）和以"倒清兴汉"相号召的励志社等。

三点会是因"拜天为父、拜地为母"得名的天地会的别称，其以"反清复明"为宗旨。相传其以明太祖年号洪武的"洪"字为代称，对内称"洪门"，会员互称"洪家兄弟"，因"洪"字有偏旁"氵"，故称三点会。孙中山推翻清王朝统治的武装起义和革命活动，曾得到海内外三点会的大量经费支持。许多三点会成员的家中悬挂着对联，上书"三点暗藏革命宗，入我洪门莫通风；养成锐气复仇日，誓灭清朝一扫空。"

清朝咸丰年间（1851—1861年），在洪秀全领导的太平天国运动的影响下，海南民间建立的三点会秘密反清组织，活动范围遍及琼山、文昌、澄迈、琼东、乐会、万宁各县。1903年，琼山县演丰等地一些血气方刚、思想进步的青年学生和进步商人，秘密组织了"励志社"。他们表面以"研究学术、互助互励"为宗旨，实质是号召"倒清兴汉"，聚集力量，准备起事。三点会以"反清复明"为口号，力量较大，但成员复杂，其中有些是地痞流氓。由于在反清的目标上，三点会与励志社是一致的，因此励志社便和三点会联络，以增强革命力量。[1]

徐成章，名天宗，字惠如，琼山县演丰市昌城村人，生于1892年。年幼时在乡间私塾念书，后成为励志社成员。与徐共事时间较久的梁秉枢回忆说，1906年地方已有进步的励志社组织，

---

[1] 梁秉枢：《辛亥革命时期琼崖革命党人的活动》，载《广东辛亥革命史料》，广东人民出版社，1981，第411页。

其目的是秘密进行反清专制统治活动,但公开是以研究学术及互助互励为宗旨,徐成章是该社成员之一。1909年,陈子臣和林格兰先后返琼,于海口市秘密组织同盟会支部,经冯千里介绍,徐成章和他加入同盟会。徐成章和他参加同盟会后,于1910年[1]同赵士槐组织学生军(同盟会成员),仅配以九响毛瑟和单响枪几十支,分为二路进攻府城,威胁代道台范云梯交出政权。但因实力悬殊,结果失败。[2]

1911年,徐成章与林格兰办党务于海口,机关设在海口兄弟宫里。那时郑里铎等人也在琼山府城办党务,与其相对抗。郑里铎等人联络海田一带思想落后的一些船工,仇视徐成章等人所进行的革命工作。由于当时南洋归侨从新加坡、暹罗乘轮抵海口港时,必须转搭港内驳船才能登岸,按规定每人只收驳舟费四五角,而每逢南洋客抵埠时,某些船工竟乘机敲南洋客竹杠,硬要每人交驳舟费五至十元不等。当徐成章等人反对海田船工的无理敲诈时,郑里铎等人却乘机怂恿海田船工群起攻击林格兰、徐成章等人的正义主张。有一次林格兰、徐成章等人在海口大街某会馆(约是肇庆会馆)开会讨论革命工作时,落后的海田船工竟受郑里铎唆使,来会馆捣乱。[3]

---

1 此处1910年为梁秉枢《徐成章烈士生平事略》一文记载,据笔者考证,应为1911年。
2 梁秉枢:《徐成章烈士生平事略》,载《广东文史资料》第二十九辑,广东人民出版社,1980,第129页。
3 梁秉枢:《徐成章烈士生平事略》,载《广东文史资料》第二十九辑,广东人民出版社,1980,第130页。

徐成章有一个同学叫刘中悟[1]，又名子琨，1887年生于海南陵水桥仔村（后属万宁东澳），1907年考入琼州府中学堂（后改制为琼崖中学）。当时，琼州府中学堂已成为革命党人秘密活动的基地，学生运动十分活跃。1909年，陈子臣、林文英在海口成立琼崖第一个同盟会支部，陈继虞、刘中悟、刘中造（刘中悟从兄）、刘信初等进步学生秘密参加了同盟会，成为琼崖早期同盟会支部革命骨干分子。刘中悟受同盟会海口支部的派遣，多次秘密潜回故乡陵水活动，秘密成立陵水和万宁地区同盟会组织。刘中悟以桥仔村村头的关圣帝君庙为结社集会活动地点，拿出随身秘密携带的同盟会刊行的《中国日报》和其他革命刊物向群众宣讲，广作宣传鼓动。许多热血青年，如林显让、周士英、严大椿、潘东四等，先后秘密加入同盟会，革命党人的影响迅速扩大。后来，王鸣亚（三亚人）、刘信初（文昌人，又有说是定安人）、钟启曾（万宁人）等人也先后前来陵水，加入同盟会。[2]

在刘中悟等同盟会会员的影响下，桥仔村民众的革命热情空前高涨，他们率先剪掉辫子，除掉缠足，以示支持革命，同清王朝势不两立。这些行动在陵水、万宁地区引起强烈反响，使清政府及其地方封建势力惶恐万状，布贴通缉令悬赏缉拿陈继虞、刘中悟等革命党人。鉴于形势愈来愈险恶，刘中悟被迫出走南洋。

1　据1916年12月发文《江苏高等检察厅训令第七百六十五号（协缉广东召集党徒蓄意暴动扰害地方之逸犯陈聘珍等务获解办）》所"附抄原咨名单各一件"及曾三省撰《陵水革命巨子刘中琯》（《海南文献》第4期，1973年10月10日），刘中悟作刘中琯。

2　王亚成：《刘中悟先生与琼崖辛亥革命运动》，载《海南文史资料》第四辑，三环出版社，1991，第54页。

不久，他获母亲梁氏支持，变卖部分家产，筹资东渡日本，旋进日本士官学校攻读。[1]

"联成海南同志，扩充团体"，要求具体而明确，体现了孙中山琼崖革命方略的方向与重点。"一九〇九年海南岛由陈子臣、林格兰先后返琼组织同盟会支部于海口，当时参加同盟会的成员，以一般血气方刚、思想进步的青年学生居多。"亲历者梁秉枢说，他当时以励志社成员的身份，经冯千里介绍，加入同盟会为会员。[2]

这说明，中国同盟会尤其是同盟会暹罗分会的成立，其影响已开始渗透到海南本土。最著名的影响是促成冯济民、冯熙周等人组建起新民社。海南民军（随孙中山革命轨迹而发展变化的琼崖讨袁军、革命军、护国军、建国军等）由此发源。

冯济民，琼山县金墩市人，就读于两广高等师范学堂，后因学费不继，遂赴暹罗求助于族人冯裕源。冯裕源资助其回粤复学，并介绍其加入同盟会成为会员，参加到革命行列中。当时，同盟会发放刊登救苦救难、人道等内容的报刊，冯济民常秘密分赠同乡好友，于是同乡中渐有参加同盟会者。冯济民见事有可为，乃组织新民社，以"改良教育、振兴实业"为宗旨。他邀集冯熙周、陈得平（晓霖）、吴公侠、王培春、陈济川（之栋）、吴攀桂、陆京平、陈岛沧、陈公贤等18人为发起人。社既成立，推选冯济民、

---

[1] 王亚成：《刘中悟先生史略》，载《海南文史资料》第三辑，三环出版社，1990，第135页。

[2] 梁秉枢：《辛亥革命时期琼崖革命党人的活动》，载《广东辛亥革命史料》，广东人民出版社，1981，第411页。

冯熙周分别为正、副社长。业务日见开展,乃于清宣统元年(1909年)冬,将社址由穗迁于琼山县之金墩市,以府城冯氏宗祠为通信处,组织各县分社推广业务。先后征求得社员百余人。[1] 是则,同乡中多人参加同盟会,冯济民有宣传发动之功。1911年被琼崖兵备道刘永滇"轻轻发落"的新民社,是同盟会在海南本土力量的发源。

由新民社而出场的一个重要人物——冯熙周,名夙谦,字尊廷,清光绪十二年(1886年)生,琼山县龙发乡(旧文兴图)敦厚湖村人。父辉南,字耀东,同治年间诸生,工书法,设馆课徒,后任教师。冯熙周幼慧敏,悟性过人,随父课读,字文俱隽,及长赴穗就读广东高等警官学校。清末,广东革命风潮弥漫,冯熙周遂加入孙中山领导之同盟会,与同邑冯济民等人组织新民社,以"改良教育、振兴实业"为名,鼓吹革命,被选为副社长(冯济民为社长)。宣统元年(1909年)冬,新民社社址由穗迁于琼山县金墩市,以府城冯氏宗祠为通信处,运用三点会(即三合会、洪门会)旧组织,以道统村一带为活动中心,而道统村陈继充为首要之一。新民社吸收革命志士,以期厚植党之力量,遍及各县。琼崖兵备道刘永滇同情革命党,诫冯济民等人勿妄动。琼山县知事奉令惩戒参加革命党分子,责令群福村(亦道统村之一部分)绅士陈之瑞交出三点会人员惩戒。陈之瑞无奈,邀集各村徒众,集中于龙社村文兴图崇阁宫(为清初反清志士苏将军誓师进军嘉积原址)。在县府人员(时称"委员")前,陈之瑞嘱陈继充伏在长凳上,脱光屁股待打,县府人

---

[1] 陈俊:《海南近代人物志》,传记文学出版社,1991,第126—127页。

员令兵勇轻打三板,以示警戒,嘱各民众(均为农民)安心所业。陈之瑞如此安排,令民众钦佩。实则,清吏亦恐革命党报复,不敢用重刑。冯熙周离琼后,奉派赴南洋各埠鼓吹革命、揭发清廷腐败、保皇党之欺骗,保皇党恨之,伺隙狙击,伤其额,致后来左眼眶肌肉常在不知不觉中抽动。[1]

又有说,冯熙周为琼山县龙发市敦厚湖村人,属文兴图辖内。文兴图原为反清复明军集合地区,三点会之组织仍暗中联络。清末,冯熙周乃选人口众多之道统村为活动中心地区,派三点会首领陈继虞等人,招收人员,筹措经费,并决定陈岛沧(文昌人)主持宣传,陈得平(琼山人)、吴公侠策划军事。时琼州兵备道刘永滇,为岑毓英婿,以革新志士自居,对革命党同情,颇有默契。僚属郑南侯将民党活动情形禀告刘永滇,刘永滇颇以为虑,对郑南侯曰:"琼崖四面环海,非英雄用武之地。而冯济民、冯熙周辈,又非枭雄桀悍之夫,不足为虑,所部有兵三营,足以镇压事变。"故刘永滇仅使人诫冯济民勿妄动取咎而已。不久,新民社亦自行解散。其后,刘永滇命县知事惩戒参加之革命志士。[2]

在组织新民社的过程中,出现了海南民军的两个代表性人物,他们就是"两陈"——文昌的陈侠农和琼山的陈继虞。他们的影响一直持续到孙中山去世。

陈侠农,原名家儒,字聘珍,又名宏猷,文昌县山柚脚村人,生于1879年。其人相貌魁梧,秉性耿直,抱负大志,敏而好学。

---

[1] 陈俊:《海南近代人物志》,传记文学出版社,1991,第123—124页。
[2] 陈俊:《海南近代人物志》,传记文学出版社,1991,第127页。

年十八为廪生，迨废科举，兴学校，乃赴穗，考入两广高等师范学堂文史专修科深造。曾任文昌视学员，愤清廷腐败，国势陵夷，非改革不足以图存，遂毅然加入同盟会。宣统元年（1909年）冬，冯济民、冯熙周等人组设新民社，由穗迁琼山县金墩市。宣统二年（1910年），海南党人在府城及各县密设机关，陈侠农与林敬亭为之策划，而同志中多受其感召，兴办学校作育人材。时文昌县有公产，全为三数豪绅所把持，视为己有，人敢怒而不敢言。陈侠农不避恶势力，集聚清理，阖邑称快。[1]

陈继虞，字昭尧，琼山人，生于1890年。清末就读琼崖中学堂，与王鸣亚、丘海云等为同学，响应孙中山革命运动，为清廷所悉，逃亡他乡。[2]

琼崖中学堂即今琼台师范学院，其前身为琼台书院，1902年改名"琼州府中学堂"，1906年改称"琼崖中学堂"，民国成立后改称"琼崖中学"（1913年秋，经广东省教育厅批准），1914年改称"琼崖学校"，1920年改称"广东省立第六师范学校"，此后又数度易名。陈继虞于清宣统元年（1909年）从琼崖中学堂毕业。冯熙周以琼山道统村为联络三点会的活动中心，并派三点会首领陈继虞等人招收人员，筹措经费，策划武装起义。

致暹罗海南同志：望赞助林文英返琼

1910年7月19日，孙中山由新加坡抵槟榔屿（首府槟城），在这里联络各地革命党人，筹划起义。也是在这里，他会见了林

---

1 陈俊：《海南近代人物志》，传记文学出版社，1991，第258—259页。
2 陈俊：《海南近代人物志》，传记文学出版社，1991，第76页。

文英，对林文英寄予厚望，因而又出现劝林文英回海南的一幕。

1910年8月2日，孙中山致函暹罗琼籍同盟会会员，要求琼籍同志协助林文英返琼。函件中对"图海南"一事言语恳切，循循诱导，曰：

树兰、竹亭并海南同志列位仁兄公鉴：

弟近由欧美回南洋，暂寓槟城，得与格兰兄相遇。格兰兄本欲与林海山兄入云南，弟劝之不如返琼州，调查一切风土人情，并布置各件，以为他日响应两粤之地。格兰兄甚以为然，日间返盘谷与公等妥商，然后回海南运动云。图海南一事，本由弟前在盘谷建议而公等赞成者，尝以大款未集，不能举行。今有格兰兄愿先往查考各情，自当见一着做一着，布置于先机。倘不日集款可成，俾能立速举事，甚为利便也。望公等协力赞助，俾格兰兄得以快捷行事，而为革命军一臂之助也，幸甚。此致，即候

义安不一

弟孙文谨启　中六月廿七日[1]

这次，孙中山会见林文英，气氛不太好。因广州新军起义失败，革命党人情绪低落，其状："时各同志以新败之余，破坏

---

[1]《致符树兰等函》(一九一〇年八月二日)，载《孙中山全集》第一卷，中华书局，2006，第473页。此函又见于《国父全集》第四册第127页，题为《致暹罗符树兰云竹亭等海南同志望赞助林格兰返琼函》。

最精锐之机关,失却最利便之地盘;加之新军同志亡命南来者实繁有徒,招待安插,为力已穷;而吾人住食行动之资,将虞不继。举目前途,众有忧色。询及将来计划,莫不唏嘘太息,相视无言。"[1]

广州新军起义,又称"庚戌广州新军之役",是1910年2月同盟会在广州依靠新军发动的反清武装起义。

后来与琼崖革命有关联的邹鲁也参加了这场起义。他在广东法政学堂学习时,结识了不少资产阶级革命人士,如朱执信、陈炯明、古应芬、叶夏声等人。当时赵声在新军营里任标统,邹鲁得以利用晚上或假日到新军营里进行活动。邹鲁在防营的工作进行得较顺利,结识了同盟会的谭馥、曾传范、何秉钧等人,于是邹鲁通过他们在士兵中进行宣传和联络。1908年11月,光绪帝和慈禧太后先后逝世。赵声、朱执信和邹鲁都以为这是个难得的机会,便在朱执信家中密商起义计划,议决由邹鲁领导广州城内观音山一带的防营首先发难,朱执信集合民军,赵声、倪映典策动新军响应,设总机关于清源巷,定于11月20日以前发动。议定后,邹鲁便找谭馥商量,谭馥同意起义,但要求给参与起义者发会票(相当于党员证),以利号召,否则要拖延时日。以往发会票造成泄密的事发生过多次,而不发会票,仓促之间难以动员士兵,权衡之下,邹鲁最后同意发会票,结果问题便发生在会票上。11月14日,负责通知水提亲军营的严某在天平街水提行署前遗落会票一张,被水师提督李准的巡捕拾获,一批人遭逮捕,

---

[1] 《建国方略》,载《孙中山全集》第六卷,中华书局,2006,第241—242页。

起义便流产了。[1]

因庚戌广州新军之役失败，革命党人情绪低落，加之海南武装起义受挫，林文英另作他图，准备与林海山进入云南开展革命活动，于是孙中山力主他重赴海南，继续从事武装起事的发动工作，"以为他日响应两粤之地"。

当时，"国父由欧美归，暂居槟城。以格兰尚未返海南，系由于大款未集，乃函遝罗海南同志，促速集款，俾得以快捷行事。后事虽不果，然国父对于海南地位之不断重视，以及对其倚畀，于此则可足见"[2]。

"遵照孙中山的指示，林格兰重新赴琼，积极开展活动，在海口市领导琼崖同盟会支部进行反清斗争。"[3]此说又根据梁秉枢的回忆："一九一一年徐成章烈士与林格兰办党务于海口市，机关放在海口兄弟宫里，进行革命工作。"[4]

有论者说："国民革命在海南之有组织，活动始于民国纪元前二年（1910年）（林格兰先生传则谓民元前一年林格兰衔命回琼与陈侠农、林敬亭……筹组机关策动举义，参加者颇众，在海南有组织活动自此始，与前说微有不同），计自府城各县密设机关，鼓吹革命，号召青年志士。参加工作者，有林敬亭、云

---

1 王崙:《邹鲁生平述略》，载《近代广东名人录》第二辑，广东人民出版社，1989，第104—106页。

2 陈俊:《海南近代人物志》，传记文学出版社，1991，第216页。

3 符和积:《孙中山与海南辛亥革命运动》，载《海南文史资料》第四辑，三环出版社，1991，第5页。

4 梁秉枢:《徐成章烈士生平事略》，载《广东文史资料》第二十九辑，广东人民出版社，1980，第130页。

务伦、陈侠农、刘建勋、冯熙周、詹天军、张韬、文鸿恩、郑里铎、陈继虞、丘海云、王鸣亚、符方廷、周访东、陈贻书、陈宗舜等。"[1]

当孙中山希望林文英返琼运动之时，王斧在南洋继续与革命党人运动大举。胡汉民函中透露了他们的动态：

斧军、伯琅、克夫、德全兄同鉴：

七月初手书，今日始由刘君交到，想因从暹来往仅得一船，故邮滞如此，所要商之件，弟自算行程，如七月（中历）内，当尚在贡。八月则启程往星。是以兄等如能刻计日程，于日内能到越相会最佳，否则当以星州为聚会点也。专覆即颂

起居

弟汉民拜
七月十五日[2]

胡汉民此函未署年份，似为1910年7月15日发于西贡。当时，胡汉民已于1910年6月末奉命赴安南筹款，计划9月往新加坡，准备参加庇能会议，运动一次大举。

---

1 陆幼刚：《广东辛亥反正纪要（续）》，载《广东文献》第2卷第2期（1972年6月1日），第20页。
2 陈哲三：《王斧生平及其〈斧军说部〉》，载《广东文献》第7卷第4期（1977年12月31日），第72页。

孙中山与海南（1905—1913）

碧血横飞黄花岗

　　孙中山领导武装斗争推翻清朝统治，以 1911 年 4 月 27 日的辛亥广州起义最为壮烈，影响最大，受创最深。1911 年 4 月 27 日，黄兴率以同盟会成员为骨干的敢死队在广州发动起义，但因敌我力量悬殊惨遭失败，战死及被捕牺牲者总计一百余人，后由善堂收殓遗骸七十二具，葬于城郊黄花岗（原名"红花岗"），故又称"黄花岗起义"。此次起义的时间为农历三月二十九日，故又称"广州三二九之役"。中华民国成立后，定三月二十九日为革命先烈纪念日。孙中山谓此役为其第十次之失败。而为此捐躯的黄花岗七十二烈士，则鞭策着革命党人将革命进行到底。1911 年 10 月 10 日，武昌起义爆发，在此影响下，革命风暴席卷全国，清政府的统治摇摇欲坠。

　　1912 年 5 月 15 日，孙中山发表《祭黄花岗七十二烈士文》，其中有"寂寂黄花，离离宿草，出师未捷，埋恨千古"之句。

　　1919 年，参议院议长林森于海外募款，捐建七十二烈士纪功坊，完善墓园建筑。1921 年，孙中山亲笔手书"浩气长存"四字，刻于七十二烈士纪功坊石壁，并作《黄花岗烈士事略》序，云："满清末造，革命党人，历艰难险巇，以坚毅不挠之精神，与民贼相搏，踬踣者屡，死事之惨，以辛亥三月二十九日围攻两广督署之役为最。吾党菁华，付之一炬，其损失可谓大矣！然是役也，碧血横飞，浩气四塞，草木为之含悲，风云因而变色，全国久蛰之人心，乃大兴奋。怨愤所积，如怒涛排壑，不可遏抑，不半载而武昌之大革命以成！则斯役之价值，直可惊天地，泣鬼神，与武昌革命之役并寿。"[1]

---

[1]《孙中山全集》第六卷，中华书局，2006，第 50 页。

第五章 图海南

孙中山组织发动的黄花岗之役,琼崖革命党人,无论在南洋还是在海南,参加者都众多。

就王斧而言,对革命的重要贡献,就是"1911年在暹罗筹饷购械,支援黄花岗之役"[1]。有记:"纪元前一年(1911年),先生与胡、何、卢诸先生在暹筹饷购械,令其弟家昌乔装押运返港,供给统筹部筹备起义之需,遂有广州三月二十九之役。此役失败后,同志胡汉民等逃难至暹,即寓先生所主持之华益学校。"[2]

更详细的记述是说:"民国纪元前一年,玉老与胡、何、卢诸同志在暹筹款购械,命其六弟家昌乔装押运返(香)港,供应统筹部起义之需,统筹部于宣统三年(西历一九一一年)成立,以黄兴(克强)为部长,赵声(伯先)副之,胡汉民(展堂)为秘书课长,计划一得,便由黄兴统一军出湖南趋湖北,赵声统一军出江西趋南昌,会师北伐。起义之总计划,既在会师长江,第一着即为筹设机关于武汉,令居正(觉生)等主其事,是为后来武昌起义之导线。故遂有广州三月二十九之役,黄兴伤右手脱险,党人死难者甚众,此次革命规模之大,牺牲之壮烈,为历次所仅见,而可悲可歌之事,尤足以惊天地而泣鬼神。黄花岗起义失败后,赵声因患盲肠发炎逝世,胡汉民等同志逃难至暹,即寓玉老主持之华益学校。"[3]

---

[1] 《广东近现代人物词典》,广东科技出版社,1992,第11页。

[2] 沈裕民:《王斧先生事略》,载《海南文献》第2期(1971年10月10日),第37页。

[3] 林斌:《王斧军先生之生平》,载《广东文献》第4卷第1期(1974年3月1日),第74—75页。作者在文中加按语:"玉老藏有广州三月二十九之役,黄、胡两先生报告书等珍贵革命文献多件,中央党史会沈裕民乡兄一九六八年二月十三日有信向笔者询问。"

王斧有功于黄花岗之役是为历史结论:"民前二年(1910年),中山先生命同志筹谋广州起义,王斧即与胡毅生、何克夫等在暹筹饷购械。大有功于三二九之役。在党史会库藏史料中,藏有王斧一时期相关史料三件,分别为中山先生、陈景华、胡汉民致王斧等同志函。颇足于见当日王斧与革命之关系,并可见当日革命运动之大势"。[1]

正是在这非常艰难的时刻,王斧不负孙中山的厚望,完成了筹饷购械重任,供统筹部用以筹划黄花岗之役。此次黄花岗之役虽然失败,但其促使民主革命形势迅速发展。

就参加镇南关、黄花岗诸役的林文英而言,有记:"同年(1910年),国父谋于广州大举,发动各地同志筹饷购械,因而有翌年辛亥三月二十九日党人进攻两广督署之役,烈士奋勇参加,功虽不成,而其革命气概则有足多者。"[2]

今人说,林文英在镇南关起义失败后,又随孙中山辗转回到暹罗,继续筹划革命,在暹罗倡议成立南溟商会和工艺传习所,名为充裕侨民生计,实则筹划革命。嗣又随孙中山去新加坡、马来亚一带募捐经费。1910年11月,孙中山在马来亚槟榔屿开会,筹划广州起义。随后在香港成立起义领导机关,统筹部由黄兴任部长,赵声为副部长,于辛亥年三月二十九日在广州起义,林文英随黄兴率起义将士进攻督署,奋勇作战,终因势孤力单,起义

---

[1] 陈哲三:《王斧生平及其〈斧军说部〉》,载《广东文献》第7卷第4期(1977年12月31日),第71页。

[2] 沈萍水:《林格兰烈士事略》,载《海南文献》第1期(1971年1月25日),第62页。

又遭失败，烈士遗骸七十二具葬于广州黄花岗，这就是黄花岗起义。林文英遂离穗潜往香港。[1]

今人又说，孙中山和林文英等总结了起义失败的教训，又前往越南、新加坡、马来亚半岛槟榔屿等地，发动侨胞募捐购买武器，并从华侨和我国赴日本的留学生当中，秘密组织敢死队，准备第二次武装起义。孙中山在香港设立了起义领导机关统筹部，由黄兴任部长。林文英负责将南洋各地和美洲华侨的捐款（约20万银元）用于购买武器，而后秘密运回广州。1911年4月27日广州黄花岗起义爆发，林文英从香港赶回广州，随同起义志士攻打督署。他作战勇敢，被誉为"健将"。起义失败后，林文英奉命撤离广州，含恨转回香港。[2]

参加此役的还有海南一位特别人物，他就是当时"险为黄花岗第七十三烈士"、后来成为中国人民解放军大将的张云逸。

张云逸是广东文昌（今海南文昌）人，原名张运镒，曾用名张胜之，1892年出生，是家中的长子。他有个四叔叫张景起，是个侨汇邮递员，每年往返于文昌和越南之间，为华侨带信带物。张景起认识本乡横山村的赵士槐。赵士槐是在广州任职的清政府的一名军官。一次赵士槐从广州回到海南，张景起为了给侄儿找一个谋生的职业，便请赵士槐把张云逸带到广州去。赵士槐答应了张景起的请求。父亲张景琚为儿子张云逸向张氏

---

[1] 范运晞：《琼籍民国人物传》，南海出版公司，1999，第296页。
[2] 云昌瑛、郭仁勇：《甘将头颅换自由——敬悼林文英烈士》，载《泰国归侨英魂录》，中国华侨出版公司，1991，第3页。

宗祠借了去广州的盘缠。张云逸到广州后，在赵士槐家当勤杂工。1908年，广州黄埔陆军小学堂招生，赵士槐积极支持张云逸报考。黄埔陆军小学堂是一所公费学校，面向全省招生，报考的人很多，一个县就有上千人参加，而取录的名额只占报考人数的千分之几。张云逸以优异的成绩被该校录取。黄埔陆军小学堂当时也秘密建立了同盟会组织，而张云逸冒着生命危险参加了同盟会。1911年夏，张云逸离开黄埔陆军小学堂，投身辛亥革命。[1]

黄花岗之役，张云逸踊跃报名参加"选锋"（即敢死队），任革命军炸弹队队长。1911年4月27日，敢死队随黄兴攻打两广总督衙门，激战半日，终因寡不敌众，被迫撤退。其时，清军围逼，张云逸等人被困于一民宅中。翌晨，他挎竹篮，佯买菜，上街探视，以觅突围道路。回返之际，见所居民宅清军林立，所有同志皆被枪杀，血染街头，而独他幸免。故张云逸自言："险为黄花岗第七十三烈士。"[2]

"乱党"各自争雄

同盟会在琼崖影响的扩大，是在黄花岗起义失败之后。

"辛亥三月二十九日广州之役（冯熙周）曾参加，受陈炯明之领导。琼人林格兰、吴攀桂及华侨多人参加义举，事败，藏于薪炭船中出穗，逃香港（冯熙周口述）。后又奉派赴南洋鼓吹革

---

[1] 罗永平：《张云逸大将传略》，《文昌文史》1988年第4期，第2—3页。
[2] 吴东峰：《"险为黄花岗第七十三烈士"——张云逸大将逸事》，《北京日报》2007年5月14日。

命与筹款。"[1]

在琼崖本土方面，参加起义的人则更多，且大多是新民社成员。除了冯熙周，参加该役的有：吴攀桂（琼山人）、吴宗澄（字少农，琼山府城人）、郑里铎（字振春，海口长流人）、黄健生（派名日三，澄迈老城人）、李午天（原名传中，号痛生，海口长流人）等。

这种情况，发生在有起义参与者回到海南发动革命之时："广州攻总督署之役，吴攀桂与焉。失败，遁归海口。时府城有吴少农者，府城巨室，遇事敢为，攀桂密推为首领。攀桂招致雷州亡命阿七哥等百数十人，潜伏海口附近，待机起事。时，同盟会派文昌林格兰筹备琼州分会，格兰以同县陈侠农、林学海为助，学海沉毅，有革命热情。虑府城不易卒取，而退无坚垒，难望成功。乃赴山区，自度形势。深历山区，返海口，向党人指画。已，与澄迈黄健生筹设支部，健生引同县王敬三、马家璧等加盟。敬三故稔儋州四方山贼，使与结纳，期以呼应。琼山郑里铎，亦邀同县陈继虞、郑开球（佚）、王静文，崖州王鸣亚等，用香港同盟分会工人叶铁汉之助，筹设琼州同盟支会。自此，三方鼎立。由于各自争雄，恶声时闻，人皆以乱党目之。报道署捕治，刘永滇置不问。"[2]

这当中有三股势力：一股是琼山吴攀桂、吴少农，他们潜伏海口，相机起事；另一股是文昌的林文英、陈侠农、林学海，他们筹备同盟会琼州分会，不久澄迈的黄健生、王敬三、马家璧等

---

[1] 陈俊：《海南近代人物志》，传记文学出版社，1991，第124页。

[2] 王家槐：《海南近志》，1993，鹤见广告传播有限公司，第2页。

加盟；还有一股是琼山的郑里铎、陈继虞、郑开俅、王静文，以及崖州王鸣亚等，他们筹设琼州同盟支会。孙中山要求"联成海南同志，扩充团体"，但在群龙无首的情况下，其实做得远远不够。最典型的就是，1911年黄花岗起义失败之后，"乱党"在琼崖的出现，他们三方鼎立，各自争雄，民怨四起。

在时人看来，吴少农还是一个很有毅力的人，但他从事革命没什么成就。他是清末庠生，"曾奉命回琼筹创琼崖中学堂，就原设府城丁字街，琼崖书院拆除改建，当时民智不开，阻力甚多。宗澄具有毅力，明以义理，街众始予合作，此为琼崖创办学校之先河，至今仍有人赞之。宣统三年三月二十九日，孙中山先生领导广州起义失败，琼崖革命烈（志）士多人参加。冯熙周游香港。吴攀桂遁归海口，邀吴少农、叶英锋（峰）等成立同盟会琼崖支部，推少农为首领。招收高、雷亡命之徒潜伏海口，相机起事。同时，琼山郑振春回琼，邀陈继虞、徐成章、郑开俅等成立同盟支部，准备武力革命。澄迈黄健生，亦奉命筹设同盟会。此三同盟会，系统不同，互相诋毁，人以乱党视之，无何成就"[1]。

郑里铎更是一个难得的人才。他是廪生，世代书香，就读琼崖中学，与陈继虞、郑开俅、王大章志同道合，未卒业，即献身革命，参加林文英组织的秘密活动，事机泄露，赴日本入早稻田大学攻读政治。[2]

郑里铎矢志追随孙中山，致力民主革命，乃于1908年在广州秘密加入同盟会。1909年，林文英和陈子臣奉孙中山之命返琼

---

1 陈俊：《海南近代人物志》，传记文学出版社，1991，第40页。
2 陈俊：《海南近代人物志》，传记文学出版社，1991，第141页。

发展与建立同盟会分会。郑里铎协同他们发动海府地区知识分子和青年学生,在海口成立同盟会海口支部,加盟的有陈继虞、郑开伕、王大章、徐天柄、徐成章等人。他们秘密进行推翻清朝、建立民国的民主革命活动。不久,澄迈县人黄健生邀同县王敬三、马家璧等筹设了澄迈县同盟支会。郑里铎也邀同县陈继虞、郑开伕、王静文和崖州王鸣亚等,在香港同盟会分会工人叶铁汉帮助下,筹设琼州同盟支会。自此,海南有了三个同盟支会,互相鼎立,以期呼应。[1]

黄健生于高等小学堂毕业后,考入广州黄埔陆军小学堂。在民主革命思潮日益高涨的背景下,黄埔陆军小学堂也秘密地建立起同盟会组织。今人在叙述这段史事时说,黄健生和一些学生冒着生命危险加入了同盟会,暗中参加同盟会领导的反对清王朝的各种活动。毕业后,他被分派回琼崖清军统领刘永滇部充任教官,不久升任管带。当时,各地同盟会领导的武装起义均告失败,孙中山遂决定经营琼州以支持两广,并于1909年派琼籍爱国华侨、同盟会主要成员林文英回琼筹建同盟会分会。林文英返琼后经过一段时间的发动,一大批进步的琼籍知识青年纷纷加入同盟会。于是,同盟会琼州分部成立,林文英为分部部长,陈侠农为分部副部长。在同盟会琼州分部的领导下,琼州的民主革命形势迅速发展。同盟会会员林学海与黄健生私交甚笃,知道黄健生早在广州读书时就已加入同盟会,乃邀其回乡筹建同盟会支部。黄健生"身在曹营心在汉",时刻注意革命形势的发展,伺机而动。这时,黄健生认为清廷气数将尽,识时务者为俊杰,乃同林学海返回家

---

[1] 范运晰:《琼籍民国人物传》,南海出版公司,1999,第280页。

乡，发动同县王敬三、马家璧等加入，建立了澄迈县第一个同盟会支部。与此同时，同盟会会员陈继虞、郑里铎、郑开倓、王静文、王鸣亚等在香港同盟会分会叶铁汉的帮助下，又成立了另一个同盟会支部。这样，海南出现了三个同盟会支部鼎立之势。他们自行独立活动，搞武装心切，乃与四方山贼结纳，恶声远播，当地人民皆以"乱党"视之。刘永滇闻报缉捕，黄健生潜遁羊城。[1]

李午天毕业于广东法政学堂（后改为国立中山大学）法律本科。辛亥年三月二十九日（1911年4月27日），黄花岗之役革命党攻袭两广总督衙门失败后，澄迈黄健生奉命自穗返琼，筹设琼崖同盟会，李午天、翁鼎新、王敬三、徐天琛、曾祥鹤诸先生与焉。[2]

以同盟会支部为代表的海南几个同盟会组织，未能形成统属系统，协调行动，故在辛亥革命前夕，未能造成全琼武装夺取政权的局面。但是，今人认为琼籍同盟会会员的一系列组织创建活动和武装斗争准备活动，为辛亥革命在海南的胜利打下了坚实的基础。

虽然黄花岗起义失败后，一时之间，海南便有了三股反清力量，但他们竞相成立同盟会琼崖支部，反而一时间被视为"乱党"。一时三个"同盟会"出现在海南，各自争雄，离孙中山"联成海南同志，扩充团体"的要求相去太远。这也是后来徐成章所说琼崖革命"无严密的组织，没有相当革命指导者"的一个真实注脚。

---

1 范运晰：《琼籍民国人物传》，南海出版公司，1999，第371—372页。
2 陈俊：《海南近代人物志》，传记文学出版社，1991，第28页。

第五章 图海南

孙中山

陈景华

1909年3月2日孙中山复王斧函（局部）（刊登于《京报副刊》1926年第377期）

第六章 末代琼崖道

辛亥年的琼崖之局异常混乱。这乱局中的很多人物，是后来运动海南改省的重要角色。要把这乱局说清楚，就得既要分清刘永滇、范云梯是清廷旧官员，王斧、林文英、赵士槐、黄明堂、陈策、张运镒等人是革命党人，又要看到琼崖政权最终经历了从范云梯到黄明堂的过程。在这过程中，成事不足而"愤而离琼"的林文英、"改组总机关"而接管琼崖政权也不成功的王斧是琼崖革命元老，也是日后推动海南建省的重要人物。

回过头来看，赵士槐受命回琼接收政权时，既不接受林文英、王斧失手的教训，又没有研究刘永滇、范云梯这些清廷官员的特性，这才致使海南革命党人接收政权后再次蒙耻，让胡汉民"看出琼崖没有统治能力的人才"。我们下面从末代琼崖道刘永滇说起。

张鸣岐：刘永滇"才具开展，奋发有为"

清朝末年，局势动荡，受同盟会的影响，海南亦涌动着推翻清王朝统治的活动。在两广总督岑春煊于1905年奏请改设琼崖道五六年之后，历经了几任琼崖道。到1911年的琼崖道是刘永滇，他当时才33岁，正是风华正茂、大有作为的年纪。

刘永滇，字滇生，生于清光绪四年（1878年），湖南新宁人，刘长佑之孙。刘长佑是清末湘军名将，曾任广西巡抚、两广总督、广东巡抚、云贵总督等职。刘永滇又是岑毓英女婿。岑毓英是广西西林人，清末大臣，曾任云南巡抚、贵州巡抚、云贵总督等职。岑毓英的儿子就是后来闻名的两广总督岑春煊。可见，刘永滇家世显赫，亦非等闲之辈，难怪两广总督张鸣岐称其"才具开展，奋发有为"。如果当时的琼崖革命先进分子王斧、林文英、赵士槐等人对此多做些研究，当不致后来接收琼崖政权时接二连三吃相难看：先是发生"菜市场风波"，继则是"范赵冲突"，徒留琼崖没有人才之历史慨叹。

两广总督张鸣岐奏请刘永滇调署琼崖道，时在清宣统三年（1911年）初，是谓：

> 再调补广东琼崖道王秉恩在省兼充要差，骤难赴任，琼崖孤悬海外，兼统前路巡防五营，责任至为重要。查有广东巡警道刘永滇堪以调署，所遗巡警道篆务即以王秉恩署理，各专责成，除分檄饬遵外，理合附片具奏，伏乞圣鉴。谨奏。

宣统三年二月十九日（1911年3月19日）奉朱批：知道了。钦此。[1]

---

[1]《署两广总督张鸣岐奏巡警道刘永滇与琼崖道王秉恩互相调署片》，《政治官报》1911年第1232期，第13页。

清宣统三年五月二十三日（1911年6月19日），张鸣岐接准吏部咨奉上谕："广东琼崖道员缺紧要，着该督于通省道员内拣员调补，所遗员缺着松茂补授。钦此。"据此，他于是年闰六月二十二日（1911年8月16日）上奏称：

伏查琼崖道缺，驻扎琼州。该处地处海疆，民黎杂处，所辖海口地方，又为通商口岸，举凡抚驭巡防，办理交涉，在在均关紧要，非才识明练、为守兼优之员，不足以资治理。臣率同布政交涉提学、提法四司，于通省现任道员内逐加遴选，非现居要缺，即人地未宜。惟查有广东巡警道刘永滇年三十三岁，并湖南新宁县附贡，遵例报捐知县，指分安徽试用。光绪二十八年正月三十日（1902年3月9日）到省。旋在昭信股票诗奖案内，奖叙道员，双月选用，并捐免保举，因措资赴粤。前督臣岑春煊奏派，赴广西左江一带会办营务处兼转运局事宜。三十年（1904年）三月卸差回粤，在两广善后赈局报捐，指分浙江试用，引见到省。嗣因广西肃清案内，在事出力，奏保以道员归候补班，仍留原省前先补用，并加二品顶戴，奉旨依议。钦此。三十四年（1908年）三月，臣在广西巡抚任内，奏调广西差遣，九月奏请留于广西补用。宣统元年三月十五日（1909年5月4日）钦奉电传，上谕广西巡警道员缺，着刘永滇补授，钦此。四月初六日到任，七月请假赴日本考查警政，八月初八日钦奉电传，上谕广东巡警道着刘永滇调补，钦此。九月十六日交卸广西巡警道篆，给咨前往日本。宣统二年（1910年）二月考查事竣回粤，三月初一日（1910年4月10日）到广东巡警道任。旋调署琼崖道。宣统三年二月初八日（1911年3月8日）到任，该员才具开展，奋发有为，以之调补琼崖道，洵堪胜任。合无仰恳天恩俯准以该员刘永滇调补琼崖道缺，实于海疆要缺有裨，所遗广西巡警道员缺，自应遵旨以松茂补授。惟查巡警道一缺，责任重要，该员松茂尚未到省，应俟到省后，详加察看，再行具奏，理合恭折具陈，伏乞皇上圣鉴训示。谨奏。[1]

奏上，得"宣统三年闰六月二十二日（1911年8月16日）奉朱批内阁议奏"。内阁据以奏称：

查定例，雷琼道准其比照省会首府之例，由该督抚奏请拣员调补。又光绪三十一年（1905年），雷琼道奏改为琼崖道，缺分仍照旧办理。又例载各省首府县缺，于通省正途人员内拣选调补，如实无合例堪调，或人地不宜，始准以各项出身人员调补。又奉旨于通省现任人员内调补，所遣之缺以某人补用者，概不准督抚将调补所遣之缺，奏请再调致特旨补授遣缺之员，补再遣之缺各等语。今琼崖道一缺，钦奉谕旨拣员调补。据该督奏称，通省道员非现居要缺，即人地不宜，请以巡警道刘永滇调补。查刘永滇湖南附贡生，由广西候补道宣统元年（1909年）三月补授广西巡警道。是年八月，调补广东巡警道，宣统二年三月初一（1910年4月10日）到任。以之调补，核与定例相符，理合奏明请旨，准将广东巡警道刘永滇调补琼崖道，衔缺相当，毋庸咨送引见。所遣巡警道一缺，应即遵旨，以松茂补授，以符定制。惟警政关系

---

[1] 《督院张具奏广东琼崖道员缺请以刘永滇调补缘由折》，《两广官报》1911年第14期，第31—32页。

重要,仍俟该员到省后,由该督察看情形,奏明办理。所有遵议缘由,谨恭折具陈,伏乞皇上圣鉴。谨奏。[1]

从这些官方往来文牍看,广东巡警道刘永滇履历完整,"才具开展,奋发有为,以之调补琼崖道,洵堪胜任";且内阁"核与定例相符",是以宣统三年七月二十七日(1911年9月19日)奉旨:"依议。钦此。"当此之时,距刘永滇宣布"独立",不过是两个月的时间。

当年8月,仍见巡警道刘永滇的活动新闻:"巡警道刘永滇及南海番禺两县,今亲自步行在城内各街劝各铺户开门贸易毋……"[2];"巡警道刘永滇谕各报馆,禁止登载反对铁路国有新闻"[3]。

又,从张鸣岐所奏还可看出,刘永滇是1910年4月10日到广东巡警道任,旋调署琼崖道,并于1911年3月8日到任的。

这是清王朝风雨飘摇、行将覆亡的历史时刻。甫到任,后人看到的是刘永滇以宽容的手法,处理冯济民、冯熙周等人组织的"新民社"事件。

刘永滇:"若手握空拳,而侈言革命,犹螳螂之振怒臂也"

这是海南辛亥初年发生的有惊无险的一幕。

清末,内政不修,外患迭至。国势阽危,日甚一日。孙中

---

[1] 《内阁奏遵议粤督奏刘永滇调补琼崖道等折》,《内阁官报》1911年第50期,第14页。

[2] 《时报》1911年8月14日第3版。

[3] 《时报》1911年8月16日第3版。

山先生以天民之先觉,倡导革命,联合国内外革命团体,成立中国革命同盟会。琼山冯济民者,受业于两广高等师范学堂,资用不继,赴暹罗,投族人裕光,得伙助,加入同盟会。归国续学,每谈及国事,辄愤然曰:"我国今日,最切要者,不过教育、实业二大端。改良教育,使其普及,则民智;振兴实业,使其发达,则民富。民富而智,则国强而安,易如反掌,此不为也,非不能也。"闻者,有省有不省。济民乃标所言为宗旨,筹设新民社,邀冯熙周、陈得平、吴公侠、吴攀桂、陈岛沧等人为发起人。社成立,众推济民、熙周为正、副社长,主持社务。未几,将社迁琼山金墩市,在文昌、乐会、临高、儋州设分社,以府城冯氏宗祠为联络处,先后得社员百余人。济民等人窃喜,曰:"其事济矣!"于是,发动革命,陈岛沧任宣传,陈得平、吴公侠任军事。方秘密筹划,风声已外泄,为琼崖兵备道刘永滇所闻。以问幕友郑南侯,南侯沉思有问,对曰:"琼州四面阻海,形势禁格,英雄无用武之地。济民辈,书生耳,其何能为?"永滇微笑曰:"正与我意合,若手握空拳,而侈言革命,犹螳螂之振怒臂也。"乃顾而言他,似不以济民等为意。越日,使人诫济民曰:"勿妄动,妄动取咎!"济民等人知事机不密,气结而谋寝。寻,社亦解体。[1]

"新民社"虽昙花一现,但其过程也颇耐人寻味。观其架势,海南琼山金墩人冯济民佯借改良教育、振兴实业之名,而行组织反清组织之实,也是忧国忧民之辈。他所邀集的冯熙周、陈得平、吴公侠、吴攀桂、陈岛沧等人,其中大多数后来都成为海南风云

---

1 王家槐:《海南近志》,鹤见广告传播有限公司,1993,第1—2页。

一时的人物。

而初来乍到的琼崖道刘永滇，对新民社几乎是采取藐视的态度，这一点值得玩味。新民社乍一看甚有声势，但很不成气候，观刘永滇对琼崖革命党人的活动，极具宽容之心，可见其对此大有"老鼠背上生疮——发不大"之态。治史者一般认为，琼崖兵备道刘永滇倾向革命。他系岑毓英之婿，曾任云贵总督的岑氏参加过中法战争，有御外革新思想，刘永滇受其影响，思想较为开明，曾以革新志士自命。因而辛亥前，他对琼崖革命党人较为宽容，甚至有所默契，革命党人冯济民、冯熙周等人组织新民社在各地活动，联络"三点会"策划武装起事，刘永滇觉察后未予深究，仅诫冯济民等人勿轻举妄动，逐其出岛而已。新民社就这样轻易解体了。因而，刘永滇在时势变局面前，能审时度势，顺应潮流，及时易帜。尔后来琼崖革命党人没有利用好这一点，以致先是酿成"菜市场风波"，继之则是更大的"范赵冲突"，甚是可惜。有记："时琼崖兵备道刘永滇，乃西林岑毓英婿。尝以革新志士自命，对革命党颇有默契，不加伤害。"[1]

冯济民、冯熙周等人设立新民社，这一行动还只是本地革命当中的第一波。为便于海南武装起义的发动工作，新民社于1909年由广州迁回海南。由于积极扩充团体，成员迅速发展至100余人。这在当时也是一支不小的力量。他们策划武装起义，后因事泄，为琼崖兵备道刘永滇所发觉。今人认为，新民社虽被责令解散，但是其成员分散加入了"三点会"，继续进行活动。海南反清武装起义未有受挫，其活动沟通和密切了同盟会成员与海南民

---

[1] 陈俊：《海南近代人物志》，传记文学出版社，1991，第216页。

间秘密反清组织的联系,扩大了海南同盟会组织的影响。[1]

武昌首义:刘永滇自称临时都督

奋发有为的刘永滇官可谓不逢时。在到任琼崖道七个月之后,1911年(清宣统三年)10月10日,武昌起义爆发。次日黎明时分,革命党人攻克督署,湖广总督瑞澂逃走。是日,各方负责人咸集咨议局,议定黎元洪为都督,又设参谋部、军令部,中华民国湖北军政府宣告成立。继武昌首义告捷,各省纷纷起事,揭竿响应,遂形成辛亥革命高潮,而清之帝制也告终。时岁在辛亥,故世亦称辛亥革命。

1911年11月9日,广东亦告光复。是日,广东各界代表议计于咨议局,决定宣布独立,初拟举两广总督张鸣岐为都督,但张鸣岐已挂印化装逃遁,各司道亦多逃跑,各界乃举革命党人胡汉民为广东都督。胡汉民到任之前,由军政部长、同盟会会员蒋尊簋为临时都督,负责维持局面。11月10日,胡汉民自香港抵达广州,12日就任广东都督,并即照会提督李准、统制龙济光照旧统辖水陆各军。11月17日,省城各团体在咨议局召开代表大会,推举革命党人、惠州民军司令陈炯明为副都督,并根据胡汉民的提议,选出军政府各部部长、副部长,正式组成广东军政府。同时,电告全省水陆部队改竖白旗,不得与革命军抵抗。广东大陆各地兵不血刃,先后独立。

武昌起义,震荡琼崖。经历了几个月的混乱之局,从刘永滇

---

[1] 符和积:《孙中山与海南辛亥革命运动》,载《海南文史资料》第四辑,三环出版社,1991,第4页。

到范云梯，琼崖军权政事落入了清廷旧官员之手。在这过程中，琼崖军政权又依次经历林文英、王斧、赵士槐、黄明堂等革命党人，活脱脱是一部历史"活剧"。

是时，"武昌起义，各省相继响应。永滇观察大势，亦宣布独立，自称临时都督，道署改为都督府。下剪发令，示归顺革命之意"[1]。"同年（1911年）十月，武昌起义，各省响应，广东都督府成立，胡汉民任都督。琼崖兵备道刘永滇，知清廷大势已去，乃宣布独立，自称琼崖临时都督，以示归附广东都督府之意。"[2]这都是在说，在全国各地和广东高涨的革命形势的影响下，受革命思想影响的刘永滇见清廷大势已去，顺应潮流，改旗易帜，宣布"独立"，自称为琼崖临时都督，以示承认独立后的广东都督府。

有说："琼崖为我国最南之州郡，世称海南岛，北面隔水与雷州半岛相望，畴昔舟楫不便，与广东省会广州之交通比较他属困难，当广东反正时，清琼崖兵备道范云梯，以雷距省遥远，鞭长莫及，竟负隅自固，作困兽之斗，因而琼崖反正比粤其他各属较迟。"[3]这是只看到了范云梯，而看不到刘永滇。

"琼崖知府"与"琼崖安抚使"

在此"城头变换大王旗"之际，革命党人也在行动，准备接

1　王家槐：《海南近志》，鹤见广告传播有限公司，1993，第3页。
2　陈俊：《海南近代人物志》，传记文学出版社，1991，第76页。
3　陆幼刚：《广东辛亥反正纪要（续）》，载《广东文献》第2卷第2期（1972年6月1日），第20页。

管琼崖政权。这就是:"辛亥年十月,武昌起义,各省响应,广东都督府成立,胡汉民任都督,委格兰为琼崖民政长,王斧军副之。"[1] 这样,以暹罗为基地运动革命,并参与镇南关、黄花岗诸役的林文英,在辛亥革命胜利后,走到了琼崖历史的最前面。

在最早的纪事中,历史的一幕是这样的:

辛亥革命告成,粤督胡汉民委烈士长琼崖民政,辞不就。盖于是时窥破袁世凯篡窃总统阴谋,去谒总理有所献替。复经总理委组织同盟会琼崖支部,遂于海口倡办《琼岛日报》,以鼓吹共和,设立工商半夜学校,启迪民智。[2]

后续的纪事也大致相类:

同年武昌起义,各省响应,中华民国成立,国父就临时大总统职于南京,烈士以革命大业告成,自此可以卸仔肩矣,故国父嘱粤督胡汉民委以琼崖知府,辞不就。乃民国之基础未固,而袁世凯之窥窃已萌,烈士知匹夫之责,尚不能辞,遂受国父委办国民党琼崖交通支部,作为在琼之总机关,部署一切。[3]

如今看来,这些纪事显然过于简单,行文衔接不当,而且出

1　陈俊:《海南近代人物志》,传记文学出版社,1991,第216页。
2　沈裕民:《林格兰烈士小传》(选自琼崖同乡会特刊),载陈献荣著《琼崖》附录一,上海商务印书馆,1934,第157页。
3　沈萍水:《林格兰烈士事略》,载《海南文献》第1期(1971年1月25日),第63页。

于"为尊者讳"的原因,一些结论并非事实。比如说,胡汉民委林文英"长琼崖民政",林文英"辞不就",就不是事实。又说孙中山嘱胡汉民委以林文英为琼崖知府,事实上海南历史上就没有"琼崖知府"这个官衔。至于说林文英"窥破袁世凯篡窃总统阴谋",这是后来的事了。

但是,这两篇传略告诉我们,孙中山对林文英这个患难与共的战友是十分看重的,不但嘱胡汉民委以"主琼"重任,且在林文英谒见自己之后,想到新的办法,是以"复经总理委组织同盟会琼崖支部"。主政不成还可以办党,这也是林文英在海口倡办《琼岛日报》的由来,此后他的命运也就维系于这张琼岛史上的第一张报纸上了。

我们再看另一主角王斧,其纪事更为简单:

光复后,先生奉国父电召返粤,任为琼崖安抚使。[1]

后续所记也是三言两语:"辛亥革命,民国肇造,国父电召玉老回粤,任为琼崖安抚使。"[2] "民国肇建,王斧返国,任琼崖安抚使。并受聘为临时稽勋局名誉审议。"[3]

这些记载唯一让人感受到的是孙中山对革命战友王斧的器

---

[1] 沈裕民:《王斧先生事略》,载《海南文献》第2期(1971年10月10日),第37页。

[2] 林斌:《王斧军先生之生平》,载《广东文献》第4卷第1期(1974年3月1日),第75页。

[3] 陈哲三:《王斧生平及其〈斧军说部〉》,载《广东文献》第7卷第4期(1977年12月31日),第72页。

重,而所谓"任琼崖安抚使"之说,也是闻所未闻的。不过,接着出现"琼州改委安抚使之冲突",赵士槐、黄明堂等人也戴过这顶"安抚使"的帽子。

从林文英任"琼崖知府"("琼州知府"),到王斧任"琼崖安抚使",这"官制"之混乱,也说明革命党人对接管琼崖政权并没有做好充分的准备,致使后面一连串风波迭起。

王斧本是当时的一个灵魂人物。后人纪事如此:"王斧(一作斧军),琼山人,尝任香港同盟分会印刷工作,游南洋各埠,为报社撰述。广东独立,斧归国。至省城,谒临时都督胡汉民,以简放琼崖自请。汉民谓官制未定,姑待之。斧退,有所悟。草上官制,名为琼崖临时行政总机关,而称林格兰之可任。都督府乃委格兰为民政长,斧副之。"[1]

这是胡汉民委林文英为琼崖民政长、王斧为副民政长接管琼崖政权的经过。王斧是"文胆"式人物,他推荐曾经在战场上出生入死的林文英出长海南,自是在情理之中。他们回到海口后,果然按设想,成立起琼崖临时行政总机关。

林文英"愤而离琼"与王斧处理"善后"

有了广东都督府的委任,林文英与王斧抵海口后,成立琼崖临时行政总机关,内设民政、军政、司法、财政、教育五部,以冯熙周、黄健生、云瀛桥、云光中、郑文波、王国宪、黄庭芝等人,分任正、副部长,而以黄元谟、符朝宗为秘书处正、副处长。[2]

---

[1] 王家槐:《海南近志》,鹤见广告传播有限公司,1993,第2—3页。
[2] 陈俊:《海南近代人物志》,传记文学出版社,1991,第217页。

林文英初返之时，以政体革新，人民或未了解，乃划全琼为东西两路，遣专使宣慰。使郑振春赴西路，陈继虞赴东路，其宣慰文告中有"革命即三点，三点即革命"之语。各县三点会（即洪门会），遂公开招收党徒，以革命党相号召。郑振春赴西路宣慰，仅至临高而止。陈继虞宣慰东路各县之后，复取道昌感，由西路而归。[1]

当林文英、王斧回到海口移文琼崖临时都督刘永滇定期移交时，已经宣布独立、归顺革命的刘永滇，以未奉都督府命拒之，当时的情景是："忽接林格兰移文，意其见疑于省都督府，怏怏不平。与幕客谋，以未得省令却之。格兰不得已，姑俟省令。假海口菜市场，暂驻总机关。越日，有菜贩多人突入，声势汹汹，逢人即殴。人员逃避，菜贩一哄而散。及永滇闻而派兵驰救，则格兰已被殴矣。格兰以为小贩敢于捣乱，显然有人嗾使，愤而离琼。"[2]

刘永滇拒交政权，致使林文英"不得已选菜市场，逐出小贩，设立总机关。小贩大忿，纠合千余人，围总机关，寻殴格兰，声势汹涌。永滇闻讯，率兵趋救，而格兰已负重伤矣。既而围解，格兰以为小贩敢捣乱，显然有人嗾使，愤而离琼。各部处长人员，亦大半引去"[3]。一般了解此事基本经过的人，都认为一个革命党人就如此"出让"政权，未免意气用事。

林文英"愤而离琼"后，就由副手王斧来处理"善后"了。

---

[1] 陈俊：《海南近代人物志》，传记文学出版社，1991，第217页。
[2] 王家槐：《海南近志》，鹤见广告传播有限公司，1993，第3页。
[3] 陈俊：《海南近代人物志》，传记文学出版社，1991，第217页。

不过，王斧也是很快"退出"。最原始的记录是：

　　粤省独立时，胡君汉民经派该属之王斧军君旋琼，办理各政。继因本地人与地方官互相冲突，遂尔糜烂不堪，王君以此退出。[1]

林文英、王斧接收琼崖政权处理不当，引起冲突，致使地方"糜烂不堪"[2]，落下一个不愉快的结局，被时人所诟病。

当时的乱世，仍见这样的零星记载：琼州南洋华侨富商林英佐，文昌白延人，"性孝友，且爱国。当民国光复时，人心涣散，即与前国会议员林格兰、王斧军等，创办兴汉社，补助地方之治安。众举君为财政，进支既巨且繁，无差圭摄"[3]。

这段记载尽管语焉不详，但结局无疑甚是难堪："当总机关初立，林格兰使郑里铎、陈继虞分巡琼之东西各县，宣慰官民，解释新政。其文告有'革命即三点，三点即革命'等语。各县三点会头目大喜，所在皆以革命党自称。公开招收徒众，声势骤起。里铎西巡，至临高而返；继虞东巡，更南历陵、崖、感、昌，西经儋、临始返。于是，王斧引里铎、继虞为助，改组总机关，迁驻府城琼崖中等学堂，向临时都督府，月领维持费若干。"[4]"王斧军改组总机关，引郑振春、陈继虞等为助。迁总机关于府城琼崖中学堂内，月向道署领取经费三百元，借以维持

1　《孙总统之留意琼岛》，《新闻报》1912年3月15日第5版。
2　详见本书第七章"留意琼岛"中，叶英峰告王林二君"御状"的内容。
3　宋蕴璞：《南洋英属海峡殖民地志略》，蕴兴商行，1930，第93页。
4　王家槐：《海南近志》，鹤见广告传播有限公司，1993，第3—4页。

而已，亦无法接管政权。旅省琼崖人士乃共举文昌赵士槐以代。"[1] 此等情景之下，依然还得靠前清衙门的经费维持，境遇可想而知。

又有记："胡汉民委林格兰为琼崖民政长，王斧军副之。刘永滇以未奉省都督府命拒交，愤而离琼。当林格兰初返琼之时，派陈继虞为东路宣慰使，其宣慰文告中，有'革命即三点，三点即革命'之语。各县三点会（即洪门会），遂公开招收党徒，以革命党相号召。郑振春宣慰西路，至临高而止。陈继虞宣慰东路各县之后，复经崖县、昌感，由儋县而归，环岛一周。王斧军以副民政长改组总机关，引陈继虞、郑振春为助，仍无法接收。省都督府改派文昌赵士槐[2]为琼崖安抚使，后调黄明堂代之，并以区金均[3]为民政总长，治理民政。"[4] 这是赵士槐、黄明堂相继登场了。

"菜市场风波"过后，流传下来的说法是："辛亥琼崖革命势力膨胀，而大权尚在清廷官员掌握中。兵备道刘永滇既拒绝林格兰接管政权，知其位不能久恋，遂称病求去。举儋州知州范云梯自代。"[5] "刘永滇既拒林格兰，自知不容于省都督府，称疾求去。举万州知县范云梯自代。"[6] 琼崖独立后的政权，由此又落入清廷旧官员手中。

---

1 陈俊：《海南近代人物志》，传记文学出版社，1991，第217页。
2 赵士槐，又写作赵仕槐。
3 区金均，又写作区金鋆。
4 陈俊：《海南近代人物志》，传记文学出版社，1991，第76页。
5 陈俊：《海南近代人物志》，传记文学出版社，1991，第396页。
6 王家槐：《海南近志》，鹤见广告传播有限公司，1993，第4页。

问题是，所谓刘永滇"称疾求去"及范云梯"自代"的说法，并不准确，为不实之词。历史事实也并非如此简单。

范云梯被举为琼崖都督

"菜市场风波"一起，广西永安人范云梯就被迫走到了琼崖历史的前台。

范云梯就是如今三亚市天涯海角旅游区"南天一柱"石刻的题字者。刻石铭志，可见其心志也不一般。有记："范云梯体貌魁梧，嗓音洪亮，为诸生时善体亲心，讲学课徒得修金辄以助大家庭生活。通籍后论事能持大体，词敏而婉。藩司胡湘林，道员向万荣、吴永皆器重之。两广总督岑春煊最不易事，往往盛怒之下，聆云梯数语而霁威。生平常周人之急，施不望报。其言行虽偶有小疵，毕竟大德不逾，天才活泼，良足多也。"[1]可见，相比于刘永滇的"嫩软"（同情革命），范云梯从政经验丰富，则更显得老练。

为了认识这个范云梯，我们得先来读他的这段行状：

范云梯，字步月，蒙山县[2]水秀村人。光绪二十三年（1897年）由廪生选登拔贡科，二十四年（1898年）朝考一等第二名，复该因疾报罢。考取八旗官学教习，遇政变不就。旋诣吏部，以直隶州州判注册，出都径赴广西边防大营。苏督办元春喜其来，命在马统军部下办理文案。次年捐资指分广东，未赴。二十六年（1900

1　刁光全主编《范云梯》，广西人民出版社，2011，第147页。
2　今广西蒙山县，清朝为永安州，属平乐府。

年)叙劳，保准以知县仍留原省补缺。二十八年（1902年）入都引见，后授广东琼崖兵备道[1]，差委讯结各属人民上诉案多起，委长岭门抚黎分局。自此代理乐会县，代理儋州，补授万县知县。

丁本[2]生父艰服阕后历署崖州知州，琼山县知县，代理琼崖兵备道兼统防军，被举为琼崖临时都督，声望日隆。

当在儋州时，治王、李等二十四姓与陈、吴等十八姓民人积年械斗之案，劳心费财，恩威并用，卒能诱获其首要，使两造息事宁人，故邀上游特达之知，历十七月之久而始卸任。万县之补授亦由于此。万县无军务，莅任数月，悉心审理民刑诉讼，民颂二天，城内外各户门首之灯笼，皆书"官清民乐"四字。

其服阕入都，而复至广东需次也，任巡警局总稽查。香山县有黄姓诉其异母弟，霸吞先人遗产，不服香山县之判断，而上诉于广州府署。被上诉人恃外国领事为护符，奉传不到，唯托驻粤领事催两广总督部堂办结诉案。总督屡派员至香山，谕被上诉遵传，不听，派至云梯为第八次矣。往谕，而其人竟至省垣。总督闷极而喜，亟命藩司委署优缺，故得升署崖州直隶州[3]知州。抵任后，勤求民隐，加礼防军。设时雍学校，以教黎民。设巡警教练，所以兴警政。高明县之补即在此时。

---

1 这个说法有疑问。刁光全主编《范云梯》一书既说"授广东琼崖兵备"（第29页、第37页、第138页），又说"授广东琼崖兵备道"（第145页），本身自相矛盾。另，"琼崖兵备道"是1905年之后才现出的官制，此前叫"雷琼兵备道"。至于"兵备"，还未见史上有此官职，但有"兵备佥事""兵备副使"。

2 "丁本"疑为"丁未"，即光绪三十三年（1907年）。

3 两广总督岑春煊于1905年奏升崖州为直隶州。

其署琼山县也，由琼崖道之请委。抵任甫三日，道员兼防军统领刘永滇即致词，谓各省宣告独立，琼崖有先受影响之忧。君素能调和军民，且善外交，必能维持秩序，兹请代理本人职务，君其勿辞。遂召集军民，登台演说让贤之意，台下掌声如雷。

云梯不得已而演说允代，唯不掌财政，请各界选贤理财。既而接受印信，即分别照会海口领事府、天主教堂、海关监督、绿营将官，军民安堵如故，乃又被举为琼崖都督。未几，闻有率党数千，冒称民军来扑城者，伏兵击走之了。

民国元年之春，甫还乡，广西都督陆荣廷电召，署浔州府府长兼统广西第六军，寻调署南宁府府长兼洋关监督。[1]

这篇 1948 年出现的题为《文能匡国　武能定乱　遗爱在民者》的小传，让我们对范云梯有几点很深的印象。

范云梯为官海南，遍及多地。自光绪二十八年（1902 年）入琼任琼崖兵备道至民国元年（1912 年）调回广西任浔州府府长兼统领广西第六军，范云梯在海南为官时间断断续续有十年之久，这在海南的历史上也不多见。在这十年中，前阶段还被委为岭门抚黎分局及代理乐会县（今琼海市）知县、儋州知州，补授万县知县。后阶段就是守父丧期满除服后，历署崖州知州、琼山县知县，代理琼崖兵备道兼统防军，直至最终被举为琼崖临时都督。其中，宣统元年（1909 年）任崖州知州，到宣统三年（1911 年）

---

[1]《文能匡国　武能定乱　遗爱在民者》，原载民国三十七年（1948 年）蒙山县文献委员会编《蒙山县人物志材稿》（现存广西壮族自治区通志馆），转自刁光全主编《范云梯》，广西人民出版社，2011，第 145—146 页。

调任琼山县知县,在崖州知州任上共历三年。这三年是范云梯在海南为官十年中任期最长的一任。这些从政履历,用今天的话说,就是"多岗位锻炼",殊为难得。

范云梯在海南为官,声望日隆。在儋州时,劳心费财、恩威并用处理积年械斗之案,至息事宁人;在万县(今万宁市),悉心审理民刑诉讼,博得"官清民乐"的好官声;在崖州(今三亚市),"勤求民隐,加礼防军。设时雍学校,以教黎民。设巡警教练,所以兴警政"等。范云梯于清宣统元年(1909年)始任崖州直隶州知州。到任那年春节,他在州城衙门口贴上一副自撰的对联:"在一日位,尽一日心,自我无私严执法,敢视机关为传舍;让几分情,说几分理,大家有事好商量,莫因涉讼到公门。"横批是"廉明公正"。他以这副对联表明心迹,劝导百姓和睦礼让,莫因小事争论。他也像这副对联所说的那样,为官清正,勤政爱民。因此,他深得人民爱戴,卓有政声。[1] 范云梯的姨太周郁文,后来回乡说起范云梯在海南当官时的情景,不无感慨地说:"老爷(范云梯)每到一处,总是先向百姓了解哪里有什么事要急着办的,了解到后就日夜操劳办那件事。有时候一件事或案子尚未办完结,上面又要调他到别处去了。""有时是老爷到这个县刚办一件事或审完几件案子,别县的老百姓就到上面去请愿,要上面调老爷到那里去做县官。有一回,儋州和万县的百姓同时去上面请愿,大家争着要请老爷去,弄得险些打起架来。"[2] 可见,范云梯是海南历

---

1 陈锡礼:《范云梯与崖州新学》,载《三亚文史》1986年第1期,第63页。

2 刁光全主编《范云梯》,广西人民出版社,2011,第38页。

史上一个难得的好官。

范云梯在崖州时,还准备开发实业。这是一则报道:

> 崖州范牧云梯,以该州属黎民杂处,生计萧索,然物产丰裕,天时、地利皆得其宜,但人事不足,以故荒废。现由劝业员符寿山、孙毓斌等,发起倡办开源实业有限公司,订立章程,转详督院奉批云:禀及图均悉。该州创办实业有限公司,办理种植、垦牧及实业诸事,劝谕黎民一体入股,于劝办实业之中,寓化除畛域之意,尚属周妥。仰广东劝业道核明饬遵云。
>
> 遁庵曰:崖属黎民杂处,惟开化甚难,今一面创办公司,提倡实业;一面劝谕黎民,化除畛域于营业之中,寓有政治思想,但此等事须视办理者之得人否,其成效固不可预期矣。[1]

刘永滇"辞职"是主动"让贤"。这是难得一见的历史情节:"其署琼山县也,由琼崖道之请委。抵任甫三日,道员兼防军统领刘永滇即致词,谓各省宣告独立,琼崖有先受影响之忧。君素能调和军民,且善外交,必能维持秩序,兹请代理本人职务,君其勿辞。遂召集军民,登台演说让贤之意,台下掌声如雷。"范云梯接任是"不得已"而为之。混乱之际,是刘永滇请范云梯"代理本人职务",并请"君其勿辞"。为显示其庄重,刘还"遂召集军民,登台演说让贤之意,台下掌声如雷"。这也说明,此举赢得民意。这就出现了"云梯不得已而演说允代,唯不掌财政,请各界选贤理财"的一幕。刘永滇也是个"才具

---

[1]《华商联合会报》1910年第12期,第108—109页。

开展，奋发有为"的年轻官员，他崇尚范云梯，是出于范"素能调和军民，且善外交"的才能，以他来"代理"自己之职，"必能维持秩序"，这也是出于乱世的考量。在大清江山行将倾覆之际，他们当是惺惺相惜。范云梯果然不负所托，是以"既而接受印信，即分别照会海口领事府、天主教堂、海关监督、绿营将官，军民安堵如故"。因为范维持大局有功，从而被举为琼崖都督。

今人根据这段记载，以小说家笔法演绎了刘永滇主动"让贤"于范云梯的一幕，详见刁光全主编的《范云梯》[1]，感兴趣者可去读一读。

范云梯被举为琼崖都督后，"未几，闻有率党数千，冒称民军来扑城者，伏兵击走之"，这一记载更被今人以小说家笔调大篇幅写成范云梯任琼州都督，用"空城计"打退海匪劫城的故事。其实，当时以赵士槐、范云梯为主角的"赵范冲突"，其事件经过是非常清楚的，但今人满足于编故事，称宣统三年（1911年）范云梯被推举为琼崖都督，不久，以"空城计"设伏，击退冒称民军扑城的海匪，保全了琼州城。同时还编造说，出来劫城的海匪不属于同盟会，而是"近两年来才啸聚起来，与会党有联系的海匪武装，参加组织者多是惯匪、海盗及社会上游手好闲之徒"，"一年前在文昌县境内抢劫一队客商，大哥被打死，现在的大哥是当地一名恶霸，因武艺高强，水性又好，人都喊他'过海龙'，这个组织因而改名为'海龙会'，人数约有一千人，但逢到大规模行动，往往可以临时拉起两三千人"。照例，感兴趣者可去读

---

[1] 刁光全主编《范云梯》，广西人民出版社，2011，第86—88页。

刁光全主编《范云梯》[1]中的这些"故事"。

赵士槐率"学生军"攻打府城

辛亥年，琼崖政权之嬗变，乃近代海南一大要事，政权自清廷旧官员而革命党人，迭次转移，纷繁变幻。当时的革命党人没有利用好刘永滇同情革命的态度，先是林文英在"菜市场风波"中受殴"愤而离琼"，继之是赵士槐率兵来琼接收，由此酿成更大的"学生军"攻打府城的"范赵冲突"，甚为可惜。在刘永滇与范云梯之间完成了独特的"禅让"后，接下来的历史场面就是范云梯与赵士槐的直接冲突了。

辛亥年末，海南出现了"学生军"攻打府城的一幕。这背后，是范云梯与赵士槐之间的误会冲突。这也是琼崖民军兴起后，他们走向历史前台的一次不成功的"彩排"。这一事件还罕见地出现在当时的新闻报道中：

琼州安抚使自刘永滇去后，军政府派赵士槐接办，与范云梯冲突，该地颇不靖，龙督办又拟另委接充。兹闻琼崖各属代表及同盟会诸人，大不谓然，纷纷电致粤都督陈、临时省会八属学会、总商会，其电文两则如下：

接龙督办铣电开：安抚使赵士槐与范云梯误会冲突，顷呈都督电，均属不合，应即撤换等因；现委琼州统领王锡良、琼山县长许崇亮来琼等因。按初七日，因范闭城逆命，赵未经视事，尚无过失，且人地相宜，经都督委、众人公推兼黄统制已莅琼，正

---

[1] 刁光全主编《范云梯》，广西人民出版社，2011，第89—95页。

应待治，倘再委前来，一日三换，成何政体？祈毋听□琼二三奸商诬捏，遽行瓜代，乞饬龙督办收回成命，琼崖幸甚！迅请电复琼崖各县代表人。

又电云：范贼闭城拒赵，纵勇抢劫，反抗军政府命令，罪恶贯盈。昨接龙督办铣电称，准都督电开：赵范冲突，各属不合，应撤换，即委王锡良统领来琼，许崇亮任琼山县长，骇甚。朝令暮改，成何政体？赵使[1]人地相宜，且经十三属公认，应准接任，以专责成，而卫地方，勿听若辈保皇奸商所惑，以乱大局，琼崖同胞幸甚！同盟会许汉谋等。[2]

这个报道的重点，是琼崖各属代表及同盟会诸人给广东都督陈炯明及相关机构的两则电文。这两则电文陈述了赵士槐与范云梯发生冲突、地方不安定的事实，又由于冲突的发生，龙济光督办考虑撤换赵士槐，另委王锡良接充，但遭到琼崖各属代表及同盟会诸人的反对，他们致电陈炯明，指出："赵使人地相宜，且经十三属公认，应准接任，以专责成，而卫地方，勿听若辈保皇奸商所惑，以乱大局"，是在为赵士槐辩护。

从报道日期看，清宣统三年十二月初九是1912年1月27日，而"铣电"是指16日发的电文，那么报道中的"初七日"，应是宣统三年十一月初七，即1911年12月26日。这就是范云梯"闭

---

1 指琼崖安抚使赵士槐。广东军政府成立之初，道设观察使，道署称观察使公署。海南光复之初，因发生范云梯拒交政权的事件，故派遣安抚使处理政局。

2 《琼州改委安抚使之冲突》，《新闻报》1912年1月27日第1版。

城"抗拒赵士槐,反抗军政府命令的时间。

"龙督办"就是龙济光。宣统三年（1911年）三月,广州爆发黄花岗起义。清政府为镇压广东革命,将龙济光连同大部"济军"调入广东,并任命他为广东陆军第二十五镇统制。1911年10月,武昌起义爆发,广东十几个州县相继举行武装起义,广州绅商各界促两广总督张鸣岐反正。龙济光不仅没有促张鸣岐独立,反而率部四处捕杀革命党人,屠杀人民群众。为抗议龙济光的暴行,11月30日,广州全城举行罢市。龙济光被迫于11月9日与张鸣岐一道宣布广东独立。张鸣岐、龙济光分别被省城各团体代表会议推举为广东省临时正、副都督。张鸣岐慑于革命党声势,当晚微服遁走。龙济光拒不就任,声称"我是忠于皇室的","一切均要听候皇上谕旨"。会议只好另推胡汉民为广东都督,后又补推陈炯明为副都督。

革命党人胡汉民督粤,初始还依靠前清余孽。这是一则广东光复后的纪闻:"粤东军政府胡都督,以城省大局已定,而钦廉高雷琼崖各属,地居边境,远在海隅,土匪出没无常,地方颇形不靖,兼以边防交涉,胥关重要,必须派一威望素著之员,为之办理一切。查有广东新旧各军龙统制,声威久著,恩信交孚,所部各军,素称劲旅,堪以办理此事。特于日前照会龙统制,督办钦廉高雷琼崖各属,安抚绥靖事宜,兼理边防交涉事务,所有各属军队及安抚使所部,悉归节制云。"[1]可见,龙济光当时的权势仍很大,后来为害琼崖也是有迹可循的。

赵士槐,又写作赵仕槐,字赞谟,文昌头苑横山村人,清末

---

[1]《各省光复后之纪闻》,《时事新报》1911年12月23日第7版。

广东陆军讲武堂毕业。选送日本留学，入日本振武、士官两校接受军训七年之久。廷试赏举人荣衔，授步兵协军校任职。曾任广西提调。民国元年（1912年）任广东都督府军务司（一说陆军司）副司长。这个赵士槐就是我们前面说的"险为黄花岗第七十三烈士"的张云逸的恩师。张云逸（张运镒）也参加了接下来的"府城之役"。

赵士槐率兵来琼接收，原因据说是范云梯在知州任内，有进士王云清、贡生吴应星因微嫌演成地方之械斗。王云清被囚于狱，及范氏代刘永滇，急解王云清至府城枪毙，引起琼崖旅省人士不满。因共举赵氏于都督府，主持琼政，人地自属适宜。时琼山王国宪为省参议员，都督府使人征询其同意，遂令赵氏为琼崖安抚使。[1]

王国宪是海南琼山人，早年入广雅书院，师从梁鼎芬、朱鼎甫。1894年应试获广东省首名优贡，1910年授广东乐昌县教谕。自民国初年起，历任琼山县督学局局长及中学教员。后来以致力于明清两代海南乡贤著作的整理而闻名。当时王国宪学行笃实，颇负乡誉，为省参议员，都督府使人征询其意见，他称赵士槐能干，故有是年十一月赵士槐为琼崖安抚使之命。

赵士槐来琼之后，之所以发生"范赵冲突"，与他带兵太少有关。是谓赵士槐以琼崖原驻巡防兵五营，虑兵多而增加地方负担，仅请调步兵一连随行。抵达海口，觅得文昌会馆为安抚使署，知会范云梯移交。[2]

赵士槐与范云梯见了面，但一开始谈不拢："时范云梯（濂

---

1 陈俊：《海南近代人物志》，传记文学出版社，1991，第396—397页。
2 陈俊：《海南近代人物志》，传记文学出版社，1991，第397页。

溪）自称琼崖临时都督。镇台成聚（满洲人）共掌兵权政事。国父中山先生原欲和平解决，士槐抵海口，劝范等归顺。在赵、范、成商洽之下，各抒所见，而范以尚未奉至上级公文，请候消息，再行洽商。"[1] 这情景，一如刘永滇对待林文英。

但事情就坏在这里："士槐操之过急，在海口召集陈策、周成梅、云茂伦[2]、黄健生、陈光辉等会议，决定即率领革命部队攻城。通知郑侺、柯有为、王梦云在城内响应。事机不密，为清吏所悉。守兵以沙包填塞城门，街道巷口均派兵守卫。"[3]

这就出现了"学生军"攻打府城的历史一幕：

赵部入城接事行列，以军乐队为先导，由陈光辉持头旗，步兵连次之。赵氏及幕僚黄健生、梁国一、陈聘珍（侠农）、陈岛沧、吴伯、符朝宗、黄和如、韩柳州、林学海、云茂伦、张运镒等二十余员又次之。黄忠、陈策率华侨炸弹队随后。叶英峰、阿七哥等组炸弹队，亦随之而进。沿途观象，人人以争睹革命党为快。至红坎坡，见大校场一带，已有巡防营之小部布防，举枪阻止其前进。赖黄健生素与熟稔，疾驰而前，说以利害，得安全通过。惟城门紧闭，城垣上仍然戒备。士槐乃率所部过五公祠，绕道趋东门，令黄忠等接近城门，掷放炸弹，城上枪声大作。范云梯见赵部人数不多，遂分兵由南北门而出，向赵部包围。北路进至五公祠、番丹村附近，威胁其侧背。赵氏督队将其击退。范军

---

[1] 陈俊：《海南近代人物志》，传记文学出版社，1991，第397页。
[2] 云茂伦，又写作云茂纶、云务伦。
[3] 陈俊：《海南近代人物志》，传记文学出版社，1991，第397页。

凭城射击。自午至申，相持不下，赵氏乃率所部向文昌铺前退去。黄健生、梁国一、张运镒等，过南渡江即折回海口共图拒守。梁国一、张运镒分扼南门一带，黄健生居大庙策应，范军出北门，至五里亭，即停止前进。此后，赵部阵亡士兵一名，幕僚林学海在五公祠中流弹死。云茂伦因手中无枪械，昏倒田中被俘，割耳放归。柯有为则在其兄道士堂，早晨法事时念咒诵经，王梦云则在东门内蛋巷王戮新娘房中避免搜查。陈光辉则奔回新埠村，而陈策向城西麻锡仔村草堆中藏匿。清勇追到，以枪撬开茅草，忽一条大蛇出现。清勇恐惧，认为不利，又恐咬伤，乃收队返城。旬日后，士槐亦由铺前归，决守海口，向都督府乞援，就地取给军食。商民拒不与，众推王国宪为代表，控于都督府。都督府以士槐不恰舆情，调省别用，使黄明堂代之，并以区金均为民政总长，治理民事。[1]

"府城之役"这一幕，还有一段生动记述如此：

琼崖旅省士绅，恶范云梯之残酷，请都督府以赵士槐代之。士槐见任都督府陆军司副司长，文昌人。时咨议局议员琼山王国宪（亦作国栋）学行笃实，负乡里誉。都督府使人询之，国宪极称士槐能，故有琼崖安抚使之命。饬其收编巡防队，遣士槐以兵一连偕行。抵海口，以文昌会馆为行署。范云梯派员欢迎，订期移交。士槐如期往。军乐先导，步兵连次之。士槐率幕僚黄健生、梁国一、林学海、云茂纶[伦]、张运镒等为本队，敢死队陈侠农、

---

[1] 陈俊：《海南近代人物志》，传记文学出版社，1991，第397—398页。

炸弹队陈策殿后。人皆西装革履，眼镜手杖，英姿焕发，途人争睹革命党之风采为快。将至大校场，巡防队有兵一营阻其前进。会黄健生稔其管带官，疾驰告之，获通过。众见城门紧闭，城垣作备战状，谓此前后夹击之计也。急绕道五公祠，趋东门。炸弹队直抵城下。扣门不应，炸弹一发，城上枪声随作。大校场巡防营，东进番丹村附近，拊赵部侧背。士槐挥兵反击却之，巡防营退入城。与城中兵合，凭城而战。自午至申，相持不决。士槐以悬军久攻非策，引向文昌铺前去。黄健生、梁国一、张运镒三人，既过南渡江，见无追兵，以为海口必无巡防队，间归拒守。浃日，士槐等亦归。此役，计士兵阵亡一人，伤十余人。幕僚林学海中流弹卒，云茂纶［伦］被俘，割耳放还。士槐集众计议，决守海口待援，使陈侠农率敢死队，取秀英炮台为犄角，就地筹军食。商民勒不与，请王国宪代控于都督府。都督府以士槐不洽舆情，调省。命黄明堂代之，区金鏊为民政总长，专理民事。黄明堂未至前，范云梯乘隙遁去。[1]

梁秉枢是海南琼山人，生于暹罗（今泰国）。1910年以励志社成员身份加入同盟会，新中国成立后在广东省文史馆工作。他以当年亲身经历回忆说："一九一一年（辛亥）十月，武昌起义胜利，各地纷纷响应独立。两广总督张鸣岐逃跑后，署理琼崖道范云梯亦随大势宣布独立。后来，胡汉民为广东都督，派赵仕槐返琼主政，范云梯拒绝移交。赵仕槐只得在海口将曾参加过同盟会的学生组织成学生军，配以九响毛瑟和单响枪数十支，想以武力

---

1 王家槐:《海南近志》，鹤见广告传播有限公司，1993，第5—6页。

来威胁他交出政权。但因学生仅凭一时的热血，没有经过什么严格的军事训练，又没有充分的武器，当进攻琼州府城时，分二路前进，一路由北门进攻，一路则进攻东门。讵范云梯关闭城门，在城上陈兵抵抗，居高临下，火力殊猛，学生军死伤惨重，结果失败，退回海口，范云梯亦未敢出来追击。后来，胡汉民改派古勷勤为琼崖镇守使[1]，范云梯闻讯逃跑，赵仕槐亦调离琼，学生军遂自动解散。"[2] 海南军政大权遂归革命党人手中。

又有讣文记："先考性沉厚，素有大志，幼聪颖冠群，世居蛟头村人，名陈继虞。二十岁时，在琼崖中学毕业，感清季政治腐败，遂决志革命；然同志稀少，无足与图事者。迨辛亥三月二十九日，广州事起，革命之声，传遍琼崖。先考见事机已熟，遂联络同志，密设机关，任命组织琼崖党务，由是入党加盟，日益以众。同年八月，先考复到香港报告党事，拟购运军械，回琼发难。"[3]

王梦云，字祝三，派名安初，为当时的琼山县遵都图儒文村人，毕业于朝阳大学、日本大学法学科，经朱执信介绍加入同盟会。赵士槐武装进攻府城时，王梦云策动内应，令守城的范云梯、成聚丧胆。王梦云曾任揭阳县县长、陆军军官学校教官、中央宪兵团军需主任等职，后改执教鞭，为大夏大学、海南大学教授，后为台湾"立法委员"。

---

1 此说法有误。古勷勤（古应芬）为琼崖绥靖处总办是在1912年11月，此前接范云梯的是琼崖安抚使黄明堂。

2 梁秉枢：《辛亥革命时期琼崖革命党人的活动》，载《广东辛亥革命史料》，广东人民出版社，1981，第411—412页。

3 麦穗：《琼岛魂——烈士〈陈继虞简历讣文〉》，载《海口文史资料》第三辑，1986，第133—134页。

武昌起义爆发后，消息迅速传到日本，刘中悟毅然中辍学业回到广州，随后受同盟会派遣回到海南联络革命党人起事以响应武昌起义。抵琼后，刘中悟奉密令带领万宁、陵水的革命党人会合徐成章、陈继虞等带领的"学生军"，分兵两路攻打琼州府城。[1]

时广东宣布独立响应武昌起义（1911年11月9日），广东都督胡汉民遂派赵士槐返琼主政。署理琼崖道的范云梯虽随大势宣布独立，但却拒绝交权于革命党人。赵士槐便以武力攻打府城，强行接管，刘中悟带领陵水、万宁地区的革命党人和热血青年三十多人奔赴海口，会合赵士槐带领的学生军，由东门、北门同时向府城进攻。但党人武器配备太差，除了赵士槐等为数不多的武装人员外，其他学生军也不过配备少数毛瑟枪，刘中悟随身带来一支驳壳枪，还是靠母亲梁氏的资助花五十光洋从保亭县黎族首领王铁那里买来的，其余的只是土制的粉枪刀械，攻城人员也不过二百余人，力量对比悬殊，范云梯凭借精良武器据城顽抗，党人攻城受阻，伤亡较多，被逼退走，刘中悟带着陵水党人林显让、严大椿、刘中造、潘东四、王鸣亚等潜回陵水山区，重整旗鼓，以图再举。[2]

攻取秀英炮台

"学生军"除了攻打府城之外，还一度攻取秀英炮台。这也是一段有关辛亥年"琼崖反正"的鲜见记载：

---

[1] 王亚成：《刘中悟先生史略》，载《海南文史资料》第三辑，三环出版社，1990，第135页。

[2] 王亚成：《刘中悟先生与琼崖辛亥革命运动》，载《海南文史资料》第四辑，三环出版社，1991，第55—56页。

第六章 末代琼崖道

辛亥武昌起义，各省响应，广东都督府成立，派林格兰为琼崖民政处长，王斧军为副处长，设办事处于海口，而清琼崖兵备道范云梯竟敢反抗，暗派便衣队纠合地痞流氓，捣毁办事处、殴伤处长职员多人，时陈宗舜已赴广州参加广东学生北伐军，奉命与陈策、梁朴园、洪泰初等同志返琼，组织武力、准备助政府、收拾琼局、成立革命敢死队，革命炸弹队，同时云日东、主日三因与驻军统带有旧同事关系，运动其反正，讵该统带阳示同意，阴谋加害，先在招待茶中下毒药，幸机警不饮，始免于难，迨政府另派陆军司副司长赵士槐为安抚使，范云梯先驰电欢迎，既抵海口，派员前来接洽，订定日期进城，不意出尔反尔，包藏祸心，关闭城门，伏兵截击，我军仓卒应战，以寡敌众，乃至弹尽，退回海口，秘书林敬亭殉难，外交专员云务伦受重伤，士兵伤亡三十余人，敌方死伤在百人以上，当晚检讨会议，佥认必须攻取秀英炮台，以壮声势，并可威胁府城巩固海口，盖秀英炮台为海南唯一国防要塞，置有德造大炮五门，台兵一营，得之可以左右琼局，遂由陈策、陈侠农、洪泰初、梁朴园、陈继虞、周访东、符致颐与陈宗舜等十余人任先锋，攻其无备，一举成功。未几，政府再派司令黄明堂率军渡琼，范云梯闻风潜逃。后民军叛变，广东都督府派古应芬为琼崖绥靖处总办平之，琼局至此始告底定。[1]

从中我们看到，由赵士槐与范云梯冲突引发的"府城之役"，

---

[1] 陆幼刚：《广东辛亥反正纪要（续）》，载《广东文献》第 2 卷第 2 期（1972 年 6 月 1 日），第 20 页。作者在文末注："本节多系根据陈宗舜编著海南革命党人奋斗史。"陈宗舜参加了此役，所记应是真实可靠的。

导致秘书林敬亭殉难,外交专员云茂伦受重伤,士兵伤亡30余人,敌方死伤在100人以上,这也是惨烈的一役。

"府城之役"成就了后来以追随孙中山而闻名天下的陈策。上文中写到当时陈宗舜奉命与陈策、梁朴园、洪泰初等同志返琼,成立革命敢死队、革命炸弹队等,但在时人的回忆中,陈策是从家乡报名参加炸弹队的。

陈策是海南人,早年参加革命,熟诚忠勇,屡建奇功。据说因其单名"策"字,同志们起初不知如何称呼他,孙中山顺口叫他"策叔",胡汉民便为他取"筹硕"为号,以便侪辈之称呼。于是"策叔"此后便成为陈策的雅号,毕生人人都以此称呼他,而"筹硕"成为他的字。国民党统治时期,在广东省的各路军阀争权夺利中,陈策由于与孙中山的特殊关系,成为当时政治舞台上的一个风云人物。追根溯源,"府城之役"成就了陈策。

梁国武与陈策第四胞弟陈籍(明臣)是同学,且常到他家去逛玩闲谈,因而同陈策认识,感情日益欢洽。

梁国武回忆说,陈策年七岁,始在本村小学校就读,天资平凡,性情刁顽,不听老师管教,时与同村和邻乡各姓的少年吵架殴打。至十七八岁,行为更加放浪,每逢市集圩期,必到邻近的白延市和烟墩市的小食市中大喝大吃,有时是诈醉,只给半数的酒饭钱,有时是赊数。他这些行为,渐为地方的人们所不齿。1911年,辛亥革命爆发,接着武昌起义,清王朝统治垮台,琼州因孤悬海外,地势险阻,尚有清朝余孽范文辉(由琼山知府代道台)企图负隅顽抗,不表示反正。当时广东省都督胡汉民,即派赵士槐为琼崖宣抚使(赵是海南文昌人,毕业于日本陆军士官学校),回琼州招抚,设使署于海口市。赵士槐曾经多次派员赴琼州府城向范文辉招抚,并叫他交出兵权和政权(当时范文辉掌握有五营勇的兵权),会保证他的身家安全,要其马上离开府城。而范文辉置之不理,反而封闭城门,严阵以待。赵士槐立即采取武力解决,招集当地青年学生梁秉枢、徐成章等百余人,编成攻城敢死队,分为东西北三路向琼山府城进攻。这时陈策在乡间赋闲,闻赵士槐组织攻城敢死队,他正是"初生之犊不怕虎",就报名参加了攻城炸弹队。当攻城时,因众寡悬殊,枪械窳劣(仅有长短枪数十支,土制炸弹二十多个),就遭到失败溃散,赵士槐因攻城失败,随即出来广州。攻城敢死队,亦于无形中解体。范文辉以为赵士槐赴省请兵再举,知清朝大势已去,孤城无援难守,也私自偷渡琼州海峡逃生。后来琼崖书院掌教林之椿(逊清举人)在书院的门口,贴上一副讥笑范文辉的对联,其联云:"百余人,奋力攻城,赵子龙全身是胆;五营勇,同盟歃血,范文侯大海逃生。"[1]这也是一段有趣的小插曲。梁国武所说的清朝余孽范文辉,应为范云梯。

梁国武说,陈策在攻城队解散后,就离开海口来到广州活动,不久又去惠州参加学生军,攻打惠州城,迨至学生军复员时,由组织介绍他入广州西村工艺学堂读书,后由这个学堂介绍送入广东海军学校第十五期为插班生。他做学生的时候,常在外间与国民党的人来往拉拢,为了将来打开他的政治出路。

徐成章:琼崖"没有相当革命指导者"

辛亥年的琼崖风云暂告一段落。这里我们有必要先看参加此

---

[1] 梁国武:《我所知道的陈策》,载《广东文史资料存稿选编》第五卷,广东人民出版社,2005,第55页。

役、后来当过孙中山铁甲车队队长的徐成章，于1924年写的"考察琼崖过去的革命运动"的一段总结性论述。他说：

　　辛亥革命，在琼崖政治上本没有什么影响，因文化落后风气闭塞的缘故，我国各种政治文化改革的消息传到琼崖常远在其他各地之后。所以中山先生所提倡的革命主义的波浪激荡琼崖青年们的时候，全国革命空气已很浓厚，而琼崖之有同盟会，只有以很短的运动时期吸收知识薄弱的党员，又不了解三民主义之真谛；不过当时受排满思想的冲动，挺身奔走鼓吹，其能忍耐牺牲奋斗去干的一种天真烂漫的革命精神，殊觉可钦可佩！然因无严密的组织，没有相当革命指导者，致武昌义旗一起，广州响应，琼崖兵备道刘永镇［滇］遂宣布伪独立，而党人遂没有对付的方法，仅在海口府城设些空空洞洞的无聊机关，收罗一般亡清余孽和恶劣绅士来发徽章，贴布告，在街道上摆架子，而当时稍能干的分子和清洁的青年多半是离琼去了。到了知府范云梯接替刘永镇［滇］，反动越加利害。那时候，琼崖留省的党人，想不出什么反抗的方法，后来大家推赵士槐君回琼为安抚使，不料他们太过卤莽，带兵不过一二百人就进攻府城，致被范云梯一击就溃，所以使省革命政府（胡展堂督粤时期）看出琼崖没有统治能力的人才。因此，十余年来琼崖被外来的军阀官僚盘踞剥夺，都是这个时候造成的恶因呀！[1]

---

[1] 徐成章：《十余年来琼崖革命运动的回顾及今后应取的方针》（1924年6月16日），《新琼崖评论》第十二至十五期。

徐成章这是以亲身经历,对琼崖革命问题做了鞭辟入里的分析,指出"无严密的组织,没有相当革命指导者"的症结所在及"琼崖没有统治能力的人才"的严重结果。辛亥革命之年琼崖上演的"乱党争雄""菜市场风波""范赵冲突""告御状"等系列"活剧",一再证明了这一点。

胡汉民后来于 1936 年自欧洲归国道经新加坡,在华侨某团体之演说时,还专门谈到海南人,说:"在此,我要说到海南人,海南的华侨都是从福建潮州几个地方迁过去的。海南的生活很苦,一般人民生计困难。黄埔学校开办的时候,其中学生各地相比以海南人为最多,我对仲恺说要注意训练海南学生,我说:'海南生活最苦,受压迫最甚,所以海南学生到黄埔的特别多;这种人反抗思想很浓厚,我们要好好训练他才行呢!'"[1]

胡氏这倒说出了海南人坚定跟共产党走的根本原因:"海南生活最苦,受压迫最甚。"

---

[1] 《胡汉民讲述南洋华侨参加革命之经过》,载冯自由著《革命逸史》第五集,中华书局,1981,第 217 页。

范云梯

范云梯题刻的"南天一柱"
（来源：《梧州日报》）

赵士槐

第七章　留意琼岛

武昌起义成功之后，1911年12月25日（清宣统三年十一月初六），孙中山从欧洲回到上海。四天后即12月29日，革命军17省代表在南京举行会议，选举临时大总统，孙中山以16票当选。1912年1月1日，孙中山在南京宣誓就任中华民国临时大总统，宣告"中华民国"成立。1月22日，孙中山发表声明，只要清帝退位，袁世凯宣布绝对赞成共和，他立即辞职，向参议院推举袁世凯为临时大总统。2月12日，清朝末代皇帝溥仪正式宣告退位。两天后，孙中山辞去临时大总统之职。3月10日，袁世凯在北京宣誓就任临时大总统。次日，孙中山在南京公布《中华民国临时约法》，4月1日正式解职离任。4月4日，参议院议决临时政府迁往北京，至此民国政权落入北洋军阀手中。

从上任到解职离任，孙中山在总统位上不到四个月的时间。

即使在这短暂的岁月中，他仍"留意琼岛"，希望王斧再回海南"组织新猷"，这也表明他对经略海南的高度重视。

黄明堂："你胡汉民是都督，我也是都督"

赵士槐出掌海南，却因"不洽舆情"而调省别用，代之的是曾受孙中山之命率队发起镇南关起义的黄明堂。"范赵冲突"之后，广东都督府同时另委黄明堂为安抚使，改编琼军，并委区金均为民政总长，治理民事。黄明堂未至前，范云梯已乘隙逃遁。海南军政大权遂归革命党人手中。辛亥年琼崖政权迭次转移，可谓纷繁变幻，乃近代海南一大要事。有记："都督府以士槐不洽舆情，调省，命黄明堂代之，区金鋆为民政总长，专理民事。"[1]

与此相应发生的事是：壬子年为中华民国元年。三月，琼府民政总长区金鋆派民政长（民政总长、民政长，系临时府县官名。后民政总长照改为道尹，民政长改为县长）来儋上任。旧任蒋霖森交卸后，解组还乡，颂德政者几遍全儋。[2]

从民国纪元开始，海南政局的这种变迁也被记录如下：

海南孤悬海外，距省治窎远，宜不受政潮簸荡。然考诸成事，则每当省局动摇，本岛即随之变化。溯自辛亥革命，四海景从。时本岛驻军统领刘永滇闻风向义，宣布独立，旋即自行辞职，移兵柄于琼崖兵备道范云梯。计有兵三营，军实颇完备，亦能注

---

1 王家槐：《海南近志》，鹤见广告传播有限公司，1993，第6页。
2 王云清：《儋县志初集》，海南出版社，2004，第1157页。

意保持地方治安。但因消息隔阂，不获见信于军府。是年11月，省委赵士槐为琼崖安抚使，饬相机收编。赵到琼未几，即与琼军发生冲突。军府以赵处理失当，遂另委黄明堂为安抚使，改编琼军，并委区金均为民政总长，治理民事。数月鼽尯之局，至是乃定。此为辛亥革命时之情形也。[1]

这是说，当黄明堂被委为安抚使之时，琼崖的鼽尯之局始告安定。"鼽尯"意为不安定，也作臬兀。话是这么说，但是这种安定也是表面的、暂时的现象。

前述所引《广东辛亥反正纪要（续）》中称："未几，政府再派司令黄明堂率军渡琼，范云梯闻风潜逃。后民军叛变，广东都督府派古应芬为琼崖绥靖处总办平之，琼局至此始告底定。"因为这中间又发生了与黄明堂有关的"民军叛变"，所以"琼局至此始告底定"的局面，是古应芬替代黄明堂之后。这也是本书后面要再现的黄明堂民军"开炮屠海甸"的内容。

黄明堂，字德新，钦州人，壮族。辛亥革命时期的民军首领之一，早年加入在钦防一带的反清复明组织——"三点会"。他通过"三点会"的关系，一方面结交当地的绿林，一方面又追随孙中山进行革命活动，加入了同盟会。孙中山开始倡导民主革命后，在海外各地利用"三点会"等组织进行宣传和吸收会员。黄明堂结识孙中山，就是通过三点会的关系。孙中山委其为中华革命军镇南关都督，1907年12月1日在广西镇南关发动反清武装起义，旋败，孙中山谓此役为其第六次失败。1908

---

[1] 陈铭枢总纂：《海南岛志》，海南出版社，2004，第511页。

年4月29日,孙中山命黄明堂、王和顺等在云南河口发动反清武装起义,不久失败,孙中山谓此役为其第八次失败。1910年冬,黄明堂由新加坡回到香港,受革命党人组成的起义统筹部的派遣,由香港潜入江门、新会等地组织民军。1911年武昌起义爆发后,广东省城宣告独立,胡汉民任广东都督。黄明堂所部的民军有官兵2000余人,称"明字顺军",进驻广州。但他本人却在江门,对胡汉民任都督颇有意见,自称为"明字顺军大都督",意思是要和胡汉民平起平坐,不受胡汉民的节制。江门、新会等地光复后,民军的势力发展极快,胡汉民和陈炯明等恐民军难以驾驭,为了巩固自己的权力,排除异己,假借军费支绌为由,裁汰民军。胡汉民命令黄明堂到广州参加会议,黄明堂把胡汉民的"命令"丢掉说:"我在镇南关起义,已经称为都督,在河口及江门起义,又立有战功,打好江山给你坐,你胡汉民是都督,我黄明堂也是都督,大家无非是兄弟,岂有都督命令都督的道理?"黄明堂迟迟没有到广州开会,胡汉民憎恨他,因此调他为琼崖督办,率所部2000余人移驻海南岛。不久,又免去他的职务,并将他的部队解散。黄明堂对胡汉民、陈炯明殊为不满。[1]

黄明堂的革命资格很老,所以对胡汉民表示不满,便是可以理解的。黄明堂当时的都督身份,胡汉民也知道:"黄明堂和王和顺奉总理命进攻镇南关,王和顺至期队伍不集,总理因委黄明堂为镇南关都督,凭祥土司李佑卿为副,何伍为支队长,集合义勇

---

[1] 唐颂南:《会党首领黄明堂》,载《近代广东名人录》第二辑,广东人民出版社,1989,第178—179页。

团百余人,在十月二十六日夜里,绕镇南关之背而偷袭之。"[1]其实,胡汉民对黄明堂是很有看法的,且事涉"河口之役",由下面这段讲述,可看出他把黄"贬"到海南的原因,也可读出黄明堂所率民军为祸琼崖、难逃被解散命运的缘由。

胡汉民在讲到河口之役时,这样不客气地指出:

河口是进取云南的要地,河口起义可以和钦廉上思的军事互相策应。河口之役统率军事的是黄明堂、张德卿(即王和顺)、关仁甫数人。我现在专门把黄明堂这个人批评一下。我生平做事总是要仔细观察人家有无毛病,我看黄明堂有种种毛病,我把这几点毛病报告先生了。我以为黄明堂这个人好象江湖脚色中的宋江一样,自己本身本来没有什么作为,不过能开大锅饭能养许多的兄弟们,就是在做河口举事的时候还是这套脾气。他带人也没有纪律,譬如黄明堂在抽大烟的时候,底下的小弟兄在旁边说道:"老大哥烟抽得够了。让弟兄们也来抽抽吧!"他在会党的资格很老,颇得江湖上的人心。叫他办一件事情办法是没有的,不过叫他勾结军队联络部队非常来得快,举事来得快,失败也来得快,镇南关之役以至河口之役都是这样。黄明堂一面接受我们的命令发动反抗满清的军事行动,一面仍旧照做开堂的把戏,因为开堂可以赚一笔钱款,依然是一套会党的色彩。更可恶者,他们竟和打抢的土匪分钱,在营盘中分定你做单月我做双月,好象做生意一样。军队这样腐化,我真忧心极了!我把这许多详细情形统统

---

[1] 《胡汉民讲述南洋华侨参加革命之经过》,载冯自由著《革命逸史》第五集,中华书局,1981,第194页。

报告先生。

　　河口起义是在民国纪元前四年（1908年）三月二十九日，河口占领了七八天，克强才过来。

　　黄明堂等的做法，果然不出我所忧虑，本来占领河口后，蒙自方面没有敌人，而且岑春煊的三千枝枪藏在蒙自，我们如能乘其不备占领蒙自，并可增加军器。而且到了蒙自以后，我们事先和滇越铁路公司也接洽过，铁路线可以给我们应用，军用品也可以运送便利。可是他们竟迟迟不进，坐失良机。

　　克强上去的时候，就督促他们开到前方去，他们的开军队真是妙不可言：第一天开前去，第二天又退回了，第三天开前去，第四天又退回了。开的时候烧许多的纸钱，不晓得又是犯了什么神，一定要开回来。他们并且贪而无厌的要求再发一个月的饷，我就说："饷不是已经发了吗？至于旧饷，现在还不补发。要是到了蒙自，还怕没有饷械吗？你们放放心心前进吧！"

　　我们说得口都干了，他们还是不听话。

　　克强在前方监督他们前进的，可是毫无办法，于是克强打电报来想法子，他想多买一点驳壳枪成立一个司令部，再用司令部的威严来使他们服从命令，克强这个打算未尝不是。不过他一面打电告，一面自己退下来；他不退下来还可以维持这个局面，他一退下来事情就糟了！

　　河口之役初发动的时候，安南的法国人很表示同情，他们都说："这一回发动很象革命军的举事了，就是我们法国革命起事的时候也不过如此，恐怕还及不来这样举止的文明，行动的合法呢！"可是这几句赞语只落得人家惭愧。过几天之后，起义军队的所作所为完全和这几句话相反了！从河口到安南境的柳街很近的，军队发了钱就走到柳街来赌博，法国人就说："照这样看来简直不象革命军队，革命军队还干下流赌博的事吗？"[1]

胡汉民把黄明堂很多"毛病"的详细情形统统向孙中山报告。而前述孙中山在《建国方略》中总结第八次失败时，也指出"黄明堂守候月馀，人自为战，散漫无纪"。可见，黄明堂带兵"没有纪律"，他的军队自然也"不象革命军队"，所以其民军后来祸害琼崖，当不足奇。

今人说，清宣统皇帝宣布退位，南北和议告成。胡汉民任命黄明堂为琼崖宣抚使，率部调驻海南岛。欧阳丽文（黄明堂妻子）随军而行，协助黄明堂治理军政事务。黄明堂奉派海南岛，历时两年。在岛期间，他励精图治，安抚人民，整顿治安，一时，海南社会秩序颇为好转，人民安居乐业。[2] 所谓黄明堂奉派海南两年，是不实之词；所谓治下的海南"人民安居乐业"，这是廉价之语，自说自话，与事实不符。

开炮屠海甸：粤议会决议解散黄明堂民军

当时，琼人又为黄明堂的民军所虐，乞将黄军调走：

> 琼崖学界电致粤都督云：黄明堂去琼，遗民军成百，并陆续招来成三百，屡出行劫，虽人赃俱获，因畏其凶，亦无敢如何。

---

[1] 《胡汉民讲述南洋华侨参加革命之经过》，载冯自由著《革命逸史》第五集，中华书局，1981，第203—204页。

[2] 肖定吉：《辛亥元勋黄明堂》，接力出版社，1994，第117页。

三月三十一号,该军复在海甸勒索,被拿两名,旋即释放。讵该军竟拔队将向三亚坡,开炮屠海甸,而乡团鸣锣持械,将与之决死。商场大为恐慌,尽行罢市,该军始暂不渡河。刻下虽无爆发,然巡防营及土人与黄氏,已极端仇视,终必酿成大祸。乞怜悯民命,调去黄军,以全两属,幸甚!琼电不便,特由港达。琼崖学界全体王蔚士等泣叩。[1]

这是说黄明堂离开海南后,所留下的民军四处抢劫,为害地方。1912年3月31日,民军又准备"开炮屠海甸",将"酿成大祸"。情形紧急之际,琼崖学界电致粤都督,请调走黄明堂民军。这就出现粤议会决议解散驻琼黄军的一幕:

四月九号,粤省临时省会开议,出席代议士一百二十九人,书记长宣布函电,内有琼崖学会全体王蔚士等来函,大致谓:黄明堂去琼后,遗民军二百余人,并陆续招来二三百人,屡出行劫,虽人赃俱获,而畏其凶悍,莫敢谁何。三月三十一号,该军复在海甸勒索,被拿两名,旋即释放。讵该军竟拔队将向三亚坡,开炮屠海甸,而乡团亦鸣锣持械,将与之决死。商场大为恐慌,尽行罢市,该军始暂不渡河。刻下虽无暴动,然巡防营及土人与黄民军,已极端仇视,终必酿成大祸。乞怜悯民命,调去黄军,以全两属等语。又据琼崖议会电开:琼崖饷绌,不可安抚,无烦黄统制带兵前来云云。众谓黄明堂治军不严,前到琼州时,部下军士,扰害地方,怨声载道。迭经该处商民,函电呼吁,恶感已深,

---

[1] 《琼人为民军所虐》,《神州日报》1912年4月13日第5版。

遂表决知会都督，令其勿再到琼。至遗留在琼民军，并请转饬一律调省解散，以免隐患。[1]

因既有琼崖学界吁请调走黄军在先，又有琼崖议会制止黄明堂带兵前来的表示，还有黄军"扰害地方，怨声载道"的公论及商民"恶感已深"的函电呼吁，遂有广东省临时省会顺从民意作出决定："知会都督，令其勿再到琼。至迟留在琼民军，并请转饬一律调省解散，以免隐患。"

先前黄明堂军是什么时候离琼的？我们读到的《字林报》1912年4月3日广东海南（即琼州）函云："自王某率其部下广州军当时，一千人，于数星期前开离海南后，该处即另有官员接办一切。除各小村庄居民被窃外，并未有扰乱情事。地方人民亦自行组织民团，分布各处，于夜间四出逻巡，并严传口令，随时诘问。内地各教堂妇孺迁避至香港已近三月，现已各回原处。"[2]这个"王某"当即"黄某"，就是黄明堂。

由此可知，黄明堂军1000人，是1912年3月上旬或中旬离开海南的，他离开海南后遗留的上百名民军及陆续招来的几百人，"屡出行劫"，险些酿成"开炮屠海甸"事件。从"（海南岛）内地各教堂妇孺迁避至香港已近三月"的情景看，当时黄军祸琼之惨烈程度。

是时，一则"飞电"也说明琼州匪情告急：

连日军政府迭据琼州告警，昨又接该县长飞电，略以近来土

---

[1]《粤议会决议解散驻琼黄军》，《申报》1912年4月18日第6版。
[2]《西报记琼雷之近状》，《神州日报》1912年4月23日第7版。

匪蜂起，焚奸掳劫，惨不忍睹。现何村一带村庄，已被占踞，余匪势甚猛，大局岌岌。恳请调济军星夜前来严剿，以免地方糜烂，而维大局等情。军政府据此，当即商请龙统制派队火速前往剿抚，勿任肆扰。现已派出第一队队长李文运，统带两队，明晨拔队前往云。[1]

因"琼州告警"，军政府不得不请龙济光统制派队，"火速前往剿抚"。这也说明黄明堂在海南其实是干不下去了。这是他当年4月25日致孙中山电：

广州探送[2]孙先生鉴：违教日久，痌瘝时思。推倒满清，光复民国，同胞幸福，非得先生，其谁能之！明堂得归故里，出自君赐。因奉委安抚琼崖事竣，今奉都督[3]电饬，将军队遣散节饷，深合鄙意。闻大驾到，未得亲迓，因兵未妥，抽身不便，祈原宥。妥即赴省，面叩钧安。汪、胡诸君均致候。明堂叩。径。郑锦昌附叩。印。（琼州发）[4]

看来陈炯明已电令黄明堂将军队解散以节军饷，这种做法亦合黄明堂的心意。此前不久，陈炯明发出裁留民军谕：

---

1 《琼州匪扰告急》，《新闻报》1912年4月10日第5版。
2 因当时孙中山已经下野，故用"探送"。
3 指广东代理都督陈炯明。
4 《黄明堂致孙中山电》(1912年4月25日收到)，载《孙中山藏档选编》（辛亥革命前后），中华书局，1986，第483页。

第七章 留意琼岛

粤都督谕：查各路民军现经议定，次第编遣，各统领均已赞成。当此军政统一之事，除编陆军外，其余所有民军及巡防营，均应一律编为警卫军，以昭划一，而便分防。惟各军人数不齐，多寡不一，自应酌定数目，以便稽核。兹查该军所部，应挑选六营（兰字营）、三营（康字营）、六营（禄字营）编为警卫军，一切章程饷项，均应查照现定章程办理，其余兵士均发给恩饷功牌，一律遣散，仰即迅速编定呈报，并将遣散情形一并报查，毋稍逾延。切切。此谕兰字营统领陆兰清、康字营统领周康、禄字营统领张禄。[1]

所谓黄明堂在岛期间，励精图治，安抚人民，整顿治安，一时，海南社会秩序颇为好转，人民安居乐业，这些说法显然不足以信。这是海口绅商学界致胡汉民、孙中山等电：

广州胡都督、孙先生、军务处鉴：宜［定］安匪首黄云龙，杀掳掠焚，经电请剿，县长截兵。今更焚杀卅余村，尸首遍野。该县贪贿乐抢，纵兵殃民。恳迅核办。合邑绅商学界叩。（海口发）[2]

当然，今人更把这看成是一场"起义"，说是在民国建立之初的1912年5月间，离府城不远的定安县爆发了黄云龙领导的反封建压迫起义。起义军一时间占领了30多个村庄，声势颇大，

---

1 《粤都督分别裁留民军》，上海《申报》1912年4月6日第6版。
2 《海口绅商学界致胡汉民孙中山等电》（1912年5月20日收到），载《孙中山藏档选编》（辛亥革命前后），中华书局，1986，第544页。

引起了地主阶级等旧势力的恐慌。海口绅商学界在《海口绅商学界致胡汉民孙中山等电》(1912年5月20日收到)中,汇报这一起义情况。由于旧势力的强大,这场起义不久就被绞杀了。[1]

黄明堂在海南时,发生南丰市由临高改隶儋州之争,这是地方政制变更的一件大事,折射出时局的变迁。有记载:"临高南丰市,距城一百八十里。清宣统三年九月光复时,市绅李才贵、钟毓兰等乘时局之变,呈请儋州州长转详琼州知府李奕如、安抚使黄明堂,改隶儋州。该府、使率予批准。后经任公重、谭公汉章两县长前后呈详大都督批饬,仍归临高管辖云。"[2] 这就是说,由临高南丰市绅士李才贵、钟毓兰等提出的南丰市改隶儋州的动议,已于1911年经琼州知府李奕如、安抚使黄明堂批准,而后又经临高两任县长任重、谭汉章前后呈详大都督批饬,结果南丰市仍归临高管辖。其时,中华民国元年五月,临高县民政长谭汉章为呈请将南丰市照旧隶属临高事的禀稿中指称:"李奕如有知一府之责,无变更府属行政区域之责也。黄明堂有安抚琼崖之责,无变更琼崖属行政区域之责也。"[3]

说到这个琼州知府李奕如,倒有一个奇闻。琼州知府某(失名)以武昌起义,广东又将独立,惧为革命党人所仇为由,弃职去。广州商人李奕如,乘机夤缘。得知府衔名,来琼补缺。至则刘永滇已宣布独立,无知府之设置。惟见刘永滇、范云梯之都督自为,心窃羡慕。及范逃,遂自称都督。省都督府得报,令安抚

---

1 林日举:《海南史》,吉林人民出版社,2002,第343页。
2 许朝瑞:《民国临高采访册》,海南出版社,2004,第294页。
3 许朝瑞:《民国临高采访册》,海南出版社,2004,第295—296页。

使黄明堂解省究办。适刘永福识其人，返省时，请于黄明堂，交其带去。琼崖数月来，混乱之政局始告安定。[1]

此际政制的变更亦在此列。是谓民国元年，"琼崖道、琼州府、儋州及崖州之直隶州，均废。行政区分，计有十三县，各县县名与各省县名同者改之：会同曰琼东，昌化曰昌江，儋州曰儋县，万州曰万宁，余如故。知县称民政长。自民政总长与琼崖安抚使以下衙门，所有清代沿用之仪仗排场，悉数作废。新年惟休假三日，无复有往昔正月择吉开市视事之陋习矣"[2]。这十三县是琼山、澄迈、临高、定安、文昌、昌江（原昌化）、感恩、乐会、琼东（原会同）、万宁、陵水、儋县、崖县。

但是，民初的政体变革头绪纷呈，制不定一。所以，我们在后面便看到目不暇接的政制、官制，以及走马灯似的官员往来。这民主共和之制，在海南亦步履维艰。

黄明堂这次终是离开海南了。不过六年后的1918年，他居然再次来海南任道尹。这是后话。我们现在要说的是，黄明堂走后，接掌海南的不是海南人王斧、林文英，而是广东番禺人古应芬也。

孙总统之留意琼岛

在同盟会时代，从香港到新加坡、暹罗，王斧都是扮演"党报"主笔的角色，以"文胆"面目示人。但一触摸到琼崖的革命实际，他多是以"失败者"的符号留在历史的记忆之中。

---

1 王家槐:《海南近志》，鹤见广告传播有限公司，1993，第8页。
2 王家槐:《海南近志》，鹤见广告传播有限公司，1993，第11页。

孙中山对王斧与琼崖的看重，当时的报纸是这样报道的：

琼州一岛，辟自汉代伟人马伏波[1]。中有黎人十余万，大半穴居于十指岭。其人虽獉獉狉狉未受教化，然皆忠纯无欺，路不拾遗，颇有三代时代之态度。而环海各县居民，则大抵宋室颠连之际，海内衣冠之伦避地。于此省降及明末郑氏起义，虏将蹂躏漳泉，遗民浮海避难来归者日以众。而纵横二千里，厥田一岁三熟之岛国，更为黄帝子孙歌斯哭斯之海外桃源。至若土产之丰、矿山之富，尤为广州湾之妖鸟飞飞其喙。故目今无政府，党亦曾有建议取该岛为试行地者。粤省独立时，胡君汉民经派该属之王斧军君旋琼，办理各政。继因本地人与地方官互相冲突，遂尔糜烂不堪，王君以此退出。今孙总统以该岛固中华要区，亦五金之产地，惟闻办理不善，民怨沸腾，恐一旦沉沦，即不啻纩珠江流域之臂而扼其吭，仍促王斧军回粤，见陈都督，面商办法，务使王君回琼，俾维持秩序，组织新猷而固共和云。[2]

尽管此前被胡汉民派到海南的王斧，"因本地人与地方官互相冲突"而退出，等到孙中山当选总统要经略海南，他仍想到王

---

1 此说法不准确。西汉元鼎五年（公元前112年），汉武帝遣伏波将军路博德、楼船将军杨仆等南征，在平定南越国内部的"吕嘉之乱"后，渡海略得海南岛，于元封元年（公元前110年）在岛上设置儋耳、珠崖二郡，史称"伏波开琼"。及东汉建武十八年（公元42年），光武帝遣伏波将军马援率军平定交趾女子征侧、征贰之乱，进而"抚定珠崖"。后人习称路博德为前伏波，马援为后伏波，合称"两伏波"。

2 《孙总统之留意琼岛》，《新闻报》1912年3月15日第5版。

斧，可见对这位从同盟会开始的"革命战友"的充分信任。

这时，孙中山对海南仍具战略眼光："今孙总统以该岛固中华要区，亦五金之产地，惟闻办理不善，民怨沸腾，恐一旦沉沦，即不啻纾珠江流域之臂而扼其吭，仍促王斧军回粤，见陈都督，面商办法，务使王君回琼，俾维持秩序，组织新猷而固共和云。"要巩固共和，也离不开海南的安定局面。

孙中山的想法，首先受到商人的支持。这是旅港琼商梅紫庭等致孙中山电：

南京孙大总统鉴：黄明懂[堂]祸琼不已，顷以故去琼，复蒙公介绍斧军君于陈督，俾其续治，商民方慰。今忽闻陈督将再使黄莅琼，闻命无措。窃琼存亡在此一举，知公俯念琼黎，乞速电粤阻止，幸甚！旅港琼商梅紫庭、王俊登、钟竹泉、何宜春、戴壮臣笔呼吁。（香港发）[1]

这是孙中山解除临时大总统职务的同一天（1912年4月1日）收到的旅港琼商梅紫庭等人发自香港的电报。他们在电报中控告黄明堂"祸琼"，旨在阻止这个辛亥革命海南成果享有者再次到琼把持政权。黄明堂是孙中山的"亲密战友"，电报毫不客气地用"祸琼不已"来指控他，可见黄明堂在海南确实尽失人心。

黄明堂在此前已因故离开海南，是以孙中山将王斧介绍给陈

---

[1]《旅港琼商梅紫庭等致孙中山电》（1912年4月1日收到），载《孙中山藏档选编》（辛亥革命前后），中华书局，1986，第507—508页。

炯明，"俾其续治"琼崖。黄明堂因什么原因离开海南，时人后来这样回忆道："黄在海南整顿治安，社会秩序相对安定后，因感袁世凯反动逆流泛滥，萌发隐退的念头，将所部交给统领姚章甫指挥，携眷回乡省亲后闲居广州。"[1]事实当不是如此。袁世凯刚上台，黄明堂怎么这么快就观察到其"反动逆流泛滥"，而萌发隐退之意？

广东代理都督陈炯明要再次派黄明堂来海南，这里可能涉及内部斗争，非港商们所能明白的。但因为黄明堂有"祸琼不已"的前科，梅紫庭等人当然要致电阻止他再回海南了。

梅紫庭等人致电孙中山，当中说到"复蒙公介绍斧军君于陈督，俾其续治，商民方慰"，可见王斧亦是受琼州商民欢迎的。

王斧当时其实还受到琼崖学界的欢迎。4月28日，琼崖学界自海口致电孙中山、胡汉民等电说：

广州孙中山先生、都督、报界公会鉴：琼人望王斧军，如赤子之望慈母。乞速委任返琼，维持一切，以慰众望。琼崖学界全体卓大彰等叩。（海口发）[2]

又4月30日，琼崖教育团自海口致胡汉民、孙中山等电，内容亦是：

---

[1] 邢凤麟：《黄明堂》，《民国人物传》第五卷，中华书局，1986，第49页。
[2] 《琼崖学界致孙中山胡汉民等电》（1912年4月28日收到），载《孙中山藏档选编》（辛亥革命前后），中华书局，1986，第513页。

> 胡都督、孙中山先生、报界公会鉴：王斧军才德兼优，商民爱戴，恳委任回琼维持地方，而慰众望。琼崖教育团、自治团、商会冯锦江、李树标、陈膺荣等叩。(海口发)[1]

又5月8日，琼商学界张厚卿等人致胡汉民、孙中山等电：

> 广州胡都督、孙中山先生、报界公会鉴：王斧军为人望所归，商民倚重。琼崖重要，待治孔殷。为地择人，非王莫属。乞俯念舆情，早与委任，以兹镇摄，而安大局。琼商学界张厚卿、胡宗铨等叩。庚。(海口发)[2]

这些电函评价王斧甚高："王斧军才德兼优，商民爱戴"，"琼人望王斧军，如赤子之望慈母"，"王斧军为人望所归，商民倚重"。从这些内容看，应是商界借重学界、教育界，呼吁胡汉民委任王斧回琼维持地方。

问题是，琼崖人对王斧及林文英的观感截然相反。1912年4月28日，琼籍学生叶英峰致函孙中山，此函言辞激烈，声称王斧荼毒琼州、阻误琼州，立场完全相背。从这里我们隐约可以看出，孙中山与陈炯明的矛盾，而海南局势已非孙中山这位"卸任总统"所掌握得了的。

---

[1]《琼崖教育团等致胡汉民孙中山等电》(1912年4月30日收到)，载《孙中山藏档选编》(辛亥革命前后)，中华书局，1986，第514页。

[2]《琼商学界张厚卿等致胡汉民孙中山等电》(1912年5月8日收到)，载《孙中山藏档选编》(辛亥革命前后)，中华书局，1986，第538页。

叶英峰告王林二君"御状"

叶英峰，原名心奇，海口长流人。抗战时期，长流地区比较出名的叶丹青就是其弟。叶英峰是同盟会会员。在致函孙中山时，他是广东蚕业学堂的学生。其致孙中山函全文如下：

中山先生钧鉴：

敬启者：曩闻先生委派王斧军回琼筹办实业，昨又闻先生任命林格兰回琼筹设同盟支部，闻令之下，不胜惊魂。与其坐观王斧军再荼毒琼（州），阻误琼州，曷若冒犯钧令，指责其非，令归统一，以期补救。是以不避庸陋，敢为先生陈其种种也。

夫琼州矿产之富，荒地之多，森林之盛，果得人力为经营，不特可富琼州，且可固通国门户。惟资本家之经营此地者已非无人，且运动其爪牙，官于琼州，欲以特别治岛屿之法治琼岛，是膏腴肥美之琼州不亡列强而亡于资本家矣。然则欲救琼州之亡，非同盟会不可，非同盟会之伟人另行集合琼州人心不可。先生提倡革命，建设共和，为四万万同胞谋幸福，谅已早见及此，不忍视琼民为安南、印度之民，故有委林格兰之举。

至若王斧军，则大感不解者也。夫王斧军自作聪明，毫无政见，前此任事月余，无一可观。而且与无赖为伍，致使议论沸腾，群相反对。而琼民之大遭损失，大受恐慌，即由彼起。今又闻欲借行政之权，借外债以兴实业，并要求先生向中央政府拨款掘开海口港口，是又大谬不然者也。夫海口掘港，动需数百万，而实业不兴，掘港何用？是止见其虚糜巨款耳。至于借外债以兴实业，免被资本家浸没人地奴隶平民，是固策之最上。但斧军何人，能令人信仰之深而不攻击乎？是所谓胡思乱想，特促琼州于亡耳。至谓林格兰，则有耐劳之性，而无开展之才，且其办事颇涉含糊。当未反正之前，嘱令王肇甲与英峰等在琼运动，款集万余，兵将及千，而彼尚运动在外，迨反正之后，彼方与王斧军奉命回琼，当时无耻之徒群相反对争夺。彼知琼事颇难解结，故不旬日即舍而他适，所遗之兵令王肇甲呕心沥血、费尽经营方得散去。就此以观，林格兰纵非攘功争利之徒，但办事首尾不清，若授特权，恐难大信，是徒阻琼州之进步耳。噫！琼州自彼两人播弄之后，人心涣散，直若游沙；且各结小团，非逐鹿名场即捕蝇利薮，若问大局绝不关怀。若非同盟会中之最有名望、最有学识者另行组织，则不特琼岛必亡，举凡党人举动亦必大受诋毁矣！

且琼士稍有知识者，其仰同盟、渴望同盟，直如大旱之望云霓。若得党中杰者偕林格兰到其处察看，先立同盟支会于海口，择其热心公益、颇有学识、素孚众望者支持会务，再扩张分会于各县。如此推行，不一月间所得党员必达万数，所收会费必得巨万。于是借此会费于琼会以办船务，此琼州继续存亡之绝大关键也。

夫琼人之出洋营业为数巨万，所搭之船俱是洋轮，价之高低随人涨缩，有时每人勒取至二三十之者。琼商吴某悯其权利外溢，慨同胞之受人践踏也，力与竞争，自定南宁公司轮船以济同胞。后因资本短绌，又因某洋行免价抵制，是以终至辍业。而某洋行今又大抬价，所有洋客罔不咨嗟怨恨。若乘此机会，以同盟会之名创设报馆，竭力鼓吹，再立演说社派员演说，晓以大义，陈以利害，则彼倾慕革命之洋商，安得不乐而来归乎？彼洋商既乐而来归，则仅以二万之资本金兴办船务，可夺回每年二十余万之利息，此可谓以言语文字而收实业革命之大效也。

且不止此也，琼民驯厚，见善乐为，其于士子之言甚为崇服。前者运动革命，俱行秘密，而捐输军饷亦至数万之多。今既大开门户，广行演说，则琼州公产固不难一倡而成也。琼州居民有五百万之多，而圩场仅百余处。若将船务所余利息以一半给能言之士，令每圩一人，日则演说公产种种利益，夜则教授贫民，再由总分会另派入村乡演说，如此办法不出三阅月，琼民之染有公产知识者必居多数。然后竭力调查户口，令壮丁者每人各出银一元，以兴实业。除老者及妇孺不计外，核算必得二百万之谱。分两期收足，先设立银行，然后次第开办森林、农务、畜牧、矿务、盐务、马路，再推而至开辟商埠，兴办渔业。如此推行，则凡琼州之学费、兵饷、养老院、贫儿院俱不难筹措矣。

且此两者之举，不特富琼州、富中国，并可免琼人于奴隶。中国沿海一带，所谓出洋营业者实无处不有，然所谓受人卖猪仔者绝少。而琼州则除自行经营者外，每船所载，为人卖猪仔者实居多数。于船上受人禁锢，到彼岸受人鞭挞，死于此者不知凡几。乃前者死、后者继，不以为苦反以为安者，曷固因内地谋食艰难，且无人管理，致遭此惨。倘得船务归我，则彼此各立医院，凡欲出洋营生而力不能自备船费者，俱由医院考验身体，出费送往。彼院免受船上辛苦，并为代觅工作，是对个人有救，其免为牛马之惨也。再以内地实业既兴，则贫穷无告者可免流离；且出于公共产业，则彼资本家必难抵抗。此免全琼永世奴隶也。

以上所举，并非出于妄想。实已对众演说，其乐为赞成者不知凡几;虽至僻壤乡愚,罔不欢喜。所可惜者,琼州自王、林二君造孽之后,意见相歧,各分党派。王、林二君意见亦不相孚,恐其回琼又各树门户,致失此机会。故有求其另委最有名望、最有学识者,令先系此人心耳。至于王斧军若仍令之偕往,俾免各生意见,是亦更妙。

英峰不文,词尽不达。惟求先生见谅,并速定夺。免此呱呱数百万琼民沦于资本家之手,并亡于发官热之徒,则全琼幸甚! 专此。

并请

筹安。希维专鉴不既。

琼州齐民叶英峰上言[1]

叶英峰的这份电函,值得咀嚼的地方甚多,从中可略看出,孙中山对海南的看重,及古应芬继黄明堂而来琼崖的一些原因。

"曩闻先生委派王斧军回琼筹办实业,昨又闻先生任命林格兰回琼筹设同盟支部",由此可见孙中山谋划海南的经济开发、政治布局极具匠心,以及对林、王二人的无比倚重。

"夫琼州矿产之富,荒地之多,森林之盛,果得人力为经营,不特可富琼州,且可固通国门户。"在民国改元之时,有这种开发琼崖的高见,实属难能可贵。由此,叶英峰对孙中山委林文英表示理解。至于孙中山委任王斧回琼筹办实业,叶英峰则表示"大惑不解"。在叶英峰的眼中,"最有名望、最有学识者",当时大

---

[1] 《琼籍学生叶英峰致函孙中山》(1912年4月28日收到),载《孙中山藏档选编》(辛亥革命前后),中华书局,1986,第510—513页。

致只有古应芬符合这个条件了。

值得注意的是，叶英峰函中透露："今又闻欲借行政之权，借外债以兴实业，并要求先生向中央政府拨款掘开海口港口，是又大谬不然者也。夫海口掘港，动需数百万，而实业不兴，掘港何用？是止见其虚糜巨款耳。至于借外债以兴实业，免被资本家浸没人地奴隶平民，是固策之最上。"这从一个侧面看出，孙中山有具体的开发海南设想，他寄希望王斧去实施。

叶英峰先是假设"若非同盟会中之最有名望、最有学识者另行组织，则不特琼岛必亡，举凡党人举动亦必大受诋毁"，然后直接请求孙中山"另委最有名望、最有学识者"以结琼崖人心。是以我们看到，黄明堂走后，继之而至的是古应芬了。历史上，海南人终是与主政海南无缘。

我们不知道此电函是否影响了孙中山，但知道两年后林文英再次回海南时，被袁世凯的手下陈世华杀害于海口，所以林文英在海南从事革命的记录是被辱于前，而被杀于后，常令后人叹息。至于王斧，除了1921年在广州受孙中山之意筹备广南省而未遂所愿外，他与家乡海南的事情已无关紧要了。

叶英峰电函中言及琼州"为人卖猪仔者实居多数""到彼岸受人鞭挞，死于此者不知凡几"此等惨状。由此我们就明白为什么第二年邓铿出任琼崖镇守使，怒打"猪仔栏"、严惩"猪仔"贩子这一举动成为美谈，流传至今。

民国成立前后的那段短暂岁月，琼崖史事纷纭复杂，不仔细梳理，则甚难加以分辨。

今人说，从1912年3月1日起，陈炯明就以"绥靖"为名大肆遣散民军。4月初,陈炯明派遣黄明堂再次下海南解散民军。由于黄明堂在安抚海南期间得罪商界,当商界人士得知他再次下海南时,曾致电孙中山加以阻止,并挽留王斧。[1]

今人分析说,下海南主治的人员首先是受广东军政府委派的安抚使黄明堂。他下海南主要是改编琼军,办理琼崖政权归属广东军政府之事宜,同时按军政府颁行的措施,控制金融市场,多方筹集军政经费。他原是民军首领,在实施这些措施中可能过于强硬,有损商人利益,故商界人物意见纷扬。民国成立之初,军政府曾委任林格兰为琼崖民政总长,但林格兰坚辞不受。后来军政府又委任王斧为民政总长,下海南管理琼崖道民政。这时黄明堂因故回广州。在王斧执掌海南民政期间,林格兰奉孙中山先生之命回海南继续革命运动,鼓吹新思想以启迪民智。由于这时海南的情况还是相当复杂的,林格兰与王斧意见相歧,"故不旬日即舍而他适"。王斧在海南任事期间,吸取黄明堂的教训,注意与商学界处理好关系,以商人为后盾,得到商界的称赞,但在政治上没什么作为。[2]

又分析说,当黄明堂回琼主政办理解散民军之事期间,海南的商人又以琼崖教育团、自治团、商会及学界名致电孙中山、胡汉民,恳请再委王斧回琼主治。其实,在广东军政府成立以后,商界的巨贾往往左右政治。海南商界也出现商会、自治团等商人自治组织。从他们对主治人员的干预,可见海南商界以守旧势力为主,并影响着海南的政治,使光复后的海南局势更为复杂。光

---

1 林日举:《海南史》,吉林人民出版社,2002,第341页。
2 林日举:《海南史》,吉林人民出版社,2002,第340—341页。

复前,革命党人在海南的力量十分薄弱,由于缺乏严密的组织领导,人心很涣散。黄明堂、王斧在琼期间主要是例行管理琼崖之事务,并未发展革命党人势力,黄明堂遣散民军后,革命党人的势力更趋瓦解,守旧势力占绝对优势。[1]

这些分析看似有道理,实则缺乏史实支撑,因而显得似是而非。所谓民国成立之初,军政府曾委任林格兰为琼崖民政总长,但林格兰"坚辞不受",这不是事实;所谓林格兰与王斧意见相歧,"故不旬日即舍而他适",这本来说的是林格兰"彼知琼事颇难解结,故不旬日即舍而他适",是其自行自为,何来林格兰与王斧"意见相歧"?就是这"意见相歧",也是前面所引叶英峰向孙中山所告之状:"琼州自王、林二君造孽之后,意见相歧,各分党派。"

看这些分析,等同于说黄明堂、王斧曾在海南"轮流执政",是所谓林格兰"坚辞不受"琼崖民政总长后,王斧为民政总长,"下海南管理琼崖道民政","这时黄明堂因故回广州",于是出现"在王斧军执掌海南民政"之说,然后"黄明堂、王斧在琼期间主要是例行管理琼崖之事务"。

问题是,在民国成立前后那段极其短暂的岁月中,没有所谓黄明堂、王斧在海南"轮流"掌管民政的历史记载。前面引述叶英峰致孙中山函中说:"夫王斧军自作聪明,毫无政见,前此任事月余,无一可观。"此所指王斧"任事月余",实际是指1911年底林文英因"菜市场风波"愤而离琼之后,王斧接手处理"善后",向琼崖临时都督府领维持费的那段日子。那时范云梯与赵士槐的"冲突"(1911年12月26日)还没有发生,黄明堂尚未来琼接掌

---

[1] 林日举:《海南史》,吉林人民出版社,2002,第342页。

政权。王斧"任事月余"，其结果是叶英峰致孙中山函中所称："与无赖为伍，致使议论沸腾，群相反对。而琼民之大遭损失，大受恐慌，即由彼起。"前述我们看到的报道《孙总统之留意琼岛》也称王斧"办理各政"，"继因本地人与地方官互相冲突，遂尔糜烂不堪，王君以此退出"。

更何况，黄明堂来海南是任琼崖安抚使，同来的还有民政总长区金均（负责治理民政），如此军民分治的格局，即使黄明堂"因故回广州"，也是区金均代为处理，何来"黄明堂、王斧军在琼期间主要是例行管理琼崖之事务"呢？

孙中山与海南(1905—1913)

1912年1月1日,孙中山在南京就任中华民国临时大总统

孙中山"下野"留影

第七章 留意琼岛

胡汉民

黄明堂

第八章　琼州改省案

关于民国初年的琼州改省事，这是今人可读到的一段内容："（1912年）九月，孙中山应大总统袁世凯之请，入北京商谈大计。广东旅京之梁士诒等三十余人集会欢迎。国会议员琼山陈发檀，向孙先生献议曰：'我国有两大岛，一是琼州，一是台湾。台湾已被日本所占，今存琼州，倘亦为法国占领，则国势危矣！欲保琼州，必须改设行省。改省，可以建设榆林军港，开发天然物产。其空旷之地，移八府人民实之，如此边防可固。惟此事体重大，经费至巨，非中央政府补助，或举借外债，不易措办。望先生有以成之。'孙先生深韪发檀之议，对众重申之曰：'琼州孤悬海外，当民国之极南，其海峡最狭处，距内地口岸亦有八十里，万一不能关照，失去琼州，则高、雷、廉等府及广西太平等地，甚为危险！为巩固边防计，宜将琼州改设行省，其五指山黎峒未辟之地，移八府之人实之，则琼州或能自守。琼州之榆林港，极合军港之用。此港为欧亚航路所经，若筑为军港，不特可固中国之门户，且可控制南洋一带。至于实业，琼州四面滨海，海产甚丰；陆地森林亦多，木材产量，可供数省铁路枕木之用；农田一岁三熟，矿产随处皆有，倘为外人所占，则大利外溢，贻患无穷，陈君议保琼州，琼全则粤全，诚急务也.'会后，陈发檀以琼州改省之议，经孙先生赞成，可草成议案，提出国会讨论。然又虑国会议员，未知琼州之实况及其重要，乃属稿琼州改省理由书，由孙先生领衔及与会之三十余人，签署发布。未几，国民党代理事长宋教仁被刺，陈发檀等南归，议遂寝。"[1]

现在只能这么说，这段叙述反映了民国元年琼州改省的基本事实，但也只说到了皮毛，事情的经过远比这要丰富得多——它在事实上构成了北京政府的"琼州改省案"！所幸，今天我们有条件来全面解密"琼州改省案"的来龙去脉和重重内幕。

陈治安、陈发檀"及第"

我们首先得说，留学日本的陈发檀、陈治安兄弟学习非常优秀，回国后均获最优等"及第"。

1911年10月，各报报道《留学生及第名单》，分最优等59名、优等123名、中等311名，其中最优等59名是：周家彦、钟赓言、陈治安、陈发檀、王廷璋……[2]

上述名字排序，应是根据这份《学部考取游学毕业生名单》：（最优等五十九名）周家彦 九十九分 钟赓言 陈治安 九十八分 陈发檀 九十三分 王廷璋 九十二分……[3] 这当中，陈治安

---

1 王家槐：《海南近志》，鹤见广告传播有限公司，1993，第13—14页。
2 《留学生及第名单》，《申报》1911年10月8日第26版。
3 《学部考取游学毕业生名单》，天津《大公报》1911年10月5日第11版。

与钟赓言是并列第二。

"游学取官"是始自清末的一种新的人才选拔方式。民国成立后,此一方式一度被取消。在1915年前后,北洋政府仿照清末游学取官办法,举行了一次留学毕业生甄拔考试。后来随着实行文官考试制度,部分地取代了留学毕业生录用考试的功能。

在上述两份名单中,陈治安的排名均位于其兄之前,再考虑到初始陈治安是到外交部任佥事,而陈发檀是到农林部当办事员,这说明在1911年底到1912年9月,陈治安的名气要大于其兄陈发檀。

留学生"及第"意味着什么?我们来看这份1915年的报道:"及第留学生分部任用之,名单现已由铨叙局奉批令发表,除矿科超等及第留学生翁文灏[1],农科甲等及第留学生牛献周二员尚未觐见,俟补请觐见看后再行分发,商科乙等及第留学生叶春墀一员,请暂缓分发,皆未开列,其丙等及第留学生陈翊忠、蒋兆钰、邓昭袁三员均禀称,现在各官署任有职务,自应按照第五条办理,仍分配其现有职务之官署,其他任用单中开列分发各员如左。"[2]

文中各员分发外交部、内务部、财政部、司法部、教育部、农商部、交通部及审计院等。这就是说,通过考试,以决定是否取录留学生,酌量任用;"及第"是榜上有名,按等级被录取到中央官署任事。

---

[1] 翁文灏(1889—1971年),字咏霓,浙江鄞县(今属宁波)人。我国早期最著名的地质学家。1912年,在比利时鲁汶大学获地质学博士,后回国,在北洋政府农商部任事。迄1948年,出任国民政府行宪后的第一任行政院长。

[2] 《及第留学生分发名单》,《神州日报》1915年5月5日第7版。

从下面这份辞职令中，我们知道陈治安曾在外交部任事："临时大总统命令外交总长梁如浩呈称佥事陈治安呈请辞职陈治安准免本官此令。"[1]"佥事"原为专司判断官事的官员。民国初年时，中央各部局亦设有"佥事"，位在参事之下、主事之上。到北洋军阀统治时期，佥事为中央官署中的中级官员。

我们又从下面这个报道中，知道陈发檀初始在农林部任办事员："农林总长宋教仁，现已派定各项办事员二十五人，今将衔名录下（承政厅）：魏震、罗蕺、余光粹、张周、屈蟠、张焌（农务司）；陶昌善、陆长僑、恩庆、黄公迈、陈发檀、易次乾（垦牧司）……"[2]

在陈发檀、陈治安获最优等"及第"之时，一篇题为《游学生之做官热》的文章，可以帮助我们进一步了解此次"留学生及第"的情形。文章说：

游学毕业生，经学部考取四百九十余人，照章均须赏给进士、举人出身。惟实官奖励，业已奏停，则明春廷试尚在有无之间。闻内阁会奏停止奖励一折，系学部主稿，原限于宣统四年正月初一日为始，经法制院改为文官考试施行之日为始，则此语解释极为活动，闻系特为今年毕业诸君，预留明年廷试地步者。故日来毕业诸君，运动廷试一节，热度甚高。惟文官考试章程，迟至今冬或明春必须实行，恐此节不无为难云。[3]

---

1 《神州日报》1912年9月25日第2版。
2 《农林部暂派办事员》，《正宗爱国报》1912年5月11日第2版。
3 《游学生之做官热》，《申报》1911年10月12日第5版。

当时对游学毕业生照章均赏给进士、举人出身，今人说陈发檀于清宣统元年（1909年）毕业归国，依照清律御赐进士，应是有所据。

因为这篇文章是要揭示"游学生之做官热"，故又另附函云："留学生廷试，经学部唐大臣奏准，自本年廷试后，即行停止。现闻此次及第之留学生，欲借系本年毕业为辞，要求明岁再举行廷试一次，以免向隅。日来已屡次会商，竭力运动，拟日内即行呈请学都堂官，务求达其目的而后已。查此次及第之留学生中，有权势者甚多，想不难如愿以偿也。"又函云："此次考试之留学生中有某某大员之子弟及有势力者数十人在内，刻皆运动当道，据毕业在先理由，要求奏奖实官，下不为例，并闻已有成效。惟因停止廷试，已由学部出奏，未便违反奏案，故拟于十月内举行廷试云。"[1]

由"有权势者甚多""中有某某大员之子弟"等现象可见，当时留学生考试也有暗箱操作之嫌。不过，考试名列前茅的陈治安、陈发檀兄弟，应是货真价实的。

是时，《民立报》刊登"法学士陈发檀"投稿的文章《社会主义（soblatism）》的第一部分"第一总说"。其开篇说："社会主义，发达于欧洲，而萌芽于吾国。二三志士，起而提倡之。今虽幼稚，而不久必占伟大之势力，为政者之施政方针，不可不注意于此。"[2]

梁士诒：琼州陈君为改省萌芽

应袁世凯的邀请，解除了临时大总统职务的孙中山，于1912

---

[1] 《游学生之做官热》，《申报》1911年10月12日第5版。
[2] 《社会主义（soblatism）》，《民立报》1912年4月11日第12版。

年8月18日,自上海前往北京。8月24日,经天津抵北京。在京居留一月,孙中山与袁世凯晤谈13次,内容十分广泛,涉及内政、外交、党派、建设等等,而每次会晤只有孙中山、袁世凯及袁世凯的亲信梁士诒三人。由此可见梁士诒此人非同小可。这是历史上孙中山、袁世凯的政治"蜜月期"。

梁士诒,字翼夫,号燕孙,广东佛山人。1869年出生于今佛山市三水区白坭镇岗头村。光绪二十年(1894年),考取进士,历任清邮传部大臣、国务大臣、铁路总局局长,为中国早期的铁路事业作出了很大贡献。1911年,协助袁世凯胁迫清皇室退位。民国初期,任袁世凯总统府秘书长、交通银行总理、财政部次长、北洋政府国务总理等职务,并以交通系首领、全国铁路协会会长身份,全力支持孙中山的全国铁路建设计划。梁士诒时有"活财神""二总统"之称。1916年,他被《纽约时报》称为"中国的大脑""王座背后的权臣",是清末民初非常活跃的一位重要政治人物。

1912年8月25日,同盟会联合统一共和党等四个政团组成国民党,在北京举行成立大会,发布《国民党政见宣言》。孙中山在会上发表演说,论述民生主义问题。国民党成立后,孙中山被推为理事长,黄兴、宋教仁、王宠惠为理事,胡汉民等29人为参议,还有名誉参事7人和各部干事300余人。许多国会会员、内阁成员、各省代表及长官,均被列名为党员或干事。不久,孙中山委任宋教仁为代理事长。

孙中山此次北京之行的"热点",除了倡言建设20万里铁路外,就是琼州改省之事了。但是,随着次年3月20日宋教仁被刺后不治身亡及随后7月"二次革命"发生,局势大逆转,琼州改省大受影响。

1912年9月11日下午3时,广东旅京同乡会在位于北京南横街的粤东新馆举行欢迎孙中山集会,有30余人参加。孙中山在会中"高谈雄辩"琼州改省及筹办铁路问题。这是民国之初运动琼州改省的历史性时刻。孙中山阐述的很有远见的琼州改省方略,影响深远。

这是一份报纸发表的广东旅京同乡欢迎孙中山的详细内容:

昨日下午三钟,广东旅京同乡在南横街粤东新馆欢迎孙中山君。梁士诒君为主席,登台述欢迎之大旨。次孙君上台宣言:今日诸君皆同乡至亲,不拘客套,故弟今日不演说,改为谈话会,无论政治、实业种种问题,如诸君下问,兄弟定必详答。语毕,孙君下台与同乡诸人列坐台下。

陈君治安向前质问:谓中国有两岛:一台湾,一琼州。台湾已被日本占去,惟余琼州,万一再为法占,则全国受影响。若欲整顿,非将琼州改为一省不可。但一切行政之费,非得中央政府扶助及借外债不可,此事望孙先生帮忙。

梁君士诒继云:广东僻处一隅,去中原颇远,且山多田少,民食不足自给。从前粤人争往外洋谋食,近因各国禁阻华工,粤华侨恐无立足地。近虽有殖民于东三省或蒙古之说,然其地苦寒,与粤人体质不相宜。琼本广东九府之一,粤人移此,必能相合。然非改为省,而请中央政府协济,则此事原不易言。昨与孙先生谈及此事,今日又得琼州陈君为之萌芽,诸君如以为然,则请研究此问题可也。

于是,中山起立答云:近日江苏人欲将江北改省,然其地与江南仅隔一扬子江耳，改省与否，无关紧要也。琼州则孤悬海外，当民国之最南，其海峡之最狭者，亦与内地口岸隔八十里，万一不能关照，失去琼州，则高、廉、雷等府及广西之太平等处大有危险。今为边防起见，宜将琼州另立一省。其五指山内黎峒所未辟之地，则移广州八府之人以实之，则琼州或可自守矣。况琼州有一榆林港，极合军港之用，此港为欧亚航路所经，如立为军港以守之，则不特可以固中国之门户，且可以控制南洋一带。至于实业，则琼州四面滨海，海物甚丰。琼多山木，其材木足供数省铁路上枕木之用。农田一岁数熟，矿产又极富，琼地又能种树胶之木，近日树胶之用极广，每树胶一磅，值银数元，一树能出十余磅。琼之糖产、槟榔等又极丰。若为外人所占，则大利外溢，贻患无穷。且檀香山面积不过六七千方里，从前粤人侨此者四万，日本七万，土人数十万，亦足供殖民之用。今琼地万余方里，地大于檀，产腴于檀，美人为海防起见，尚极力保全檀香山，何中国人不以琼为意乎？今陈君提倡设法保卫琼州，琼全则粤全，诚急务也。

中山答毕，张君汝翘起立质问曰：先生之办全国铁路，必须要答求大总统付以全权，是否含有官场性质乎？

孙中山云：全国铁路二十万里，非借外债无此巨赀。如以私人资格借债，则外人不信，不能借，非政府授以特权不可。例如日本之正金银行，亦系私人营业，而政府假以大权者也。如国家以全权授我，照日本之邮船会社办法，俾我办全国铁路有对外借债之全权，复又须得参议院通过，则我以私人营业造路，与外国大公司商量，造成之后四十年，将全路交回国家，不观香港之批地建屋者乎？批地以四十年为期，建屋收租，到期则连地连屋皆归还地主，而建屋之人亦获大利也。况建路之费，比建屋为省得多乎？如不用此策，我度十年以后，中国亦不能造成五万里之铁路。若用此策，则政府对于外国资本家不负责任，而我公司则对外国资本家负完全责任，则国家可免许多棘手之处也。不观日本东京之电车乎？先由民办二十五年后，收归国有。今我仿此办法，四十年后全路收归国有，则此时人材已出，条理亦臻完善，政府可以坐享其成矣。但此事非得国民赞成亦不能办。大总统系四万万国民之代表，故非由大总统任命不可，并非含有官场性质之谓也。

孙答毕，于是茶会复拍照而散。[1]

由此看出，这次北京"谈话会"的内容集中于琼州改设行省，以及孙中山与袁世凯讨论办全国铁路，并被袁授予"筹划全国铁路全权"的重要话题。

"陈君治安向前质问：谓中国有两岛：一台湾，一琼州。台湾已被日本占去，惟余琼州，万一再为法占，则全国受影响。若欲整顿，非将琼州改为一省不可。"这表明，这次倡议琼州改设行省的谈话，由陈治安首先提出。陈治安是陈发檀的弟弟，兄弟俩曾同时留学日本。

关于陈治安，他在同盟会内部也有一定的影响力，他是在天

---

[1]《粤同乡欢迎孙中山纪略》，《时报》1912年9月18日第5版。同时报道此次谈话的报纸还有：《粤同乡欢迎孙中山之谈话》（天津《大公报》1912年9月13日）；《孙中山之高谈雄辩 琼州殖民问题 筹办铁路问题》（《申报》1912年9月18日），此为中华书局2006年版《孙中山全集》第二卷收录的版本，题为《与广东旅京同乡的谈话》；《附粤同乡欢迎孙中山关于琼州演说辞》（《民主报》1912年10月30日）等。

津迎接孙中山到北京的四人之一。当时同盟会定于1912年8月24日开欢迎孙中山的全体大会，同时"同盟会举定孙钟、王伊文、张友栋、陈治安四人代表本部赴津欢迎中山先生"[1]。

陈治安提议琼州改设行省的消息，也最早见于报端：

> 昨日，广东同乡欢迎中山先生，席次陈治安主张改琼州为行省，行政费暂借外债。梁士诒议以粤人移殖琼州。中山先生谓，琼州改省移民有益全粤，又有榆林港极合军港之用，地富材木，可种树胶，尤为天然大利，亟宜以全力赞成陈君此议云。[2]

又有报道："今日国务院会议：（一）广东八属议政团代表陈治安呈请拟将琼州改设行省案。"[3]

此后不久，《民主报》以《附粤同乡欢迎孙中山关于琼州演说辞》为题，报道了"广东旅京同乡会谈话会"一事，但把会上提出"非将琼州改为一省不可"的"质问"人陈治安写成了陈发檀，变为"陈发檀君质问：谓中国有两岛：一台湾，一琼州。台湾已被日本占去，惟余琼州，万一再为法占，则全国受影响。若欲整顿，非将琼州改为一省不可。其改省之理由在建设榆林军港，启发天然物产，及移八府之民以实边防，但一切行政之费，非得中央政府扶助及借外债不可。此事望孙先生帮忙。"[4]

---

1 《民立报》1912年8月22日第3版。
2 《民立报》1912年9月15日第3版。
3 《民立报》1912年10月3日第3版。
4 《琼州宜改设行省理由书》（续），《民主报》1912年10月31日第11版。

在这里，陈发檀的发言增加了"其改省之理由在建设榆林军港，启发天然物产，及移八府之民以实边防"的内容。这更符合当时推动琼州改省的初衷。这一点，我们回首光绪三十三年八月八日（1907年9月15日）都察院代奏日本留学生陈发檀《呈请速立宪法振兴海陆军折》，就可得到了解。

这一变动的原因，应是还原了新闻的事实。琼州改省是陈氏兄弟的共同主张，而且在会前与孙中山就谈及此事，并获得赞成："琼州改省问题，素为陈氏昆仲所主张，中山先生来京时，陈海澜君往谒谈及此事。中山之政见，与陈君相同。故前日，中山先生在粤东馆演说，极力赞成。"[1] 陈海澜当指陈发檀。这也表明，在北京谈话会之前，陈发檀就与孙中山谈及琼州改省事，并获得孙的极力赞成。

陈发檀于清宣统元年（1909年）毕业归国，依照清例御赐进士出身。1912年元旦，孙中山在南京就任中华民国临时大总统。陈发檀由于国学渊博，又是法科毕业，被孙中山任命为秘书，参与临时约法的制定，并于1913年4月8日在第一届国会第一期常会上，同林文英及胞弟陈治安等膺选国会众议员。孙中山辞职南归后，陈发檀在京专伺议会议员一职。[2]

梁士诒也赞成琼州改为省，并称"请中央政府协济，则此事不易言"。受到"陈君"启发，他不但提出琼州改省的"华侨原因"，直指应研究如何进行，而且还透露9月10日就琼州改省事宜已与孙中山交换过意见。由此也说明，孙中山9月11日当天关于琼州改省的答语，也是"有备而来"。

---

1 《关于琼州改省之要电》，《盛京时报》1912年9月22日第3版。
2 范运晞：《琼籍民国人物传》，南海出版公司，1999，第194—196页。

"近日江苏人欲将江北改省",是指民国初年的江北改省(江北分省)运动。由于袁世凯不同意建立江北行省,此事到1912年5月事实上已经结束。[1]孙中山从地理环境角度出发,认为江北与江南仅隔一条扬子江,故改省与否"无关紧要",实即无国土安全之虞。由此反观"孤悬海外"的琼州,"与内地口岸隔八十里",一旦失去,则"高、廉、雷等府及广西之太平等处大有危险",是以"今为边防起见,宜将琼州另立一省"。以江北改省"无关紧要"反证琼州改省之必要,用意甚善。

孙中山"高谈雄辩"琼州改省

上海《申报》的报道内容比较简短,但标题用了"孙中山之高谈雄辩"等语,使内容的感情色彩更深。这是报道中琼州改省的内容:

> 初十日午后三钟,孙中山在粤东新馆开恳亲会,孙君演说,将广东琼州改为行省。琼州一岛,孤悬海外,为欧亚交通孔道,形势握[扼]要,屏蔽全国,物产丰饶,利于殖民。然欲经营之、垦拓之,须改为行省,始有所措手,愿同乡诸君留心研究此问题。[2]

孙中山在广东旅京同乡会谈话会上的谈话,是海南建省史上一次重要谈话,由此揭开了民国时期海南改省运动的序幕,影响深远。孙中山当日的一席话,实为民国琼州改省运动之先声。

---

[1]《江北分省事之结束》,《新闻报》1912年5月6日第6版。
[2]《孙中山之高谈雄辩 琼州殖民问题 筹办铁路问题》,《申报》1912年9月18日第2版。

孙中山列数琼州的地理条件、资源禀赋、海防地位、军事价值和经济意义，把琼州改省的理由阐述得充分而生动，并把琼州改省的结论提到"诚急务"的高度，真无愧是革命先行者的宏大叙述，眼光之深远、见解之卓越，恐无出其右。

孙中山的答话不长，他以"近日江苏人欲将江北改省，然其地与江南仅隔一扬子江耳，改省与否，无关紧要也"为开篇，引人遐想；以"今琼地万余方里，地大于檀，产腴于檀，美人为海防起见，尚极力保全檀香山，何中国人不以琼为意乎……"为收尾，予人警醒；中间以"况琼州有一榆林港，极合军港之用，此港为欧亚航路所经，如立为军港以守之，则不特可以固中国之门户，且可以控制南洋一带"为启示，并以"至于实业，则琼州四面滨海，海物甚丰"为标榜，具有高深的洞悉力，可谓用意精深，回味悠长。试想海南改省在民国时期屡次发动，但为什么一直不成功？那是因为孙中山之后，再没有人能从"今为边防起见，宜将琼州另立一省"的角度看这件事，而是全都拘泥于海南落后、财力不足以建省之类，眼光短视如此。

孙中山极力赞成琼州改省，这也反映了当时人们的愿望：

广东会馆昨日开重要会议，讨论海南岛改省事宜，孙中山亦参预此会。到会者大半赞成此议。（十二日北京专电）[1]

这次改省之议，也引起海南各界高度重视。同盟会琼州支部致电孙中山，恳请其力促北京政府尽速实行改省。这是一则

---

[1]《广东旅京同乡会谈话会》，《时报》1912年9月13日第5版。

公电：

民立报、同盟会机关部转中山先生鉴：连接京电，琼州改省，总统甚愿意，琼人闻之欢喜，恳先生电京力表赞成，以速实行。同盟会琼支部江。[1]

在孙中山的推动下，历史上第一次轰轰烈烈的海南改省运动序幕就这样拉开了。

在各方的支持期盼下，琼州改省倡议很快就变成"琼州改省案"。

"陈发君鉴：琼州改省，众集议赞成，请提议。八属议政团同人叩。"[2] 这是广东八属议政团给陈发檀（原文为陈发，少了"檀"字）的电文，请陈提出琼州改省议案。这就有了结果：

广东八属议政团琼代议士电举陈海澜君提议：琼州改省问题，素为陈氏昆仲所主张，中山先生来京时，陈海澜君往谒谈及此事。中山之政见，与陈君相同。故前日，中山先生在粤东馆演说，极力赞成。今陈君海澜接广东八属议政团琼代议士来电，举伊为代表，提议此事。现改省理由书，已由陈海澜君起草，有五大理由：一海防政策，即该岛为海军港要区、南洋之门户。二天然富源启发政策。三文化政策。四国内移民、殖民政策。五行政

---

[1]《琼州人赞成改省电》，《通问报》1912年11月13日第10版。
[2]《关于琼州改省之要电》，《盛京时报》1912年9月22日第3版。

之便宜。[1]

这就是说,陈发檀仅用十天左右时间就草成琼州"改省理由书",这就是这位留日学生的功力。此前,我们已经读过他1907年写的两篇呈文《留日学生陈发檀呈请代奏保护旅暹商民原稿》和都察院代奏日本留学生陈发檀的《呈请速立宪法振兴海陆军折》。

此事的新闻还见于以下资料:

广东陈君海澜倡议,将琼州改为省区,不属广东。现得八属议政团同意,即推陈君为代表,提议此事。当即由陈海澜君起草改省理由书,其理有五:一海防政策,即该岛为海军港要区、南洋之门户。二天然富源启发政策。三文化政策。四国内移民、殖民政策。五行政之便宜。不日,呈请大总统及参议院核定。[2]

这个"八属议政团"即"高廉雷琼钦崖罗阳八属议政团",此后不久宣告脱离国民党。时"高廉雷琼钦崖罗阳八属议政团员,假座雨帽街八属学会全体大会,到者座为之满。公推冯相华、杨瑞岐任主席,敖乐天宣布,提请规复八属议政团,并脱离国民党关系,均经全体赞成"[3]。

陈发檀既被误为"陈发",又被错为"陈海澜",可见他当时的"知名度"还不高。

---

1 《关于琼州改省之要电》,《盛京时报》1912年9月22日第3版。
2 《琼州倡议改省》,《时事新报》1912年10月8日第9版。
3 《八属议政团脱离国民党》,《申报》1913年9月28日第7版。

陈发檀等具呈《琼州改省之呈文》

琼州改省理由书"不日，呈请大总统及参议院核定"。很快，上海《申报》就分三次刊登广东八属议政团代表陈发檀、陈治安等人向大总统袁世凯具呈的《琼州改省之呈文》。呈文写道：

粤东八属议政团代表陈发檀、陈治安等具呈大总统云：为琼州改设行省事。窃琼州一岛，孤悬海外，面积十余万方里，人口数百万。其位置在北纬十八度二十二分，东瞰小吕宋，西连东京湾，南接安南，北倚雷州半岛。四面港口，星罗棋布，南有榆林、三亚之险，北有海口、铺前之固，东有清澜、博敖，西有洋浦、英潮。贸易船舶之所辐辏，商贾货物之所云集，山海物产之所鳞屯，此固海疆之要区、南方之屏障也。只以行政区划隶于广东，位为外府，政府轻视之，故居民安陋就简，因循苟且，不能应时势而发达，有形势之险而不知固守，有天然之富源而不知利用。法国垂涎是岛，历有年所，前清时代，尝有海南岛不割让之条约。频年以来，各国政府皆注意此土，故各国学者、政治家、旅行者不绝于道，探险者纷至叠来，而吾国人昧然也。夫以中国之大，仅有台湾及海南二大岛。甲午之役，台湾割让于日，日人经营十年之久，自铁道开设，行政、教育制度整理以来，昔者硗确之区，今变为膏腴之府，旅行台湾者，不胜今昔之感焉。夫同一物也，视管理者之才不才，而地位自异。爱惜而保护之，则其势可以参天；轻视而废弃之，则朝不保夕矣。凡物既然，国家之领土，何独不然？今台湾既去，南海之势甚孤，倘一旦为外国所占领，微特该岛人民受蹂躏之祸，恐牵一发而动全身，即神州大陆亦必受其影响。此发檀等所以呈请改设行省之由来也。[1]

夫琼州宜改设行省,其理由有五,试为大总统缕析陈之。

其一,巩固海防,琼州宜改设行省也。夫琼州位置极南,为大西洋舰队所必经之路,南洋之门户也。昔日、俄战争之际,巴尔梯克舰队东来经过该岛,[2]既为吾国人所共闻而共见矣,而榆林、三亚二港,正当其冲。查该港广袤,能容巨舰,可以避风,外有小岛环之,为天然之海军根据地,德之基尔、日之佐世保莫是过也。吾国海军诸港,如旅顺、威海、胶州湾、广州湾等地,次第借租于外国,其余可为海军根据地者无几,倘再舍此而不顾,恐后患有不可胜言者。自世界大势变迁,国力之盛衰强弱,常在海而不在陆,其海上权力优胜者,其国力常占优胜。法国人口迅速增加以来,昔该国之海军与英国较在一与六之比例,而今则骎骎发达,变为一与二之比例矣。英国朝野上下遑遑焉,保其二国标准主义而不怠,其余如美日俄诸国海军皆长足进步,争先恐后。观诸国海军表,其国力竞争之消息,可以默喻矣。今我国海军虽不克与列强争胜,然有海军根据地置而不顾,甚非国家永久之大计、巩固边防之政策也。倘改为行省,则琼州之军港易于建设。其理由一也。

其二,启发天然富源,琼州宜改设行省也。吾国天然富源之地虽多,而琼州富源尤为各地之冠。是地富于矿产,有金、银、铜、铁、铅、锡、炭煤、水火诸矿。甘蔗、蕃茂取汁可以制糖;森林

---

1 《琼州改省之呈文》,《申报》1912年10月30日第6版。

2 1904—1905年,日本与俄罗斯为了争夺中国东北和朝鲜半岛的权益,在中国东北的土地上进行了一场帝国主义战争,即日俄战争。巴尔梯克舰队,即俄罗斯的巴尔契克舰队,当时号称世界最强大的舰队,因其东来经过海南岛,使榆林港引起世人的注目。

阴翳，伐木可以为舟。钓鱼之丝，鱼盐之场，胶树、蚕桑、槟榔、椰子、菠萝、龙眼、荔枝、芝麻、番薯、橄榄、茄楠、沉香、橙柑、黄皮、芭蕉诸植物，不能胜举。地广人稀，牛羊成群，牧畜之场在焉；丛林峻岭，麋鹿、猿、豹、獶、兔、狸、獭、山猪栖息其间，狩猎之区存焉。总之，琼州一岛，动、植、矿三界，莫不丰富，只以交通不便，一切货财则自生产地以至于市场，其运搬之费不资，其价不足以偿生产费用，人情乐于苟安，故任其天然物产自生自灭而不顾。加以法律、行政制度未能完备，保护未周，故投资者视为畏途，以致富源至今尚未启发耳。今民国成立，振兴实业，诚为急务，倘不改为行省，则实业之发达无由。其理由二也。

其三，文明政策，琼州宜改设行省也。琼州黎、汉杂处，黎居中，汉处四围，一切言语、风俗、习惯、宗教、道德、感情、思想与汉族异。虽黎有生、熟之分，生黎犷狠，熟黎驯良，要之皆上古之苗裔，而文化最低之种族也。[1]自古迄今，皆为汉族之患，而生黎尤甚，政治家献平黎之策者，指不胜屈。发檀等以为，宜开道路以通之，熟黎驯良者，则招而抚之，辟其地为州县，与之杂居，十年教育之后，必与我同化矣。熟黎既化，则生黎势孤，久而久之，其必就范围。今共和宣布，五族平等，断无有异视上古遗族之理。倘歧而视之，必为子孙之患；使之同化，必收指臂之助。文明政策，宜行于黎者此也。且琼州居民，普通教育尚未普及，又限于一府，故大学及诸种高等学校，不能设备。以海防要地，而人才不足以副之，甚非保卫之策。然则欲发达该岛文化，

---

[1] 此类说法系对黎族同胞的污蔑性说法，为维护文献的完整性，今仍保留原文，请读者批判阅读。后文同类情况皆按此处理，不再说明。

非改设行省不为功。其理由三也。

其四，国内移民、殖民政策，琼州宜改设行省也。夫殖民、移民有二：外国殖民、移民及国内殖民、移民是也。琼州人口甚稀，而广州等处人口过庶，因生计困难，故近来移往海外者，实繁有徒。国力不振，故各国对我华侨不以同等相视，设诸种条例以苛待之，其惨状有不堪言者。夫我有地利而不自启发，流居异域，使外人牛马视而奴隶贱之，甚非得策也。发檀等非谓海外移民、殖民为不必要，但吾国今日状态，国内移民、殖民为尤必要。倘改琼州为行省，则人口过多之地，必源源而来；资本亦因之而流入，不久必变为富庶之区。其理由四也。[1]

其五，行政之便宜，琼州宜改设行省也。琼州之地理、风俗、言语与各府不同，由琼至省，必经海道，千余里之遥；由省御琼，有鞭长莫及之叹。地方情形，长官不必周知；长官命令，早发不能夕至，其不便一也。且该岛风俗、言语、习惯与广州异，以言语、风俗、习惯不同之人民合为一省，行政区划之分配，甚不得当，不便二也。倘改为行省，则无上述之弊。其理由五也。

琼州之宜改为行省，既如上所述矣。或者曰：琼州土地狭小，财力不足，不宜改省者一。且一改行省，恐各省纷纷效尤，何所底止，不宜改省者二。昔江北改省之议不能通过，琼州与江北，何异其选，不宜改省者三。是说也，似是实非。夫台湾一岛，其幅员与琼州相等，自日本经营之后，每年厘入数千万。倘琼州改为行省，数年经营，将来其收入必有可观，无庸疑也。且欧美诸小国，其面积不如琼州之广，人口不如琼州之多，尚自立为一国，

---

1 《琼州改省之呈文》（续），《申报》1912年10月31日第6版。

以数百万之住民、十万方里之土地,而不能划为一省直隶中央者,断无是理。是第一之驳议,不足信也。琼州宜改为行省,既有上陈五大理由,他省之欲效尤者,无从藉口。是第二之驳议,不足信也。琼州与江北不同,查江苏面积最狭,江北改为行省,则江苏必受其影响,而琼州改省,广东不受其害,反得其益,其不同一也。琼州系海外孤岛,文明各国,其政府皆重视岛地,诚以岛地有特别之理由在焉。美国诸岛,皆自为一州,若夫落利大[1]、檀香山等岛,其面积不若海南,而自为一州,其故可知。而江北则非岛也,其不同二也。前清时代,张之洞督粤时,常倡琼州改省之议,后岑春煊督粤,亦有是议。夫以前清因循苟且,尚因琼州地理重要,不能漠视,况民国成立,凡百设施,在发奋有为之时代乎?而江北则不然,其不同三也。由是观之,第三之驳议,亦不足信也。昔唐贞观五年置都督府于琼州,是改省之说,乃所以复古制,非创议也。民国百度维新,行政区划亟宜改良,以固边防而启利源,兴文化而奖殖民,乞大总统准将琼州改设行省。琼州幸甚,民国幸甚。[2]

《琼州改省之呈文》首先写陈发檀等人呈请改设行省之由来,系四个原因。第一,海南岛"孤悬海外",位置重要,是"固海疆之要区,南方之屏障"。其海防地位之重要,自是不言而喻。第二,海南之所以不能顺应时势发达,是因为行政区划隶于广东,"位为外府",受到轻视,结果有天然之富源而不知利用。

---

[1] 夫落利大,即美国南部的佛罗里达州。
[2] 《琼州改省之呈文》(再续),《申报》1912年11月3日第6版。

第三，海南岛曾经被法国所染指，如果再被外国所占领，其结果不但该岛人民惨受蹂躏之祸，恐怕将产生牵一发而动全身的效应，"即神州大陆亦必受其影响"。第四，台湾自甲午之役割让于日本，日本人经营十年之后，昔日的"硗确之区，今变为膏腴之府"。"硗确之区"意指土地坚硬瘠薄的地区，意含台湾的生产条件不如海南。把海南改省同台湾改省联系起来，寻找到了"孤悬海外"的共同理由，使琼州改省的理由具有最直接的说服力。

《琼州改省之呈文》的核心内容，是以"试为大总统缕析陈之"的方式，阐述琼州宜改设行省的五个理由：其一，巩固海防，琼州宜改设行省。从军事尤其是"海上权力"着想，从海军根据地建设着眼，琼州改为行省是为国家永久之大计、巩固边防之政策。巩固海防可说是他们提出琼州改省的根本着眼点。其二，启发天然富源，琼州宜改设行省。这完全是着眼于开发琼州丰富的天然富源、发展琼州实业，强调琼州改为行省之重要性。其三，文化政策，琼州宜改设行省。这是说明琼州改为行省之急务，在于实现民族平等、开通黎区道路、发达地方教育文化。其四，国内移民、殖民政策，琼州宜改设行省。放眼外国殖民、移民惨状，展望由国内移民、殖民于海南前景，其意义在于"改琼州为行省，则人口过多之地，必源源而来；资本亦因之而流入，不久必变为富庶之区"。其五，行政之便宜，琼州宜改设行省。由于"由琼至省，必经海道，千余里之遥；由省御琼，有鞭长莫及之叹"，这种行政上的不便利，只有改设行省方能解决。这个观点，应该说是抓住了海南落后的根本原因——地方政府层级低且行政效率低。琼州改省就是为了提高政府的行政效率，以便解决地方发展问题。

《琼州改省之呈文》详陈五大理由似尚嫌不够，于是再设置三大驳议，力求将改省的理由阐述得更为完整而有说服力。驳议是设置别人的悖论再一一加以反驳。呈文设置了三个驳议，一是"琼州土地狭小，财力不足，不宜改省"；二是"（琼州）一改行省，恐各省纷纷效尤，何所底止，不宜改省"；三是"昔江北改省之议不能通过，琼州与江北，何异其选，不宜改省"。

对这三条琼州不宜改省的理由，陈发檀等人逐一反驳，指其不足信。一是"台湾一岛，其幅员与琼州相等，自日本经营之后，每年岁入数千万。倘琼州改为行省，数年经营，将来其收入必有可观，无庸疑也。且欧美诸小国，其面积不如琼州之广，人口不如琼州之多，尚自立为一国，以数百万之住民，十万方里之土地，而不能划为一省直隶中央者，断无是理"。二是"琼州宜改为行省，既有上陈五大理由，他省之欲效尤者，无从借口"。三是"琼州与江北不同，查江苏面积最狭，江北改为行省，则江苏必受其影响，而琼州改省，广东不受其害，反得其益，其不同一也。琼州系海外孤岛，文明各国，其政府皆重视岛地，诚以岛地有特别之理由在焉。美国诸岛，皆自为一州，若夫落利大、檀香山等岛，其面积不若海南，而自为一州，其故可知。而江北则非岛也，其不同二也。前清时代，张之洞督粤时，常倡琼州改省之议，后岑春煊督粤，亦有是议。夫以前清因循苟且，尚因琼州地理重要，不能漠视，况民国成立，凡百设施，在发奋有为之时代乎？而江北则不然，其不同三也"。这三个不同，足以说明"第三之驳议，亦不足信也"。由此三驳，足见琼州改省理由之充分，他地无法"复制"。诚如文中所言，这些质疑琼州改省的观点"似是实非"。

行文至此，呈文以请求的话语这样结尾："民国百度维新，行政区划亟宜改良，以固边防而启利源，兴文化而奖殖民，乞大总统准将琼州改设行省。琼州幸甚，民国幸甚。"

从总体内容上看，《琼州改省之呈文》所阐述的琼州改省思想体现了"广东旅京同乡会谈话会"上，陈发檀、梁士诒、孙中山所阐述的基本思想。这包括担心海南被法国占领，从边防起见，琼州宜另立一省；建省目的在于建设榆林军港，以固中国之门户；在于移八府之粤人以实边防，以成琼州自守；在于启发天然物产，以发达琼州实业。江苏人欲将"江北改省"、美国人极力"保全檀香山"，都是琼州改设行省的有力例证。

陈发檀等人如此精心阐述"琼州与江北不同"，说明当时江北改省也是非常迫切的，并可能对琼州改省造成冲击。陈发檀所称"昔江北改省之议不能通过"，应是指更早前的清季江北改省之议。

1864年，天京陷落、太平天国运动被镇压后，四川道监察御史陈廷经鉴于当时江淮形势，向清廷提出以长江为界，将安徽北部与江苏北部合并为一省，安徽南部与江苏南部合并为一省。但此议遭到时任两江总督曾国藩的反对，清廷最终也认可了曾国藩的建议，否决了陈廷经的提议。清季新政时期，江北建省之议再度浮出水面，并且在朝野中引起了很大的反响。1904年，张謇就写出了著名的《徐州应建行省议》，第一次完整系统地提出了一个以徐州为中心的建省计划并得到了初步实践。1905年1月27日，清廷发布上谕，以江宁布政使所属之江、淮、扬、徐四府和通、海两直隶州划归江淮巡抚管理，仍由两江总督节制，新设江淮巡抚驻节清江浦。消息一出，舆论哗然，彼时江苏籍京官共推都察院左都御史陆润庠为首，联名力争，请求朝廷收回成命，时任翰林院侍读恽毓鼎又紧接着上《敬陈苏淮分省四弊折》，反对江北单独设立行省，其理由包括：其一，一旦江苏分省，对于苏南、苏北都无益处，江淮离开了苏南则会易富为贫，苏南离开了江淮，则会由强变弱，且分省后，督抚一旦耽于畛域，则会动摇大局；其二，苏省摊派本已甚巨，如若江南江北分省，则对于江北来说，摊派之数只会更多，不会更少；其三，苏淮一旦分省，则水陆各营势必也会各自分立，其结果会导致在缉拿盗匪等问题上互相推诿，从而不利于江淮地区的治安；其四，易生国际事端，若江北单列一省，则列强势必要于江北增设领馆、教堂、通商口岸等。同年4月21日，清廷又以"苏淮分立行省，治理不便"为由，裁撤江淮巡抚。[1]

江北分省暂告一段落，直到辛亥光复之后，江北改省运动又起，也就是孙中山1912年9月11日在广东旅京同乡会欢迎集会上所称："近日江苏人欲将江北改省，然其地与江南仅隔一扬子江耳，改省与否，无关紧要也。"为琼州改省事，孙中山及其追随者可谓是大费心思了。"

琼州改省案：国务院会议决议粤都督商议

陈发檀、陈治安兄弟等人"具呈大总统为琼州改设行省事"，当月就进入议政程序。他们当时的心情应该很急，但1912年9

---

[1] 纪浩鹏：《离合之间：辛壬之际江北改省问题探析》，《民国研究》2018年春季号（总第33辑）。

月27日,国务院秘书对此事尚不知情。是日,众议院询问国务院:"今日国务院例会会议,琼州改省问题,是否已有所决定?(答)本秘书尚无所闻。"[1]就在"尚无所闻"的第二天(9月28日),国务院会议就论及此事。有此报道:

> 昨日,国务院会议,陈发檀等提议琼州改省案,交通朱总长以琼州处粤之西南,形似岛国,与雷州对峙,交通甚为便利,地理上亦无妨碍。惟改省后,该处能否发达,未可预料。须实地考察有无障碍,始可交议。虽琼州内多山脉,外环海港,天然形势果占优胜,恐政治上不能一致,当决议先行咨询粤督意见如何,再行提议云。[2]

这就是说,1912年9月28日,国务院会议讨论了陈发檀等人提议的琼州改省案,赵秉钧内阁的交通部总长朱启钤认为海南建省交通地理上无妨碍,但又顾及改省后该处能否发,因而提出须实地考察有无障碍,始可交议。特别是他说到"惟改省后,该处能否发达,未可预料"这句话,这可能是接下来《琼州宜改设行省理由书》"出笼"的一个舆论背景。

"恐政治上不能一致,当决议先行咨询粤督意见如何,再行提议云。"国务院会议研究的结果是决议先行咨询广东都督胡汉

---

[1] 《国务院谈片》(九月二十七日),《时事新报》1912年10月3日第6版。

[2] 《琼州改省案之会议》,《民主报》1912年9月29日。第二天(9月30日),《大公报》也以《会议琼州改省案》为题,报道了此内容。

民的意见,然后再议,"球"这又踢回了广东。

稍后的报道也这样综述说:

琼州改设行省一事,孙中山在京时曾略言之。兹有广东议政团代表陈发檀等呈称:琼州一岛,孤悬海外,面积十余万方里,人口数百万,四面港口,星罗棋布。南有榆林、三亚之险,北有海口、铺前之固,东有清澜、博敖[鳌],西有洋浦、英潮,船舶辐辏,商贾云集,诚为海疆之要区。徒以行政区域隶于广东,政府轻视之,居民因陋就简,不能应时发达。近来各国垂涎已久,不早经营,必为台湾之续。爰特缕陈理由如左:一巩固海防、二启发天然富源、三文化政策、四国内移民殖民政策、五行政之便宜交通云云。国务院会议时,交通朱总长谓琼州处粤之西南,形似岛国,与雷州对峙,交通甚为便利,地理上亦无妨碍,惟改行省后,该处能否发达,未可预料,必须实地考察有无障碍,始可交参议院议。虽琼州内多山脉,外环海港,天然形势,果占优胜,然恐政法有不能一致之患。当即决议,先行咨粤督意见如何,再行接议云。[1]

《政府公报》(1912年10月12日第164号)公布"呈批",当中有此内容是:

奉大总统发交呈阅悉。所陈琼州改设行省各条,按时立论,因地制宜,具有见地。惟事关改划行政区域,仰候咨行广东都督,

---

[1] 《琼州改设行省问题》,《神州日报》1912年10月5日第3版。

发交省议会公同研究,详晰议复,再行核办,可也。此批。中华民国元年十月初九日。[1]

"大总统"转交国务院开会讨论,因事涉及行政区域问题,"国务院呈批"交"粤都督"进行商议。广东都督胡汉民果然很快收到国务院的咨文:

胡都督昨接国务院来咨,略谓:奉大总统发交广东八属议政团代表陈发檀等呈一件,内称请将琼州改设行省等因,事关改划行政区域,究竟有无窒碍,相应印送原呈咨行贵都督,即希发交省议会公同研究,详晰议复,以凭核办等因。当即将印送原呈咨交议会提议矣。兹将陈发檀等原呈录下。(此处从略)[2]

从各报的报道可以看出,1912年9月11日,孙中山与广东旅京同乡谈及琼州改为行省事后,从陈发檀等人《琼州改省之呈文》上呈"大总统",到"大总统"转交"国务院",再到"国务院"开会决议"先行咨询粤督意见",而后"国务院"呈批"仰候咨行广东都督,发交省议会",然后"胡都督昨接国务院来咨","当即将印送原呈咨交议会提议",经历了如此多的环节。琼州改省的命运如何呢?这就取决于"大总统"袁世凯的态度了。

---

1 《国务院批广东八属议政团代表陈发檀等请将琼州改设行省呈》(中华民国元年十月初九日),《政府公报》1912年第164号,第8页。

2 《交议琼州改省问题》,《新闻报》1912年10月29日第5版。该报于10月29日、30日、31日连续三天刊完陈发檀等人原呈。《大公报》11月7日也以《交议琼州改省问题》为题,报道此事。

琼州改省案：袁世凯"颇不谓然"

1912年8月，当上了袁世凯时期第三任国务总理的赵秉钧，于10月4日为琼州改省事面陈袁世凯，偏偏这位大总统"对于此事，颇不谓然"。是谓：

> 日昨，赵总理因陈发檀呈请琼州改省案，及四川民政长电请划分川西行省案事，特至总统府面陈一切。大总统对于此事，颇不谓然。以现在省选举及众议院、参议院选举法已经颁布，官制也才议妥，设一改建行省，是选举区域诸多障碍，且与地理、历史、财政、行政上较多周折，惟有俟国会组织完备，再行采取众议，徐图改革，庶与事实无碍。赵总理唯唯称是。当将此意，分电粤、川省矣。[1]

袁世凯为什么对琼州改省事不以为然？"民国初年，海内贤达，已倡改革省区之说，各著文以抒其卓识。而当时政府，志在集权，重中央而轻地方；且对于政治地理与国计民生，究有何等关系，巩恐亦未必了如指掌。由是因袭前朝，粉饰一时，而定为省道县三级之制。"[2] 是以重中央集权是事情的一个方面。

当时（1912年7月5日），北京政府法制局草拟的省官制案呈交参议院议决；8月，法制局复提第二案；10月下旬，再提第

---

1 《改建行省从缓之原因》，《民主报》1912年10月5日。
2 张其昀：《改革省区之基本原理》，《时事月报》1931年第4卷，第157页。

三案。三案皆与省制改革问题密切相关，对中央政府、省及省长官、省议会权力范围的界定多有变化，且经反复修订，迟迟未决，这背后各利益攸关方之间交锋的激烈程度，不言而喻。

因此，袁氏的想法：一是省选举及众议院、参议院选举法已经颁布，官制也才议妥，在这个时候改建一行省，会有选举区域等诸多障碍。这是指袁世凯10月2日公布了省议会议员第一届选举日期及《省议会议员选举法实施细则》；临时参议院8月10日制定并公布了《中华民国国会组织法》《参议院议员选举法》《众议院议员选举法》《筹备国会事务局官制》等。二是改建一行省，牵涉到地理、历史、财政、行政上的诸多问题，实行起来"较多周折"。有此"两难"，这位"大总统"当然对琼州改省缺乏兴趣。

他的态度：等到国会组织完备，"再行采取众议，徐图改革，庶与事实无碍"。他没有否定琼州改省，而是采取"等"的办法，使得"外面"轰轰烈烈进行的琼州改设行省运动陷入"从缓"的局面，最终"等"到运动流产。

由此来看，国务院开会讨论，又呈批广东都督进行商议等都是形式，做"表面文章"，只是对孙中山有一个交代而已，袁世凯根本就不会考虑琼州改省问题。要在袁氏任内实现海南建省，几乎无异于与虎谋皮。更何况，当时孙袁的"蜜月期"只有20多天。

其实，当时舆论鉴于海南地方小且经费缺，已看到琼州改省事难成：

> 日昨，琼州绅民具呈总统府，以琼州孤悬海外，与内地声息不通，请改建行省，以资镇摄。总统已交国务院。闻日前国务院

会议，以省制尚未解决，将来有无更变，尚不可知。琼州地小而瘠，建置行省经费甚巨，已议决不允所请云。[1]

这再次说明，孙中山着眼于巩固国防而改省，与当道者所见不可相提并论。

孙中山等联合发布《琼州宜改设行省理由书》

在广东旅京同乡谈话会之后，孙中山为获得参议员对其铁路计划的支持，大宴他们："孙中山昨日午后四时，特约参议员于迎宾馆开茶话会，讨论其铁路政策。座中，中山先为铁路政策之演说，大致主张民办，期限归为国有。其办法不离利用外资，分为三种，一由民办铁路公司向外国借款，二华洋合股，三批发外国商人包办。三者之中，尤注重批发一端，来将政府准依上三种办法，提案于参议院，望大家先行讨论，赞助此举。"[2]而对于琼州改省，则以联名发表《琼州宜改设行省理由书》的方式，以寻求议员们的理解支持。

孙中山极力赞成琼州改省，并称"诚急务也"。或言："会后，陈发檀以琼州改省之议，经孙先生赞成，可草成议案，提出国会讨论。然又虑国会议员，未知琼州之实况及其重要，乃属稿琼州改省理由书，由孙先生领衔及与会之三十余人，签署发布。未几，国民党代理事长宋教仁被刺，陈发檀等南归，议遂寝。"[3]这只是把

---

1 《琼州改省之难成》，《时事新报》1912年10月12日第10版。
2 《孙中山大宴参议员》，《时报》1912年9月21日第5版。
3 王家槐：《海南近志》，鹤见广告传播有限公司，1993，第14页。

话说对了一半。

孙中山等名流联名发布的《琼州宜改设行省理由书》，是由《琼州改省之呈文》改编而来的，但见报日期早于后者。其文如下：

为琼州改设行省事：窃琼州一岛，孤悬海外，面积十万方里，人口数百万。其位置在北纬十八度二十二分，东瞰小吕宋，西连东京湾，南接安南，北倚雷州半岛。四面港口，星罗棋布，南有榆林、三亚之险，北有海口、铺前之固，东有清澜、博敖，西有洋浦、英潮。贸易船舶之所辐凑，商贾货物之所云集，山海物产之所鳞屯，此固海疆之要区，南方之屏障也。只以行政区划隶于广东，位为外府，政府轻视之，故居民安陋就简，因循苟且，不能应时势而发达，有形势之险而不知固守，有天然之富源而不知利用。法国垂涎是岛，历有年所，前清时代，尝有海南岛不割让之条约。频年以来，各国政府皆注意此土，故各国学者、政治家、旅行者不绝于道，探险者纷至沓来，而吾国人昧然也。夫以中国之大，仅有台湾及海南二大岛。甲午之役，台湾割让于日，日人经营十年之久，自铁道开设，行政、教育制度整理以来，昔者硗确之区，今变为膏腴之府，旅行台湾者，不胜今昔之感焉。夫同一物也，视管理者之才不才，而地位自异。爱惜而保护之，则其势可以参天；轻视而废弃之，则朝不保夕矣。凡物既然，国家之领土，何独不然？今台湾既去，海南之势甚孤，倘一旦为外国所占领，微特该岛人民受蹂躏之祸，恐牵一发而动全身，即神州大陆亦必受其影响。此同人所以有改设行省之议也。夫琼州宜改设行省，其理由有五，试为诸位先生缕析陈之。

其一，巩固海防，琼州宜改设行省也。夫琼州位置极南，为大西洋舰队所必经之路,南洋之门户也。昔日、俄战争之际,巴尔梯克舰队东来经过该岛,吾国人所共闻而共见矣,而榆林、三亚二港,正当其冲。查该港广袤,能容巨舰,可以避风,外有诸小岛环之,为天然之海军根据地,德之基尔、日之佐世保莫是过也。吾国海军诸港,如旅顺、威海、胶州湾、广州湾等地,次第借租于外国,其余可为海军根据地者无几,倘再舍此而不顾,恐后患有不可胜言者。自世界大势变迁,国力之盛衰强弱,常在海而不在陆,其海上权力优胜者,其国力常占优胜。德国人口迅速增加以来,昔该国之海军与英国较在一与六之比例,而今则骎骎发达,变为一与二之比例矣。英国朝野上下遑遑焉,保其二国标准主义而不怠,其余如美、日、俄诸国海军皆长足进步,争先恐后。观诸国海军表,其国力竞争之消息,可以默喻矣。今我国海军虽不克与列强争胜,然有海军根据地置而不顾,甚非国家永久之大计、巩固边防之政策也。倘改为行省,则琼州之军港易于建设。其理由一也。[1]

其二,启发天然富源,琼州宜改设行省也。吾国天然富源之地虽多,而琼州富源尤为各地之冠。是地富于矿产,有金、银、铜、铁、铅、锡、煤炭、煤油诸矿。甘蔗、蕃茂取汁可以制糖;森林阴翳,伐木可以为舟。钓鱼之丝,鱼盐之场,胶树、蚕桑、槟榔、椰子、波萝、龙眼、荔枝、芝麻、蕃薯、橄榄、茄楠、沉香、橙柑、黄皮、芭蕉诸植物,不能胜举。地广人稀,牛羊成群,牧畜之场在焉;丛林峻岭,麋鹿、猿、豹、猨、兔、狸、獭、山猪栖息其间,狩猎之区存焉。总之,琼州一岛,动、植、矿三界,莫不丰富。只以交通不便,一切货财自生产地以至于市场,其运

---

[1]《琼州宜改设行省理由书》,《民主报》1912年10月26日第11版。

搬之费不赀,其价不足以偿生产费用,人情乐于苟安,故任其天然物产自生自灭而不顾。加以法律、行政制度未能完备,保护未周,故投资者视为畏途,是以该岛富源至今尚未启发耳。今民国成立,振兴实业,诚为急务,倘不改为行省,则实业之发达无由。其理由二也。

其三,文化政策,琼州宜改设行省也。琼州黎、汉杂处,黎居中心,汉处四围,一切言语、风俗、习惯、宗教、道德、感情、思想与汉族异。虽黎有生、熟之分,生黎犷悍,熟黎驯良,要之皆上古之苗裔,而文化最低之种族也。自古迄今,皆为汉族之患,而生黎尤甚,政治家献平黎之策者,指不胜屈。同人以为,宜开道路以通之,熟黎驯良者,则招而抚之,辟其地为州县,与之杂居,十年教育之后,必与我同化矣。熟黎既化,则生黎势孤,久而久之,必就范围。今共和宣布五族平等,断无有异视上古遗族之理。倘歧而视之,必为子孙之患;使之同化,必收指臂之助。文化政策,宜行于黎者此也。且琼州居民,普通教育尚未普及,又限于一府,故大学及诸种高等学校,不能设备。以海防要地,而人才不足以副之,甚非保卫之策。然则欲发达该岛文化,非改设行省不为功。其理由三也。[1]

其四,国内移民、殖民政策,琼州宜改设行省也。夫殖民、移民有二:外国殖民、移民及国内殖民、移民是也。琼州人口甚稀,而广州等处人口过剧,因生计困难,故近来移往海外者,实繁有徒。国力不振,故各国对我华侨不以同等相视,设诸种条例

---

[1]《琼州宜改设行省理由书》(续),《民主报》1912年10月28日第11版。

以苛待之，其惨状有不堪言者。夫我有地利而不自启发，流居异域，使外人牛马视而奴隶贱之，甚非得策也。同人非谓海外移民、殖民为不必要，但吾国今日状态，国内移民、殖民为尤必要。倘改琼州为行省，则人口过多之地，必源源而来；资本亦因之而流入，不久必变为富庶之区。其理由四也。

其五，行政之便宜上，琼州宜改设行省也。琼之地理、风俗、言语与各府不同，由琼至省，必经海道千余里之遥，由省御琼，有鞭长莫及之叹。地方情形，长官不必周知；长官命令，早发不能夕至，其不便一也。且该岛风俗、言语、习惯与广州异，以言语、风俗、习惯不同之人民合为一省，行政区划之分配，甚不得当，不便二也。倘改为行省，则无上述之弊。其理由五也。

琼州之宜改为行省，既如上所述矣。或者曰：琼州土地狭小，财力不足，不宜改省者一。且一改为行省，恐各省纷纷效尤，何所底止，不宜改省者二。昔江北改省之议不能通过，琼州与江北，何异其选，不宜改省者三。是说也，似是实非。夫台湾一岛，其幅员与琼州相等，自日本经营之后，每年岁入数千万。倘琼州改为行省，数年经营之后，其收入必有可观，无庸疑也。且欧美诸小国，其面积不如琼州之广，人口不如琼州之多，尚自立为一国，以数百万之住民，十万方里之土地，而不能划为一省直隶中央者，断无是理。是第一之驳议，不足信也。琼州宜改行省，既有上陈五大理由，他省之欲效尤者，无从借口。是第二之驳议，不足信也。琼州与江北不同，查江苏面积最狭，江北改为行省，江苏必受其影响，而琼州改省，广东则不受其害，反得其益，其不同一也。琼州系海外孤岛，文明各国，其政府皆重视岛地，诚以岛地有特别视之理由在焉。美国诸岛，皆自为一州，若夫落利大、檀香山等岛，面积不若海南，而自为一州，其故可知。而江北则非岛地，其不同二也。前清时代，张之洞督粤时，尝倡琼州改省之议，后岑春萱督粤，亦有是议。夫以前清因循苟且，尚因琼州地理重要，不能漠视，况民国成立，凡百设施，在发奋有为之时代乎？而江北则不然，其不同三也。[1]由是观之，第三之驳议，亦不足信也。昔唐贞观五年置都督府于琼州，是改省之说，乃所以复古制，非创议也。民国百度维新，行政区划宜亟改良，以固边防而启利源，兴文化而奖殖民，乞诸位先生赞成琼州改设行省。琼州幸甚，民国幸甚。[2]

《民主报》1912年10月连载这篇《琼州宜改设行省理由书》的最后一部分时，还附有"附粤同乡欢迎孙中山关于琼州演说辞"，也就是在这当中，把《时报》1912年9月18日刊载的《粤同乡欢迎孙中山纪略》中的"陈君治安向前质问"改为"陈发檀君质问"。鉴于《琼州宜改设行省理由书》为陈发檀所撰，而陈发檀等人又向袁世凯呈上《琼州改省之呈文》，是以改为"陈发檀君质问"，当是基于基本事实。

《民主报》连载《琼州宜改行省理由书》附的"附粤同乡欢迎孙中山关于琼州演说辞"内容如下：

九月十一日下午三钟，广东旅京同乡在南横街粤东新馆欢迎

---

1 《琼州宜改设行省理由书》（续），《民主报》1912年10月29日第11版。
2 《琼州宜改设行省理由书》（续），《民主报》1912年10月30日第11版。

孙中山先生。梁士诒君为主席，登台述欢迎之大旨。次孙君上台宣言：今日诸君皆同乡至亲，不拘客套，故弟今日不演说，改为谈话会，无论政治、实业种种问题，如诸君下问，兄弟定必详答。语毕，孙先生下台与同乡诸人列坐台下。

陈发檀君质问：谓中国有两岛：一台湾，一琼州。台湾已被日本占去，惟余琼州，万一再为法占，则全国受影响。若欲整顿，非将琼州改为一省不可。其改省之理由在建设榆林军港，启发天然物产，及移八府之民以实边防，但一切行政之费，非得中央政府扶助及借外债不可。此事望孙先生帮忙。

梁君士诒继云……。[1]

孙文、梁士诒、梁孝肃、潘敬、陈发檀、吴栋周、邢福基、徐傅霖、谭学夔、张伯桢、钟毓桂、冯裕芳、卢信、吴铁城、陈启辉、冯拔俊、陈定平、陈振先、陈复、张汝翘、林格兰、林瑞琪、司徒颖、伍宗珏、金溥崇、吴瀚澂、黄毅、杨永泰、刘元槤、祁耀川、林国光、韩禧丰、郑宪武、易廷熹、陈治安、黄有益、朱淇。[2]

从《民主报》1912年10月下旬连续刊发的《琼州宜改设行省理由书》内容看，它是由《琼州改省之呈文》修改而来的，目的是游说国会议员们赞成琼州改设行省。当时联名的人共37人。至于后来出现的《琼州改设行省理由书》为什么改为36人，此

---

[1] "梁君士诒继云"一段文字，已见本书第八章琼州改省案的"梁士诒：琼州陈君为改省萌芽"一节，此处从略。

[2] 《琼州宜改设行省理由书》（续），《民主报》1912年10月31日第11版。

等种种"幕后",我们将在本章的附录中详加披露。

《琼州改省之呈文》是陈发檀、陈治安等人"为琼州改设行省事",而向"大总统"袁世凯上呈的呈文,至于《琼州宜改设行省理由书》,则是孙中山等人"为琼州改设行省事"而向国会议员乃至社会各界发出的呼请。由于主体诉求对象不同,因而后者在关键几处作了明显的话语改变。比如:"此发檀等所以呈请改设行省之由来也"改为"此同人所以有改设行省之议也";"其理由有五,试为大总统缕晰陈之"改为"其理由有五,试为诸位先生缕析陈之";"乞大总统准将琼州改设行省"改为"乞诸位先生赞成琼州改设行省";等等。当然,前者是以"粤东八属议政团代表"身份呈请,后者则是孙中山、梁士诒等37人的联名发布。

由孙中山等人联名发布的《琼州宜改设行省理由书》,充分阐发了孙中山的琼州改省思想,所阐述的琼州改设行省的理由充分并富有远见,尤其列数琼州改省之巩固海防,启发天然富源,文化政策、国内移民、殖民政策、行政之便宜之五大理由,又列举江北改省不能通过的例子,更以琼州为岛地而"文明各国,其政府皆重视岛地"和"美国诸岛,皆自为一州"为例证,对琼州改省如此用心,实有史以来所罕见。

这份理由书,仅用两千余字,便把一个地方改省的理由陈述得如此细致透彻而不失偏颇,声情并茂而不失文采,即使以文学价值论亦是一篇范文。它完全媲美于27年前(1885年7月29日)奉命督办福建军务的钦差大臣左宗棠的《为台防紧要关系全局请移驻巡抚以资镇摄而专责成折》。这是事关台湾建省的一个重要奏折。当时左宗棠也是为固东南海防门户、开发台湾岛内陆山区,而奏请台湾建省的。孙中山等人联名发布的《琼州宜改设行省理由书》，与之有异曲同工之妙。由此而一并留存了中国两大岛改省的不灭记忆，乃不可多得的重要历史文献。《琼州宜改设行省理由书》对此后推动海南改省，尤其是对海南行政区和海南建省筹备委员会的成立，均产生了重大影响。

接下来，我们还要讲一讲《琼州改省之呈文》及《琼州宜改设行省理由书》中，提到的关于海南的三个历史话题。

关于"海南岛不割让之条约"

甲午战争之后，1895年4月17日（光绪二十一年三月二十三日），清朝政府和日本明治政府在日本马关（今日本山口县下关市）签订《马关条约》，将台湾全岛及所有附属各岛屿、澎湖列岛和辽东半岛等割让给日本。而法国则借甲午战争中国失败之机，既索琼州的榆林港为军港，又向清廷提出"海南岛不割让照会"。其内容如下：

海南岛不割让照会

一八九七年三月十五，光绪二十三年二月十三日，北京。

总理衙门致法国公使照会

为照会事：光绪二十三年二月初一日接准来文，内开"法国因欲坚固与中国友谊邻邦之情，极盼中国国家永不将海南岛让予任何他国，不论久暂，作为停船贮煤之所"等因。查琼州属于中国，中国国家有自主之权，何能让予他国？所称该地暂租外国一节，亦实无此事。用特备文照会贵大臣，即请查照可也。须至照会者。

　　光绪二十三年二月十三日（西历一八九七年三月十五日）[1]

　　1897年3月3日（光绪二十三年二月初一日），法国驻京公使向清政府提出"永不将海南岛让予任何他国"之要求，总理衙门于3月15日作出以上照会。从上述译文看，是时清廷总理衙门被法国所迫，乃作海南岛不割让与他国之声明，内容确系"海南岛不割让照会"或"海南岛不割让声明"，而《琼州改省之呈文》及《琼州宜改设行省理由书》称之为"法国垂涎是岛，历有年所，前清时代，尝有海南岛不割让之条约"，显然是误读。

　　甲午中日战争后，法国唯恐海南岛孤立海中，被他国占据，而强迫清政府宣布"海南岛决不割让与他国"，这等同于明确把海南岛划定为其势力范围。这一事件表明，由于海南地位特殊，此时已成为帝国主义列强觊觎与角逐的对象，它们妄图把海南岛变为殖民地。中法"海南岛不割让照会"，其实是西方列强在中国展开的争夺势力范围、瓜分中国角逐的折射。有论："甲午之役（光绪二十年，西历一八九四年），战事败绩，失地赔款，主权丧失，听人宰割，而列强间有划分'势力范围'之议。本岛以与法属安南一海之隔，法于本岛以久思染指，遂乘机向我取得海南岛

---

[1] 王铁崖：《中外旧约章汇编》（第一册），生活·读书·新知三联书店，1957，第697—698页。编者在书中附注："本照会系译自法文本；未找得汉文原文。法文本见'黑尔特斯勒特：中国条约'，卷2，页1148。法国公使照会未找得。本照会原无名称，按内容称为'海南岛不割让照会'；又称为'海南岛不割让声明'。"

不割让与他国之保证。而本岛命运,遂亦从此而具特殊化矣。"[1] 由此观之,孙中山、陈发檀等人以此作为琼州改省的理由,是富有远见的。

在当时的国际媒体报道中,"海南岛不割让照会"则是英国怂恿法国如此作为的,而这也等同于法国占领了海南岛。德国报纸称,清国的海南岛在英国怂恿下被法国占领,俄国占领亚瑟港,故英国要求割让香港附近领土以作补偿。1897年12月29日上海讯:"据此间消息报道,法国海军上将在南中国海和北部湾之间的海南岛上升起了法国国旗。清国方面未表示反对。"

1897年12月29日柏林讯:"据伦敦权威人士宣称,俄国经与清国长达数月的谈判后,清国已于今年10月同意沙俄临时占领亚瑟港。英国闻讯后,立即向清国进行交涉,要求大清国将香港岛附近的一大片土地割让给英国,这是位于广东珠江口、面对九龙半岛的一长条海岸。但英国知道法国也想获得补偿,于是建议法国向清国政府索要海南岛。海南岛远离中国南部海岸,位于南中国海和北部湾之间,由琼州海峡将它与大陆隔开。该岛面积约为12000平方英里,人口除大山里的土人外共有100多万。岛屿中部有高山隆起。岛内有几条大河。海南岛的海岸大多由岩石构成,但西部海岸地势低洼,南部海岸有一些深水良港。海南岛主要出产木材,多销往安南、暹罗和新加坡。其他出口产品包括大米、蔗糖、石蜡、珍珠、珊瑚、盐和少量金银。海南岛的首府是海口,岛上人口主要聚居在北部海岸。"

1897年12月30日伦敦讯:"从新加坡发来的《每日邮报》

---

[1] 陈植:《海南岛新志》,上海商务印书馆,1949,第59—60页。

证实了法国已占领大清国海南岛的报道。"[1]

发生于1897年的"海南岛不割让照会"是一件在国际上产生很大影响的事,以至于40多年后日本侵占海南岛时,仍被法国及国际社会拿来"说事",而且是"条约"说。

1939年2月10日,日军侵入海南岛。2月28日,葡萄牙驻广州总领事馆总领事莫嘉度在关于中日战争的报告中提到海南,说:"2月11日凌晨,日本人开始占领这个岛屿,它属于广东省并在本总领事馆辖区内。"

莫嘉度描述说:"它是中国最重要的岛屿,距香港170英里,位于前往新加坡途中的正中间。面积约300公里长,200公里宽。岛上有包括锡和黄金在内的各种丰富矿藏,并拥有各种木质的森林,尤其是雪松和其他极其有用的木材,如檀香木等。岛上植物品种繁多,从这里可以获得各种用于纺织的植物。它还拥有丰富的热带水果、各种油料作物和原料。一年可收两季水稻,有时为三季。目前,这里已大量出口猪、禽、鸡蛋、马、绵羊、糖、大米、花生、大麻、种子、鬃毛、黄麻、橙子、菠萝、香蕉和铁路枕木等等。全岛拥有好几个天然良港。海口是其优良的港口,与印度支那毗邻,与印度支那及华南其他地区的贸易往来很多。海南岛是连接新加坡、澳大利亚、马六甲、菲律宾和暹罗的要冲。如果日本人愿意,可以在那里建立海军和空军基地,这样将关闭东方通向世界其他地方的大门,使香港和澳门窒息。"

---

[1] 郑曦原:《帝国的回忆:〈纽约时报〉晚清观察记》,生活·读书·新知三联书店,2001,第253—256页。

莫嘉度还说:"关于这个岛,订有两个条约,一个是法国与日本于1907年就中国的领土完整签署的条约。另一个是中法两国于1897年3月15日签订的关于不得将这个地区转让或割让第三国的条约。"[1]

这是莫嘉度报告的附件:

法中关于海南岛不能转让的声明

1897年3月15日

大清国总理衙门致法兰西共和国驻北京公使施阿兰先生:

大清光绪二十三年二月十三日(1897年3月15日)

来函于光绪二十三年二月初一日(1897年3月3日)收悉。您在此函中通知我们,鉴于和中国保持的友好睦邻关系,法国对中国不将海南岛转让或割让给任何其他外国列强十分重视,不管是永久的还是临时的转让,或者是作为海军基地,或者是作为煤仓。

本衙门认为,琼州(海南岛)属于中国的领土,因此,中国在那里行使主权。那么,怎能割让给外国?此外,目前它已被临时租给了外国的说法也决不是事实。我们有责任向阁下作此正式通知。

(以下为总理衙门亲王大臣和其他成员的签字。)[2]

清廷此照会,目前能看到的译文有多个版本,且表述不甚一

---

[1] 莫嘉度著、萨安东编《从广州透视战争——葡萄牙驻广州总领事莫嘉度关于中日战争的报告》,舒建平、菲德尔译,上海社会科学院出版社,2000,第232—233页。

[2] 莫嘉度著、萨安东编《从广州透视战争——葡萄牙驻广州总领事莫嘉度关于中日战争的报告》,舒建平、菲德尔泽,上海社会科学院出版社,2000,第243页。

致,但1897年3月15日清廷总理衙门照会法国公使,允海南岛不割让与他国,即承认法国之特殊权益,这是实情。如《中外历史年表》中说:"清德宗光绪二十三年丁酉(1897年)二月,清廷总理衙门被法国所迫,作海南岛不割让与他国之声明。"

今观清廷此"照会"文书,让人感到弱国无外交。对法国不许把海南割让他国的蛮横要挟,当时衰弱的清廷,其外交辞令也是"软和"的,虽然拒绝了法国的要求,没有订立所谓的"琼州不割让他国条约",也没有以琼州让与或租借于法国,但是总理衙门如此照会法国公使,实际上等同于承认法国之特殊权益。由此也可看出琼州地位与国际关系之重要。

张之洞、岑春煊尝议琼州改省

先是陈发檀等人具呈袁世凯的《琼州改省之呈文》中说:"前清时代,张之洞督粤时,常倡琼州改省之议,后岑春煊督粤,亦有是议。"后孙中山等人联名发布《琼州宜改设行省理由书》时,这段话略改动为:"前清时代,张之洞督粤时,尝倡琼州改省之议,后岑春萱督粤,亦有是议。"当中,"常倡"改为"尝倡"当合常理,而把岑春煊的大名错为岑春萱,实在不该。

这是张之洞曾经倡议海南改省的确切文字记录,时距他督粤(1884年)不过二十多年时间,离他逝世(1909年)仅三年时间,其事实必定不诳人,这是可以肯定的。

张之洞曾经倡议海南改省,这应与潘存提出的《琼崖建省理由与建设方案》有关。潘存,字仲模,别字存之,号孺初,生于1818年,海南文昌铺前人。清咸丰元年(1851年)乡试中举人,不久应礼部试,循例授职,任户部员外郎、福建司主事。后在京三十年，仕途屡荐不升。光绪九年（1883年）辞官还乡，时逢中法战争发生，两任两广总督张树声、张之洞先后委其为雷州和琼州两州团练，训练水兵守卫海防，被赏加四品官衔。

陈宗舜写的《海南建省运动纪要》，简要记述了海南建省运动的经过。这是文中与潘存相关的一段："海南建省运动，传记不一，人言人殊，其实此议始于前清末叶光绪年间文昌举人潘存先生。先生学识渊博兼擅书法，富新思想，眼光远大，且赋性刚直，崇尚气节，一时名闻公卿，见重士林。以故乡海南系一海岛，为我国南疆门户，值此国威不振，外侮日亟诚宜改制建省，从事建设，使其发展繁荣充实国力，所著《琼崖建省理由与建设方案》分为地位、政治、军事、经济、交通、文教等七大类洋洋近十万言，（原文我曾在故友张韬藏书中一阅，为手抄本，据说留学日本时在东京购自一旧书店，惜在抗战期间，被焚于敌火）呈由两广总督张之洞陈奏，未几，先生逝世，张方伯亦调任，其事遂寝。"

陈宗舜在文中注明的这段文字，殊为难得："原文我曾在故友张韬藏书中一阅，为手抄本，据说留学日本时在东京购自一旧书店，惜在抗战期间，被焚于敌火。"我们由此确信，衔命操办团练的潘存，是凭着高涨的爱国爱乡热情，着眼于加强琼崖防卫，而撰写了《琼崖建省理由与建设方案》的。潘存提出琼崖建省的时间，当是中法战争后期或结束之后不久，即1885—1886年，当时，台湾也刚刚建省。

陈宗舜在《海南建省运动纪要》中说，潘存的《琼崖建省理由与建设方案》"呈由两广总督张之洞陈奏，未几，先生逝世，张方伯亦调任，其事遂寝"。张之洞调补湖广总督，于光绪十五年十月二十二日（1889年11月14日）交卸粤督篆务，11月19日交卸兼署广东巡抚，即日起程前赴虎门海口，途经上海、香港，于12月17日抵武昌，次日接篆视事。潘存逝于1893年。

陈宗舜与潘存同为海南文昌人，他的生年正是潘的忌年（1893年）。陈宗舜先后毕业于两广讲武堂、日本法政大学，革命资历深厚，早年经林文英、朱执信介绍参加中国同盟会，参加过护法运动、北伐战争、抗日战争等，曾任中华革命党琼州分部副部长（部长陈侠农）、孙中山大元帅府大本营咨议，以及文昌、定安、崖县、儋县等县县长。1965年逝于台湾。他是出于"庶免后人数典忘祖"之目的，而在《海南建省运动纪要》中简要记述海南建省运动的经过的。

陈宗舜的故友张韬，也负有时誉。张韬生于1883年，原名家仕，字焕佳，海南文昌人。清宣统二年（1910年）肄业于琼崖中学。1914年参加同盟会，同年在香港参加孙中山组织的中华革命党。1916年赴日深造，考入日本国立师范大学，任东京中华革命党支部宣传主任。毕业后返国，曾任国民革命军司令部总政治部教育处处长、广东省立第一中学教务主任、琼崖中学校长、琼崖公路处处长、琼文中学校长等职。1945年9月14日，病逝于海口博爱医院。

在今人的文章中，有张之洞视察海南后提出海南建省的说法。如谓："清光绪年间，法国侵略者积极推行对外扩张政策，意欲吞并越南，多次犯我领海，'萨尼号'竟突然闯入海口水域，战火迫在眉睫。时文昌县铺前人潘存（咸丰元年举人）向两广总督张之洞呈交《琼崖建省理由与建设方案》，提出海南建省的重要性及可行性。光绪十三年（公元1887年），张之洞亲临视察海南形势，部署加强防卫设施，并同岑春煊提议将海南岛改设行省。但因和者寥寥，反应无力，不为清廷所重视而告吹。"[1]

所谓张之洞同岑春煊提议将海南改设行省，是明显的史实错误。由《琼州改省之呈文》和《琼州宜改设行省理由书》可知，是1884年督粤的张之洞倡议琼州改省之后，1903年署两广总督的岑春煊也倡议琼州改省。其事至少相隔十年。另，张之洞出巡到琼的时间是光绪十三年十二月初五日（1888年1月17日）。

我们从岑春煊于光绪三十一年四月初五日（1905年5月8日）所奏《各国通商粤区尤为重要拟请升崖州为直隶州片》来看，由于谕准改雷琼道为琼崖道，升崖州为直隶州，海南形成"一道（琼崖道）两州（琼州、崖州直隶州）"的治理格局，实际上等同于一个小型的"省"建制。也许，正是因为琼州改省当时难以实现，他才出此"一道两州"之策。

岑春煊两广总督任内，积极推行新政，大举惩办贪官，有"官屠"之称，与直隶总督袁世凯并称"南岑北袁"。

1916年5月，岑春煊被推举为护国军都司令，并与梁启超等人在广东肇庆成立军务院，任副抚军长，代行抚军长职，投身护国运动。1918年，他排挤孙中山，任广东护法军政府主席总裁，主导南北议和。1920年粤桂战争后，军政府解散，岑春煊通电辞职，隐居上海。这时，又有海南改省之说。一则1928年的报道云：

琼崖本一海岛，矗立水中，而面积辽阔，土地膏腴。惟因与

---

[1] 冯仁鸿：《海南建省百年史话》，《海南开发报》第4、5期（1988年2月）。

内地隔绝，其中黎民尚未开化，且有生黎，行如生番。民五民六间，龙济光曾据之为患，经桂军林虎等倾全力以破之，至是琼岛始渐为人所注意。岑陆在粤时，曾一度议及琼崖改省，率以收入不敷开支，及莫荣兴之反对而中止。[1]

当中的"岑陆"即岑春煊与陆荣廷，陆荣廷于1916年8月任广东督军，1917年4月升任两广巡阅使；"莫荣兴"实即莫荣新，其人1917年11月擢升为广东督军。"岑陆在粤时，曾一度议及琼崖改省，率以收入不敷开支，及莫荣兴之反对而中止。"这说明，此次琼崖改省之议，既有经济落后、收入不敷支出的原因，还因遭到握有实权人物莫荣新的反对。

琼州改省"复古制"之说

我们不能不感动于先贤们的良苦用心，为了琼州能改省，不但阐述五大理由、设置三大驳议，搬出前清时代两任两广总督张之洞、岑春煊皆倡琼州改省之议的事例，而且将海南改省的历史上溯至一千多年前的唐朝，意以"复古制"之说，获得大总统和国会议员们的大力支持。《琼州改省之呈文》和《琼州宜改设行省理由书》中皆称："昔唐贞观五年置都督府于琼州，是改省之说，乃所以复古制，非创议也。"

从"复古制"之说，可看出理由书起草者的用意是说明早在唐太宗时期，海南就设置都督府，直属中央政府了，现在动议改省仅是恢复旧制而已，并非新的创议。国内其他地方不具备这样

---

[1]《粤当局注意开化琼岛》，《中央日报》1928年4月1日第5版。

的条件，所以海南改省不必担心引起群起仿效。但是，如同岑春煊在 1905 年的《各国通商粤区尤为重要拟请升崖州为直隶州片》中搞错了崖州的地望一样，这篇《琼州宜改设行省理由书》所引史实也有误解之处，而问题就出在"昔唐贞观五年置都督府于琼州"之句。

据《旧唐书·地理志》，唐高祖武德四年（621 年）置崖州，唐太宗贞观元年（627 年）置崖州都督府，督崖、儋、振三州。贞观五年（631 年）又置琼州，领琼崖、万安二县，其年又割崖州临机来属。到了唐德宗贞元五年（789 年）十月，岭南节度使李复奏曰："琼州本隶广府管内，乾封年（666—668 年），山洞草贼反叛，遂兹沦陷，至今一百余年。臣令判官姜孟京、崖州刺史张少逸，并力讨除，今已收复旧城。且令降人权立城相保，以琼州控压贼洞，请升为下都督府，加琼、崖、振、儋、万安等五州招讨游弈使。其崖州都督请停。"[1] 这一奏折的结果是"从之，领琼山、临高、曾口、乐会、颜罗五县"。

这里面与所谓"复古制"说相关的史实是：唐朝初期在海南置"两府一州"，即置崖州都督府、琼州都督府和琼州。依时间顺序，则是：（一）崖州都督府，在唐太宗贞观元年（627 年）置。需要特别注意的是，因唐时的崖州在今之琼山境内，故在崖州设都督府，实为在今琼山境设都督府。（二）琼州，置在唐太宗贞观五年（631 年），是析崖州之琼山置琼州，也是后世以琼崖称海南之始。（三）琼州都督府，这已经是琼州之名出现 158 年之后，即唐德宗贞元五年（789 年），从岭南节度使李复之请，设置琼州都督府，而取

---

1 《旧唐书》（简体字本），中华书局，1999，第 1203—1205 页。

消崖州都督府，后世以"琼州"指称海南全岛，就开始于此时。

海南历史之曲折复杂，由唐初的这点事就可见一斑。贞观与贞元、贞观五年与贞元五年皆一字之差，再加上崖州与琼州之混淆，很容易造成误差。"昔唐贞观五年置都督府于琼州"这句话，就是误植史实。因为，唐贞观五年（631年）发生的史事是置琼州，唐贞元五年（789年）发生的史事是置琼州都督府。如是，我们可以替它修改为："昔唐贞观元年置都督府于崖州。"但这一改又带来问题，就是时人生活中的"崖州"是在南部的崖县，而非北部的琼山县。因此，又可改为："昔唐贞元五年置都督府于琼州。"但这一改，则琼州改省"历史"又缩短了158年。尤其是贞元年号根本无法与贞观年号相比。唐朝初年，唐太宗李世民在位期间出现的"贞观之治"，其影响力无须多言。这真的是难为我们的先贤了。

"昔唐贞观五年置都督府于琼州"之说出错的源头，应是在《新唐书·地理志》。其中有记："琼州琼山郡，下都督府。贞观五年以崖州之琼山置。自乾封后没山洞蛮，贞元五年，岭南节度使李复讨复之。"[1]这几句话记载的史事语焉不详，很容易断读成琼州为下都督府，是贞观五年（631年）析崖州之琼山置。事实是，唐贞观五年（631年）始置琼州。又由于这句话记事残缺不全，也容易造成误读。如琼州"自乾封后没山洞蛮，贞元五年，岭南节度使李复讨复之"，即省却了此时置琼州都督府，而取消崖州都督府的史实。《新唐书·地理志》还省却了此前唐太宗贞观元年（627年）置崖州都督府，督率崖、儋、振三州的记载。简单地说，"复古制"之说，是把设置琼州等同于设置琼州都督府了，而两者相距158年。

---

1 《新唐书》（简体字本），中华书局，1999，第722页。

于唐太宗贞观元年（627年）设置的崖州都督府，原领有岛上的崖州、儋州、振州三州；琼州（唐太宗贞观五年即631年置）、万安州（唐高宗龙朔二年即662年置）出现后，其一并领焉；唐德宗贞元五年（789年）废崖州都督府而新置的琼州都督府，一并领有当时海南岛上的琼州、崖州、振州、儋州、万安州五州。

《旧唐书·地理志》中载："唐武德初，复析珠崖郡置崖、儋、琼、振、万安五州，于崖州同置都督府领之。后废都督，隶广州经略使。后又改隶安南都护府也。"[1] 这个记载是不准确的。唐武德初所置者崖州、儋州、振州，是将珠崖郡、儋耳郡、临振郡改置而来。唐太宗贞观五年（631年）始置琼州，是以崖州之琼山改置。唐高宗龙朔二年（662年）以琼州和振州一部新设万安州，海南由是有五州。明代与丘濬、海瑞并称"海南三贤"的邢宥有诗赞曰："南荒千里尽王疆，四顾天连海色苍。二郡舆图兴自汉，五州编户盛于唐。"

以新设万安州为标志，时海南才共有五州（崖州、儋州、振州、琼州、万安州），此后海南不再置州。唐初海南岛共置五州，领二十二县，数量之多，为海南地方建置史上之最。这基本上完成了海南环岛的行政建置，较历代在海南岛的建置而言，都更加完备。现今海南市县名不少还保留唐代旧名，如当时设的澄迈、文昌、临高、陵水等县，一直沿用至今；海南称"琼崖"，也渊源于其时设置的崖州、琼州。

又以宋太祖开宝五年（972年），废振州、移崖州到振州为标志，海南就一直保持四州建置的格局。这也就是苏东坡于宋哲宗

---

[1] 《新唐书》（简体字本），中华书局，1999，第1204页。

绍圣四年（1097年）被贬海南所见："四州环一岛，百洞蟠其中。我行西北隅，如度月半弓。"

王家槐对孙文领衔发布《琼州宜改设行省理由书》等情节有段议论，算是一家之言。其中说道："琼州改省之议，自在台湾改省而后。张之洞、岑春煊皆有是议，非自孙先生与陈发檀始也。台湾屡被外寇，故急谋改省，以增强防御，所谓补牢之计也。后虽割让于日本，而其计则未可厚非。琼自法国胁清廷作不割让他国之诺言，外似和缓，内实紧迫。故陈发檀谓欲保琼州必须改省，孙先生谓琼全则粤全，是皆有所惕然于中耳。观孙先生与陈发檀之议论，及其发布之改省理由书，吾不禁为之太息曰：民国成立以来，国家叠遭军阀之割据，倭寇之侵略，政府倾全力于军事，尚日不暇给，焉有余力地方之建设？斯议固因南北兵争，一时未能实现，即使其实现，亦不过西康、绥远、热河等耳。岂其孙先生、陈发檀意想所及乎？"[1]

《琼州宜改设行省理由书》由孙中山领衔发布，进一步扩大了这份理由书的历史影响，也是今人研究孙中山关于海南建省思想的主要根据。

比如说，孙中山感叹"民国百度维新，行政区划宜亟改良，以固边防而启利源，兴文化而奖殖民"，属意将海南作为省制改革样板，并于1912年首倡"海南建省"。孙中山主张将海南从广东分出，不但出于巩固国防之意图，且另有牵制或保全广东的意图。庚子事变期间，李鸿章督粤，面对清廷排外诏令，尝言："此

---

1 王家槐：《海南近志》，鹤见广告传播有限公司，1993，第14页。

乱命也，粤不奉诏。"尔后各省纷纷响应，集体抗命，形成"东南互保"局面。彼时广东在全国政局中的分量可见一斑。一旦海南被分出，图谋割据广东者将失去南部海上屏障，较前不易维持，但若为己用，分省则可为广东提供有效安全保障和经济支持。孙中山"海南建省"的提议切中时弊，为梁士诒等民国初期的政界重量人士所赞赏，故亦署其名于孙氏议案——《琼州宜改设行省理由书》，并由孙中山提交国会。但时运不济，宋教仁被刺引发"二次革命"，北京政府与南方革命党势力陷入战争旋涡。本应付诸国会讨论的"海南建省"案因战争期间国会停摆，便无下文。待战事结束，湖北、江苏等所有要害省份都督已换由袁世凯亲信出任，各省纷纷表示听命中央，此时再言省制改革已不合时宜，海南也因此被动错失首次建省机遇期。[1]

---

1 马孝鹏：《民国时期"海南建省"研究》，硕士学位论文，海南师范大学，2020，第56页。

孙中山与海南（1905—1913）

梁士诒

袁世凯

1912年8月28日，孙中山（第二排正中系领带者）在北京粤东新馆与欢迎者合影，随后于9月11日在此发表主张琼州改设行省的讲话

附录：王毅1944年厘定的《琼州改设行省理由书》

今天的读者能有机会了解到孙中山与海南改省的事，源于中华书局1981年出版的《孙中山全集》第二卷收入的《琼州改设行省理由书》（一九一二）。这就是人们如今经常引用的孙中山倡议琼州改省的证明文献。但读者能看到的这篇文章已经是3.0版了。

《琼州改设行省理由书》1.0版，是《申报》1912年分3次刊登的粤八属议政团代表陈发檀、陈治安等人向袁世凯上呈的《琼州改省之呈文》；2.0版是《民主报》1912年分5次连载的孙中山等37人联名发表的《琼州宜改设行省理由书》。那么，这3.0版又是怎么来的呢？它是琼崖守备司令王毅于1944年在海南白沙厘定出来的。他厘定时为尊者讳，做了很多改动，比如把"宜"字去掉、加上"国父"等内容。下面，我们一一将它厘定出来。是为附录。

线索：1944年版《琼崖应改设行省之重要文件》

中华书局1981年出版的《孙中山全集》收录的《琼州改设行省理由书》（一九一二）来自何方？编者在文末注明："据《国父全集》第四册（转录史委会藏一九四四年出版的《琼崖应改设行省之重要文件》铅印本）。"这里有两个关键处：一是1944年（在1941年之后），二是《琼崖应改设行省之重要文件》（不是《琼州改设行省理由书》，但内含《国父主张琼州改设行省理由书》）。

《国父全集》第九册收录了《与梁士诒等联名主张琼州改设行省理由书（民国元年，一九一二）》。该文文末也详细注明："据党史会藏《琼崖应改设行省之重要文件》（民国三十三年元月）铅印本（001/16）。原标题为《国父主张琼州改设行省理由书》，今据《会本》。"民国三十三年就是1944年，"会本"就是党史会藏本。可见，中华书局版的《孙中山全集》中的《琼州改设行省理由书》（一九一二）与《国父全集》的《与梁士诒等联名主张琼州改设行省理由书》是同源，均源自1944年编印的《琼崖应改设行省之重要文件》铅印本。因为是编孙中山著作全集，所以《国父全集》编者把《国父主张琼州改设行省理由书》改为《与梁士诒等联名主张琼州改设行省理由书》，这更准确地反映了背景与事实；《孙中山全集》编者据此编得更"干净"，把"与梁士诒等联名主张"删去，直接以"琼州改设行省理由书"为篇名，《琼州改设行省理由书》也由此成为今日的名篇。

我们特别要留意的是，台湾出版的《国父全集》有两个版本：中国国民党党史会版（以下简称"党史会版"）和秦孝仪版。党史会版《国父全集》又有两个版本，一是1973年全6册版，二是1981年全7册版；以后虽有新的印次，但版本都没有变化；1985年还出版了《国父全集补编》。秦孝仪版《国父全集》全12册，1989年出版，收录了党史会版的《国父全集》和《国父全集补编》的内容。中华书局1981年版（2006年出版第2版）《孙中山全集》，收录了党史会版和秦孝仪版《国父全集》中的资料，但在注释中未加区别，统称为《国父全集》。再去细化深究两个版本的《国父全集》，不是本书所考虑的问题。上面所查对的是1989年出版的秦孝仪版全12册《国父全集》的第九册。

问题就来了：1944年编印的《琼崖应改设行省之重要文件》铅印

第八章 琼州改省案

本是何方"圣物"?

查到一条线索:"1928年,蒋介石通过北伐战争控制中原,在南京成立中华民国政府,成为民国领袖。待政局较稳定之后,陈策向蒋介石进言,希望以蒋的威望,支持海南建省。蒋介石碍于此事是孙中山的遗愿,做了一下表面文章。""民国十九年(1930年),蒋介石令国民党中央执行委员会宣传部刊印《总理谈话汇编》,正式登出孙中山1912年9月11日在北京参加广东旅京同乡会的讲话《国父主张琼崖改设行省之指示》。"[1]然而,顺着这条"线索"(书名《总理谈话汇编》)去查找,却发现多有谬误。

查中国国民党中央执行委员会宣传部于民国十九年(1930年)三月十二日印行总理逝世五周年纪念宣传丛刊之二《总理谈话新编》中,第31—33页收有《琼州改省及批修铁路——民国元年九月十一日下午三时对广东旅京同乡张汝翘陈治安梁士诒谈话》,此实即《时报》1912年9月18日发表的《粤同乡欢迎孙中山纪略》内容。何来所谓《国父主张琼崖改设行省之指示》?又查有吴曼君编《总理谈话集》,江西省三民主义文化运动委员会于民国三十年(1941年)十月出版,第24—26页也收有《琼州改省及批修铁路——民国元年九月十一日下午三时对广东旅京同乡张汝翘陈治安梁士诒谈话》,且转自上述《总理谈话新编》的同题同文内容。从中也可看出,《总理谈话汇编》所载《国父主张琼崖改设行省之指示》书名当有误。

无论是1930年出版的《总理谈话新编》,还是1941年编印的《总理谈话集》,都没有所谓"国父主张琼崖改设行省"的定义。为什么?因为王毅1944年才看到《国父主张琼州改设行省理由书》(实即《琼

---

[1] 陈克勤:《海南建省》,人民出版社,2008,第42页。

州宜改设行省理由书》)。

卓名贵珍藏《琼州宜改设行省理由书》凡 30 年

卓浩然（1889—1978 年），别号养吾，海南儋州人。民国初年加入同盟会琼州支会。1924 年毕业于北平中国大学，曾任陵水县县长、中央警官学校秘书干事、琼崖守备司令部咨议、琼崖《国民日报》总编辑。其三任儋县中学校长，历十余年，桃李遍珠崖，声名远播。时琼岛西部感恩、昌江、白沙等县民众，不论识与不识者，统尊称其为卓校长。

卓浩然的父亲叫卓名贵，在 1912 年加入同盟会琼州支部，获得孙中山、梁士诒等人联名发表的《琼州宜改设行省理由书》，乃珍藏凡 30 年，最终落到儿子卓浩然的手上。卓浩然亦视其为珍品，一直珍藏。卓浩然回忆说："国父于民国元年主张《琼州宜改设行省理由书》一帙，系先父卓名贵公于民国元年加入同盟会琼州支部时获得之重要文件之一，什袭珍藏，三十年如一日。不幸于抗战期间以七十七岁高龄，避寇山林，忧劳家国，抱病而逝。浩然于居丧之际，检视遗箧，忽发现此文件，珍同拱璧。时余正参加抗战工作，因恐遗失，特置诸行囊，随身携带。"[1]

从卓浩然的回忆来看，卓名贵当年获得的《琼州宜改设行省理由书》，就是孙中山、梁士诒等 37 人联名发表的、《民主报》1912 年 10 月 26 日至 31 日连载的、带有"宜"字的《琼州宜改设行省理由书》。

---

[1] 卓浩然：《国父主张琼州宜改设行省理由书保存经过》，载《广东文献》，台北 1970 年 9 月 30 日第 6 卷第 3 期；又见《海南简讯复刊》，1964 年第 11 卷。

可见，这份理由书在当年产生了广泛的影响，是入会人士必读的关于孙中山主张的文献。卓浩然随身携带、用心保存这份理由书，并给王毅看过。

顺便一说，当时的汪伪政权也计划海南建省，是为："曲江三十日下午七时三十五分发专电　海口日人施行毒化政策，烟窟赌馆林立。闻日汪拟改琼岛为'广南省'，汪派陈孚木任主席，琼民愤激，誓死抗战，以击破日汪迷梦。"[1]

王毅印出《琼崖应改设行省之重要文件》

王毅，原名钦寓，字任之，生于1900年，海南澄迈人。少年时就读于琼崖中学，后考入广东高等师范学校。1923年考入西江陆海军讲武堂。1924年毕业后被保送进入黄埔陆军军官学校学习。1925年东征惠州，由工兵排长晋升为连长。1926年随军北伐，后被保送赴日本陆军士官学校工兵科学习。1930年冬回国，任中央陆军工兵学校筹备委员、中校教官。此后历任南昌委员长行营科长、侍从副官、上海保安总队上校参谋长、广东省少将参议。1938年10月，出任琼崖守备司令部司令、广东第九区行政督察专员兼保安司令。在中国共产党统一战线政策的感召下，王毅与中共琼崖特别委员会谈判，达成团结合作、共同抗日的协议，形成琼崖抗日民族统一战线。1940年12月，国共两党在琼崖合作破裂后，率部退至五指山区，在敌后作战。

就在1944年，卓浩然到五指山麓琼崖守备司令部谒见司令王毅。

---

1 《日毒化琼岛　拟改琼为"广南省"》，香港《大公报》1941年4月1日第3版。

他们谈及琼崖改省问题，卓浩然因而取出所保存的《琼州宜改设行省理由书》给王毅看，王毅如获至宝，就说改省事宜筹之已久，得此证据，成功可期。原来，王毅已搜集有关这方面的一些资料，于是挽留卓浩然住司令部十余日，将各文件"录出副本，汇为一帙"，名为《琼崖应改设行省之重要文件》。

卓浩然回忆说："民国三十三年（1944年）余由白沙境内之儋县政府行署赴五指山麓十八村琼崖守备司令部，谒见当时司令长官王毅先生。谈及琼崖改省问题，因取出此文件相视，王司令喜不自胜，谓改省事宜，筹之已久，得此证据，成功可期，并将其所汇集资料如《国父主张琼州改省及批修铁路谈话》及《蒋委员长对日寇占领海南岛谈话》等件相示，并挽余留住司令部十余日，将各文件录出副本，汇为一帙。"[1]

此中所说王毅汇集的资料《国父主张琼州改省及批修铁路谈话》，后来王毅在《琼崖应改设行省之重要文件》中将此编为第二篇，同时删去标题"谈话"二字，并在标题后注明："载在中宣部编印之《总理谈话新编》。"此文即我们前面所查到的中国国民党中央执行委员会宣传部于民国十九年（1930年）三月十二日印行的总理逝世五周年纪念宣传丛刊之二《总理谈话新编》中第31—33页所收《琼州改省及批修铁路——民国元年九月十一日下午三时对广东旅京同乡张汝翘陈治安梁士诒谈话》，亦即《时报》1912年9月18日发表的《粤同乡欢迎孙中山纪略》的内容。只不过王毅在标题中加上了"国父主张"及删

---

[1] 卓浩然：《国父主张琼州宜改设行省理由书保存经过》，载《广东文献》，台北1970年9月30日第6卷第3期；又见《海南简讯复刊》，1964年第11卷。

去副标题。这也表明，王毅在推动琼崖改省问题上是要大做孙中山文章的。从这个背景上说，卓浩然带来的孙中山等人联名发表的《琼州宜改设行省理由书》，王毅当然是"喜不自胜"，欣然"录出副本，汇为一帙"了。

这就是《琼崖应改设行省之重要文件》的由来。

对王毅来说，他不仅要"汇为一帙"，还要让人读懂内容，这就需要做相应的修订和编辑。在回忆了"录出副本，汇为一帙"后，卓浩然接着说："后经其勘酌厘定，并附其《呈国民政府请将琼崖改省电文》及《致琼崖旅渝同乡请赞襄琼崖改省电文》，一并印出《琼崖应改设行省之重要文件》一小册，分发有关人士及递呈中央机构，作为琼崖改省之根据。"[1]

从这段经历来看，《国父全集》第九册（或第四册）转录的党史会藏 1944 年出版的《琼崖应改设行省之重要文件》铅印本及《孙中山全集》第二卷转录的史委会藏 1944 年出版的《琼崖应改设行省之重要文件》铅印本，都是源于王毅 1944 年在海南白沙斟酌厘定的《琼崖应改设行省之重要文件》小册子。

《琼崖应改设行省之重要文件》目次如下：

一、国父主张琼州改设行省理由书

二、国父主张琼州改省及批修铁路谈话（载在中宣部编印之《总理谈话新编》）

三、蒋委员长对日寇占领海南岛谈话

---

[1] 卓浩然：《国父主张琼州宜改设行省理由书保存经过》，载《广东文献》，台北 1970 年 9 月 30 日第 6 卷第 3 期；又见《海南简讯复刊》，1964 年第 11 卷。

附一：王司令呈国民政府请将琼崖改省电文

附二：王司令致琼崖旅渝同乡请赞襄琼崖改省电文

王毅汇编此小册子，目的是"分发有关人士及递呈中央机构，作为琼崖改省之根据"。这样，民国三十四年（1945年）元月一日，王毅郑重其事地在《琼崖应改设行省之重要文件》扉页上写道：

谨将国父主张琼崖改设行省之指示及总裁对于琼崖形势重要之告谕汇集成帙，以献邦人君子，深冀相与戮力共策进行，务求实现，琼崖幸甚！国家幸甚！

王毅谨识

民三十四年元月一日

于文堂琼崖守备司令部

这样，当抗战胜利的曙光即将出现在中华大地的时候，琼崖守备司令部司令王毅自白沙县驻地发出"琼崖改省"的呼声。自此之后，琼崖改省的呼声此起彼落，构成战后海南改省机遇的一个旋律。

《国父主张琼州改设行省理由书》

《琼崖应改设行省之重要文件》中的第一个文件就是《国父主张琼州改设行省理由书》，也就是我们所说中华书局1981年出版的《孙中山全集》第二卷所收《琼州改设行省理由书》（一九一二）的异题同文文献。这也就是今人看到的没有"国父主张"和"宜"字的《琼州改设行省理由书》。

但是，我们需要注意的是文末的"发起人"是36人：

发起人：孙文、梁士诒、易廷熹、陈治安、梁孝肃、潘敬、陈发檀、吴栋周、徐傅霖、谭学夔、张伯桢、钟毓桂、卢信、吴铁城、冯拔俊、陈定平、陈振先、陈复、林格兰、林瑞琪、司徒颖、陈启辉、吴瀚澂、黄毅、杨永泰、张汝翘、林国光、韩禧丰、郑宪武、金溥崇、黄有益、邢福基、刘元槲、祁耀川、冯裕芳、伍宗珏。[1]

我们要再明确一点：由陈发檀、陈治安等人于1912年9月向袁世凯具呈的《琼州改省之呈文》和孙中山、梁士诒等人联名给国会议员的《琼州宜改设行省理由书》，以及王毅于1944年勘酌厘定的《国父主张琼州改设行省理由书》（注意：在《琼州宜改设行省理由书》基础上，删去了标题中的"宜"字，并加上"国父主张"字样），是内容略有改动的一个文件的三个不同版本。今人未看到最早的两个版本，即《琼州改省之呈文》和《琼州宜改设行省理由书》，诚为可惜。最终以中华书局版《孙中山全集》收入《琼州改设行省理由书》（一九一二），始使"理由书"第三个版本而为今人所熟知。

王毅斟酌厘定《琼州宜改设行省理由书》为《国父主张琼州改设行省理由书》，目的是"分发有关人士及递呈中央机构，作为琼崖改省之根据"。因此，他在文字上适当改动是必然的，标题加上"国父主张"就是一例。

对比《琼州宜改设行省理由书》和《国父主张琼州改设行省理由书》，《民主报》1912年10月发表的《琼州宜改设行省理由书》，署名是37人，且无"发起人"三个字；今中华书局版《孙中山全集》

---

[1] 《琼州改设行省理由书》（一九一二），载《孙中山全集》第二卷，中华书局，2006，第566—567页。

收录的《琼州改设行省理由书》(一九一二)署名是36人，且冠上"发起人"三个字。后者少的那个人名叫"朱淇"，至于为什么把他删掉了，我们找不到原因，可能是到王毅斟酌厘定理由书时，这个刚好排在最后的"朱淇"，是不宜再入列的人物，或者是不受重庆方面欢迎的人物。

在36人名单前冠上"发起人"，无疑是为了借重孙中山名望，直接点明孙是琼州改省的首席发起人，以期重庆方面重视海南改省之事，是以一并出现《国父主张琼州改设行省理由书》《国父主张琼州改省及批修铁路谈话》之名。在广州当记者的海南文昌人云实诚，1946年出版《琼崖纪行》一书，收有此"理由书"，但题目改为《琼州改行省国父主张的理由书》，目录中还特别注明"附录国父孙中山先生主张琼崖改省原文"，把琼州改省的"国父"文章做到了极致。

自此，1944年从海南白沙发出的"国父主张琼州改设行省"的观点流行开来，"国父主张琼州改设行省"成为那一代海南先进念兹在兹的事情。这也得托王毅在原来《琼州宜改设行省理由书》的名单上加上"发起人"之功。

其次发现，《琼州宜改设行省理由书》中陈发檀排在其弟陈治安之前，而在《国父主张琼州改设行省理由书》中则是排在其弟陈治安之后。这是非常突出的一点。我们知道，陈发檀是推动琼州改省的主要角色，他从原排名第五调到第七，而其弟陈治安则由第三十五调到第四，为什么会有这么大的变化？会不会与曾经留日学习的陈发檀持有一张日本天皇赐予的牌匾有关？该册子汇编于抗战最艰难的时期，以"毅之职责，在于抗战"为信念的王毅，抱有"屈服必亡，唯战能存"的抗战态度。据说，1939年日军侵琼后，有一天日军来到陈发檀的家乡东头村，被陈发檀当面怒斥，但日军还向他敬礼。原来，陈发檀有一张日本天皇赐予的牌匾，日军看见后甚是惧怕，此后再也不敢进入东头村。[1] 陈发檀与日本渊源如此深厚，在彼时肯定不受王毅待见。

陈治安的排名跃升至第四位，已经超过陈发檀最初第五的排名。这可能也是为了突出陈治安在琼州改省倡议萌芽阶段的重要作用。今人陈平殿认为，陈治安是海南建省的首倡者："1912年9月11日，广东同乡欢迎孙中山的谈话会，是海南建省史上具有里程碑意义的一次谈话会，由此揭开了民国时期海南改省运动的序幕，这一序幕意义重大，影响深远。首倡者陈治安及参与倡议的梁士诒、孙中山等人，在海南建省史上功不可没。陈治安提出琼州改省，时间上早于陈发檀向'大总统'上呈的'琼州改省之呈文'，因此，首倡海南建省者无疑是陈治安。"[2] 但此说也是一家之言，考证还不够扎实。

《琼崖应改设行省之重要文件》的第二份文件是《国父主张琼州改省及批修铁路谈话》（载在中宣部编印之《总理谈话新编》），前已有相关表述，此处不赘。第三份文献是《蒋委员长对日寇占领海南岛谈话》，收入此谈话，王毅的用意就是在海南建省问题上做蒋介石的文章，其内容此处从略。

王司令呈国民政府请将琼崖改省电文

王毅厘定的《琼崖应改设行省之重要文件》中，附一是《王司令呈国民政府请将琼崖改省电文》。原文如下：

1　陈耿：《琼州名士陈发檀》，《海南日报》2011年8月15日。
2　陈平殿：《海南建省首倡者考》，《海南师范大学学报（社会科学版）》2021年第1期。

王司令请将琼崖改省一电,于中华民国三十三年五月十七日午时在白沙县文堂琼崖守备司令部电呈国民政府,其原文如下:

重庆国民政府主席蒋钧鉴:△密。窃琼崖军民单独抗战,迄今已阅五年余矣。由五年余来苦斗所得之深切教训,全琼人士,咸有一致之认识与请求:谓琼崖地位之重要,非本于文化、经济、国防合一之建设,不足以巩固边疆;然欲达此目的,非将琼崖改为行省,就近督导,不足以促其实现。为此不揣冒昧,谨将舆情为钧座列陈,伏恳察夺:

一、民国元年九月十一日下午三时,国父对广东旅京同乡关于琼州改省之谈话,曰:琼州则孤悬海外,当民国之最南,其海峡之最狭者,亦与内地口岸隔八十里;万一不能关照,失去琼州,则高廉雷等府及广西之太平等处,大有危险。今为边防起见,宜将琼州另立一省。其五指山内黎峒所未辟之地,则移广东八府之人以实之,则琼州或可自守矣。况琼州有一榆林港,极合军港之用,此港为欧亚航路所经,如立为军港以守之,则不特可以固中国之门户,且可以控制南洋一带。若为外人所占,则大利外溢,贻患无穷。且檀香山面积不过六七千方里,从前粤人侨此者四万,日本七万,土人数十万,亦足供殖民之用。今琼地万余方里,地大于檀,产腴于檀,美人为海防起见,尚极力保全檀香山,何中国人不以琼为意乎?琼全则粤全,诚急务也。又民国十年间,国父在广州时,曾主张将琼崖改为行省,并派王斧先生主持筹备改省事宜。民国二十一年间,中央已将其改为特别区,派伍朝枢先生为琼崖特别行政区长官。此琼崖之直隶中央,乃国父及中央之主张,且已见诸实行也。

二、琼崖于民国二十八年二月十日倭寇侵占琼崖之翌日,钧座对记者之谈话,曰:海南岛在东亚为太平洋印度洋间战略上主要之重心,敌军如占领该岛，不仅可完全阻断香港与新嘉坡间之交通，切断新嘉坡与澳洲间之联络，而且使菲律宾亦受其控制，此不仅直接威胁法属安南，实为完全控制太平洋海权之发轫。该岛如归日军掌握，则日本海军向西可由印度洋以窥地中海，而在东面，则可以断绝新嘉坡夏威夷岛珍珠港英美海军根据地之联络。又曰：须知日本今年2月10日之进窥海南岛，即等于1931年9月18日占领沈阳，换言之，日本之进攻海南岛，无异造成太平洋上之"九一八"。地区容有海陆之分，影响却完全相同。此琼崖地位之重要，已在钧座洞鉴之中也。

三、琼崖土地资源，向称富裕，且多属未开发之地，其矿藏甚富，如白沙之金、崖县之铁、儋县之锡、五指山之木材，最为显著。且气候温和，土壤肥美，橡、桐、椰、槟榔、甘蔗之属，随地可植，而尤以橡胶为最合现代之用，中国能植之者，惟此一地而已；年来从事种橡者著有成效。至于沿海一带，尤富渔盐之利。以上各项经济之建设，实有赖于中央之人力财力以开发之也。

综上所述，琼崖改为行省实欲贯彻国父及中央之主张，以完成建设，而巩固边圉也。琼崖守备司令王毅叩辰筱午。

这份电文是王毅于1944年5月17日午时在白沙县文堂琼崖守备司令部发出的呈国民政府请将琼崖改省的电文，表达了"琼崖改为行省实欲贯彻国父及中央之主张，以完成建设，而巩固边圉"的诉求，所以他引用孙中山1912年9月11日关于琼州改省之谈话，以及海南岛被占领第二天（1939年2月11日）蒋介石对记者的谈话。也就是说，到这时为止，王毅还未看到过孙中山等人联名发表的《琼州宜改设行省理由书》。是卓名贵、卓浩然父子的多年保存，始让王毅如获至宝。卓浩然给王毅看的就是孙中山等37人于1912年联名发表的《琼州宜改设行省理由书》；王毅给卓浩然看的《国父主张琼州改省及批修铁路谈话》及《蒋委员长对日寇占领海南岛谈话》等文件，就是他 1944 年 5 月 17 日在白沙县发出的呈国民政府请将琼崖改省的电文里的孙中山、蒋介石的谈话内容。王毅得到《琼州宜改设行省理由书》自是非常高兴，所以表示改省事宜筹之已久，得此证据，成功可期。

与此同时，王毅还致电在政府中任要职的琼崖旅渝同乡，请求赞襄琼崖改省。附二《王司令致琼崖旅渝同乡请赞襄琼崖改省电文》原文如下：

王司令对于琼崖改省一事，除径电呈蒋主席外，同时致电琼崖旅渝同乡，请就近赞襄，以观厥成，其原文如下：

渝王次长达天先生，并分转外交部宋部长子文先生、陈委员筹硕先生：关于琼崖改省一事，琼崖人士咸认为必要，除径电呈主席蒋察夺外，谨将原电奉阅，其文曰……素仰先生眷怀桑梓，恳请就近赞襄，俾观厥成，为祷。晚王毅叩，辰筱午秘。[1]

王毅此电文中的在渝的海南著名同乡，依次是军训部中将次长王俊（字达天）、外交部部长宋子文、海军中将陈策（字筹硕）。王毅还曾计划将屯昌领门一带改为"文庄县"，设省会于此。

王毅：对于琼崖今后改省之意见

1945 年 9 月，王毅在海南接受日军投降后，晋升为陆军中将，随

---

[1] 《王司令致琼崖旅渝同乡请赞襄琼崖改省电文》，载王毅编《琼崖应改设行省之重要文件》，1945，第 51—52 页。

即奉调入陆军大学将官班受训。在其离职报告呈文中,其不忘建议国民政府:欲巩固国防,应依照民国元年国父孙中山先生发表之意旨,将海南改为行省直隶中央,以加强建设为妥善。

1945年11月,王毅前往重庆,除向蒋介石报告琼崖数年来对日抗战情况外,还再次提出琼崖改省之建议。

中央社重庆1945年11月23日电云:广东琼崖守备司令兼琼崖师管区司令王毅,于目前抵渝,将于日内晋谒蒋主席,除报告该地数年来对日抗战情形及目下概况外,并拟对琼崖改省有所建议。据王氏廿一日语中央社记者,在抗战中,我军围守该岛,与敌曾作大小战一六三九次,毙敌近万人。敌人占领该地后,即拟有三期六年之建设计划,第一期完成环绕全岛公路已通铁路线,已由榆林港至石碌段亦通车,其长占全环岛线五分之一。榆林港定筑后,可容万吨以上轮船三艘,并拓海口之商业码头,工程亦颇大,现可停泊万吨以下之轮船。在琼岛敌所筑机场,大小不下十数处,其中三亚、黄流及海口三机场,规模之大,不下于国内任何最大之飞机场。石禄铁矿,含铁成分最佳,达百分之六十,本可每月产铁三百吨,在敌占领下,每月产一百五十吨。东方之水力发电,约有六七千匹马力,敌尚未充分利用。该地敌军约二万人,缴械竣事之日军、日侨,均送集中营。海港铁路及工厂接收工作,亦大部分完成。唯有不少地方,已被破坏。至琼崖改省之议,王氏希望早日实现,可以中央之财力、物力及人力,建设琼崖。[1]

1945年12月31日,王毅告别琼崖同胞,并发表《告别琼崖同胞

---

[1] 《南中国之眼睛!琼崖应速改省 王守备司令抵渝报告》,《前线日报》1945年11月24日第2版。

书》，向"我琼亲爱同胞"告别。因该文有十个方面的叙述，可谓"十别同胞"。其中，与琼崖改省相关的是：

然欲启发建设，则又非改建行省不可，毅年来虽迭经条具理由，陈请中央施行，然兹事体大，非集群策群力，不能促其实现，改省不能成功，则建琼必终成画饼，非惟我同胞数年来苦苦抗战，不能获得新兴国家国民幸福之报偿，即我琼无数军民，为国家民族而牺牲，艰忠苦节，巩亦淹没而无闻。为我琼前途计，为战事善后计，为全琼抗战殉国军民安生慰死计，改省之举，诚为我琼今日最迫切之要求，亦为我同胞人人应有最大努力。此欲为我同胞告者十也。

王毅并文呈司令长官，于前言曰："窃职自抗战国兴，于民国二十七年十一月由广东省保安队第五旅旅长奉委为琼崖守备司令，于二十八年二月十日，敌寇强行登陆琼崖后，即率领军民苦战，迄本年九月敌无条件投降签字，十月十四，奉令于十一月底将琼崖守备部及所属各团队官兵合共六千余人撤销结束止，其中经过详情，业经先后呈层峰察核在案，兹谨再将其中经过概况，与本部撤销结束后，及对于琼崖今后改省之意见，拟具处置之意见分陈于下。"

文中略谓：琼崖"大战之后，公私建设、社会经济，被敌摧残殆尽，流亡民众无家可归，殉国军民遗族饥寒交迫，闾阎丘墟，满目疮痍，凡此种种，急待安抚赈恤，然此间孤岛远悬，中央见闻恐有未周，一切未免隔阂，如欲统筹兼顾，百废待举，有待特派大员来琼主持也"。

而"对于琼崖今后改省之意见"，王毅陈述如下：

1. 根据民国元年九月十一日下午三时，国父在广东旅京同乡欢迎会中训词，应改设行省之理由有五：

甲、巩固海防，琼州宜改设行省。若置而不顾，甚非国家永久之大计、巩固边防之政策也。

乙、启发天然富源，琼州宜改设行省。今民国成立，振兴实业，诚为急务，倘不改设行省，则实业之发达无由。

丙、文化政策，琼州宜改行省。且琼州居民普通教育尚未普及，又限于一府，故大学及诸种高等学校，不能设备，以海防要地而人才不足以副之，甚非保卫之策也。

丁、国内移民殖民政策，琼州宜改设行省。夫我有地利，而不自启发，流居异域，使外人牛马视而奴隶贱之，甚非得策也。

戊、行政之便宜上，琼州宜设行省。该岛风俗、言语、习惯与广州异，以言语、风俗、习惯不同之人民，合为一省，行政区划之分配，甚不得当。夫台湾一岛，其幅员与琼州相等，自日本经营之后，每年岁入数千万，倘琼州改设行省，数年经营之后，其收入必有可观，无庸疑也。且欧美诸小国，其面积不如琼州之广，人口不如琼州之多，尚自立为一国，以数百万之住民，十万方里之土地，而不能划为一省直隶中央者，断无是理……乞诸位先生，赞成琼州改设行省。琼州幸甚！民国幸甚！

2. 委员长蒋于民国二十八年二月十一日，对外国新闻记者之谈话，海南岛在东亚，为太平洋印度洋间战略上主要重心……是日本太平洋西面第二道门户，……须知日本今年二月十日进窥海南岛，即等于一九三一年九月十八日占领沈阳，换言之，日本之进攻海南岛，无异造成太平洋上"九一八"。地区容有海陆之分，影响却完全相同，由此可见。

总裁之重视琼州，与国父之主张琼州改设行省意见，完全相同，且倭寇登陆琼崖之后，三次改制，八更主将，铁道及农工矿各业，尽力经营，以琼崖为海国生命要线，更是使我人反省警惕，而急须改省也。

3. 谨将琼崖应改设行省之重要文件一册呈阅，伏乞察夺。

1947年，王毅从陆军大学毕业后，调任军事委员会战地视察组第十五组组长，派赴北平（今北京）工作，并于次年当选为澄迈县首届制宪国民大会代表。1948年10月2日，王毅奉命为驻海南之六十四军中将副军长。1949年1月由上海乘"太平轮"赴台湾，拟先安置眷属，再赴海南就职。不料该轮船开至舟山群岛附近，于黑夜中被其他轮船拦腰撞沉，王毅遇难，年仅四十九岁。王毅著有《琼崖抗战纪要》等。

卓名贵父子珍藏《琼州宜改设行省理由书》的故事也还有后续。卓浩然在回忆中说："迨民国三十四年抗战胜利，中央对于改省问题一时虽未暇顾及，但已洞鉴舆情，将琼崖改为海南特别行政区，任陈伯南为海南特区行政长官。一日，陈长官在海口公署招待海南各父老宴会中，余为促进海南改省早日实现起见，特将余所存此文件小册交黄麟书秘书长作为参考资料。未几大局亟变，海南沦陷，余随撤来台，适在'教育部'与黄秘书相见，因询及此小册子之下落，幸黄秘书尚保存勿失，特由香港寄还与余，真堪庆幸。

"因念国父此文件，先父保存三十年，余继存之亦已二十年，几屡濒于失落而复得之，冥冥中似有国父精神在为佑护，否则早已湮没无闻矣。现世变莫测，恐再遗失，特录出付《海南简讯》刊布之，俾同乡人士各手一编，永远保存此最可宝贵之文献，以期促进吾海南改设行省之成功,是所厚望。"[1]

孙中山关于琼州改省的一份文献,被一对父子相继珍藏半个世纪,这也是一件珍闻。如今能告慰孙中山先生的是,在中国共产党的领导下,海南省终于建立起来了,琼崖人民的百年建省梦圆了。

以下为笔者发表在《光明日报》2021年3月30日05版的文章《从海南建省历史看中国共产党为什么"能"》,以此说明在海南建省问题上,"中国共产党为什么'能'"。全文如下:

从张之洞督粤时代(1884—1889年)海南举人潘存首倡海南建省,到1988年海南省正式诞生,经历了风风雨雨的百余年,最终还是靠中国共产党圆了海南人民的百年建省梦。

晚清之世,那是积弱积贫、民生凋敝的年代,面对中法战争"中国不败而败"的局面,海南难以建省。孙中山是历史上倡议和推动海南建省的重要人物,他富有远见地指出:"今为边防起见,宜将琼州另立一省。"但这不被以袁世凯为首的北洋政府所看重,加以军阀割据,战争不断,海南不能建省。

南京国民政府成立以后,海南改制(建省或改特别行政区)如"儿戏"般轮番上演,终是建不成省。1929年9月,广东省政府拟具"琼崖特别区行政委员会条例,呈请中央核准施行",并获蒋介石指示审查,但未获通过。1931年12月,国务会议决议划广东琼崖全属为特别行政区,直隶国民政府,并任命伍朝枢为行政长官。伍氏于次年3

---

[1] 卓浩然:《国父主张琼州宜改设行省理由书保存经过》,载《广东文献》,台北1970年9月30日第6卷第3期;又见《海南简讯复刊》1964年第11卷。

月在广州宣誓就职,但煮熟的鸭子居然"飞"了——伍朝枢于8月辞去行政长官职,琼崖特区也随之裁撤。1937年,国民党要员提出琼崖关系两广及国防甚巨,有设特区必要,但因内政、军政、财政等部门意见不一致,第三次"琼崖改特"又遭搁置。抗战胜利后,1945年10月,国民政府中央设计局拟就"海南建省"方案(分为甲、乙两案),而由蒋介石裁定:"查海南岛可照所拟先设一特别行政区,希即筹办。"但随后未见"筹办"。1947年3月,国民党三中全会通过"请迅将琼崖改设海南省"案,但随后又改为计划设立海南特别行政区,到当年10月则传出消息:"琼崖暂不改省,拟设绥靖区。"1949年初,"千呼万唤"20年的海南特别行政区终于成立,并同时成立海南建省筹备委员会。但这个在国民党政权风雨飘摇之际产生的"海南特区",在解放海南岛的轰轰炮声中,迅速走入了历史。

　　简略回顾这些过往,人们不禁要问:海南建省在国民党手中为什么屡次"流产"?答案无他:派系争斗、各为私利。1932年琼崖特区的设立与裁撤,就缘于孙科、胡汉民、陈济棠等人的派系、私利之争。1947年"暂不改省"的原因,也是类此。此中屡次被"耍"的张发奎,曾经无不痛恨地说:"他真是把中华民国当作他的私有财产","国家大事不可以这样当儿戏的"!即使好不容易成立了"海南特区",但"行政长官"的产生也经过几番钩心斗角的利益掂量,经张发奎、李汉魂、邓龙光而后才"坐实"到陈济棠。当时已是"政治僵尸"的陈济棠,当上"长官"后对人这样说:"我去琼崖未必有办法挽回琼崖的颓势,未必就能够弄得好,而我的渔业公司却获得了发展的空间了。"都说国民党败在私心太重,这无疑是最好的注脚。

　　在海南建省问题上,从清廷、北洋政府、国民党的为什么"不能",正好回答了中国共产党的为什么"能"。

第八章　琼州改省案

海南建省问题是 1986 年进入中央决策视野的。当年 5 月，习仲勋在写给中央领导同志《关于海南岛行政体制的意见》的信中，提出"从长远考虑，海南岛迟早要从广东省分出来独立建省"的重要观点，广东省委收到中央领导的批示后，当即进行了认真的讨论，绝大多数同志同意海南建省，认为迟建不如早建，宜早不宜迟。因为从地理位置看，海南岛自成一体，便于统一管理；海南设省，可以解决自治州有"两个婆婆"的问题和现行体制存在的一些矛盾，便于实行全岛的一体化领导；海南设省后，国家可以调动全国的财力、人力、物力给予支持；中央还可以对海南实行更特殊、灵活的政策。对比国民党 30 多年中在海南改制问题上出尔反尔、朝令夕改、屡屡失信于民，这更加凸显了中国共产党的"能"，"能"在具有民主集中制的政治优势。

为了海南建省，党中央深入、广泛地听取广东省和海南地区各族人民的意见。他们听到一致的呼声是：海南要加速开发，就应当解决体制上的问题，把海南从广东省划出来。这说明了党中央关于海南建省的决策是顺应民心和历史潮流的，这更加充分彰显了中国共产党的"能"，能在代表最广大人民的根本利益。

1987 年 8 月，出席六届全国人大常委会第二十二次会议的委员一致认为，建立海南省对加速海南的开发建设，改善海南人民的物质、文化生活，加强民族团结，巩固国防，促进祖国统一，都具有重大意义；因而一致同意设立海南省，表示可以提请全国人民代表大会审议决定，并同意授权国务院成立海南建省筹备组。9 月，《中共中央、国务院关于建立海南省及其筹建工作的通知》印发。次年 4 月，七届全国人大一次会议通过《关于设立海南省的提案》，海南省正式诞生。在海南建省问题上，中国共产党只用 8 个月的时间，做成了国民党 20 年都做不成的事，这更加反衬出中国共产党的"能"，"能"在具有人

375

民代表大会的制度优势。

　　为什么要设立海南省？当年民政部部长崔乃夫曾这样回答："海南建省的设想，并不是今天才有的。几十年来，不少有识之士都有过类似设想，孙中山先生就提出过海南建省的意见。"生动的事例又充分表明，中国共产党人是孙中山先生革命事业最坚定的支持者、最忠实的继承者。过往国民党人口口声声遵循"国父遗训"，但孙中山念念不忘的海南建省事业，他们蹉跎廿载而事不成，这也从一个侧面告诉我们，只有"私心"而没了"初心"的政党，注定是要被历史潮流卷走的。

第八章 琼州改省案

王毅（右）与其兄王钦寅（中）参议、王俊（左）在一起。王俊、王毅兄弟均主张和致力于海南改省

王　毅

王毅题刻在今海南乘坡河边的"唯战能存"四个字

第九章　改省张本

孙中山推动的琼州改省不能实现，自此之后"琼州内讧"开始。海南在整个民国时期，被各路势力轮番染指，地方严重动荡不安。

从官制吏治来看，这段概述颇能说明问题："琼自民国成立以来，至此仅有九年。文武官之设置，时而分，时而合，名称凡九易。所谓安抚、绥靖、善后等临时名义耳，得失无庸齿列。至道尹与镇守使并设，议者谓转折政令，固定地盘，为封建之遗习；实则军民分治，在政治原则，尚不失为一种制度也。然无论何种制度，苟废置不常，官吏任无定期，忽来忽去，官署类于传舍，虽起龚黄[1]而复任，亦将不能有所设施。琼在此九年中，军政长吏之迭更，将近二十人。任期长者，不过年半；任期短者，

---

[1] 龚黄是汉循吏龚遂与黄霸的并称，亦泛指循吏。循吏即奉职守法的官吏。

不及半年。故负时名者，如古勷勤、邓仲元、李印泉诸人，皆无政绩可述。余可知矣。"[1]这还只是说从民国成立到1920年的情况。古勷勤即古应芬、邓仲元即邓铿、李印泉即李根源，他们都是民国时期风云一时的人物。在本章中，我们只论及古应芬、邓铿。

陈炯明裁撤琼崖民政总长

1912年5月5日，陈炯明由港回穗任职，其后广东军政府设总经略处（总绥靖处），总经略（督办）为陈炯明，副总经略（会办）为龙济光。广东此总绥靖处之设，为各绥靖清乡之总机关。当时，广东全省分为11个绥靖处，各绥靖处督办分别为：广阳绥靖处督办朱执信、罗肇绥靖处督办周之贞、南韶连绥靖处督办陈仲宾（后吕熙）、琼崖绥靖处督办区金均、潮州绥靖处督办吴样达、梅州绥靖处督办钟景棠、惠州绥靖处督办谭沄、廉州绥靖处督办徐维扬、高州绥靖处督办李济民、雷州绥靖处督办陈丙炎、钦州绥靖处督办冯相荣。[2]

琼崖绥靖处的名称这时已经出现："全省总绥靖处谕行琼崖绥靖处：据琼山黄卷策等呈，漏网匪魁，影图集党，请饬解散彻究等由。当以团练之设，原为保卫乡间之意，未为不善。若如来禀所称，雷虎市保良局聚匪为团，肆行劫掠，实属贻害地方。仰处饬该营、县查明，勒令解散，并严拿擅开各匪，务获按究。在其

---

[1] 王家槐：《海南近志》，鹤见广告传播有限公司，1993，第54—55页。
[2] 广东省立中山图书馆：《民国广东大事记》，羊城晚报出版社，2002，第17页。

押着匪廖正育、吴呈谦等二名,迅即讯明惩办,毋稍纵延。"[1]

这是裁撤琼崖民政总长的新闻:

> 粤都督令云:查琼崖民政总长、钦州民政总长,系因反正之初,地方多故,一时权宜设置,原非永久之规。迩来地方秩序渐次回复,该两机关均应裁撤。为此,令知该司仰即分别转谕区总长[2]、冯总长,统限于九月一日前,将两机关裁撤。所有经手事宜,应归县令办理者,即划归县令办理;如不能划归县令办理者,应呈由主管各司直接管理,以清权限。仍将裁撤情形具报察核。此令。[3]

这里明确要求于1912年9月1日前裁撤琼崖、钦州民政总长。此后,古应芬就以琼崖绥靖处总办的头衔赴琼。

在梁士诒、陈发檀等人在北京筹划主张海南改省之时,1912年10月,广东方面奉北京政府令,地方行政区划改制,废府、州、厅,改设县。

海南方面,废琼州府,置琼山县;废儋州,置儋县;废崖州直隶州,置崖县。"儋县民政长陈天辅,以州初改县,曩之陋规,概为蠲除,致力兴学劝农。县境旧有械斗案多起,天辅传讯,劝其和解,旬日间无不平息。惟于盗贼绝不宽纵,获必严惩。宵小

---

1 《着琼崖绥靖处严禁聚匪为团谕》,广州《民生日报》1912年8月14日第6页。
2 区总长即琼崖民政总长区金鳌,又有写作区金均、区金钧之情况。
3 《裁撤琼崖钦两民政长》,《申报》1912年9月4日第6版。

一时敛迹,县民颂之。至牛栏鸡坶书陈天辅在此,以压不祥,可见其威信之昭著也类此。"[1] 这种县民称颂之县官,民国之时海南实不多见,故亦值得一记。

改省难通过:古应芬任琼崖绥靖处总办

彼时黄明堂在海南任职,屁股还没坐热,颇负时望的古应芬就来接掌琼崖了。古应芬,字湘芹,别字勷勤,广东番禺人。1904年赴日本入读法政大学速成法政科,与胡汉民为同学。在日本时常与朱执信、汪精卫、陈树人等相聚,为同盟会会员。1907年学成归国后,任广东法政学堂编纂、广东咨议局书记长。1911年,参加黄花岗起义,失败后逃往香港。武昌起义后,广州光复,他随胡汉民回广州,任广东都督府核计院院长。

他的履历又见于:"古应芬,号襄芹,番禺人。年五十四岁(1927年),前清茂才,留学日本,习法律经济科。辛亥回国,参加革命,民元(1912年)任广东临时省议会秘书长,后任琼崖绥靖处督办。民六(1917年)国会非常会议开会于广州,任秘书长。民九年(1920年)任广东省长公署政务厅长,主持各县长民选事宜。"[2] 这就是说,古应芬到琼崖绥靖处之前,任广东临时省议会秘书长。

据当时的报道,广东胡汉民都督以本府内部向设有参议、秘书等职,兹特另行组织,分科治事,以专责成,计分总务、民政、军政、财政、教育、司法、实业七科,科各置参事一人,主任本

---

1 王家槐:《海南近志》,鹤见广告传播有限公司,1993,第12页。
2 《时人汇志 古应芬》,《国闻周报》1927年第4卷第26期。

科事务。金章、古应芬等为总务等科参事,自 1912 年 7 月 16 日起即按新章办理。[1] 此后证实,古应芬为军事参事。

古应芬后来成为广东名重一时的人物。1923 年他先后任职陆海军大本营法制局局长、陆海军大元帅大本营秘书长和广东省财政厅厅长。1925 年,陆海军大元帅府改组为中华民国国民政府,他任财政部部长。1927 年,他任南京国民政府的常务委员、财政部部长。1931 年,广州国民政府成立,他与汪精卫、孙科等人为常委。是年,他因病逝世,政府明令褒扬,国葬如仪。

古应芬到海南任职的主要记载有:"民国元年设琼崖绥靖处,古应芬为处长,李福隆为副处长。"[2] "(1912 年)七月,琼崖安抚使、民政总长俱废,黄明堂、区金鳌各免本职。改设琼崖绥靖处,以古应芬、李福隆为正副处长,各县民政长改为县知事,兼任检察所检察。县知事下,设第一、第二两科,科长各一,科员若干,或设技士雇员等。"[3] 这里能给出的信息非常有限,不但容易让人忽略海南民国史上还有古应芬这个人的存在,而且将李福林错为李福隆,一直错到现在。

今人有说,1912 年 5 月下旬,古应芬出任琼崖绥靖处处长(后改督办)。古应芬系广东人,同盟会会员,曾参与史坚如谋炸清广东巡抚衙门一事,并与朱执信、汪精卫、胡汉民等人组织"群智社"。1909 年,古应芬曾被选为广东咨议局书记长,广州光复后任广东军政府参事。1913 年,邓铿继为绥靖处督办,后改任

---

1 《都督府内部之新组织》,《时事新报》1912 年 7 月 23 日第 6 版。
2 陈铭枢总纂:《海南岛志》,海南出版社,2004,第 511 页。
3 王家槐:《海南近志》,鹤见广告传播有限公司,1993,第 12 页。

琼崖镇守使。邓氏系陆丰人，清末广东将弁学堂毕业生，为新军前辈，骁勇有韬略。辛亥革命爆发后，邓氏发动惠州起义光复惠州。1912年4月，胡汉民复任广东都督后，邓氏任陆军司正长。古氏与邓氏在海南任职期间，也主要是管理琼崖道之政事，并未深入运动革命。[1] 由于林日举对史料掌握不够，上述评论或不甚恰当。

我们来看古应芬出掌海南的一则报道：

琼州岛改省一案，业经都督将原咨发交省会提议，以现在时势及财力言，改省之说必难通过，自在意计中。惟该岛孤处南洋，屹然为南方重镇。汉黎杂处，治理极难。反正后，三点会匪明目张胆，四处横行，逼人入会。该处民团营男乃联合一会，名为六点会，以资联络，而期抵制，近日屡有冲突。该处土人因有六点打三点之谣，遂为反正后一极难安置之问题。现在绥靖处总办区金钧，往往偏袒三点会，民情更为愤激。近区虽撤任，而随带军队又不调回，种种积嫌，几有爆发之势。现都督府，特委府内军事科参事古勤勤接任绥靖处总办，随带福字营警卫军二营[2] 前往驻扎，并以该岛物产丰富，所有振兴实业各事，亦得全权办理云。[3]

从这则报道来看，粤当局已经看到"琼州岛改省一案，业

---

[1] 林日举：《海南史》，吉林人民出版社，2002，第342页。
[2] 根据《琼州内讧续志》，古应芬与李福林应是统带五营前来琼崖。
[3] 《琼州内讧之可虑》，《新闻报》1912年11月4日第5版。

经都督将原咨发交省会提议，以现在时势及财力言，改省之说必难通过，自在意计中"，而琼州正发生内讧，"绥靖处总办区金钧，往往偏袒三点会，民情更为愤激。近区虽撤任，而随带军队又不调回，种种积嫌，几有爆发之势"。同赵士槐"以兵一连偕行"相比，这次古应芬"随带福字营警卫军二营"来琼，自是气势不凡。

实际上，古应芬出现在海南是基于三个背景：一是1912年9月开始发起的"琼州改省"，在事实上不能实现；二是广东政制变革，即裁撤琼崖民政总长，改设绥靖处；三是琼州发生内讧。正是琼州"改省之说必难通过"，而又有"琼州内讧之可虑"，故有古应芬接任绥靖处总办的安排。

民国成立之初，中国的政治舞台演完"孙下袁上"后不久，在海南这方土地上，也上演了"黄去古来"的政治"活剧"。无论是黄明堂离职，还是古应芬接掌海南，总之林文英、王斧这两位琼崖革命先进的表现，甚是让人引以为憾。所以我们很不情愿地看到，此时海南人心涣散的局面。人心涣散是影响海南建省的重要因素，或者说海南建省的"人和"因素成色不足。

古应芬整理琼崖的大计划

古应芬来海南，还拥有振兴琼崖实业各事的全部权力，因此他提出了整理琼崖的大计划，并非所谓古氏在海南任职期间主要管理琼崖道之政事，并未深入运动革命。关于古应芬整理琼崖的大计划，报道如下：

> 粤都督令财政司文云：据琼崖绥靖处总办古应芬呈复筹划应

办要政四大端,及缴呈疏浚海口港道图书一本,逐经披览,实深佩慰。盖以琼崖孤悬海外,岛国之人,艳羡已久,亟图整顿,犹恐难绝觊觎。惟有改良政治,固结民心,始能固我屏藩。所陈要政,如警察、抚黎、航路、实业、垦牧数端,同此问题而言之,悉中肯要,行之足以实践,非同肤泛之论,亦非高远难行之事,是在百执事,实心实力,行及期年,可心觇其功效。具见规画,悉合机宜,惟警察改良,当从商埠切实办起,以壮观瞻,而资鼓舞。抚黎分局,既照旧复设,并规复黎民学校,则民黎交涉之讼,须派明干之员,平其争端,自无土客无理欺凌之事。以上二节,本都督偶见及之,仍应由该总办悉心酌核,妥善办理。至淘掘海口港道,照施工程师所计,需费银四十万元,以及拟办轮船公司,需款若干,有无的款可以支拨?能否官商合筹?抑先由公家拨款开办?应由该司妥筹核议,具复察夺,以便饬遵云。[1]

由这则报道可见,粤当局认为整顿琼崖意义重大,如谓"琼崖孤悬海外,岛国之人,艳羡已久,亟图整顿,犹恐难绝觊觎。惟有改良政治,固结民心,始能固我屏藩"。对于琼崖绥靖处总办古应芬提出警察、抚黎、航路、实业、垦牧等"要政",粤当局认为,"悉中肯要,行之足以实践,非同肤泛之论,亦非高远难行之事,是在百执事,实心实力,行及期年,可心觇其功效",并提出"当从商埠切实办起,以壮观瞻,而资鼓舞"。奈何当时局势动荡不安,古应芬整理琼崖的大计划固"悉合机宜",但实无从"妥善办理"。就在此报道发出的当月下旬,临时大总统袁

---

[1] 《整理琼崖之大计划》,《新闻报》1913年1月10日第5版。

世凯任命邓铿为广东琼崖镇守使。

在社会动荡不安的民国元年,肩负解决"琼州内讧"问题的古应芬能提出如此艰难复杂的整理琼崖的大计划,当属不易。这当中,同样隐藏着复杂的政治势力纷争,也注定了这一计划的历史宿命。

以下这篇"内幕",提供了一些可供观察的历史真相:

广东都督府中幕僚近日略有更动,如军事参事古应芬外任为琼崖绥靖总办,前广阳绥靖总办朱执信入为核计院院长。此二事,表面虽似无甚关系,然内中实含有党争之意味。查粤省政权,固纯然操纵于同盟会之手,然其中可分为二派,一曰胡派,一曰陈派,其原因种于胡汉民与陈炯明之互为都督,因是而各分党羽,时起暗里之竞争。大约与三月二十九之役者,均为胡党,而在惠州起义者,则属陈党,是二党各有兵权。往日绿林之豪而今之各县警卫,亦均为胡党所有,其数共九十三营,加以海军司(司长胡毅生,汉民亲兄)之海军游击队约千人(内容全是民军改编),分驻顺德、新会、番禺沿江一带,专治盗匪,以民军而名为海军,以海军而驻缉盗匪,皆粤省一大怪事,然皆未经训练,不知节制之兵也。陆军共四十四营,皆归陈军统炯明管辖,其中旧日之新军居半,旧日之巡防营改编者半,皆具有战斗力者也。至用人之权,则各县之县长,皆由民政司委任,即胡汉民之权力所及,而现当军政时代,又就前清置道区域,分设各路绥靖处,均操兵权,各县长胥归统辖(内分广肇罗一路、惠州一路、梅州即嘉应州一路、潮州一路、高州一路、阳江一路、南昭连一路、钦廉一路、凉〔琼〕崖一路),总其权者,实为总绥靖处督办陈炯明。故两派势均力敌，而陈派似尚较优。朱执信者，胡派人也。其人刚愎好杀，任广阳绥靖总办时，杀人不知凡几，力庇其部下，绿林之民军，某日为总绥靖处所干涉，则大怒以刀破其印而去。胡汉民乃以核计院长畀之。核计院者，全省行政及军队之经费，均归稽核，隐操全省财政之最高权。陈炯明欲领军饷，不能不听命焉，以朱长此，其意固有在也。而陈炯明则最恶民军，凡各警备军（即民军改编）请领军械者，无不以半数与之，不肯照额发足。其对人言，则以彼辈均贼性难改，多予利器适以助抢劫之力云。其意亦无因，简括言之，则胡派有兵权，陈派亦有兵权，所异者则胡派管军饷，而陈派管军械矣。至古应芬，亦胡派中人，而忽外任为琼崖绥靖总办，不能不受陈炯明节制，胡汉民乃兼畀以全岛民政、教育全权，为各路绥靖总办所特异，是于陈派统系中忽夺占一地位者也。其意亦可推测，而见以上云云。固粤省政界内容之真相，留意粤事者当时时记取也。[1]

琼州内讧：来了帮办李福林

当时的"琼州内讧"是怎么回事？这还有后续报道：

琼州内部不靖各情，经详前报。兹闻官厅自委任都督军事参事古应芬充凉［琼］崖绥靖总办后，前总办区金钧不俟古君抵任，即先逃回省城，所有由区带往之五营兵士因无人统领，散漫无纪，各属斗劫纷起，军队亦不肯出为弹压，因而澄迈一属六点会与三点会（原因已详前报）连日开战，戕杀生命至数

---

[1]《粤省军政界之内幕》，《时事新报》1912年11月30日第6版。

百人。该属纷电古总办前往,古君当于三号偕同帮办李福林统带军队五营,由省雇备河头船十余艘,拖至虎门,转搭广玉兵轮前往。闻古君此行,先整顿全琼军政,俟有头绪,再行改革诸政云。[1]

这则报道中说,"澄迈一属六点会与三点会(原因已详前报)连日开战,戕杀生命至数百人",这是琼州内部不靖的表现。当时,广东当局下令查办,但"前总办区金钧不俟古君抵任,即先逃回省城"。这是较早些的报道:"琼州属澄迈县,现有匪党王绍琼等结寨于高根村,图谋不轨。按亩勒捐,该处附近被其焚劫者一百余村,擅杀人命至数百,蹂躏地方至二百余里。刻经该县人民王全教等来省禀报,业由总绥靖处飞饬琼崖绥靖处总办区金均迅即彻底查明,严行缉捕,勿任蔑法害群云。"[2]

《琼州内讧之可虑》记:"现都督府,特委府内军事科参事古勷勤接任绥靖处总办,随带福字营警卫军二营前往驻扎。"福字营警卫军的统领就是李福林。

《琼州内讧续志》记:"该属纷电古总办前往,古君当于三号偕同帮办李福林统带军队五营,由省雇备河头船十余艘,拖至虎门,转搭广玉兵轮前往。"这么说,古应芬、李福林应是1912年11月3日才前往琼州的。

在此,我们还要纠正一个流传已久的讹误,那就是李福隆之误。

---

1 《琼州内讧续志》,《新闻报》1912年11月12日第5版。
2 《饬查澄迈焚劫案》,《时事新报》1912年9月6日第9版。

此误见于《海南岛志》《海南近志》等文献，其皆称1912年设琼崖绥靖处，古应芬为处长、李福隆为副处长，故世人皆谓这个副处长就是李福隆，其实这个副处长是李福林。

李福隆是什么人呢？见于1919年的海南纪事："雷州贼李福隆、石角三、李宝光等，约三四百人，自澄迈玉苞港登陆，窜至金江，县知事某（失姓名）先逃，防军排长冯增金，稍鸣枪示警，亦逃。商民扶老携幼，纷纷涉江继之。贼自午间入市，逐户搜索，屠杀鸡猪，大恣啖饮。黄昏后，渡江，宿南岸。凌晨，从容拔队向加乐、坡尾方向去。越日，沈鸿英遣陈继虞，随团长韩彩凤至金江，询问贼情。然后由贼之去路追去，及于西昌、屯昌一带，李、石等乞降，韩团督带赴海口，收编后，使驻大庙。"[1] 又见1920年的海南纪事："李福隆等众，贼性未改，奸掠时闻。海口商民患之，诉于镇守使赵德裕，密令滇军包围而歼之，惟李福隆事前赴香港，获免。"[2]

这就是说，此雷州贼李福隆为祸琼州是民国成立七八年以后的事了。这是1920年琼崖旅宁同学会致陈炯明总司令电："广州陈总司令钧鉴：近闻李福隆带兵入琼，足迹所经，地方为墟，琼民何辜，罹此荼毒？为此哀求我公，从速荡平，以苏民命，实为德便。"[3] 如此，李福隆怎能在民国初年（1912年）任琼崖绥靖处副处长？

李福林生于1874年，字登同，广东番禺大塘乡（今属广州

---

1 王家槐:《海南近志》，鹤见广告传播有限公司，1993，第49页。
2 王家槐:《海南近志》，鹤见广告传播有限公司，1993，第51页。
3 《民国日报》1920年12月1日第2版。

市海珠区）人。曾读过一年私塾，后随父在乡务农。在乡聚集游荡青年，结为盟友，订立誓约，被推为"大佬"，常率众秘密渡过珠江，入广州市区打家劫舍。1907年逃到新加坡，经人介绍加入同盟会。次年由新加坡转道越南至云南河口，参加革命党人黄明堂领导的起义；失败后重返广州，以革命党人的身份，联络番禺、南海、三水等地绿林，伺机起义。1911年10月10日，武昌起义爆发，各省纷纷响应。11月9日，广东宣布独立，举胡汉民为都督。李福林奉朱执信命令，以福字营统领职，率领三千民军与南海、三水、顺德等地民军会师广州，保卫新政权，从此踏入军界。李福林部以革命党民军为招牌，屯驻广州河南一带。

李福林本是土匪出身，其后率领一路民军，参加了辛亥革命。他先后任过福字营统领、福军司令、南番两县清乡会办、广惠镇守使、东路讨贼军第三军军长、建国粤军第三军军长、广州市市长、国民革命军第五军军长、国民党中央监察委员会委员、国民党军事委员会驻粤军事特派员等职。跟他一道同时起义的民军，如王和顺、黄明堂、陆兰清、陆领、李就、张炳、何江、黎炳球、何梦、石锦泉等人的民军，或昙花一现，或仅一年半载，即被解散或归并，而李福林却安然盘踞在广州河南一带，独霸一隅。

为什么李福林能独霸一隅呢？黄干甫曾当过李福林的军部政治部主任、高级参议等职，对他稍为了解下，便可知道李福林这个人左右逢源、善于随机应变。

从辛亥革命至1927年，是李福林的辉煌时期。这期间，广东政局瞬息万变，大小军阀攻争纷乱，军政大权更移不断。李福林能左右逢源、摇而不倒，除了因为他在广东的绿林人物中拥有一定威信、和广州的绅商有密切的联系并受到他们的支持和拥戴之外，还因为他对纷纭扰攘的政局，始终抱有"随机应变，保存实力"的态度，无论是对孙中山领导的革命势力，还是对各派军阀，都毫无例外。

1911年底，陈炯明以副都督代胡汉民为广东都督，独揽广东的军政大权，对孙中山已萌异志。陈为排除异己、巩固自己的势力，在代理都督后，即着手剪除各地的民军。各地民军领袖人人自危，都主张联合起来驱逐陈炯明，独李福林以避免糜烂地方为词，坚持须请示孙中山解决，实则惮于陈炯明的势力，力求自保。陈炯明抓住各地民军步调不一的弱点，决然令所部向最不服从他的命令的王和顺部进攻。此次血战两昼夜，尚未解决。陈炯明乃派人请李福林出面调和。陈炯明要求：王部先行停火；王所统领之惠军愿编归福军的便编入福军，不愿的可资遣回乡。王部自此瓦解。在此以前，陈炯明还令所部进攻石锦泉统率的民军。石部兵员不多，一触即溃。其余各部民军，亦相继为陈炯明肃清，唯李福林因有同盟会要人邓泽如等的庇护，同时更通过江孔殷，向陈炯明频频示好，江孔殷也极力为李福林揄扬，故李福林所部民军独能幸存。[1]

这些事例，既说明李福林所领民军得以保留的背景，也说明他以帮办身份与古应芬带领五营军队前往琼州的原因：他们来琼是为平定"琼州内讧"，解决黄明堂民军撤走后遗留的问题。

从主事者胡汉民的一段回忆里，我们能进一步确认李福林的身份。胡汉民在纪念古应芬逝世一周年的文章中说道："革命以

---

[1] 黄于甫：《绿林出身的李福林》，载《近代广东名人录》第二辑，广东人民出版社，1989，第20—21页。

后，古先生则继执信而为核计院长。琼崖民军叛变，以古先生为琼崖绥靖处总办，偕李登同同志等往平之。当时古先做总办，很想尽力于开发琼崖，拟具详细具体的计划，建议开海口为商港，可惜时局未安定，袁逆叛迹日彰，广东的情势，也渐渐地转变起来。"[1] 胡汉民文中的"执信"是朱执信，而"李登同"就是李福林（字登同）。

邹鲁不愿就琼崖镇守使

邹鲁是与琼崖革命有关联的国民党元老级人物，今人可从1924年创刊的《新琼崖评论》中看到他题写的刊名。

邹鲁，生于1885年，原名澄生，广东大埔人。1905年，在大埔创办乐群中学，是年加入中国同盟会。1907年，在广州创办潮嘉师范学堂，不久后考入广东法政学堂，与朱执信等人过往甚密。1908年，与朱执信等策划广州新军起义。1911年，在广州创办《可报》，鼓吹革命排满，4月参加黄花岗起义，失败后逃去香港。武昌起义后广东光复，邹鲁又参加胡汉民组织的北伐军，去南京任兵站总监（委令系胡汉民的手笔，后改为经理局），负责筹措军饷。民国成立后，陈炯明电告他回粤任财政厅厅长，但最终任广东银钱局总办。

后来，他又提出辞职，离开了广东银钱局。这时，适逢袁世凯电请各省派代表入京，共商国家大计。广东派了三个人，邹鲁是其中之一。北上以前，他先去看陈炯明。陈对他说："这儿正有

---

[1] 胡汉民：《忆古湘芹先生》，载《古湘芹先生逝世一周年纪念专刊》，中国国民党广州特别市执行委员会，1932，第15—16页。

许多事要你帮忙，你怎能入京？"邹鲁笑着说："第一，我为你谋事；第二，我要见见中国的人才。"陈问道："你为我谋什么事？"邹说："库伦独立，你不说要出兵吗？我去为你促成如何？"陈说："很好！很好！"

当时袁世凯对广东别有用心，企图分化广东的革命力量，想通过陈炯明来压制胡汉民，这就造成了胡、陈水火不相容的局面。邹鲁到了北京，袁世凯知道他和陈炯明是同学、同事，相处甚久，以为他是陈党，因此除普通接见外，还特别约见了一次。袁问邹以陈代胡如何？邹直说："这事恐怕不妥。政府如有意重用陈炯明，现在解决库伦独立问题正亟，不妨派他去专办这件事。"袁点头道："等我慢慢商量。"那时袁的秘书长梁士诒也在座，袁即说："以后请你多与燕孙（梁士诒的号）接头，他的话就是我的话。"后来梁又再三提出以陈代胡的意见，邹仍坚持着以前的态度。

邹鲁回到广州，陈炯明立刻来访。邹告诉他："我说为你谋事，不但没有成功，反同你辞去了广东都督和民政长。"邹遂将经过详情说出来，并说："你和胡先生都是吾党中坚，宜合不宜分，团结不仅是党的福，也是国的福，所以广东都督和民政长，你是千万不能做的。"当时陈的心里究竟觉得怎样，邹无从猜测，但是陈口头上说："你代我辞了都督和民政长，那是很对的。"

陈炯明去后，邹鲁随即往访胡汉民，详细报告北上情形。关于邹鲁未来的职务，胡汉明提供了三个选择：一是琼崖镇守使，一是潮梅绥靖处处长，一是广东审计处处长。邹鲁表示都不愿就。胡问邹要什么，邹说："我要做国会议员。"胡极同意，因为这是中华民国第一届国会，主要任务是制定国家根本大法，关系到国运民生，十分重要。于是邹鲁就赶回潮州竞选，最后当选了众议院议员。[1]

1912年4月27日,广东省临时议会开会,孙中山到会讲话。议会投票决定:胡汉民复任都督兼民政长;陈炯明任军统,专责整顿民军和除"四害"(即赌博、会党、械斗、强盗);汪精卫任参谋。胡5月回粤就职,将都督府做了部分调整:邹鲁为广东银钱局总办,古应芬等七人为参事。

这样,在胡汉民的主导之下,既有古应芬出任琼崖绥靖乡总办的安排,又有让邹鲁任琼崖镇守使的酝酿,但最终是邓铿为琼崖镇守使。

袁世凯任命邓铿为琼崖镇守使

有意思的是,刚进入1913年,一篇说明陈发檀乃"琼州改省之人材"的报道,让人看到琼州改省在望:

> 陈发檀,琼州人,日本东京帝国大学法学士也,著述其富,久为法学界所崇仰。去岁在南京政府时,擘画一切。近南北统一后,即充法制局顾问(兼农林部参事),后法部又欲调署参事。适孙中山先生到京,发生琼州改省问题,特派陈君筹画一切,袁总统并许以改省费二百万元,故陈君辞职回粤办理。现已稍有头绪矣。又陈君于蒙俄交涉及财政问题,皆有所论著,洋洋数千言,论者多题其议。月前陈君并以此条陈于总统,甚蒙嘉纳云。[2]

---

1 邹鲁:《回顾录》,独立出版社,1944,第48—50页。邹鲁的回忆没有谈及他往访胡汉民的时间,但应是1912年下半年。

2 《琼州改省之人材》,《民立报》1913年1月21日第8版。

第九章 改省张本

陈发檀"著述其富，久为法学界所崇仰"，说明其学识深厚，在社会上具有影响力。宋教仁曾任法制局总裁、农林总长，陈发檀"充法制局顾问（兼农林部参事）"，说明他与宋教仁关系匪浅。孙中山在琼州改省问题上，特派陈发檀"筹画一切"，说明孙中山重视琼州改省且倚重他。"袁总统并许以改省费二百万元，故陈君辞职回粤办理"，说明袁世凯对陈发檀也很信任。这时，琼州改省"稍有头绪"，露出了曙光。但是不久，袁世凯便任命邓铿为琼崖镇守使，让这一切也就随风而去了。

1913年1月29日，临时大总统袁世凯令："任命郑铿为广东琼崖镇守使。"[1]

袁世凯于1912年3月10日在北京宣誓就任临时大总统。1913年10月6日，国会选举他为第一任大总统。有意思的是，这份任命书，居然把"鄧（邓）"错为"鄭（郑）"了。张冠李戴的这种情况，在当时的官方文书中并不鲜见，后来的琼崖镇守使陆兰清，也曾被错写为"陈兰清"。

邓铿，名士元，字仲元，广东嘉应（今梅州）人。1905年入广州将弁学堂，次年春卒业，留任步兵科教员。1911年4月参加著名的黄花岗之役，失败后匿居香港，继续从事革命活动。武昌首义后，担任以陈炯明为首的东江第一军参谋长，率民军响应。广东军政府成立后，任陆军混成协协统，卫戍广州。武昌起义之时，广州尚为张鸣岐所据，海南民军首领陈继虞对邓铿说："欲图广州，必先图惠。"邓铿遂毅然同陈继虞赴惠州，不及一旬攻克惠州。惠城既破，广州旋亦克服，粤局是以稍定，陈继虞遂回琼

---

[1]《海南民国档案资料选辑》第1辑第1册，海南出版社，2013，第4页。

预备起义。[1]

当时，孙中山辞职后回广东，"陈都督派定欢迎孙前总统委员四名：财政司长李煜堂、民政司长黎国廉、海军司长胡毅生、陆军司长邓铿"[2]。这说明此时邓铿已是广东都督府陆军司司长。

邓铿任都督府陆军司司长时，"整军除盗，多所擘划，人以此益多之"，"民国二年，都督府改组，出任琼崖镇守使，兼办民政事宜。除治军外，复致力于实业、教育、交通诸大端。时有贩卖人口出洋者，捕获严惩。而以法领事有包庇行为，亦交涉撤换，政声由是益著"[3]。这是邓铿出任琼崖镇守使的一般经过与主要作为。

当时有一则邓铿请赴"蒙疆"的新闻说："陆军司司长邓铿，日前本拟出洋游学，惟值边警传来，该司长热血腾飞，誓平此患，以遂平生爱国之愿。昨特与都督磋商，以风云日急，顷刻万变，请许其只身，即日先赴蒙疆，侦察消息，以便随时电告我军，俾易进行。"[4]这说明邓铿是一个热血军人。

1913年，"都督府旋以琼崖为国防重地，决定设置镇守府，胡汉民特保仲元为镇守使，并保授陆军中将。"[5]于辛亥之际获交邓

1　麦穗：《琼岛魂——烈士〈陈继虞简历讣文〉》，载《海口文史资料》第三辑，1986，第134页。

2　《时事新报》1912年4月25日第2版。

3　中国国民党中央执行委员会组织部：《革命先烈传记》，1936，第167页。

4　《京省要闻：邓铿请赴蒙疆》（中英文对照），《广东中西星期报》1912年第1卷第6期，第38—39页（1912年12月第一号）。

5　罗翼群：《追记邓仲元先生事略》，载《广东文史资料》第三辑，1962，第51页。

铿,其后相从日久、相契较深的罗翼群在回忆中这样论道:"邓仲元先生为广东军界中之杰出人物,与朱执信、廖仲恺两先生并世,同有中山先生股肱心膂之力。三人者,不仅人望相埒,且其鞠躬尽瘁,见害于奸敌之遭遇亦复相同。朱邓二人逝世于中山先生之先,我每见中山先生提及二人之丧,辄有党失忠贞、国失英贤之慨痛。论政治,朱执信、廖仲恺两先生对中山先生之翊赞独多;论军事,则仲元先生运筹帷幄,建立革命武装之贡献特大。畴昔论中山先生基本革命部队必曰粤军,谈粤军必称第一师,谈第一师必及邓仲元,其人望之隆,虽身后而勿替,且在国内战争与对日抗战中崭然露头角之广东军人,亦不少出自仲元先生之麾下或门下,足见过去广东军政受仲元先生影响者至深且巨。"[1]邓铿任粤军参谋长兼任第一师师长,他从各方面极力罗致人才,使其成劲旅,陈铭枢即任该师第四团团长,后来的李济深、陈济棠都是邓铿部下。这些人在邓铿身后都成著名军阀,名望一时,亦真是前后辉映。

这虽说是邓铿离开海南后的一段史事,但亦足见其在民国的历史地位。同时也反观出,此时他在海南意欲革故鼎新,也是"基因"使然。因而,出任琼崖镇守使的邓铿,更是海南历史上值得一书的人物。

又一说:在孙中山的敦促下,胡汉民于1912年4月27日复任广东都督,嗣兼民政长,复兼同盟会粤支部长。复任广东都督后,胡汉民按照孙中山"造成一模范省"的指示,积极建设广东。

---

[1] 罗翼群:《追记邓仲元先生事略》,载《广东文史资料》第三辑,1962,第48页。

在军事上，他依靠陈炯明、朱执信、邓铿等同盟会骨干，积极整顿民军和肃清盗匪。他以陈炯明为总经略，总揽军权，兼办清乡缉捕。后经略处改为广东全省绥靖总处，陈改任督办。他复将全省分为四区，设置绥靖处，各以"督办"主其事，以朱执信主持广阳绥靖处，周之贞主持罗肇绥靖处，陈仲宾主持南韶连绥靖处，邓铿主持琼崖绥靖处。[1]

当时，海南条件艰苦异常，邓铿的部队进入诚为不易。因很多士兵畏惧海南"水土恶劣"的环境而不敢前往，以至于出现"挥泪入琼崖"的一幕，显得很悲壮。当时有报道说：

> 崖州水土恶劣，路途尤非常险阻，故昔人有生渡鬼门关之说。此关在始入崖界之南，关之外又有牛岭。此二处，上为高山森林，下为汪洋大海，危险难行。黎匪伏此，劫杀行客，以千万计。现邓镇守使深知，崖州非重兵驻扎，不足以卫治安，特檄警备队一营往崖驻防，各兵士多不愿往，甚至涕泪交流。该营长鞠躬至再，始肯拔队首途云。[2]

1913年1月8日，北京政府公布《划一现行各省地方行政官厅组织令》等八个文件，规定地方官厅由省、县两级改为省、道、县三级。省设民政长，道设观察使（道尹），县设县知事，前设之州、厅、府、直隶州、厅一级改称县。广东设六道：广肇罗道、

---

[1] 黄子宣：《胡汉民的一生》，载《近代广东名人录》第二辑，广东人民出版社，1989，第42—43页。

[2] 《陆军挥泪入珠崖》，《申报》1913年4月30日第7版。

南韶连道、惠潮嘉道、高雷阳道、琼崖道、钦廉道。广东省民政长由胡汉民兼任。民政长下设内务、财政、教育、实业四司。但是，袁世凯任命邓铿为琼崖镇守府的镇守使，表明北京政府的命令暂时还通行不到海南。

因罢了此前的琼崖绥靖处，改设琼崖镇守府，于是原绥靖处古应芬、李福林俱免，改委邓铿为琼崖镇守使兼办民政事宜，实即掌理军民两政。有记："二年（1913年）春，琼崖绥靖处废，正副处长古应芬、李福隆俱免，设置琼崖镇守使，以邓铿任之，兼绾军民两政。"[1] 这个"琼崖镇守使"是琼州改省难产的产物，并被美其名曰"改省张本"。

梁士诒：琼州先设镇守，后为改省张本

1913年3月，有"二总统"之称的梁士诒回广东三水老家。通常认为，他这次回家名为为70岁父亲做寿，实际还肩负着为袁世凯在政治上进行活动的任务。《时报》1913年1月26日就报道说，袁总统秘书长梁士诒请假50日回广东原籍，闻其目的系为袁总统运动当选为民国第一任总统。而我们今天从他在广东与都督胡汉民的几次谈话中得知，海南改省之事，此时仍在谋划之中。

1913年3月4日，梁士诒一行人抵达广州，住在省财政公所。在停留的三天时间里，他会见了都督胡汉民十次，会见了护军使陈炯明四次，并与廖仲恺等人接触。这三天里，梁士诒与胡汉民等人的谈话内容，涉及财政、盐政、振兴商务、琼州开埠、维持

1　王家槐：《海南近志》，鹤见广告传播有限公司，1993，第22页。

纸币、建设大学、剿匪等问题；梁士诒与胡汉民还讲到孙中山的铁路计划、琼州改省问题。

3月6日，中国国民党广东支部假座东园举行欢迎梁士诒、胡惟德大会。胡惟德当时是北京新任驻法、葡、西三国公使，与梁士诒一同来广州。支部长胡汉民主持会议，广东党政要员皆出席。

梁士诒在欢迎会上演说，当中涉及琼州改省问题。他说：

广东前议移民东三省及将琼州改省两问题，均关切要。盖广东人口繁多，谋生不易，消纳于外，均甚相宜。但琼州未能改省之故，因条约所载廿二行省，欲行加入琼州一省，颇费商量。现胡都督拟于琼州先设镇守，后为改省张本，用意甚善！继复勉励党人，言皆恺切动听。[1]

这是在公开场合谈及琼州改省问题，可见此"琼州先设镇守，后为改省张本"是向广东国民党人说理，意以此举做改省的准备。我们也由此始知，当时紧锣密鼓进行的琼州改省，未能即改的原因，居然还牵涉到对外交涉。行政区划的调整本来是内政，但仅仅因中国与列强签订的条约载明中国是二十二行省，便致欲改琼州为一省"颇费商量"！

这里的"条约"应是指"约法"，即《中华民国临时约法》。

---

1 《本支部要纪：国民党欢迎梁胡两君纪事》，《民谊》1913年第5期，第130—131页。又见《国民党欢迎胡梁两君纪事》，《民生日报》1913年3月7日。

第九章 改省张本

1912年，中华民国临时政府成立。此后，由宋教仁起草制定的《中华民国临时约法》，于1912年3月11日取代《中华民国临时政府组织大纲》并开始施行。这是具有资产阶级宪法性质的文件。1914年5月1日，因《中华民国约法》(俗称《袁记约法》)的公布，其被取代，但1916年6月29日，又被大总统黎元洪恢复施行。

《中华民国临时约法》中载明："中华民国领土为二十二行省、内外蒙古、西藏、青海。"清旧制，内地分置十八省，边疆地区不置省；清光绪中，除蒙古、青海、西藏仍沿旧制外，新疆、台湾、奉天、吉林、黑龙江陆续建省，但台湾旋被日本侵占，故合内地原有十八省，共有二十二省。民国初年因袭不变，至1928年始有增改。

以下是1912年的一则京函：

> 江北分省问题，大总统极不赞成，其所持之理由，系由二十二行省载在临时约法，不能于约法之外，忽添出一省云云，已将此意告之国务院矣。[1]

这就是说，当时袁世凯反对分省，理由就是二十二行省载于《中华民国临时约法》，"不能于约法之外"多分出一个省。可见，要想在袁氏当国之时实现琼州建省，几乎是不可能的事。这也可能是梁士诒所谓"颇费商量"的地方，也是他改为赞成"琼州先设镇守，后为改省张本"的原因。他比谁都知道袁氏的心曲。

---

[1] 《江北分省与约法》，《社会世界》1912年卷第4期，第59页。

胡汉民：琼州视台湾土地较腴

时有粤电称：梁士诒与胡督会商整顿租税、改良盐政、开辟琼埠、维持纸币、建置大学、剿匪清乡、安插军队七事，意见甚洽。[1]

有关他们更详细的谈话报道还有：

梁又云：琼州一埠，孤悬海岛，非开埠实难保守。去年某君有一条陈呈大总统，论琼州宜速改行省事，颇中窍要。当时，省馆会议某君提出，旅京粤人亦皆赞成。嗣以此件交由财政部筹画需费若干，年限几何，始得成效。但在京各人，不如吾粤自己筹画之亲切，且情形亦较彼悬揣者为切实。此事本来大借款成立后，则中央资助，开办甚快。

胡云：台湾一埠，从前收入，不过八十余万，自日本整顿后，收入顿加数倍。琼州视台湾土地较腴，各项矿业、森木，亦复不菲。从前外人游历，皆极艳羡。但吾粤矿学专科及精于测绘人员，尚不免乏才之叹。故历年所勘，某地可以开矿，某地可以垦荒，皆不能有实在算出。而从前于保护实业上，皆未著成效，故华侨到此领地开垦或办矿者，皆成画饼。此事催促进行，系属吾辈责成。将来征集意见，筹有端绪，必须中央助力，以速其成。

梁又云：中山先生从前所提议平均赋税一事，先从田土入手。大总统及少川先生，皆力赞此议。若琼州开埠，从此处办起，似

---

[1]《时事新报》1913年3月11日第3版。

较他处着手为易。俟有成效，则各处视为模范，岂不甚善？

胡云：一切有先生在内维持，实吾粤之幸。[1]

梁士诒此际联想到孙中山从前提出的、袁世凯及唐绍仪赞成的平均赋税一事（按：似指平均地权），认为从琼州建省办起，较他处着手为易，待有成效，则多处视为模范。这亦真是历史的巧合，时至20世纪80年代，海南开放开发和建省办经济特区，亦肩负着"试验"以成示范之使命。

从这些谈话中，我们知道，"颇中窍要"的《琼州改省之呈文》是陈发檀条陈给袁世凯的，而且此事也已交财政部筹划，看看费用多少。至于海南改省所需经费等若干问题，也是后来动议改省屡次遇到的问题。梁士诒此时期望"大借款"事成之后，由中央资助，琼州改省事"开办甚快"。

"大借款"之事，早在1911年袁世凯作为清朝新任内阁总理大臣时就提出了，当时以办理"善后"为名，然而实际是用以对付革命。他就任临时大总统后，立即把"善后大借款"提上了日程。经过长达一年多的复杂谈判，到1913年4月26日，袁世凯与英、法、德、日、俄五国银行团签订出卖主权的《善后借款合同》。合同签署后，在社会上引起巨大震动，全国一片斥责之声。4月27日，为反对"善后大借款"，孙中山主张兴师讨伐袁世凯，

---

[1]《梁士诒与粤督之一席谈》，《时事新报》1913年3月16日第5版。此内容又见《详志梁士诒在粤之谈话及行踪》（《时报》1913年3月25日第6版），但个别文字略有出入，如"颇中窍要"为"颇中款要"等。《梁士诒到粤后之政治谭》（《申报》1913年3月19日第6版），也报道了"琼州开埠"的内容。

并向五国银行团告以借款违法，中国人民绝对不予承认。5月2日，孙中山自上海致电伦敦康德黎，请他将《告外国列强政府与人民书》转送英国政府、国会及欧洲各国政府，并在报章上广为宣传，英、法、美部分报纸也曾予刊载。可见，指望"大借款"来帮助琼州改省，想法也未免太天真了。

至于胡汉民比较海南与台湾，而且结论是琼州土地较台湾丰腴，也都是希望琼州尽快改省。这些说法颇能打动人、说服人。在此之前，国人对海南与台湾的比较，无论是自然地理条件，还是发展水平，都认为海南不如台湾。

梁士诒演说完毕之后便离开广州，返三水故里祝寿去了。祝寿事毕，他又来到广州。

1913年3月23日下午，梁士诒又出席由广州总商会、维持公安会及广州商团公所联合举行的茶会。他发表演说，强调"士诒此次回粤，原与家君祝寿，并承大总统命令，察政治之良否，视人心之向背"。他还报告了在广州与胡汉民、陈炯明协商决定的事情：

> 经与都督、护军使协商，决定实行裁兵剿匪，搜查军械。至于推广四乡警察，则由商民就地筹款，不足由政府补助；军械、服装，其进支经费，政府概不干涉。并整顿吏治，慎选各县知事，拟请都督择其有学识经验者任用之，务使秩序整齐，商民复业，俾人民同享和平幸福。并将琼州开作镇守府，实行殖民政策。[1]

---

[1] 《商界欢迎梁士诒详情》，《民生日报》1919年3月24日。

至此，胡汉民计划在海南先行设镇守府以作为改省的准备，已成事实。

琼州改省事，非但于"官制""选举区域"等有障碍，还有"经费""条约"等的制约，于是梁士诒在广州与胡汉民会见，赞成在海南先设镇守府，是为"改省张本"。一次轰轰烈烈的琼州改省运动，就这样"暂停"了。

但我们还要指出的是，民国初年北京政府提出的省制改革的种种方案中，比如废省改道、州、郡等，海南无不位居一级行政区划之列。

1913年，内阁总理熊希龄拟《改省为州草案》，将全国21省划为83州，海南被设计为"琼州（治琼山）"。其称，广东析为五州，分别是广（治番禺）、潮（治海阳）、浈（治南雄）、高（治茂名）、琼（治琼山）。琼州所属之县为：琼山、定安、文昌、澄迈、会同、感恩、乐会、陵水、临高、昌化、儋、崖、万。[1] 同时，他又拟《改州为道草案》，将全国21省划为80道，海南被设计为"琼崖道"。其称，广东分粤广道（广州）、龙江道（潮州）、浈江道（浈州）、海北道（高州）、凉崖道（凉州）五道。[2]

---

[1]《改省为州草案》，《法政杂志》1914年第3卷第7号，第77—78页。

[2]《改省为道草案》，《法政杂志》1914年第3卷第7号，第79页。此草案中，"凉"是"琼"字之误，连政区名"琼州"都错得离谱，可见北京政府对琼州所知有限。

古应芬　　　　　　邓铿

第十章　鼎革之际

在梁士诒出席由广州总商会、维持公安会及广州商团公所联合举行的茶会的前一天，即1913年3月22日，在上海车站被刺杀的国民党代理事长宋教仁不治身亡。宋案发生后，全国震荡，但是年6月，《琼崖镇守使条例》仍发布了，而意欲在海南"鼎新革故"的邓铿，这月更创造了怒打"猪仔栏"的佳话，是故民国初期为官海南者有如过江之鲫，而唯邓铿能扬名。之后，随着龙济光入粤，海南社会开始进入"风雨如晦"的时代。

众议员：陈治安、林文英、陈发檀

进入1913年，世事一开始还呈现一点"升平"之势。在年初，从1912年12月初开始的参众两院国会议员选举结果揭晓，琼籍陈治安、林文英、陈发檀当选。

对此，我们得指出，有说王斧这时被选为众议院议员，但查无实据。此说见于各类记录王斧生平的文献："民国二年（1913

年），（王斧）被选为众议院议员，赴北京开会。嗣以袁氏帝制自为，先生愤而南下，参加讨袁。"[1] "民国二年（1913年）一月，正式国会成立，玉老被选为众议院议员，二月北上参加会议。"[2] "民二，（王斧）当选为众议院议员，赴北京开会。二次革命爆发，南下讨袁。在粤南与龙济光周旋，事败，龙竟籍没其家。王斧遂又亡命南洋，仍借报章，鼓吹讨袁。"[3]

因为这些文献，至今有关王斧的叙事也是"言之凿凿"，说他于1913年被选为国会众议院议员。但是，下面的"证据"表明，当时众议院议员名单中并无王斧的名字。但既然有"王议员"的说法流行，也不能说是毫无根据。我们再查找，便发现他"后来"是议员。

这一则1917年的消息说：

广东国会议员邹鲁、杨梦弼、王钦宇[4]、王釜、许峭嵩、沈智夫、李茂之、王鸿庞、李英铨等九氏，均于前日往公府晋见大总统。据府中人云：该九议员晋谒极峰，原因有四，特纪于下：（一）关于粤省屡次订借外款之件、（一）关于编遣去岁新募军队之件、（一）关于陆巡阅使建设行署之件、（一）关于客军不

---

1 沈裕民：《王斧先生事略》，载《海南文献》第2期（1971年10月10日），第37—38页。

2 林斌：《王斧军先生之生平》，载《广东文献》第4卷第1期（1974年3月1日），第75页。

3 陈哲三：《王斧生平及其〈斧军说部〉》，载《广东文献》第7卷第4期（1977年12月31日），第72页。

4 王钦宇，海南澄迈人。据《众议院议事日程》第二期第四十五号（1917年2月20日星期二下午一时开议），议程八记录：查办现总统府咨议、前广东琼崖绥靖处督办陈世华枉法残杀议员林文英案，"议员王钦宇提出"。

宜久驻粤省之件。余事甚密，无从探悉。[1]

文中的王釜即王斧："议员消息：更名：本院议员王釜更名斧……"[2]

王斧的名字为什么改来改去？1922年的一则更名函说：

斧曾于民国六年（1917年）易名为"釜"，嗣于护法期中经又恢复原名，今仍以"斧"名，相应函达，伏希

查照是荷

此致

王斧再拜

十一年九月二日[3]

关于1912—1913年举行的中华民国第一届国会议员选举，各报刊登了各省众议院议员当选者名单，其中广东省定员30名，并无王斧的名字。全部名单如下：

一区　伍朝枢[4]　陈　垣　刘裁甫　伍宙持　谭瑞霖　叶夏

1　《粤籍议员晋谒元首》，北京《益世报》1917年5月22日第3版。
2　《众议院公报》1922年9月第二期常会第125号，第17页。
3　《函：议员王釜更名斧函（九月二日）》，《众议院公报》1922年9月第二期常会第125号，第45页。
4　伍朝枢（1887—1934年），字梯云，广东新会县会城镇人。清末民初著名政治家、外交家、法学家伍廷芳之子。1932年3月，他曾就任琼崖特别区行政长官。

声　马小进　黄霄九　苏祐慈

二区　　徐傅霖　黄　瀛

三区　　萧凤翥　郑懋修　邹　鲁　饶芙裳[1]

四区　　郭宝慈　杨梦弼

五区　　梁仲则　林伯知　梁銎元　司徒颖　易次乾　黄增耆

六区　　江　琇　许峭嵩　梁杕之　林绳武

七区　　陈治安　林文英　陈发檀[2]

以下这份《广东众议院议员一览表》，则列出了各议员的籍贯：

伍朝枢新会　陈垣新会　刘裁甫新宁　伍汉持新宁　谭瑞霖新会　叶夏声番禺　马小进新宁　黄霄九新会　苏祐慈顺德　徐傅霖和平　黄汝瀛龙川　萧凤翥潮阳　郑懋修潮阳　邹鲁大埔　饶芙裳梅县　郭宝慈英德　杨梦弼曲江　梁仲则德庆　林伯和东安　梁銎元高要　司徒颖开平　易次乾鹤山　黄增耆罗定　江琇石城　许峭嵩茂名　梁成久海康　林绳武信宜　陈治安琼山　林文英文昌　陈发檀琼山。[3]

当时，报纸还刊登了《各直省众议院议员表》，列出了22个

1　饶芙裳（1857—1941年），原名赵曾，又名集蓉，别号松溪老渔。广东梅县松口镇车田村人。1924年，他曾任广东省琼崖道尹。

2　《各省众议院议员当选者名单》，《盛京时报》1913年2月22日第2版。

3　《广东众议院议员一览表》，《神州日报》1913年3月6日第10版。需要注意的是，此名单的一些名字与《各省众议院议员当选者名单》有所不同，当以此名单为准。

省及蒙古、西藏、青海当选众议员人数及各党派或超然派（无党派人士）的人数。据《各直省众议院议员表》，广东省众议院议员（额三十名），其中第七区：陈治安国、林文英国、陈发檀国。[1] 此"国"即国民党。

当时（1913年4月8日），到会议员有：林文英、陈发檀、邹鲁、郭宝慈、杨梦粥、陈治安……[2]

林文英作为国会议员，表现是突出的。有记："民国二年一月，正式国会召集，烈士在籍当选众议院议员，并创办《琼岛日报》于海口，以为言论机关。"林文英与琼籍议员陈发檀、陈治安北上出席国会时，适袁世凯派人与英、法、德、俄、日五国银行团订立两千五百万镑"善后大借款"。此事未经国会同意，议员群起抗议。林文英亦提议：一、不许大借外债；二、不许割外蒙土地；三、劝袁世凯速行退位。其间，林文英曾与众议员陈发檀、陈治安等人请示孙中山，并征得粤当局同意，发起海南建省运动，获得海内外同乡的热烈响应支持，遂将改省案提交众参两院，列入议程，惜因"二次革命"失败而告停顿。[3]

研究宪法委员陈发檀

1913年4月8日，中华民国第一届国会宣告成立，即由众参两院各选30人为宪法起草委员。同年10月31日，完成了《中

---

[1]《时报》1913年4月7日第9版。

[2]《中华民国二年四月八日两院到会议员名单（五续）》，《正宗爱国报》1913年4月17日第6版。

[3] 沈萍水：《林格兰烈士事略》，载《海南文献》第1期（1971年1月25日），第63页。

华民国宪法草案》。由于草案是在北京天坛祈年殿起草的，故又被称为"天坛宪草"。这一过程当中，陈发檀先是被举为宪法研究委员会委员，然后是宪法起草委员会候补委员，最后被递补为委员。

"正式国会已定于四月间召集开会，政府现关于宪法问题最为注意。采用多数都督之意，欲设研究宪法委员会，编制宪法草案，以便推行。闻政府拟于三月内成立该委员会，昨通电各省都督，催促各员速迅来京，毋误日期云。"[1]

当时，由各省都督所举之研究宪法委员本省一人、外省一人。是故，吉林都督陈昭常推举本省人乌泽声、外省人陈发檀：

吉林来电（二月八日到）：北京国务院各省都督鉴：研究宪法委员昭常推举乌泽声、陈发檀两员驻京办理，谨闻。昭常支印。[2]

整体进展情形是：

各省续推研究宪法委员，计直隶籍忠寅、李景铢、江苏王宠惠、陈陶怡、吉林乌泽声、陈发檀、黑龙江郭则沄、恒钧、福建严复、王世徵、浙江章士钊、孙世伟、云南席聘臣、河南王印川、汤化龙、湖北张知本、罗兆鸿、新疆樊耀南、吴朝训、甘肃田骏丰、广西蒙启勋、马良、贵州陈国祥、范源濂。[3]

---

1 《研究宪法委员会成立日期》，《盛京时报》1913年2月25日第3版。
2 《秦中公报》1913年第271期第2页。
3 《时事新报》1913年2月16日第3版。

1913年4月8日，国会开幕典礼正式举行。国会重要任务，即制定宪法、选举正式总统。袁世凯收买大批议员，召开参众两院联合会，议决由两院议员组织宪法起草委员会于天坛。

"根据宪法起草委员会规则第十五条：本会委员一月内请假至七次者，应通知各院解职另补。时有委员徐秀钧、彭允彝请假七次，即以本院选出之宪法起草委员候补人黄赞元、陈发檀依次递补。此为众议院1913年8月20日启。"[1]

至1917年，有陈发檀辞职之消息："又报告宪法起草委员会来函一件，内称起草委员王印川、刘朝复、谷钟秀、林万里、汪荣宝、张耀曾、陈发檀六人[2]，均辞委员职。"[3]

今人说，陈发檀于1912年被孙中山任命为秘书。孙中山辞职南归后，陈发檀在京专司议会议员职。1913年，宪法起草委员会成立，陈发檀又当选为该委员会候补委员，参与中华民国第一部宪法的起草工作。但是，同年10月，袁世凯在宪法制定之前突然公布了《大总统选举法》，胁迫国会选举他为"大总统"。之后，袁世凯便下令解散国会，宪法起草委员会也随之解散。1923年10月，直系军阀头子曹锟唆使军警迫走黎元洪，旋以高价贿选总统，陈发檀不满曹锟所为离京南归，还乡琼州读书课徒自娱以终。[4]

---

1 《覆宪法起草会为本院选出宪法起草委员缺额应以黄赞元陈发檀递补函》，载《众议院议决案汇编》（四册），1914，第129页。

2 此处列七人名，原文"六人"为误，为保持文献真实性，故不修改，特此说明。

3 《众议院会议旁听录》（四册），《益世报》1917年1月28日第3版。

4 范运晞：《琼籍民国人物传》，南海出版公司，1999，第196—197页。

今人说，陈治安学成归国，奔走革命，不遗余力。1913年4月8日在第一届国会第一期常会上，他与胞兄陈发檀双双膺选国会众议员。当时当选众议员的海南籍人士还有林文英，陈侠农当选候补众议员。作为国会议员的陈治安经常往返于京沪之间。不久，南京临时政府夭折，袁世凯篡夺辛亥革命胜利果实，复辟帝制。继而军阀割据，战火不断，烽烟弥漫，陈治安兄弟愤而南归乡里，息影闲居，读书课徒自娱终生。[1]

宋教仁被刺

宋教仁，号遁初，亦作钝初，湖南桃源人，笔名桃源渔父。1904年与陈天华等人在长沙创华兴会，任副会长，又在武昌组科学补习所。因谋长沙起义失败，逃亡日本，入读东京法政大学。1905年，创办《二十世纪之支那》杂志，参加发起中国同盟会，任《民报》撰述。在日本期间又改入日本早稻田大学。1911年回国在长江一带活动起义。辛亥革命后，去武昌为军政府办外交。1912年任南京临时政府法制院院长、农林总长。

宋教仁是国民党内难得的旷世之才。时论："宋教仁为国民党中之稳健分子，有学识，有才力，有内阁总理之希望。此真今日之人才也。一旦变出非常，惨遭枪弹，闻者多惋惜之。"[2]

1913年3月20日，宋教仁在上海车站被刺杀，22日不治身亡，年仅31岁。当时大致情形是："前农林总长宋钝初君，因迭奉袁大总统电召赴京，会商要政。故定于二十号晚十一点钟，乘沪宁

1　范运晰：《琼籍民国人物传》，南海出版公司，1999，第201—202页。
2　《新闻报》1913年3月22日第10版。

火车赴宁，转乘津浦车北上。十下钟后，宋君与同赴北京诸同志至车站，国民党重要人物及与宋君相识者，均至站送行。讵十点四十分时，宋君忽被人枪击"[1]，"凶手脱逃未获。宋君则送至老靶子路沪宁铁路医院医治"，"延至昨晨四点四十五分钟，宋君竟因伤逝世"[2]。

宋教仁被刺是民国成立以来第一件震动全国的政治阴谋大血案。宋案发生的当天，袁世凯下了一道严缉凶手的命令。仅仅隔了两天，问题的真相就完全暴露出来了。经确凿不移的证据证明，杀人的主使不是别人，正是大总统袁世凯和国务总理赵秉钧，同谋是内务部秘书洪述祖，布置行凶的是上海大流氓应桂馨，直接行凶的是流浪军痞武士英。由于宋教仁主张由政党组责任内阁，批评时政，反对袁世凯，故袁嗾使行刺。

宋案的发生，无疑让海南改省之事受到了一些影响。对于民国初年琼州改省首倡者、运动者陈发檀而言，他本来就是宋教仁之有力助手。[3] 宋教仁曾任南京政府法制局总裁，与陈发檀同为宪法研究会会员[4]。宋教仁任农林总长，而陈发檀在该部垦牧司任办事员。

今人常言：孙中山领衔发布《琼州宜改设行省理由书》不久，袁世凯指使人暗杀宋教仁，欲用武力镇压革命，致使国民党人多

---

1 《宋教仁被刺纪详》，《申报》1913年3月22日第10版。

2 《呜呼宋教仁逝世矣》，《申报》1913年3月23日第10版。

3 陈剑流、冼荣昌：《海南简史——海南历代行政区划考》，1967，第65页。

4 《宋教仁电辞宪法研究会员　程督改推李肇甫》，《时事新报》1913年3月2日第3版。

数亡命海外，琼籍国会议员陈发檀等人也南归，议案遂告落空，改省方案无从实施。这种看法实际上并不准确，过于笼统。宋案发生后，孙中山回国了。

先是1913年2月11日，孙中山一行以私人身份赴日本考察。据《天铎报》（1913年2月11日）报道，是日午后，"孙中山先生以视察日本工商并铁路现状"，在上海"乘山城丸起程，同行者马君武、戴天仇（即戴季陶）、袁华选、何天炯、宋耀如五君。此行纯以私人资格，大约旅行40日即行返国"。

但是，宋案发生后，孙中山于21日自熊本抵达长崎，闻讯后即致电国内国民党人要求查明真相。3月24日孙中山即离长崎，25日返抵上海，孙中山25日即为宋教仁亲致挽词如下："作民权保障，谁非后死者！为宪法流血，公真第一人！"至于孙中山逃亡海外，则是在"二次革命"爆发之后。

宋案发生后，袁世凯与国民党的关系日益恶化，他下决心以武力征服国民党系的南方各省，为筹措经费，不顾南方对借款的反对，一意孤行。1913年4月26日，善后大借款未经国会通过，袁世凯即令国务总理赵秉钧等人，与英、法、德、日、俄五国银行团签订《善后借款合同》，举债二千五百万英镑，年息五厘，以盐税、海关税等作押，全国闻之大哗。4月29日，参议院否决该项借款。当宋案的事情暂时平息之后，袁世凯向五国银行团进行大借款的事，又浮出水面。

1913年2月，国会议员选举结果正式揭晓，国民党大获胜利之后，袁世凯大为嫉忌。他先是嗾使爪牙刺杀宋教仁于上海，又不顾国会之反对，向五国银行团借款，国人大哗，乃发生"二次革命"。这便是宋案与"二次革命"的关系。是谓："二年（1913年）

春,袁世凯既使人刺杀国民党代理事长宋教仁,决用武力镇压革命,向五国银行借款。时湖南都督谭延闿、江西都督李烈钧、安徽都督柏文蔚、广东都督胡汉民,通电反对。其年夏,袁氏在南方,军事布置既定,先令免李烈钧、胡汉民、柏文蔚三都督。于是,李烈钧首发难于湖口,誓师讨袁,而广州、南京、安庆等处响应之。此役,世称为第二次革命,寻失败。"[1]

当时林文英在北京,"未几,讨袁军事(即二次革命)失败,袁氏下会[令]撤销国民党籍之国会议员资格,逮捕议员,烈士以先期潜出北京,得免于难"[2]。

至于此刻王斧的动向,是谓:"时国民党在众院占二百六十九席,参院占一百二十三席,均得过半数,袁氏大为骇异,遂于三月二十日在上海车站暗杀宋教仁,举国震惊。四月二十六日袁氏与美、法、德、俄、日五国银行团,缔造二千五百万镑善后借款合同,拟作扩充军备排斥国民党人之用,依法当交国会议决始为有效,而袁氏恐遭否决,仅咨国会备查。遂发生违法问题。国会当时议会中共和党、统一党、民主党及其他少数政党合并为进步党,与国民党对立,为袁氏所利用,然以票数有限,不占优势。玉老愤而南下,号召讨袁,在广东南路八属,迭举义师,与袁氏鹰犬广东督军龙济光展开战斗,不幸失败,卒被抄家,亡命海外。"[3] 因为林斌认为,"民国二年(1913年)一月,正式

---

[1] 王家槐:《海南近志》,鹤见广告传播有限公司,1993,第25页。

[2] 沈萍水:《林格兰烈士事略》,载《海南文献》第1期(1971年1月25日),第63页。

[3] 林斌:《王斧军先生之生平》,载《广东文献》第4卷第1期(1974年3月1日),第75页。

国会成立,玉老被选为众议院议员,二月北上参加会议",是故有这些描述。

邓铿欲鼎新革故

如果不是读到袁世凯1913年1月29日有关邓铿的任命的文献,我们还真的以为孙中山1912年发起的琼州改省运动,是因为宋案的发生而流产的。其实,宋案发生之际,正是琼崖镇守使邓铿意欲在海南"鼎新革故"之时。

邓铿出镇琼崖,是立志要做一番事业的。当时的报道说:

> 琼崖镇守使邓铿到任以来,以琼崖居粤海之南,一岛孤悬,民黎杂处,动生事端。虽定安、陵水、儋县设有岭门、冈安、南丰三抚黎局,当前清时代,视琼岛为瓯脱,以黎族为华离,因黎民叛乱而设,不过姑作权宜之抚字,并无开辟之进行。现在五族共和,时代应取同化主义,经已计画一切,先将各抚黎局整顿,并一面派员调查黎民习俗、风土人情,筹画经费,改设县治,使黎民向化,得与汉族受同等之法制,享同等之公权,以绥边氓而保领土,一俟筹办稍有头绪,即行呈请都督核办云。[1]

邓铿不但欲整顿各抚黎局,而且欲经营榆林港,计划布置全岛电报事业,其"其有线电则在琼筹垫建筑,所费将来在往来官电报费内扣还"的办法也是很有创意的。其事见下面的报道:

---

[1]《琼崖黎民之同化主义》,《新闻报》1913年5月5日第5版。

琼崖岛为南部海军之根据地,现政府注全力以整理之。自派邓镇守使前往,即察核情形,以该岛交通不便,首应增设全岛电报,以利军政及交通。日前将布置此事,详情呈报都督。昨经都督转咨交通、参谋各部查照。该岛电政大概情形,分为有线电及无线电两项。一有线电报之增设,在全岛十三县城一律安设电局,并在清澜、榆林两港设军用电报处;二无线电之增设,在海口设无线电局,与广州及河内之无线电传递消息,并在五指山中设无线电台,居中照应,俾能联络沿岛各港之军舰,以灵通内外。此台派兵防守,免被毁拆之虞。至两种电报之开办费,除无线电由公款拨筑外,其有线电则在琼筹垫建筑,所费将来在往来官电报费内扣还云。[1]

民国时期官海南者如过江之鲫,能留名者,唯邓铿也。何解?从时人的回忆中,可窥一二。

胡汉民忆述:"二年(1913年),都督府改组,公出任琼崖镇守使,兼办琼崖民政事宜。除治军外,复致力于交通、实业、教育诸大端。时有贩卖人口出洋者,公捕获严惩。而以法领事有包庇行为,亦交涉撤换,政声于以卓著,琼人至今称之。"[2]

罗翼群说:"都督府旋以琼崖为国防重地,决定设置镇守府,胡汉民特保仲元为镇守使,并保授陆军中将。仲元下车伊始,即出令严禁'卖猪仔'(贩卖人口出南洋、美洲各地为资本家做苦工,琼崖自清季此风最盛,民初仍未能绝),并严惩为虎作伥之'猪

---

1 《绝妙海军根据地》,《民立报》1913年5月30日第8版。
2 胡汉民:《邓公仲元事略》,载《民主革命家军事家邓仲元》,1986,第6页。

仔头'——贩卖人口之把头，一时'卖猪仔'之风稍戢。"[1]

严如平说："海南岛为我国防要地，帝国主义多方觊觎。胡汉民特派邓铿为琼崖镇守使兼办琼崖民政事宜。1913年3月邓到海南岛后，鼎新革故，遣散旧防营、师船，致力于交通垦殖、开发利源、移兵为工、建设国防。当时有贩卖人口出洋的'猪仔头'，在帝国主义领事唆使下，拐骗了五百多人，邓将四个'猪仔头'捕获枪决，受到民众赞扬。"[2]

罗香林说："民国二年都督府改组，公出任琼崖镇守使，兼办琼崖民政事宜。除治军外，复致力实业、教育、交通诸大端。时有贩卖人口出洋者，公捕获严惩，而以法领事有包庇行为，亦交涉撤换。政声由是益著。"[3] "公生平善事名儒宿学，虽军书旁午，礼数不衰。而名宿亦乐为交游，期有以报之。方民国元年，公初任陆军司司长兼摄稽勋局事也，值国步更新，法制未定，抚辑民军，厘订纪律，崇奖先烈，明德报功，政务丛沓，条综不易。公乃延罗公幼山，咨询顾问，旦夕研讨，著为鸿文，每一议出，报章宣扬，目为名论，声誉大著，政以易举。及出为琼崖镇守使，复纳罗公建议，致力交通垦殖、开发利源、移兵为工诸政策。用能矫然杰出，为时模楷。"[4] 罗幼山是罗香林的父亲，是革命先贤、教育家。

---

1 罗翼群：《追记邓仲元先生事略》，载《民主革命家军事家邓仲元》，1986，第22—23页。

2 严如平：《邓铿》，载《民主革命家军事家邓仲元》，1986，第14页。

3 罗香林：《故陆军上将邓公铿传》，载《民主革命家军事家邓仲元》，1986，第43—44页。

4 罗香林：《故陆军上将邓公铿传》，载《民主革命家军事家邓仲元》，1986，第50页。

邓铿在民国初期的历史作用，已显然可见。那他来海南的情况又如何呢？1913年3月到海南后，邓铿鼎新革故，致力于交通垦殖、开发利源、移兵为工、建设国防。镇守使署设有军务、实业、内务、教育、军需等科。

当时任琼崖镇守使署军务科长的陈国伦回忆说："邓当时很有抱负，准备开发琼崖和加强保卫祖国的南大门，带去一班参谋和幕僚人员以及陆军马永平、邓拔的两个步兵团。第一步计划把原来的旧防营、师船全部遣散，一切从新布置。"[1]

邓铿还想整理海南的盐业。"清代各县盐课，皆由府州县经理，听灶丁（盐民）自煎自销，故营盐田者，多获厚利。民国成立，府州改制，盐政颇形紊乱。二年（1913年），镇守使邓铿以文昌林天巍，拥有昌江桂利大盐田，富于盐业之经验，使其计划整理。乃邓铿旋即离琼，事遂中止。"[2] 至是二三年来，勉强维持原状。1916年，两广盐运使派员巡察，谓课税无收机关司，事无专责人员，盐政无法推行，故在三亚盐场设立盐署，置知事一，场佐一，管理所属崖县、北黎、儋县、临高、塔市、文昌、琼东、万宁、陵水等九处盐场。外设验缉员一，专管运销、放称、稽征、缉私等事务。但是，邓铿于海南，留下的还是人们津津乐道的严禁"卖猪仔"的佳话。

《琼崖镇守使条例》发布

海南改省的理由被说得无以复加，而且又有孙中山的带头推

---

[1] 陈国伦：《民初邓铿在海口惩办"猪仔"贩子的经过》，载《广东文史资料》第十九辑，广东人民出版社，1965，第39页。

[2] 王家槐：《海南近志》，鹤见广告传播有限公司，1993，第38页。

动，更有袁世凯的心腹红人梁士诒襄助，那么改省为什么不能如愿而流产呢？有些文献将原因归结于1913年3月国民党代理事长宋教仁被刺案。实际上，宋教仁被杀，只是对琼州改省造成初步影响，而非决定性影响。因为在宋案发生后，是年6月仍发布了《琼崖镇守使条例》，而意欲在海南"鼎新革故"的邓铿，当月更创造了怒打"猪仔栏"的佳话。

简言之，影响海南改省进程的，不是宋案的发生，而是"二次革命"的失败。意气风发为海南建省做过渡准备的琼崖镇守使邓铿，就任不及半年就被袁世凯褫职拿办而逃离海南，由此终结了这次改省进程。

镇守府本不在地方官厅序列。在海南设的这个与北京政府官厅制度不同的琼崖镇守府，实际是与民国初年海南改省之动议相关的衍生物。也就是说，设琼崖镇守府这个过渡性机构，是为海南建省预先做好安排，奠定基础。这与1949年国民党将海南先行改为特别行政区以作为海南建省的筹备一样，有异曲同工之处。

从当时的布局看，这个琼崖镇守府有其不同凡响的一面，即胡汉民所称"改省张本"。

广东大都督兼民政长第一百八十九号申明琼崖镇守使权限训令称：

> 查琼崖为海疆要地，情势与内地迥殊，现已特设镇守府总理军政民政，自当因地制宜，明定备责，除军政另行规定外，其地方一切民政事宜，均归该府直接办理，至特别事项，无通令可查照办理者，则呈由本督核办。其主管司厅对琼崖各属通行命令，均须咨由该府行知至该管人民，呈请事项，必先呈由该府奉在批

答，方准向各司厅呈请，各司厅认为合法，必须受理，仍须咨商该府办理，或呈由本督核办，以清权限，而免周折。除令知各司厅外，合令知遵照。本年训令第一百八十七号应予注销。此令。

三月十五日发。[1]

这个镇守使的职权极大，甚至于袁世凯所鼓吹的"军民分治"，在这里已改为"军民合治"了。"查琼崖为海疆要地，情势与内地迥殊，现已特设镇守府总理军政民政，自当因地制宜……均归该府直接办理，至特别事项，无通令可查照办理者，则呈由本督核办。"这几乎可以说是为权力至大的琼崖镇守使背书。仅此而论，邓铿也是民国海南值得一书的人物。

1913年6月发布的《琼崖镇守使条例》，的确可窥镇守府部署不同凡响的一面。

《琼崖镇守使条例》共有二十一条，前面八条是：

第一条　设琼崖镇守使于琼崖镇守府，管辖琼崖。

第二条　镇守使于委任范围得管辖军队、民政及统理诸般之政务。

第三条　镇守使关于军政军人之事项，受都督监督；关于民政事项受民政长监督。

第四条　镇守使掌其管辖区域内防备之事。

---

[1] 《广东大都督兼民政长训令第一百八十九号　令各司厅处琼崖镇守府一切民政事宜分别直接咨商办理文》，《广东公报》第192号（1913年3月19日）。

第五条　镇守使认其必要，维持其管辖区域内安宁秩序时，得使用所属部队。关于重大事项仍须同时报告都督。

第六条　镇守使于认为必要之地域内，可以使用其地方之守备，队长或驻在武官兼掌民政事项。

第七条　镇守使于下级官厅之命令或处分，认其违犯本规及妨害公益时，可以停止或取消其命令或处分。

第八条　镇守使统督所部之官吏，如何荐任，官之进退，由都督经由国务总理呈请大总统施行，如系委任官则专行之。

此外，第九条则规定了镇守使所设置的幕僚及职员，约略为参谋长一人，荐任；参谋三人，荐任又委任；副官长一人，荐任；副官三人，荐任又委任；军需一人，荐任或委任；军医一人，荐任或委任；秘书二人，荐任或委任；军务科长一人；内务科长一人，荐任；实业科长一人，荐任；教育科长一人，荐任；各科科员二人至四人，荐任又委任。

《琼崖镇守使条例》还规定：参谋长辅佐镇守使参赞一切事宜，参谋辅佐参谋长分任各种计划及进行事项，副官长受镇守使之命执行事务，副官佐副官长分任人事及其他一切事务等。由此观之，镇守府的设立，真的是想在海南有一番作为。而继古应芬后，出掌海南的便是名重一时的邓铿了。

海口起获大帮"猪仔"

邓镇守使怒打"猪仔栏"的事，在当时影响实在太大，以至于所有的回忆性史料必忆及。而《海南近志》记中华民国二年（1913年）事，亦不忘记上此事："船行有外托代售出口船票，而专营贩卖人口者，乡人被骗，载往南洋，卖于荷属各地。水土恶劣，工作特苦，待遇又极苛刻，往往身死而无法自拔，俗谓之'卖猪仔'。闽、粤、港、澳，皆有此等船行。自清季来，受害者不知凡几。南京临时政府成立，有令严禁'贩卖猪仔'，以保护华侨。铿到任，访悉海口得胜沙，有船行营此，大怒，派员将船行封闭，严惩行主，释出被卖者若干人，琼人称快。为之语曰'邓镇守使怒打猪仔栏'，遍传各县。"[1] 当时人贩子设立机构，拐骗"猪仔"，在海口设有"猪仔栏"，主要为法国人所控制。

"猪仔"是什么？"猪仔"是怎么形成的？为什么邓铿严惩"猪仔栏"能成为美谈流传？这里我们再回顾孙中山的宏愿，便可明了一切。

何谓"猪仔"？那些被拐贩到南洋、西欧和美洲等地从事奴隶劳动的华工，在文献中被称作"猪仔"。

当孙中山在晚清之世于海外华侨间奔走革命时，目击贫苦无告之同胞，被贩至西欧、美洲、南洋等地当"卖身工"，从事奴隶劳动，被贱称"猪仔"之苦况，尝叹为"惨绝人道"。孙中山曾许下宏愿，俟国事鼎革，即禁止"猪仔"出口。故其就职南京后，民国元年（1912年）二月二日即颁令外交部及广东都督，从速妥筹禁绝贩卖"猪仔"及保护华侨办法。邓铿在海南严惩"猪仔栏"，实际上他就是果敢执行孙中山的指令。

《饬外交部妥筹禁绝贩卖"猪仔"及保护华侨办法令》言：

兹据荷属侨民曹运郎等呈请禁止贩卖"猪仔"及保护华侨各节。

---

[1] 王家槐：《海南近志》，鹤见广告传播有限公司，1993，第22—23页。

查海疆各省，奸人拐贩"猪仔"，陷人涂炭，曩在清朝，熟视无睹，致使被难同胞穷而无告。今民国既成，亟应拯救，以尊重人权，保全国体。又侨民散居各岛，工商自给者，亦实繁有徒，屡被外人陵虐，然含辛茹苦，挚爱宗邦。今民国人民同享自由幸福，何忍侨民向隅，不为援手。除令广东都督严行禁止"猪仔"出口外，合亟令行该部妥筹杜绝贩卖及保护侨民办法，务使博爱平等之义，实力推行。切切。此令。[1]

又《令广东都督严禁贩卖"猪仔"文》（一九一二年三月十九日）言：

兹据荷属侨民曹运郎等呈请禁止贩卖"猪仔"各节，查奸徒拐贩同胞，陷人沟壑，曩在前清，草菅人命，漠不关心，致使被难人民穷而无告，岂惟有亏国体，亦本总统痛心疾首，殷念不忘，殊惨绝人道。前曾令内务部编定禁卖人口暂行条例，冀使自由博爱平等之义，实力推行。惟禁止"猪仔"出口，尤为刻不容缓之事。民国既成，岂忍视同胞失所，不为拯救？除令外交部妥筹办法外，合亟令行该都督严行禁止，务使奸人绝迹，以重人道而崇国体。此令。

后来孙中山答日本《朝日新闻》记者问（1919年6月24日）时说："何谓'卖猪仔'？即往时秘鲁、智利、古巴等地，垦荒乏人，外洋资本家利〈用〉中国人之勤劳而佣值廉也，遂向中国招

---

[1] 南京《临时政府公报》第四十二号，1912年3月19日。

工。乃当时海禁未开,中国政府禁工出洋,西洋人只得从澳门招工,每年由澳门出洋者,以十数万计。此等工人,皆拐自内地,饵以甘言厚利,诱以发财希望,而工人一旦受欺入于澳门之'猪仔馆',终身无从逃脱矣。而'猪仔头'(即拐卖工人者)则以高价售之洋人,转运出洋,以作苦工。工人终世辛劳,且备受种种痛苦,鞭挞残杀,视为寻常,是无异乳猪之受人宰食,故名此等被人拐卖之工人曰'猪仔'也。"[1]

到1921年,他仍称:"华侨之初往外洋也,实乃被卖为奴,广东语谓之'猪仔'。从前有古巴招工,南洋招工,在澳门等处以此买卖为业者,谓之'猪仔馆'。其被卖出洋之辈,率皆中国人之穷无聊赖者,始肯出此。"[2]

光绪元年(1875年)海口通商,这是延续十六年前琼州开港的历史,而"猪仔"也出现于此后。据记载,清光绪二年至二十四年(1876—1898年),从海南出洋的有24万余人,其中大多数是"猪仔"。当时稍有见识的人都反对这种罪恶勾当,但由于畏惧殖民主义者,从不敢过问。如清末琼崖兵备道郑漇,明知道海口市每年大约有过万"猪仔"出口,但始终不敢干涉。

鸦片战争后,西方列强强迫中国开放五口通商,1860年10月,英法等国又逼迫清廷签订续增条约多条,其中有"招募华工"的规定。西方利用条约,把中国人视为"牲畜"来贩卖,那些被贩卖的人被称为"猪仔",受殖民主义者包庇而设的窝藏所被称作

---

[1]《孙中山全集》第五卷,中华书局,2006,第72—73页。
[2]《在桂林对滇赣粤军的演说》(1921年12月10日),载《孙中山全集》第六卷,中华书局,2006,第36页。

"猪仔馆"。被贩卖的"猪仔"是处于贫困中的农民，他们中的很多人被骗当上了"猪仔"，被骗到国外在胁迫下从事垦荒、开矿、辟路、移山、开河、种植等种种苦工。

海南的"卖猪仔"之风甚炽，以下是较早见诸报道的内容：

> 琼州奸商，冒挂洋牌，开设猪仔行，计有二十余家。甚至拐卖幼孩，载往爪哇开矿，而荷兰人虐待华工，素称凶辣，每有逃命归国者，均鸠形菜色，目不忍视。据述，每月薪工四五元，而百物昂贵，所入犹不足自给，困如牛马。年来猪船出口，虽屡经税司截留，奈华官毫不关心，致贩卖猪仔者之无忌也。[1]

为什么打"猪仔栏"受欢迎？前述叶英峰说："中国沿海一带，所谓出洋营业者实无处不有，然所谓受人卖猪仔者绝少。而琼州则除自行经营者外，每船所载，为人卖猪仔者实居多数。于船上受人禁锢，到彼岸受人鞭挞，死于此者不知凡几。乃前者死、后者继，不以为苦反以为安者，曷固因内地谋食艰难，且无人管理，致遭此惨。倘得船务归我，则彼此各立医院，凡欲出洋营生而力不能自备船费者，俱由医院考验身体，出费送往。彼院免受船上辛苦，并为代觅工作，是对个人有救，其免为牛马之惨也。再以内地实业既兴，则贫穷无告者可免流离；且出于公共产业，则彼资本家必难抵抗。此免全琼永世奴隶也。"

前述欧榘甲说："琼之居留外国人，以法国为多而最横。海口有猪仔馆，由法国无赖子包揽，并受屠行贿，嘱抗抽捐税。"

---

[1]《琼州猪仔行之多》，《申报》1908年5月15日第12版。

我们现在还能看到这方面的真实记录。下面这篇报道就详细记录了海口起获大帮"猪仔"的经过，从中可以看出，这是当时非常震动、大得人心的一件事情：

粤函：中国贩卖猪仔出口之地，以汕头、海口二处为最。只海口一隅，专做此项生意者约六七家，每年被骗卖者约数千人。前清官吏，屡欲禁之而不能，因有某国人包庇。凡卖一人，得银一元，而该处洋务委员，则得五毫，遂至以同胞为奇货，伤心惨目莫此为。甚幸琼崖镇守使邓铿到任，于上月廿六日因公往海口，探报即晚有猪仔一百十名到海口，即下指令于琼州警备队某连长，至五点时，果在广绍隆、茂兴隆、发源三号，起获猪仔共六十名，内有猪仔头七名。至七点余钟，押至镇守府开堂讯问，凡属猪仔，皆声泪俱下，面无人色，酷待可知矣。若猪仔头，则狡不承认。及至二十七晚再讯时，多方审鞫，各猪仔头乃承认。至廿八日晚，邓镇守使即择其情节较重者梁星全、梁桂芬、庞绍洪三名，押往北较场枪毙，于是琼人欢声雷动。至三十日，由琼山县知事廖鹤洲，将各猪仔递解回籍，每名经镇守府给银一元，各猪仔均喜形于色。现尚监押猪仔头四名，未经发落。又闻洋务委员庞某，与此事颇有关涉，现已逃匿矣。

又函云：海口一埠，贩卖猪仔出洋，在满清时代，积弊已久，被害者不下数万人，其中家散人亡、断嗣者不可胜计，民国成立，其害仍未除绝。现粤政府特派警备队至琼接办，有驻海口潮州会馆之警备队，团本部军官梁锡铨查出数馆，乃将情形详禀邓镇守使，适镇守使正欲查办此事，即令梁锡铨督队前往围捕。先在广绍隆拿获猪仔头孙文升、庞式洪、梁桂芳三名，起出猪仔廿余名,在华隆拿获猪仔头陈福广一名,起出猪仔数名。在茂兴隆拿获猪仔头张六、梁星二名,起猪仔廿余名,并拿案匪梁三一名。在广全发拿获猪仔头黎遥唐一名,起猪仔十余名。在广同益拿获猪仔头岑铭保一名,猪仔廿余名业已下船,故未起获,其余廿余馆,梁以未获实情,故不能一网打尽。现闻镇守使审讯确凿,给资遣送各猪仔回籍,将各犯陆续枪毙,闻者无不欢呼云。[1]

陈国伦是广东新会人,在当琼崖镇守使署军务科长时,曾参与邓铿在海口惩办"猪仔"贩子之事。他说:"有人估计在清末的三四十年间,仅从汕头、厦门、海口三个口岸,被拐骗出口的'猪仔',就不下数十万人。此外,在香港、澳门出口的更难计算。因此,可说世界上所有殖民地都染有中国人民大量血迹和泪痕。当时稍有见识的人,都反对这种罪恶勾当,但清政府畏惧殖民主义者如虎,从不敢过问。"

他在文章中这样详细生动地忆述了事情的前后经过:

1913年(民国二年),胡汉民为广东都督,陈炯明为副都督兼护军使,特派邓铿(仲元)为琼崖镇守使,约在是年三月间到任。邓当时很有抱负,准备开发琼崖和加强保卫祖国的南大门,带去一班参谋和幕僚人员以及陆军马永平、邓拔的两个步兵团。第一步计划把原来的旧防营、师船全部遣散,一切从新布置。

---

[1]《记海口起获大帮猪仔事》,《神州日报》,1913年4月21日第7版。

第十章 鼎革之际

是年六月间,有人举报:"有'猪仔'五百多名,从高、雷、钦、廉等地被人诱骗集中海口某某等旅店里,准备下船出口,入了旅店就被禁闭不能外出。"邓镇守使(当时在琼军民两政最高负责人)闻讯之下,为了谨慎处理,立即派员前往侦查,得悉各该旅店的账房里都挂有"代理禅臣洋行"的招牌作幌子,借着洋人势力来干这不法的勾当。邓为防止主犯漏网,跟着即派出步兵两连分往各该旅店,把全部"猪仔"连同四名"猪仔头"(姓名忘记)起获,解到使署,其中有妇女,也有儿童,显然不是单纯所谓"召募华工"。

同时,邓即召集使署各级官员如主任参谋熊略,主任副官陈可钰,军务科长陈国伦,实业科长欧华清,内务科长曹芝田,教育科长杨寿昌,军需科长邓某(忘其名,邓的叔父),军法官李民雨,顾问邓昶,秘书金滋轩等共商办法,特别商讨应付领事问题,即时研究了所有关于各国招募华工约章,商定对策。为了取得证据,当晚全部取录口供,汇由内务科、军法官分别签拟办法呈由镇守使核办。

果然,当日就有德、法两国驻海口领事踵门求见,邓镇守使即照原定对策派由顾问接见,对他们说:"镇守使因公外出,改日定期接见。"

即晚使署动员了全署官员,分别向各个"猪仔"查讯来历,据口供大多数是来自高、雷、钦、廉等地的农村,有些是替人看牛的,有些是割草砍柴的,有些是在海滩摸鱼虾、拾螺蚬、捡海藻为生的。他们多异口同声地说:无地可耕,无工可做,谋食艰难,朝不保夕。今听说有人荐引过番(出洋)做工,一月有几十元工资,将来还有许多好处,且先借我安家费及零用钱四五元,我们觉得有人指引出路,即使有吃无工(工资),总比在家挨饥忍饿的好,因此就愿意跟他们(猪仔头)前去,希望三年五载,积有多少归来,便可过较好的日子等话。至那些妇孺却说,听到有工做,有饭吃,便跟了来。我们知道他们受了欺骗,再三对他们解释那些"猪仔头"的阴谋,说明番人对"猪仔"惨无天日的待遇,以及一经落其陷阱,就永无生还之日。"猪仔"们才大吃一惊,初不料所遇到的"贵人",就是拐卖人口的"猪仔头"。他们愤激之下,纷纷指证那四个"猪仔头"用甜言蜜语诱骗来此。同时要求替他们除害,处以极刑,并且恳求遣送回家团聚。"猪仔头"初时还有恃无恐地直认是代领事馆招募华工出洋做工的,所有招来的人,都是甘心情愿的,且接领了安家定钱,到这里不过候船出洋而已。还说绝无犯法之处,有什么事情请向领事馆交涉,并坚求移送领事馆处理,不肯承认拐骗行为。但在数百人指证之下,不得不供认与领事馆勾结的实情,说:受领事和"师爷"(领事馆的华员)之命,承代南洋垦殖公司招募工人出洋,招得工人时,每名由公司发招募费价毫银二十五元,例由领事取回扣一元,"师爷"五角。先由领事馆预发一部分款项给我们下乡招募,除支出他们安家费或零用钱和乘洋船以前的旅食费外,余款俟结清便伙同分赃。招得人多,入息愈大,所以不惜奔走,伙同党羽,深入穷乡僻壤,分头进行引诱。并且承认他们一向以此为职业,曾拐骗了一批又一批"猪仔"输送出口去。

我们通宵讯问,得到事情全部真相后,便连同各该口供签呈邓镇守使核办。邓以公然拐卖人口,而且被拐卖人数,有这样巨量,决定迅即从严惩办,以免多生枝节而儆将来。越日,即把四名"猪仔头"捉来，假托送他们返领事馆，用轿子扛到刑场执行枪决。法办之后，跟着把全部"猪仔"五百多名，发由琼山县长何恩明分别给资遣送回籍。

与此同时，我们使署人员也向海口市商会广帮商董们了解情况，据说："过去海口市每年大约有过万'猪仔'出口，清末琼崖兵备道郑潆，明知有这一回事，但始终不敢干涉。"

再过几天，驻海口德、法两领事，再度求见，大肆咆哮、恐吓，说什么："前日海口市代理我国洋行的几间旅店，事前未经知会领事馆，无故地被许多中国军队包围，捉去全部住客，你们对我国商业不但不依法保护，反而有意捣乱，将来所有损失，贵镇守使应负完全责任。"邓镇守使早已成竹在胸，严正地回答说："海口市是中国的领土，各旅店是中国人民经营的事业，如何处理，完全是我国的主权，绝无知会贵领事的必要，贵领事也无权过问。"并且说："贵领事馆万一突然发生非常事故，在我们领土上，中国政府依照公例也有不及知会而断然处置的。"两领事无理可辩，随又转口说："据我们的洋行报告，此次招来的华工，全部被你们军队拘去，有违招工条约，损失重大，特逐一列明，请贵镇守使查究赔偿"等语。邓答："你们招工事前没有正式照会通知当地政府，妄说招工，不能作为依据。"同时根据各人供词所得情况，逐一揭穿其骗局，说明"这些中国人（指'猪仔头'）违犯中国法律，自应依法处理，与招工条约毫不相干"。德、法两领事理屈词穷，只得悻悻而退。

海口市民群众，从这件案揭穿了领事馆的秘密，认识了领事馆专门做坏事，对于平日恃外人势力为虎作伥的"师爷"，更撩起怒火，纷纷要求对他们惩处。不久，在使署暗中支持之下，作恶多端的一位"师爷",也就被人秘密处死。

海口市德、法两领事包庇贩卖人口的丑事,不久传到广州沙面总领事之后,海口市的德、法两领事,皆同时撤换了。

此后,海口市多年再没有贩卖人口的事发生。

当时我曾听说,胡、陈两督初都对邓这样处理此案,表示错愕不安,认为这班小伙子少不更事,外人招募华工是有条约关系的,事前不请示,就冒失处理,将会惹起交涉,那不是自找麻烦了么?颇有不满之意。后来胡、陈两督知道此案了结,并未惹起什么外交麻烦事端到他们头上来,而且海口市两领事都被撤换了,便又常常谈起琼崖镇守使署这班小伙子是初生之犊不畏虎,敢作敢为。[1]

李烈钧举兵讨袁

1913年6月,袁世凯下令将三位国民党籍都督免职,即江西都督李烈钧(6月9日)、广东都督胡汉民(6月14日)、安徽都督柏文蔚(6月30日)。李烈钧被免后,由驻节武昌的副总统黎元洪暂代其职,同时黎元洪在武汉亦大肆搜捕从事地下活动的国民党,一时风声鹤唳,草木皆兵!

李烈钧被革江西都督职后,7月12日在江西湖口宣布独立,举兵讨袁,"二次革命"爆发。是日,李的讨袁檄文说:"民国肇造以来,凡吾国民莫不欲达真正共和目的。袁世凯乘时窃柄,帝制自为,绝灭人道而暗杀元勋,弁髦约法而擅借巨款。金钱有灵,

---

[1] 陈国伦:《民初邓铿在海口惩办"猪仔"贩子的经过》,载《广东文史资料》第十九辑,广东人民出版社,1965,第39—42页。

即舆论公道可收买；禄位无限，任腹心爪牙之把持。近复盛暑兴师，蹂躏赣省，以兵威劫天下，视吾民若寇仇，实属有负国民之委托。我国民宜亟起自卫，与天下共击之。"李烈钧后来还指挥了1918年的光复海南之役。

继李烈钧宣布江西独立之后，上海、安徽、福建、湖南等地也纷纷响应，宣布独立讨袁，形成"二次革命"高潮。

重庆独立较迟，至8月4日才由四川军第三师师长熊克武宣布独立，至9月11日熊克武被迫下台，重庆取消独立，由此宣告讨袁的"二次革命"在全国范围内失败。

这次国民党反对袁世凯的"二次革命"，又称"癸丑之役""赣宁之役"或"讨袁之役"，是民国成立以来的第一次南北战争。国民党的军事基础在短时间内就被北洋军打垮了，孙中山、黄兴等主要人物又到日本开始逃亡生活。

"二次革命"爆发后，1913年7月23日，袁世凯下令撤销孙中山"筹办全国铁路全权"之职。8月2日，广东路的中国铁路总公司关闭。孙中山偕胡汉民等人离开上海，准备赴广东。8月4日，孙中山乘"抚顺丸"赴台湾，次日抵台湾后旋换乘"信浓丸"赴日本，8月9日抵神户。8月18日，孙中山移居东京。8月29日，从美国归来的宋庆龄抵达日本横滨，其父亲宋耀如从东京前往迎接。第二天，宋耀如带着宋霭龄、宋庆龄回到东京，这一天也是成年后的宋庆龄与孙中山首次见面。12月25日，孙中山函告革命党人，继续为革命而奋斗。

龙济光裁撤琼崖镇守使

"二次革命"失败之日，是龙济光祸害广东、祸害海南之始。

当时"龙济光接到政府电令,授为广东都督兼署民政长"[1]。

民国元年萌芽的海南改省之事,不但受宋案遽发影响,继之又受"二次革命"失败的影响。讨袁军失败,更导致龙济光入粤、陈世华入琼。三年之后,龙济光又以督办矿务的名义"移驻"海南。所以,自此以后至1918年的这几年内,海南处于军阀龙济光时代。

龙济光,字子诚,一作紫丞,云南蒙自人。兄弟三人,长兄龙觐光,次兄龙裕光,他排行第三。龙济光曾为两广总督岑春煊在云南募兵5000人,带到广西"剿匪",因此可说是靠"军功"起家。1903年,任广西右江道,镇压会党起义。1907年底,配合陆荣廷部镇压镇南关起义,旋被擢升为广西提督。次年,率南宁防营镇压云南河口起义,嗣将所部编为巡防营十三营,称"济军"。其时广西巡抚是张鸣岐(后调两广总督)。龙济光乃枭雄之辈,也算是因缘际会。1908年署理广西提督,第二年实授。1911年4月27日,以黄兴为首的革命党人发动黄花岗起义,焚攻总督衙门,两广总督张鸣岐惊慌失措,于是奏调他的老搭档龙济光率部入粤,用以保卫。龙济光充当了广东全省新旧陆军统制兼第二十五镇统制及警卫军副司令,权位在驻守虎门要塞的水师提督李准和驻惠州的陆路提督秦炳直之上。这是他第一次入粤,而龙调往广东后,所遗广西提督一缺,即由陆荣廷升任。

武昌起义后,两广总督张鸣岐等人经不住革命军向广州四面进迫,乃狼狈逃赴香港。龙济光因拥有实力,而且又是新军镇统,革命党人认为可以利用,因此给他暂留广州。但是龙所部"济军"

---

[1] 《时报》1913年8月5日第3版。

是清室遗下的巡防营，虽没什么训练，但械弹充足，且龙济光死心塌地地效忠清室，因而革命党人自不能任其留驻粤中，意欲以武力解决之。只是粤局初定，尚无力量，只有严加戒备。袁世凯任临时大总统后，胡汉民就如何安置龙济光及"济军"，向袁电示。袁世凯有意利用清朝遗臣，尤其是笼络拥有兵力的清末武弁，收为己用，胡汉民来电正中下怀，乃令龙济光率"济军"调驻广西梧州一带（一说任高廉雷琼宣抚使），且以饷械补充。龙济光遂始得全师离粤。"二次革命"失败后，胡汉民出走香港，由陈炯明继任广东都督。但是，袁世凯却下令免陈炯明职，这就出现了前面"龙济光接到政府电令，授为广东都督兼署民政长"的第二次入粤的一幕。

龙济光入主广州，出任广东都督兼署民政长，成为袁世凯在广东的代理人，开始了对广东的三年血腥统治。他大肆杀害革命人士，祸害南粤。龙入广州，改称"将军"，将都督府改称为"将军行署"。1914年，北洋政府授他为振武上将军。在此期间，广东人民始终未停止过"反袁讨龙"的斗争。

"二次革命"失败后，龙济光入粤，海南的政治版图随之裂变，琼崖镇守使一职裁撤，代之以琼崖绥靖处督办；龙济光的部将陈世华取代邓铿任琼崖绥靖处督办。

龙济光染指海南极其迅速。1913年8月24日，他即发出一封"加急"电报，内容是电陈琼崖镇守使缺，拟请裁撤等：

大总统、国务院参谋部、陆军部钧鉴：诚密号电谨悉。琼崖孤悬海外，非有声威素著之员，不易镇摄。邓瑶光长于缉捕，实非将才。现据琼崖绅商士民电称，取销独立后，邓铿潜逃无踪，参谋、顾问以次各员,相率逃去。琼岛乏主,土匪窃发。查有陈世华前在琼州统兵有年,舆情翕服,已委令率带数营前往驻守。该处现有陆军一团,亦令饬查看。如尚能驾驭,即一并归并接统。至镇守使一缺,拟请裁撤。邓瑶光现派充惠州绥靖处督办,以免用违其才,是否有当,伏候示遵。广东都督民政长龙济光叩敬印。[1]

龙济光此"敬电"(8月24日发),含"镇守使一缺,拟请裁撤。邓瑶光现派充惠州绥靖处督办""查有陈世华前在琼州统兵有年,舆情翕服,已委令率带数营前往驻守"等语。这就是裁撤琼崖镇守使,以陈世华率数营前往海南驻扎的由来。

第二天,国务院随即致电龙济光同意其所请:

广州龙都督(诚密)、大总统令(敬电):奉琼崖镇守使一缺,应即裁撤,所请以陈世华率数营驻扎该处等情,计划妥协均善,如拟办理可也等因,合电达参军两部有印。[2]

邓铿"病势日重"电请辞职

巧妙的是,龙济光称"邓铿潜逃无踪"之时,北京方面于1913年9月6日接到邓铿的来电,内容是:

---

[1] 《广东来电》,载《海南民国档案资料选辑》第1辑第1册,海南出版社,2013,第14—15页。
[2] 《国务院致广州龙督电》(八月廿五日),载《海南民国档案资料选辑》第1辑第1册,海南出版社,2013,第24页。

第十章 鼎革之际

大总统钧鉴：铿梗日回病电请辞职，现病势日重，赴沪就医。本府参谋长熊略因公返省，署中例行公事替交副官长陈可钰代理，万恳迅简员接任，广东琼崖镇守使邓铿叩卅一印。[1]

由此可知，危难之际，邓铿以"病势日重，赴沪就医"为由请辞，并请大总统迅速"简员接任"琼崖镇守使一职。

1913年9月8日，国务院抄交陆军总长琼崖邓镇守使电称病势日重、恳迅简员接任等语电：

径启者：奉大总统发下琼州邓镇守使电称病势日重、恳迅简员接任等语，相应抄录原电函交贵部酌核办理可也。此致
陆军总长

9月16日，陆军部函复国务院琼崖镇守使一缺，业经照准裁撤，邓铿所请简员接任，应毋庸置议。函称：

径复者、准贵院陆字第千七百八十六号公函开：奉大总统令，琼崖邓镇守使电称，病势日重，至函交酌核办理等因。到部。查广东龙都督八月敬电内称，邓铿潜逃无踪，参谋、顾问以次各员相率逃去，镇守使一缺，拟请裁撤，已委令陈世华率带数营前往驻守等语，业经贵院遵令，以本部暨参谋本部名义于有日电复龙都督如拟办理，函交本部查照在查。兹准前因，自应毋庸置议，

---

1 《琼州邓镇守使来电》（九月六日），载《海南民国档案资料选辑》第1辑第1册，海南出版社，2013，第32页。

相应函复贵院查照可也。此致

国务总理[1]

这时，局势震荡，天下纷扰。有消息说："自陈炯明背叛中央后，军界多不服从。陈之命令现已纷纷独立，统计自立司令者，已有八人：邓铿为琼州司令……"[2]

还有消息说："琼崖镇守使邓铿反对独立，已电北京政府表明心迹。"[3]

当陈炯明已任广东都督，并奉孙中山命于1913年7月18日宣告独立之时，龙济光受袁世凯命为广东都督，率部自西江入粤，迫近三水河口，广州危急。邓铿奉命回省，即赴三水督战，但因驻广州燕塘的炮兵团突然炮击都督府，8月4日，陈炯明仓皇出走，局势急转直下，广州被龙济光占据。此一事实也说明，邓称病是托词。

在这个动荡剧变的年代，邓铿在琼崖的表现、作为及行踪，近现代历史学家罗香林早年所撰的这段文字，记述最为翔实："民国二年，都督府改组，公出任琼崖镇守使，兼办琼崖民政事宜。除治军外，复致力实业、教育、交通诸大端。时有贩卖人口出洋者，公捕获严惩，而以法领事有包庇行为，亦交涉撤换，政声由是益著。时陈公为护军使，绾全粤兵权，而袁世凯方嗾

---

[1] 《海南民国档案资料选辑》第1辑第1册，海南出版社，2013，第35—37页。

[2] 《广东独立后之情形》,《时事新报》1913年8月4日第9版。

[3] 《时报》1913年7月29日第5版。

杀党人宋公教仁，解散国会，举善后借款，欲帝制自为，深以粤省民党势盛为虑，乃使人造作蜚语，为离间计。复以多金使黄士龙等，运动粤省军队，高级军官多为所惑。胡公知袁氏阴谋，急电公回省镇压。公方摒挡琼事，预谋首途，而袁氏知诡计已售，遽罢胡公都督，以陈公竞存继任。及陈公继赣宁宣告独立，兴师讨袁，复急电公回商大计。公至粤垣，察军心多变，欲调戍琼部队回援，未济，而龙济光已自西江入粤，公乃督师与龙氏战于三水，方捷，而粤垣驻军哗变，张我权自为都督。公走香港，与姚公雨平等，谋说张，合谋拒龙，张不听，遂为龙败，公奔沪上。十月与李女士慎逸结婚，同走日本。盖是时，革命党总理孙公中山（文）及诸志士，皆东走日本，集议讨袁，故公往之。"[1]

又有说："迨至一九一三年七八月间，各省纷纷宣告独立，时陈已经取代胡汉民，但为孙中山先生迭电催促，不得不宣告独立，揭橥讨袁。唯龙济光已被袁收买，受命为广东都督，正率部由梧东下，迫近三水河口。仲元适于是时回省，陈炯明以叶举、洪兆麟皆仲元旧部，命往三水督战。仲元到三水仅一日，而已暗受袁命驻在燕塘之炮兵团炮击都督府之变作，陈炯明仓惶出走，遁往香港，由苏慎之接任都督，宣布继续讨袁，随被张我权驱逐。仲元在三水获悉情况，知事无可为，乃乘轮赴港面陈，冀图挽救。卒以局势急转直下，广州为龙济光占据。至

---

[1] 罗香林：《革命烈士邓公仲元传》，《中国新论》，1936年第1期第162—163页。

是讨袁军事,又遭失败。"[1]

"二次革命"失败后,1913年9月15日,袁世凯下令通缉孙中山、黄兴、李烈钧、廖仲恺、朱执信、邓铿等人。袁世凯令:琼崖镇守使、中将邓铿褫职拿办。因此,邓铿只得弃职,避往香港。当时,讨袁军失败,不少军官均弃职潜逃。

就是这样一个年轻有为的主琼者,在海南意欲"鼎新革故"。不过,形势比人强,正值军阀混战、各据一方的年代,邓铿纵有抱负,也无济于事。"二次革命"爆发,他只得弃职逃离海南,但在海口留下的痛打"猪仔栏"的美名,传扬至今。

罗翼群追忆说:"仲元之出镇琼崖,其始颇抱开发实业、建设国防之宏图,曾积极罗致不少文武人员随以俱往,然终以时局不靖百废未兴,而二次革命之变起,不得已而去职出亡。"[2] 邓铿后由粤军参谋长兼任第一师师长,他从各方面极力罗致人才,使成劲旅,后来的陈铭枢、李济深、陈济棠等辈都出自其麾下或门下,在邓铿遭暗杀之后,这些人后来都成为名重一时的军事领袖。

孙中山逝世后,徐成章发表文章回忆说:"在民国元年的时候,中山先生辞大总统后,游行北京,即列名与陈发檀、陈发英(均琼人)等发起将琼崖改为行省。后因宋案发生,二次失败,党人多数亡命海外,此琼崖改省问题因之沉默,没有人再

---

[1] 黄任潮:《粤军名将邓仲元》,载《近代广东名人录》第一辑,广东人民出版社,1986,第95页。
[2] 罗翼群:《追记邓仲元先生事略》,载《广东文史资料》第三辑,1962,第51—52页。

提及了。"[1]

经历这些事情的海南文昌人陈宗舜记述说:"民国肇造,国会成立,众议员林格兰、陈发檀、陈治安诸先生,先请示国父,并征得粤当局同意,发起建省运动,获得海内外同乡热烈响应支持,经将案提出参众二院,列入议程,惜以二次革命失败,遂告停顿。"[2] 其大势如此。

民国初年,琼州改省的风云就以这样的方式远去,而历史的余音曾经交织飘荡,让人徒然感叹。

1913年6月,一篇京函里写道:"政府以编订宪法,省制与领土区域亟宜预有规定。内地各省有应行划分者,如琼州改省、四川划分东西两处,其川边及云南、贵州、广西各土司,亦应编列版图。此外,则内蒙、西宁等处,亦应改省。日前,曾拟具说帖呈大总统阅后,分交内务部及蒙藏局拟办。兹闻内务部以内蒙改省一事,较各省为尤关紧要,刻已拟具办法三项,函交国务院,其大纲如下:(一)先设立蒙古改省事务所,专司筹备一切事宜。(一)将改省所拟办法,通饬各盟旗,饬该旗王公等分呈签注。(一)规画改省实行年期。闻国务院开例会时,已将此项办法公众议决,其他各省如何划分,闻尚须另案会议云。"[3]

1913年6月27日,上海《时事新报》有一篇报道的标题是《南

---

1 徐成章:《中山先生逝世后与琼崖》,《新琼崖评论》第二十七、二十八期合刊(1925年4月15日)。

2 陈宗舜:《海南建省运动纪要》,载《海南简讯复刊》,1960年第6卷。

3 《内蒙改省办法》,《神州日报》1913年5月1日第6版。

省人民改装之状况》,居然是以"南省"称海南,如同以"粤省"称广东。

从宋案发生到李烈钧揭橥"二次革命",国内形势骤然变化,南北决裂在即。在海南的邓铿弃职逃走,琼州改省努力落空,事情至此,只枉有时运不济之叹了。更惨烈的是,随着龙济光入据南粤,海南社会开始进入"风雨如晦"的时代。